Heinrich Pleticha • Das klassische Weimar

Das klassische Weimar

Texte und Zeugnisse

Herausgegeben von Heinrich Pleticha

KOMET

Lizenzausgabe für KOMET Verlag GmbH, Köln
www.komet-verlag.de
Covermotiv: picture-alliance/ZB
Gesamtherstellung: KOMET Verlag GmbH, Köln
ISBN 3-89836-517-4

Inhalt

Einleitung

Bei der Vielzahl der Bücher, die in den letzten 150 Jahren über das klassische Weimar und einzelne seiner Bürger erschienen sind, bedarf jedes neue einer gewissen Rechtfertigung, zumal wenn es sich nur um eine Sammlung handelt, die bekanntes Material aufarbeitet und aufbereitet. Eine solche Rechtfertigung mag einerseits in der Zielgruppe zu suchen sein, an die sich die Sammlung wendet, andererseits im Blickwinkel der Auswahl. Das vorliegende Buch ist bewusst für ein breiteres Leserpublikum gedacht, das sich für die Lebenswelt einer Stadt interessiert, die einerseits typisch für die zahlreichen kleinen Residenzen des ausgehenden 18. und des 19. Jahrhunderts ist, andererseits aber durch einige ihrer Bürger aus Gleichförmigkeit und Mittelmaß hervorgehoben wird und zu einer besonderen Geltung innerhalb Deutschlands gelangt.

Wir haben uns angewöhnt, diese Stadt Weimar mit Goethe gleichzusetzen, und sicher ist sie in ihrer Einmaligkeit ohne Goethe nicht denkbar. Aber sie hat auch ihr Eigenleben, und deshalb ist umgekehrt Goethe schlecht denkbar ohne dieses Weimar, ohne seine Mitbürger, seine Weggefährten, Freunde, Bewunderer, Feinde. Damit aber ergibt sich auch der Blickwinkel dieser Sammlung, die weniger Goethe sehen will, sondern vielmehr die Stadt als Ganzes. Sicher wird und muss dabei Goethe eine dominierende Rolle spielen; denn er hat in den rund sechs Jahrzehnten seines Aufenthalts in Weimar nicht nur die Lebensformen dieser Stadt entscheidend mitgeprägt, sondern sie auch bis zum heutigen Tag beeinflusst.

Aber da sind auch die anderen, der Herzog Carl August, seine Mutter Anna Amalia, die Freunde, die Goethe in diese Stadt holte, seine Familie und seine Mitarbeiter, die Besucher; da ist der Hof und, nicht zu vergessen, das in seiner Art für ganz Deutschland beispielhafte Theater. Diese Lebenswelt spiegelt sich besonders eindrucksvoll in Berichten der Zeitgenossen. Solche Aussagen von Augenzeugen sind selbstverständlich häufig subjektiv in der Darstellung von Freude und Leid, in Lob und Kritik. Sie sollen es sein und bleiben.

Ziel der Sammlung ist es letztlich, die Texte in ihrer oft erfrischenden Unmittelbarkeit und gelegentlichen Einseitigkeit auf den Leser von heute wirken zu lassen. Eine philologisch-kritische Auseinandersetzung wurde dabei von vornherein nicht angestrebt, da sie für alle wichtigeren Texte schon irgendwann einmal erfolgte, und die umfangreiche Spezialliteratur zu auftauchenden Problemen hinreichend Auskunft erteilt.

Auch sollte weniger Goethe selbst zu Wort kommen, denn es gibt genügend Anthologien mit Aussagen von ihm, und die Lektüre seiner dichterischen und biographischen Werke, der Tagebücher und Briefe erschließt seine persönliche Lebenswelt. Hingegen sind die meisten Berichte seiner Zeitgenossen für ein interessiertes Publikum heute wesentlich schwerer erreichbar.

Natürlich kann bei einer Sammlung dieser Art allein schon vom Umfang her niemals Vollständigkeit erreicht werden, muss die Auswahl in ihrer Gewichtung subjektiv bleiben und jedes Kapitel einem Mosaik gleichen: bei dem einen fügen sich zahlreiche kleine Steinchen zu einem verhältnismäßig getreuen Bild, bei dem andern nur wenige größere zu einer Art Umrisszeichnung. Der Reiz liegt stets in der Unmittelbarkeit und Frische der Aussagen, die keineswegs Einblicke in das intime Privatleben literarischer Größen geben, sondern einfach die Stadt und ihre Menschen im Alltag zeigen.

Wenn dabei vom »klassischen« Weimar die Rede ist, dann weniger im Sinne einer literarischen Definition als vielmehr der zeitlichen Abgrenzung einer Epoche, deren Beginn mit Anna Amalias Musenhof in der zweiten Hälfte des 18. Jahrhunderts anzusetzen ist, die ihren Höhepunkt in den sechs Jahrzehnten hatte, in denen Goethe in Weimar lebte, und die fortdauerte in den Jahren der sogenannten Zweiten Klassik bzw. Neu-Weimars. Der Beginn und vor allem das Ende des Ersten Weltkriegs setzen dann deutlich den Schlusspunkt.

Beim heutigen Stand der Goethe-Forschung ist es selbstverständlich, dass eine Sammlung wie diese auf grundlegenden Arbeiten aufbaut und von ihnen zehrt. Stellvertretend für zahlreiche Autoren, die nicht alle in die Bibliographie aufgenommen werden konnten, seien hier die Goethe-Bibliographie von Hans Pyritz, die Schiller-Bibliographie von Wolfgang Vulpius, Ilse-Marie Barths ›Literarisches Weimar‹ und die leider heute längst vergriffenen, ebenso kenntnisreichen wie liebenswürdigen Monographien Wilhelm Bodes genannt.

Die einleitenden Texte zu jedem Kapitel wurden bewusst knapp gehalten. Sie sollen zusammen mit den bibliographischen Angaben am Schluss des Buches nur als Wegweiser dienen und den Standpunkt des jeweiligen Beobachters oder Berichterstatters aufzeigen.

I. Die Stadt und ihre Bürger

Es gibt manche originelle Bemerkung über Weimar, lobend und begeistert ebenso wie abfällig und kritisch. »Ein artiges Städtchen« nennt es Johann Kaspar Riesbeck um 1780; »die originellste von allen deutschen Städten«, schwärmt 1829 der Russe Nikolai Roshalin nach seinem Besuch; »es war gar keine kleine Stadt, sondern vielmehr ein großes Schloss«, stellt 1810 Madame de Staël fest. Weimarer Bürger sind wesentlich kritischer. »Eine wahre Seelenessigfabrik«, raunzt der Herr von Knebel; Herder spricht von einem »unseligen Mittelding zwischen Hofstadt und Dorf« und Siegmund von Seckendorff meint, dass dieses Weimar »wie ein Nest aussieht und eine Hauptstadt spielen will«.

Es liegt im Wesen der besonderen Entwicklung Weimars, dass frühe Berichte über die Stadt selten sind. Wer kümmerte sich schon bis zur Mitte des 18. Jahrhunderts um das »Nest«, das eigentlich fast zufällig zur Residenz wurde! Um 1250 gegründet, hatte der Ort lange Zeit abseits der Handelsstraßen ein Dasein der Mittelmäßigkeit geführt, eine typische Ackerbürgergemeinde, nicht größer als ein ansehnliches Dorf und von einem solchen letztlich nur durch einen Mauerring unterschieden, der erst im 16. Jahrhundert vollendet wurde. Eine gewisse landesherrliche Bevorzugung erlebte Weimar seit dem 15. Jahrhundert, als es Nebenresidenz der sächsischen Kurfürsten wurde. Der Wandel und die große Aufstiegschance kamen 1547 mit dem Ende des Schmalkaldischen Krieges, als Johann Friedrich von Sachsen seinen Kurbesitz verlor und ihm nur Thüringen verblieb; denn nun rückte Weimar in den Rang einer Residenz auf.

Der älteste Stadtplan von 1593 zeigt das typische Bild einer beengten Kleinstadt, deren 575 Häuser sich auf dem Plan beinahe ohne Schwierigkeiten zählen lassen. Die Einwohnerzahl lag bei etwa 3200, es waren Bauern, Handwerker und Hofbedienstete. An dieser topographischen und sozialen Struktur änderte sich auch in den folgenden Jahrhunderten nur wenig. Bis zur Mitte des 18. Jahrhunderts wuchs die Einwohnerzahl um etwa 3000, die Zahl der Häuser, die den engen Mauerring zu sprengen begannen, um 250. Ein Viertel der Berufstätigen bildeten die Hofbediensteten, ein weiteres die Beamten, Geistlichen und Lehrer, die andere Hälfte setzte sich aus Handwerkern, Taglöhnern und Bauern zusammen. Hof und Hofleben standen im Mittelpunkt des Denkens und Handelns der meisten Bürger.

Die Herzöge hatten immerhin seit der Mitte des 17. Jahrhunderts schon gewisse kulturelle Impulse gesetzt. Unter ihrem Protektorat war 1617 der »Palmenorden«, eine der bedeutendsten deutschen Sprachgesellschaften, in Weimar gegründet worden. Es gab ein Münzkabinett, eine ganz beachtenswerte Bibliothek, ein Hoforchester und ab 1696 sogar ein eigenes Hoftheater im Schloss. Auch das Schulwesen wurde in bescheidenem Rahmen gefördert, und 1712 stiftete Herzog Wilhelm Ernst ein Gymnasium.

Der entscheidende Wandel vollzog sich aber erst 1758, als die kaum zwanzigjährige verwitwete Herzogin Anna Amalia, eine Nichte Friedrichs des Großen, nach dem überraschend frühen Tod ihres Gatten die Regentschaft für ihren einjährigen Sohn Carl August übernahm. Tatkräftig förderte sie nicht nur die Verwaltung des Landes, sondern unterstützte auch ihre Residenzstadt, wo sie den »Weimarischen Musenhof« (siehe Kap. II) begründete. Ihr Werk wurde von 1775 an durch Carl August fortgeführt, unter dessen kluger Regierung das kleine Weimar die meisten deutschen Residenzstädte überflügelte und jenen geistigen Rang erreichte, der das Attribut »klassisch« rechtfertigt.

Aus dieser Zeit häufen sich dann auch die Berichte über die Stadt; denn es gehörte in gebildeten Kreisen sozusagen zum guten Ton, sie irgendwann einmal zu besuchen. Die folgende Auswahl beschränkt sich auf einige wesentliche, lobende und kritische Beispiele vom ausgehenden 18. bis zur Mitte des 19. Jahrhunderts. V. Wölflings Bericht stammt von 1796 (Dok. 1), Carl Gottlob Küttners (Dok. 2) wurde ein Jahr später verfasst und Joseph Rückerts 1799 (Dok. 3). Der Engländer John Russell besuchte 1820 die Stadt (Dok. 4), der Russe Stepan Schewyrjow 1838 (Dok. 5). Sehr kritische Worte findet Johannes Falk Anfang der zwanziger Jahre des 19. Jahrhunderts (Dok. 6).

Neben solchen allgemeinen Urteilen gibt es nur verhältnismäßig wenige zeitgenössische Hinweise auf Einzelheiten. Karl Wilhelm von Lyncker (Dok. 7) und der »ehrliche Mann«, ein anonymer Autor, hinter dem sich wahrscheinlich Ludwig Christian von Oertel verbirgt (Dok. 8), mögen als Beispiele dienen, ebenso ein unbekannter Reisender, der 1785 von den Frauen und Mädchen der Stadt schwärmt (Dok. 9). Ein Blick auf Weimar wäre unvollständig ohne einen Blick auf den Park und den Lustgarten von Tiefurt, wie ihn Rückert gibt (Dok. 10). Das Alltagsleben und die Vergnügungen der Bürger spiegeln sich deutlich in den folgenden Kapiteln. Die Schulen und Bildungsmöglichkeiten entsprachen dem Durchschnitt einer kleinen Residenz. Immerhin verfügte Weimar über eine sehr schöne Bibliothek, von der ebenfalls Rückert berichtet (Dok. 11). Von der Bildungsbeflissenheit der Bürger hören wir in einem weiteren rückertschen Bericht (Dok. 12) über die chemischen Vorlesungen des Herrn Scherer, die den Gedanken der Volkshochschule vorwegnahmen.

Das Gymnasium wurde von den Herzögen leider nicht so intensiv gefördert, wie es eifrige Pädagogen wünschten. So schildert Herders Frau Caroline die Bemühungen ihres Mannes um Verbesserung der Schulverhältnisse und Einrichtung einer Schulbücherei (Dok. 13). Über den täglichen Schulbetrieb am Gymnasium im ersten Drittel des 19. Jahrhunderts informieren ein Brief Karl Leberecht Schwabes (Dok. 14) von 1804 und die reizvollen Erinnerungen des Gymnasiasten Johann Eisenschmidt von 1825 (Dok. 15). Von den Verhältnissen in einer Elementarschule um 1825 erzählt Julius Schwabe (Dok. 16). Eine besondere Stellung unter den Schulen nahm die sogenannte Zeichenschule ein, die in ihrer Art eine für eine kleine Residenz beachtenswerte Bildungseinrichtung darstellte. Über ihre Ziele informiert 1789 Friedrich Justin Bettuch in einem Zeitschriftenaufsatz (Dok. 17).

Über die sozialen Verhältnisse in der Stadt erfahren wir nur wenig. Die Armen waren auf private Unterstützung und Initiativen angewiesen, wie die Ausführungen von Franz Genast (Dok. 18) und Charlotte von Ahlefeld (Dok. 19) zeigen. Ein erschütterndes Zeugnis für die Not der Waisen bieten die Tagebuchaufzeichnungen Johannes Falks von 1818 (Dok. 20).

1. V. Wölfling: Weimar (1796)

Hier fand ich wieder einmal die Regel bestätigt, dass manches in der Ferne ganz anders aussieht als in der Nähe. Als ich Weimar nur aus Nachrichten kannte und in Gedanken gesehen hatte, so war es mir unmöglich, die Stadt, in welcher der Fürst ein schöner Geist und Mäzen aller guten Köpfe, der Geheime Rat ein Genie, der Oberbrahmin des ganzen Priestertums Sänger in dem Geiste Ossians, Deutschlands Horaz und Lukian der Lehrer und Liebling und ein Belletrist der Schatullenaufseher des Regenten ist [Goethe, Herder, Wieland, Bertuch], es war mir unmöglich, sage ich, mir eine solche Residenz anders zu denken als den Sitz des Lichtes. Sitten, Kultur, Menschen, Staatsverwaltung, alles malte mir meine Phantasie mit schönen Regenbogenfarben. Das Äußere der Stadt musste allenthalben Geschmack und Wohlstand zeigen, und ich glaubte ganz gewiss, mich bei meiner Ankunft durch eine erwünschte Täuschung nach Athen versetzt zu fühlen, keinen Schritt gehen zu können, ohne einen Beweis von durchdachten Verbesserungen wahrzunehmen oder einem schönen Geist oder Künstler in den Weg zu rennen. Aber ich konnte vor Entzückungen bis in den dritten Himmel ganz ruhig sein. Denn für diesmal sah ich keine Akademie von schönen Geistern aus allen Enden Deutschlands konzentriert, keine Menschen, welche der Extrakt aller Aufklärung und Verfeinerung waren, keine Verfassung, welche nach den Idealen dichtender Minister und Philosophen geformt war, kein Athen – kurz, nichts und wieder nichts von alledem, was ich geträumt und phantasiert hatte.

Es ging alles so prosaisch zu, sah alles so alltäglich aus, dass es mir deuchte, als wäre ich aus den Wolken gefallen und befände mich nun wirklich nirgends anders als in der Stadt Weimar, am Flüsschen Ilm, in welcher ich sogleich Gelegenheit haben werde, meine Vorurteile zu berichtigen.

Sie übersehen die Stadt am besten von den Bergen jenseits der Anhöhen. Aber Sie mögen sie ansehen, wie Sie wollen, so bleibt sie ein mittelmäßiger Ort, dessen Gassen weder an Reinlichkeit und Anlage noch an Bauart der Häuser dem heitern und luftigen Gotha gleichkommen. Die Häuser sind meistens dürftig gebaut, und es hat mir alles so das armselige Ansehen einer nahrlosen Landstadt. Man darf sich nicht weit von den Hauptstraßen entfernen, um in Winkel und Löcher zu kommen, welche dieses Ansehen noch mehr gewinnen. Kein einziger Platz ist, der der Stadt eine residenzähnliche Ansicht gäbe. Das alte Schloss ist längst abgebrannt; der Hof wohnt in dem Landschaftshause, und mit der Erbauung eines neuen Residenzschlosses geht es sehr sparsam. Man hat dem Herzoge geraten, einen anderen Platz darzu zu wählen, welches er auch willens war. Allein, der alte Platz hat noch einen kostbaren Grund, der auf 300 000 Taler geschätzt wird, und 300 000 Taler zu einem neuen Grunde möchten nicht so leicht vorrätig sein.

Sie suchen ein Hotel, und da weist man Sie nach dem »Elephanten«. Aber Bedienung, Essen und Wein sind … Der Tisch ist dennoch teuer, die Gesellschaft wenig unterhaltend. In Hoffnung, ein besseres zu finden, wandern Sie noch den »Ring«, die »Sonne« etc. durch, und nachdem Sie die Runde gemacht haben, finden Sie, dass alle Wirtshäuser dieselbe Livree tragen, nur mit dem Unterschiede, die hier sogenannten gemeinen haben neben der schlechten Aufwartung den Vorzug der Wohlfeile, und daher tun Sie am besten, wenn Sie bei dem niedrigsten Range stehen bleiben, da der höhere des Geldes nicht wert ist. Sie besuchen das Kaffeehaus, und da sehen Sie eine leere Tabagie, in welcher der Wirt vor Langerweile die Hände reibt und Sie mit Komplimenten beinahe in den äußersten Winkel jagt, weil Sie ihn so glücklich gemacht und besucht haben. Des Abends aber treffen Sie allenfalls einen Klub von Kanzelisten, Schreibern etc. an, der Sie in seinem Tabaksqualm beinahe erstickt. Der Italiener, ein ehrlicher Deutscher, bei dem Sie Jenaer [Gewächs, sieht aus wie Wein] für Pontac bezahlen und nicht weiter versucht werden, die getauften Champagner, Burgunder und wie die Namen alle heißen zu kosten, um ihren Magen auf einige Wochen zu verderben. – So fand ich Weimar in dem ersten Nachmittage, da ich mich umsah.

Unter den 11 000 Menschen, welche die Stadt bewohnen, ist bei weitem die größere Zahl eine Rasse von kleinstädtischen Spießbürgern, welchen man weder die Verfeinerung einer Hofstadt noch sonderlichen Wohlstand anmerkt. Alles lebt von dem Luxus eines eingeschränkten Hofs, dessen Fürst abwesend ist und dessen geringer Adel zum Teil arm ist, zum Teil aus gelehrten oder schönen Geistern besteht, welche zu philosophisch denken, um des Hofes wegen Aufwand zu machen.

Weimar besitzt weder Fabriken noch Handel noch Passage. Zwar hat das Industrie-Comptoir des Herrn Bertuch den Namen Industrie seit einiger Zeit zu Weimar in Gang gebracht, aber dies ist auch das Einzige, was hier von Industrie existiert.

Die guten Köpfe und Genies, welche Weimar in Ruf gebracht haben, verlieren sich mit ihren Studierwinkeln, in welchen sie nach Ideen konzipieren und Bücher zur Welt bringen, wie einzelne leuchtende Punkte am Himmel. Sie sind mehr fürs große Publikum des Auslandes als für den einheimischen kleinen Staat, in dessen Hofschatten sie sich laben und sonnen.

Bei alledem ist es hier teuer. Man bekommt ein sehr mäßiges Quartier am Markte für 70 Taler. Lebensmittel und Holz stehen auch in nicht ganz geringem Preise. Die vielen Fremden, welche wie Ebbe und Flut ab- und zuströmen, um einen durch seine schönen Geister bei dem Ausland in Ruf gekommenen Hof zu sehen, sollen an der Teurung der Quartiere Ursache sein.

Kurz, in dem kleinen Umkreise des Hofs allein muss man die Kultur, den angenehmen ungezwungenen Ton suchen, von dem man so viel spricht. Die übrigen Bürger sind Leute ohne allen Geschmack und Eleganz, welches man auch schon an ihrer Nachlässigkeit in der Aussprache merkt. Der Ort ist tot. Wie sehr wünsche ich mich wieder nach Gotha zurück.

2. *Carl Gottlob Küttner: Ein süßer Anblick (1797)*

Das kleine, liebliche Weimar ist mir immer ein süßer Anblick. Ich sah es auch dieses Mal mit Vergnügen wieder, ob ich schon einen großen Teil meiner Bekannten nicht dort fand. Zählen Sie die Menge guter Köpfe, die sich hier beisammen finden und worunter mehrere unter die ersten Namen in Deutschland gehören; bedenken Sie die verschiedenen Kunsterzeugnisse, die dieser Ort hervorbringt; sehen Sie die allgemeine Industrie, die unter der gegenwärtigen Regierung ein ganz eigenes Leben erhalten hat, die Menge ansehnlicher oder guter Gebäude, die verschiedenen Stiftungen, englischen Anlagen und so manche andere Dinge, und Sie werden eingestehen, dass es schwerlich einen zweiten Ort in Europa gibt, der in einem so kleinen Umfange so viel vereinigte. – Die englischen Anlagen, die so dicht an die Stadt anstoßen, dass man sie als einen Teil derselben betrachten möchte, sah ich diesmal in ihrer ganzen Schönheit und mit frohem, innigem Genusse. Mich dünkt, sie gehören in Deutschland unter das Schönere dieser Art und verdienen, dass man zu verschiedenen Stunden und lange darin weilt, wie ich darin geweilt habe. Die Natur hat sehr viel getan und die Kunst mit dem feinsten Geschmacke nachgeholfen. Die kleine Ilm gibt ihnen ein ganz eigenes Leben, und ihre Ufer vermehren die Mannigfaltigkeit der Spaziergänge. Das kleine Haus, das der gegenwärtige Herzog darin gebaut hat, ist sehr zierlich möbliert und wurde uns mit Gefälligkeit von einem Bedienten gezeigt, der durchaus nichts dafür annehmen wollte. Ich bin so gar sehr gewohnt, dass man den Reisenden alles und alles bezahlen macht, dass ich solche seltene Fälle mit einem ganz eigenen Vergnügen anführe. – Der Garten ist von mehreren Seiten offen, und jedermann genießt ihn nach Gefallen. – Der Bau des großen Schlosses geht noch immer fort, aber so langsam, dass ich seit meinem letzten Hiersein nur wenig Fortschritte bemerkte. – Herr Wieland hat Weimar schon vor mehreren Monaten ganz verlassen und wohnt eine Meile von hier auf einem Dorfe, wo er ein Gut gekauft hat.

Den achten früh ging ich nach Belvedere, einem herzoglichen Lustschloss, eine Stunde von der Stadt, zu welchem eine schöne Allee führt. Hier sah ich den Abt Mounier, dem der Fürst den größten Teil dieses Schlosses eingeräumt hat. Er selbst wohnt mit seiner Familie (denn er ist einer von den französischen Geistlichen, die sich verheiratet haben) in einem der Nebengebäude, während dass seine Zöglinge, deren er jetzt acht hat, das Hauptgebäude eingenommen haben. Der Abt errichtet hier diese Erziehungsanstalt, hauptsächlich in der Hoffnung, viele junge Leute aus England zu erhalten, wozu denn auch schon ein guter Anfang da ist. Die meisten sind dem Jünglinge näher als dem Knaben und streben nach einer Art von Unabhängigkeit, die dem Franzosen seine Regierung oft schwer genug machen wird. – Das Schloss hat übrigens weiter nichts besonderes, außer einer angenehmen Lage und einer schönen Aussicht, deren man auf der höchsten Höhe des Gebäudes in einem zu diesem Zwecke errichteten Zimmer genießt.

3. Joseph Rückert: Bemerkungen über Weimar (1799)

Diese Geisterstadt gehört seit mehreren Jahren unter die merkwürdigsten und anziehendsten Städte Deutschlands. Sie bildet den Gipfel des deutschen Parnasses mit seinen obersten Göttern, die sich hier zu einem glänzenden Kreis versammelt haben. Fast alle Musen wohnen an diesem schönen Ort einheimisch, wie auf ihrem mütterlichen Boden, und haben sich, und ihren Freunden, hier gegen die Barbarei der Zeit und ihrer Feinde längst ein schützendes, jetzt vielbesuchtes Asyl erbaut. – Jeder Freund des Schönen empfindet den geheimen Geisteszug nach den Mauern dieser kleinen wunderbaren Stadt, in der sich, wie auf einer freundlichen Zauberinsel, alles vereinigt findet, was das Leben schön und liebenswürdig macht. Jean Paul Richter sagt in einer seiner Schriften: »Zuerst will man in die nächste Stadt, dann nach Weimar, dann nach Italien.« Dieser letztere Schritt ist freilich ein Sprung, und er ist es nicht gerade deswegen, weil Jean Paul den Schritt macht, sondern um der Proportion willen; da man von der nächsten besten, kleinen oder großen Stadt Deutschlands in jenem Sinne ebenfalls nur durch einen Sprung nach Weimar kommt.

Man hat bisher so mancher ausgezeichneten Stadt den stolzen Namen des deutschen Athens beigelegt. Weimar, dem es nie einfiel, sich ihn zuzueignen, ist dieses Ehrentitels in mehr als einer Rücksicht würdig. – Eben die Kunst-Freiheit, eben den Kunst-Enthusiasmus, eben die Kunst-Schule und eben jene feinere Bildung bis zum Manne herab, der am Tor sitzt, – eben jenen Geister-Andrang, eben die zahlreichen Wallfahrten aus fernen Gegenden und Ländern und endlich eben den feinern Luxus, eben den fantastischen fröhlichen Sinn des Volks, wie in dem alten Athen, findest du in dieser kleinen Stadt.

Die Stadt selbst, das innere Weimar, zeichnet sich weder durch Größe noch durch den Geschmack aus, der es bewohnt. Weimar erscheint in diesem Stücke wie seine Genies, die wenig auf das Äußere halten. Doch erblickt das Auge hier allenthalben Reinlichkeit und Ordnung; und wenn auch der Geschmack durch die Gestalt dieser kleinen Stadt eben nicht erfreut wird, so stößt er doch auch nirgend auf etwas, das ihn beleidigen könnte. Dem wallfahrtenden Kunstjünger, dem enthusiastischen Freunde der Musen geht bei seinem Eintritt in diese Stadt eine Zauberin voran. Ihm erscheint Weimar herrlich, wie das schöne Heiligtum der Musen, wie ein strahlender Tempel des Ruhms, aus dem ihm Göttergestalten entgegenschweben, in deren Glanz er geblendet geht. Aber daran haben, wie gesagt, Bauart, Häuser, Straßen und Verzierungen keinen Teil; dies ist das *körperliche*, jenes das *poetische* Weimar, das der Eintretende im Geist anschaut.

Doch fehlt es nicht an gewissen äußeren Zeichen, wodurch diese Stadt der Muse sich dem aufmerksamen Fremden gleich bei seinem Eintritte ankündiget. Fast aus jedem Fenster betrachtet ihn ein *Feiertags-Gesicht* mit neugierig musternden, aber freundlichen Blicken. Ein liberales, gefälliges gastfreundliches Wesen, ein schöner Gesang aus einem oft unansehnlichen Häuschen, die Töne verschiedener musikalischen Instrumente daher und dorther sagen dir, dass du in Weimar bist. – Bei allem dem wirst du wohl tun, wenn du wohlgekleidet und mit einer imposanten Miene erscheinst. Der Weimaraner ist gebildet aber *kleinstädtisch*. Man bemerkt eine Neigung an ihm, jeden Fremden zu bewundern und der Person desselben zu huldigen, wenn diese ihm nur zu imponieren versteht. Er hält viel auf kleine eingebildete Ehren und auf eine gewisse Auszeichnung, die du ihm durch deinen Besuch, durch dein Vertrauen, durch dein Gespräch erweisest, und bezahlt sie dir teuer. Der Grund dieser Eitelkeit an ihm mag wohl folgender sein. Der Bürgerliche wird hier, wie in jeder Residenzstadt, durch den Adel gedrückt und niedergehalten; oder jener bildet sich das wenigstens ein. Daraus entsteht in seinem Herzen eine Wertschätzung jener kleinen Ehren, die er erzeigen muss, ohne dass man sie erwidert. Seinem eifersüchtigen Auge erscheint etwas als wahre Ehre, was in der Tat bloß Zeremonie und bei Vernünftigen keiner Rede wert ist. Er bestrebt sich jetzt, das durch Freundlichkeit und durch ein gefälliges Wesen zu gewinnen, was ihm sein politischer Stand versagt. – Doch, ich bin weit entfernt, dem liebenswürdigen Weimaraner durch diese Reflexion über ihn das Verdienst einer Humanität zu rauben, das er in der Tat besitzt. Nur ist auf der andern Seite auch nicht wieder alles Gold, was glänzt.

Der gewöhnliche Teil des Adels erscheint desto steifer und geblähter. Er sieht unter dem Schuhe des Fürsten den Bürger tief unter sich – zum Ersatz für die Demütigung, die er selbst in der Nähe des Fürsten empfindet. Er wird, wie fast allenthalben auch hier, von dem Bürger bitter gehasst. Zwischen beiden stehn der *Gelehrte* und *Künstler*, als der unschuldige Teil, der aber beiden nur wenig interessant ist, weil er nicht in ihre Kreise taugt, den einen meidet, den andern verachtet und, ihnen nah entfernt, gleichsam auf einer unzugänglichen Insel unter ihnen lebt. Aber eben diese strenge, äußere Isolierung von allem Fremdartigen, eben dieser politische Bann der Kunst wird dieser letzten hier wieder überaus wohltätig und erhebt Weimar zu einem wahren Museum des Geistes. Daher das Sprichwort: in Weimar studiert man, in andern Städten zerstreut man sich.

4. John Russell: Kritische Bemerkungen (1820)

Weimar, die Hauptstadt dieses Staates [Sachsen-Weimar], dessen sämtliche Bevölkerung sich nicht über hunderttausend Seelen erstreckt, verdient kaum den Namen einer Stadt. Die Einwohner, eitel wie sie sind auf ihren wohlverdienten Ruf, die deutschen Athenienser zu sein, suchen eine Art von Stolz darin, ihren Ort für nichts weiter als für ein ansehnliches Dorf zu halten. Weder Natur noch Kunst hat zu seiner Verschönerung etwas beigetragen; kaum wird man daselbst eine gerade Straße antreffen oder, den Palast ausgenommen und das Gebäude, in welchem sich das Parlament versammelt, ein ansehnliches Haus in der ganzen Stadt. In drei Minuten kann sich einer in der Umgebung so gut orientieren, als wenn er eine Tour von zwanzig Meilen gemacht hätte …

Die Ilm, ein kleiner, kotiger Strom, kriecht vor der Stadt vorbei, längs dem Wasser hat man Holz gepflanzt, Spazierwege angelegt; Felsen, wo man sie fand, in einer perpendikulären Richtung ausgehauen und wo keine da waren, kleine Nischen angebracht; alles dies, um einen Park oder, wie sie ihn öfters nennen, einen englischen Garten anzulegen. Einzelne Verzierungen betreffend, sind die witzigen Köpfe Weimars ein wenig aufs Kleinliche verfallen, was vielleicht zu unbedeutend ist, als dass es erwähnt werden sollte, wenn wir nicht erwarten dürften, hier auch die geringste Kleinigkeit in Gegenständen des Geschmacks untadelhaft zu finden, weil Weimar die Pflegerin des guten Geschmacks von Deutschland geworden ist …

Vergebens würde man in Weimar das fröhliche Getümmel oder die geräuschvollen, sinnlichen Freuden einer Hauptstadt suchen; es gibt ihrer hier zu wenig, welche den Müßiggang lieben, auch zu wenig Wohlhabende, um sich unnützen Zerstreuungen überlassen zu können. Ohne dass es einer Polizei, am allerwenigsten einer geheimen, bedürfte, stellt die Kleinheit der Stadt und die gewohnte Lebensart einen jeden unter die besondere Aufsicht des Hofes, und dieser ist weit entfernt, jemals zu gestatten, dass sein literarischer Ruhm je durch übertriebenen Prunk oder Zügellosigkeit der Sitten entweiht werde …

Ein Mann, dem es bloß um das Vergnügen zu tun ist, möchte leicht Weimar für einen traurigen Ort halten. Der Vormittag ist den Geschäften gewidmet, und selbst die wenigen Abgesonderten, welche nichts zu tun haben, würden sich schämen, für Müßiggänger gehalten zu werden, bis die Nähe der Mittagsstunde, wo frühzeitig gegessen wird, zu einem Spaziergang in den Park oder zu einer Fahrt nach Belvedere auffordert. Um sechs Uhr eilt jedermann in das Theater, welches man die Versammlung einer großen Familie nennen möchte, ausgenommen dass die großherzoglichen Personen sich in einer besonderen Loge befinden. Ungefähr um neun Uhr endet die Vorstellung, und man kann annehmen, dass gegen zehn Uhr jeder Hauswirt sich im tiefen Schlafe befindet oder wenigstens ganz ruhig die Nacht hindurch in seinen vier Pfählen weilt. Es ist vielleicht in solchen kleinen Städten ein Übelstand, dass der Hof, gleich der Schlange Aarons, jede andere Gattung von geselligem Genusse zu verzehren scheint; allein in Weimar ist dies um so weniger zu bedauern, da die Hofpartien weit weniger Prunk und Förmlichkeit zur Schau auslegen, als es sehr häufig der Fall bei den Partien der Adligen in London oder Paris ist.

5. Stepan Schewyrjow: Die verschlafene Kleinstadt (1838)

Die Stadt lag in tiefem Schlaf, als der Dienstmann meine Habseligkeiten zum Gasthaus rollte. Der wachgeklopfte Hausknecht öffnete mir die Tür und wies mir mürrisch, im Halbschlaf, das schlechteste Zimmer des ganzen Gasthofes an. Ich fragte, ob es kein besseres gäbe: »Nein, sie sind alle belegt«, war seine lakonische Antwort … Morgens reichten meine Kräfte kaum aus, den Diener herbeizurufen; überhaupt nahm man mich sehr schlecht auf. Das kommt davon, wenn man zu Fuß in ein Gasthaus kommt. Als ich aber einen Lohnlakai nahm und erklärte, ich gehe zum Kanzler Müller, als ich auf die Frage des Wirts, ob ich im Gasthaus essen würde, antwortete, ich würde in Belvedere bei der Großfürstin essen, als der Wirt im Gästebuch neben meinem Namen den Titel eines Hofrats sah – da verwandelte sich alles: Der Wirt begleitete mich zum Wagen und schlug mir vor, mein Zimmer gegen ein besseres zu tauschen; beim Abendessen und am anderen Tage beim Mittagessen nötigte er mich selbst, ein zweites Mal zu nehmen. Am Abend trat der ängstliche Hausknecht kriecherisch an mich heran und fragte mich dumm lächelnd, ob ich noch böse auf ihn sei. Am Ende sagte der Diener des Gastwirtes, als er mir vor der Abreise die Rechnung präsentierte, mit einer tiefen Verbeugung: »Da haben Sie die Rechnung, Herr Hofrat.«

Weimar macht den Eindruck eines Pompeji: die Gräberstraße, die in die von den Einwohnern verlassene Stadt führt, ruft in uns die gleiche Verzagtheit hervor wie heute Weimar: nur Grabmäler und die verödeten Häuser großer Männer!

6. *Johannes Falk: Der ästhetische Hexenkessel (um 1820)*

Weimar ist ein ästhetischer Hexenkessel, der am Feuer der Dichtkunst beigesetzt wird. Ingredienzien: 50 Jahre lang hintereinander dreimal die Woche Theater – und einmal Predigt. Kotzebue, dazu die Spieler, die Bedienten und Heiducken. Köche und aufgeblasene Schreiberseelen rühren es durcheinander. Das alles wird in diesen Hexenkessel hineingeworfen. So ist der zähe Brei, der mir am Gaumen klebt und wovon mir die Zähne stumpf werden, fertig geworden.

Die Strenge der Polizei steht mit der allgemeinen Sittenerschlaffung oft in einem wunderlichen Kontrast. Man wacht mit religiöser Sorgfalt über dem Dreck, während man die Seelen der Menschen in den Dreck tritt.

7. *Karl Wilhelm von Lyncker: Auf dem Markt in Weimar (um 1780)*

Übrigens befanden sich auf dem Markte nur zwei Kaufläden: der eine in dem Hause des Hofagenten Paulsen, wo dermalen der grimmische Laden ist; in diesem waren die feinsten Tuche und die breiten goldenen und silbernen Glanztressen zu haben, mit welchen man fast alle männlichen Hofkleider galonierte, sowie auch Gold- und Silberwaren und Samte, welche die vornehmen Herren zu ihrer Bekleidung und die Damen zu den sogenannten Roben verbrauchten. Dieser Hofagent Paulsen war ein sehr feiner und zierlicher Mann, hatte viel Zutritt und Vertrauen bei der Herzogin, von der er Aufträge aller Art erhielt. Einen zweiten Laden besaß er zu Jena nebst dem größten dasigen Privathause. Außerdem war in Weimar linker Hand der Straße, welche nach der Hauptwache hinführt, wo dermalen die Putzhändlerin Steffani wohnt, eine große Parfümerie- und Schminkehandlung; ihr Besitzer war ein Franzose, namens Gambü. Auf dem Töpfermarkte war noch der stichlingsche Tuchladen, dem Vater des verstorbenen Präsidenten gehörig, von ziemlicher Bedeutung.

Von Vergnügungsorten der Honoratioren war nur das kirschische Kaffeehaus vorhanden; die Bürger kamen inmitten der Woche in den Gasthöfen zusammen und besuchten des Sonntags den Gasthof zu Belvedere. An alle übrige dergleichen Niederlassungen war noch nicht gedacht. Von Weinhäusern aber besuchte man vonseiten der Vornehmen den Italiener Ortelli und den Hofagenten Braun; für die geringere Klasse waren noch keine vorhanden.

8. Ludwig Christian von Oertel: Schlechte Gasthöfe (1800)

Es fehlt hier an einem guten Gasthof; denn die besten sind nur mittelmäßig, keiner aber gut, und dies ist doch gerade das, was der Reisende am meisten bedarf, und verlangt.

9. Unbekannter Reisender: Die Mädchen von Weimar (1785)

Überhaupt ist der schöne Teil der Einwohner von sehr guter Art. Weil die Mädchen nicht reich sind, bestreben sie sich, andere Vorzüge zu erwerben, die diesen Mangel ersetzen. Sie suchen ihren Geschmack zu bilden, lernen Zeichnen, legen sich auf Sprachen, studieren die große Kunst der gesellschaftlichen Gefälligkeit mit Glück und wissen einen glücklichen Mittelweg zwischen gelehrten Damen und anderen, die außerhalb der Küche nirgend zu Hause sind, zu halten. Aber es jammert mich der wackern Mädchen! Es sind ihrer so viel und der heiratslustigen jungen Männer so wenig! Ich habe diese Disproportion nicht auffallender bemerkt als bei den Konzerts, die der Hof gibt und wobei sich alles, was jung ist, von beiden Geschlechtern einfindet. Die Damen nehmen die ganze Vorderfront der Galerie ein, und hinter ihnen stehen die jungen Herren so einzeln, dass einem menschenfreundlichen Herzen bange wird.

10. Joseph Rückert: Der Park von Weimar und der Lustgarten von Tiefurt (1799)

[Die Lage des Parks] ist folgende: Gegen Morgen senkt und verliert er sich in ein angenehmes Wiesental, auf dessen grüner Fläche den Sommer hindurch Herden weiden. Gegen Abend stößt er an die belvederische Allee, hinter der sich die Aussicht in den weiten goldnen Abendhimmel und in ein fernes unabsehbares, mit Dörfern besätes schönes Tal nach Erfurt zu eröffnet. Gegen Mitternacht ruht Weimar mit seinem dunkeln Ettersberg, und gegen Mittag erscheint das freundliche Belvedere wieder auf einer waldichten Anhöhe. – Man spricht davon, der Regent wolle den Park gegen die Morgenseite zu erweitern und bis an den oben auf einer nahen Anhöhe liegenden schönen Wald, das *Webicht* genannt, fortführen lassen.

Ein ganz eigner, reizender Teil des Ganzen, tiefer unten, ist der *Stern*, den die vorbeirauschende Ilm von dem eigentlichen Parke scheidet, der sich jenseits mit seinen reizenden Wildnissen und Promenaden erhebt. Eine schöne Brücke verbindet beide abgesondert liegende Teile zu einem Ganzen und führt aus dem Lichte des obern in die Dunkelheit des untern, wie aus der Oberwelt in die Unterwelt hinab. Eine kühle erfrischende Atmosphäre weht dem Lustwandler aus diesem kleinen Elysium lieblich entgegen, so dass er in warmen Sommertagen sich aus den hohen, heißen Gegenden des Parks wie in ein kühlendes Bad hinabtaucht. Der ganze Ort ist voller Schatten und durch die große Menge hoher, einschließender Pappeln von außen, so wie durch seine dichten Haine von innen, in ein heiliges Dunkel gehüllt, das den Geist zu einer wohltätigen philosophischen Ruhe stimmt.

Auch dieser Teil des Gartens zeichnet sich durch die geschmackvollste Abwechselung in einem nur kleinen Raume vorteilhaft aus – Baumgruppen, romantische Wildnisse, Mythen und einige Wasserfälle, womit der sonst sanft strömende Fluss hier und da unvermutet in das allgemeine große Konzert einstürmt. – Der Stern hat auf die neuliche Ankunft des reisenden königlichen Paars in Weimar von einigen Seiten eine günstige Revolution erfahren. Überhaupt gewinnt dieser Ort der Freude jährlich an neuen Verschönerungen, wozu der Herzog schon zum voraus einen ansehnlichen Fonds bestimmt hat. – Wer zweifelt daran, ob dies alles dem Geschmack und der Liberalität dieses Fürsten Ehre mache? – Jedem, Einheimischen und Fremden, ist der freiste Genuss des Parks gewährt. – Man liest die Humanität des Besitzers auf der einzigen Veto-Tafel des ganzen

Gartens, welche am Wege die Vorübergehenden *bittet*, Blumen und Bäume zu verschonen; welches dann auch zur billigen Folge hat, dass im ganzen Jahre nicht das Mindeste beschädigt und keine einzige Schönheit des Ortes entweiht wird; ein neuer Beweis, dass bei den Menschen im Allgemeinen mehr durch Vertrauen und Humanität als durch misstrauisches Verbieten und den Polizeiknecht ausgerichtet wird. Traut ihnen nur das Bessere zu, so werden sie es bald auch tun.

Der Park wird in der Tat von dem Geringsten in Weimar geschätzt und häufig genossen. Außer dem Sonntag schwärmen im Sommer in den Morgen- und Abendstunden bloß die Musen-Söhne mit den Bienen unter den Blumen und Schatten dieses holdseligen Ortes und der immerfeiernde und immerfrierende Adel, der hier wie überall der Langweile und Kälte seiner Lebensart zu entlaufen sucht. Doch erblickt man hier auch in den spätem Abendstunden den rastenden Handwerker und tätigen, braven Bürger, die in dem Balsam der Abendluft neue Kräfte schöpfen. Hingegen ist in der schönen Jahrszeit der Sonntag im Park ein republikanischer Festtag für ganz Weimar. Was da Herz, Augen und Beine hat, vom Höchsten bis zum Niedrigsten, wandelt in den vielfältigen Gängen des Gartens im fröhlichen bunten Gewimmel frei und ohne Zwang durcheinander. Die Natur macht an diesem Orte und an diesem Tage alles gleich, wie das römische Karneval; und wiewohl mit den Hofleuten selbst, die hier erscheinen, die Etikette sichtbar mit auf- und abgeht, so geniert das doch den andern Teil nicht im geringsten, der sich an diesem Schauspiel von Herzen erlustigt.

Nach Pfingsten hören nämlich an dem weimarschen Hofe die Couren und Konzerte auf und werden in den Park unter offnen Himmel verlegt. In einem großen hölzernen Gebäude, in der Form eines alten Tempels, der sich in der reizendsten Gegend des Gartens erhebt, wird der Tee genommen, worauf der Spaziergang beginnt. Bei einbrechender Nacht geht der Hofzug in der Gestalt und Ordnung einer Prozession, so wie er erschien, in den Schlosssaal zurück, wo ihn das Abendessen erwartet. Der Regent selbst erscheint selten bei dergleichen öffentlichen Promenaden, so wie er sich eben so selten an der Tafel sehen lässt; vielleicht weil auch die geringe Portion von Etikette, die noch am weimarschen Hofe beobachtet wird, den äußerst liberalen Sinn desselben beleidigt.

Noch ein merkwürdiger Lustgarten in der Nähe Weimars liegt bei Tiefurt, dem jetzigen gewöhnlichen Sommeraufenthalt der Herzogin Amalie. Er hat dieser Schöpferin des Schönen ganz sein Dasein zu danken. Die edle Fürstin wohnt in der Nähe des Gartens unter ländlichem Dach und genießt hier mit einigen Auserwählten die würdige gesegnete Ruhe eines schönen, tätigen, verdienstvollen Lebens. Der ganze Garten ist in diesem Geiste. Eine ernste Ruhe und feierliche Stille verbreiten sich über ihn. Er ist einsamer, wilder, romantischer als der Park. Ich möchte sagen: man geht in diesen, um sich zu zerstreuen, in jenen, – um sich zu sammeln.

11. Joseph Rückert: Die herzogliche Bibliothek (1799)

Dieses schöne Institut verdankt den größten Teil seiner jetzigen Zierde und Vollkommenheit der Muse, Liebe der Herzogin Amalie. Sie erhebt sich in schöner Ordnung mit drei Galerien, man findet hier, bei dem Reichtum vortrefflicher neuerer, manche Schätze alter seltener Werke. Vielleicht enthalten die daselbst befindlichen großen und kostbaren Kupferstichsammlungen dasjenige, was den Kenner am meisten entzückt. Übrigens dient sie den Einwohnern zum freien Genuss. Die Unordnungen, die zugleich mit jener Freiheit gingen, machten vor einigen Jahren eine Verordnung nötig, nach welcher jeder Liebhaber nur nach einer Einschreibung bei der hiezu besonders niedergesetzten Kommission, und gegen einen Zettel von daher, Bücher empfangen kann.

12. Joseph Rückert: Die chemischen Vorlesungen des Herrn Scherer (1799)

Herr *Scherer*, der seit mehreren Jahren unter dem Titel eines Bergrats von dem Herzoge einen ansehnlichen Gehalt zog, erhielt bald nach seiner Rückkehr aus England, wohin er vor einigen Jahren eine gelehrte Reise angestellt hatte, den Befehl, wöchentlich, sonnabends von vier bis fünf Uhr, *chemische Vorlesungen für alle Stände* zu halten. Der Plan war zweckmäßig und ein rühmlicher Beweis von dem Patriotismus des Fürsten. Jedermann, der es bedarf, sollte hier das Brauchbarste und Nötigste aus dieser Wissenschaft zur Aufklärung in seinen Geschäften erlernen. Die Neugierde und das Interesse des ganzen Publikums waren auf die angekündigten Vorlesungen gerichtet. Der Saal füllte sich mit einer großen Menge Zuhörer, worunter sich auch Damen aus beiden Ständen befanden. Der Herzog selbst mit seinem Prinzen erschien öfters in den unterhaltenden Stunden. Herr Scherer ließ ein chemisches Handbuch drucken und teilte es bogenweise unter sein Publikum aus. Nah am Parke wurde ihm für seine Präparaten und Experimenten die untere Hälfte eines großen, schönen Gebäudes eingeräumt, und der Herr Bergrat übte sich so stark und belagerungsmäßig, dass die Bewohnerin des obern Teils des Hauses eine Bittschrift für die Erhaltung ihres Lebens bei dem Regenten einzureichen für gut fand, weil sie jeden Augenblick in die Luft gesprengt zu werden fürchtete. Umsonst! Der patriotische Plan musste durchgesetzt werden. Man sprach jetzt in Weimar von nichts als von *Gas, Oxigna, brennbaren Stoffen, leicht- und strengflüssigen Dingen*. Alle Weimaraner und Weimaranerinnen schienen Chemiker und Weimar ein großer Schmelzofen werden zu wollen, als auf einmal, wie durch einen geheimen Zauberschlag, alle jene brennbaren Stoffe verloschen, die Flüssigkeiten stockten und alles wieder in seine unchemische Gestalt zurück trat. In wenig Monaten war der größeste Teil der Zuschauer unsichtbar geworden, und der *antikantische* Scherer hatte jetzt den Verdruss, die Pflicht noch bloß um ihrer selbst willen ausüben zu müssen.

Dieses plötzliche Verlöschen alles Interesses für ein in der ersten Zeit so anziehendes und seinem Plane nach so wohltätiges Institut wurde vermutlich durch folgende Ursachen herbeigeführt.

So tief Herr *Scherer* auch immer in den Geheimnissen seiner Wissenschaft eingeweiht sein mag und so gut sein Vortrag vielleicht für den akademischen Katheder passen möchte, so war jener doch für dieses so gemischte, zum Teil sehr gebildete Publikum, vor dem er auftrat, bei einer oft trocknen Wissenschaft nicht anziehend, nicht gebildet genug. Die Chemie befriediget sich mit einem guten Kopfe; aber der Vortrag derselben, vor einem solchen Publikum, fordert auch Geschmack.

Viel schaden musste Herrn Scherer auch eine gewisse widrige und affektierte Polemik gegen die Kantianer, über die er zuweilen von seinem Katheder herab *ex abrupto* herfiel und bei jeder Gelegenheit ein wenig Bitterkeit aus seinem Gläschen ausgoss – sein schlechtestes Experiment. Und endlich liefen einige seiner Versuche so übel ab, dass ein großer Teil der Umstehenden mit verbrannten Gesichtern und Kleidern nach Hause zu gehn, den Verdruss hatten. Scherer setzte nachher seine Vorlesungen zwar noch fort, aber vor einem sehr ins Kleine reduzierten Publikum.

13. Caroline Herder: Herder verbessert die Schulverhältnisse (um 1785)

1. *einen verbesserten Lektionsplan*: soweit ein solcher in Rücksicht auf die vorhandenen Lehrer, ihre Fähigkeit und selbst ihren guten Willen, ausführbar schien. Es war kaum ein unvollkommenes Stückwerk eines Lehrplans zu nennen, wie ein solcher in seiner Seele war, und wie Herder hoffte, ihn nach und nach, oder vielleicht in einem andern Ort, wo er hinkäme, ausführen zu können.

Damit aber unter die Schüler selbst von einer andern Seite lebendige, aufregende Nacheiferung käme, so schlug er ferners vor:

2. *den Wilhelm-Ernstischen Ehrentisch*, gestiftet 1701 von Herzog Wilhelm Ernst, auf seine eigentliche Bestimmung, nach welcher er ausschließlich eine *Belohnung* der Fleißigen und Fähigen sein sollte, zurückzuführen.

Nach vielen weitläufigen, mitunter unangenehmen Debatten darüber, errang er doch zuletzt die wahre Stiftung wieder. Sie kam, nach seinem Vorschlag, im Frühjahre 1784 zu Stande, und wurde in eine Ehrenbelohnung an Geld verwandelt, von welcher zwölf der fähigsten und fleißigsten Schüler aus der obersten Klasse, drei Jahre nach einander, jedes Jahr 40 Reichstaler erhielten. Die, welche diese Ehrenbelohnung empfingen, sollten damit auch bei künftigen Beförderungen den Vorzug erhalten. Diese Einrichtung, samt dem verbesserten Lektionsplan, brachte neues Leben in die Klassen.

3. Sämtliche Lehrer des Gymnasiums und der Stadtschulen waren so dürftig besoldet, dass sie zuweilen mit Mangel zu kämpfen hatten. Aufs Neue baten sie jetzt bei ihren zum Teil vermehrten und neuen Arbeiten um *Verbesserung ihres Gehaltes*.

Der Herzog trug Herdern auf, einen Fonds hiezu auszumitteln. – Glücklicherweise wurde die Garnisonspredigerstelle erlediget. Er schlug vor, jedem wenigen Militär diese Stelle einzuziehen und die Besoldung unter die Schullehrer und einige dürftige Stadtgeistliche zu verteilen (28. März 1787). Der Vorschlag wurde genehmiget, und es erhielten die Schullehrer jeder eine jährliche Zulage von 30 bis 50 Thlrn., die ihre dringendsten Bedürfnisse befriedigte. Herder hoffte in der Folge noch mehr für sie tun zu können, aber es wollte sich nichts ergeben. Sein Grundsatz war: »der Staat habe keine Sache, die ihm näher am Herzen liegen soll als die Bildung der Jugend.«

Zu dieser, vors erste nur unvollkommenen Einrichtung im Gymnasium, wozu der Herzog für Anschaffung der nötigen Instrumente und Landkarten noch 50 Reichstaler gab, errichtete Herder noch eine *Schulkasse*, um einige Bedürfnisse der Klassen daraus anzuschaffen, und armen fleißigen Schülern Bücher zu kaufen. Auch hiezu stoppelte er einen Fonds zusammen, wozu der Herzog und die Landschaft jährlich etwas steuerten; er selbst gab seine Besoldung, die er als Rechnungsführer bei dem Wilhelm-Ernstischen Ehrentisch der Primaner zu beziehen hatte, nämlich jährlich 15 Taler dazu, und verrichtete dieses Geschäft unentgeltlich.

Noch einen andern hätte er sehr gern ausgeführt. Es fehlte den Klassen des Gymnasiums eine *Schulbibliothek* zu täglichem Gebrauch. Dieses Bedürfnis sah Herder, wie sich voraus denken lässt, wohl ein, und suchte ihm auf folgende Weise abzuhelfen: die alte vorrätige Schulbibliothek hatte ein Vermächtnis an der Bibliothek des verstorbenen Konrektors *Nolde* erhalten. Aus diesen beiden Bibliotheken wollte er die besten Bücher aussuchen, die alten, hier nicht brauchbaren, sämtlich verkaufen lassen, und aus dem Erlös derselben, und einen Geldzuschuss aus der auf seinen Betrieb neuerrichteten Schulkasse, *jeder Klasse* eine Handbibliothek anschaffen, nötige Wörterbücher, gute Ausgaben von Klassikern, nebst andern nötigen Büchern, Instrumenten und Landkarten, so weit das Geld reichen möchte. Zu dem Ende gab er jemand den Katalog der Noldischen Bibliothek, um die Bücher anzustreichen, die er als brauchbar für die Schule kenne. Aber diesen Katalogen erhielt Herder, öfterer Erinnerungen ungeachtet, unter allerlei Vorwand – nie wieder zurück! Endlich behauptete man, ihn nie empfangen zu haben. Oft gedachte er mit Schmerz und Unwillen an den, wie er gutmütig hoffte, nur verlegten Katalog, und an die Behinderung seines so guten Plans. – Er starb darüber. Bald nach seinem Tode erschien der Katalog; er wurde durch die dritte Hand dem Konsistorium übergeben, welches die Auswahl der Bücher veranstalten und die unbrauchbaren verkaufen ließ. Dabei aber blieb es, und da Herder seinen Plan nicht schriftlich hinterlassen hatte, konnte er auch in seinem Sinn nicht ausgeführt werden. In der unten angeführten Schrift wird einer »vor mehrern Jahren geschehenen Stiftung einer ansehnlichen Summe Geldes von Personen aus den allerhöchsten, höhern und mittlern Ständen, zu Anlegung einer Sammlung der *neuesten deutschen Lesebücher und Unterhaltungsschriften* für die Primaner« (die Schüler der obersten Klasse) gedacht. Ohne Herders Wissen wurde dieser Fonds gesammelt; schwerlich aber würde er zur Anschaffung bloß von Schriften der neuesten deutschen Belletristerei eingewilliget, oder den Grund, »die jungen Leute von schlechten Büchern abzuhalten, die in den Leihbibliotheken gangbar sind«, hinreichend gefunden haben. Später wurde ihm etwas davon gesagt, als die Bücher schon angeschafft waren, und er wurde höchst unwillig, da er doch nur im allgemeinen von einer *solchen* Anwendung jener Geschenke hörte.

14. Karl Leberecht Schwabe: Am Gymnasium (1804)

Vorigen Donnerstag hat der Prof. Voß seine Stunden im Gymnasio angefangen, nachdem er montags vorher, nach dem Wilhelmstage von den beiden O. Cons. Räten, von welchen Wahl den Vortrag hatte, *brevi manu* war eingewiesen worden. Die drei obersten Klassen waren im großen Auditorio versammelt, und der *primus* jeder Klasse gab den Handschlag. Nach dem Reskript, welches ich gehalten habe, soll er in der Griechischen Sprache, und in dem klassischen Altertum vorzüglich gebraucht werden, daher habe ich ihm bei der provisorischen Verteilung der Stunden 4 griechische *in prima*, 2 dgl. *in secunda*, 4 dgl. *in tertia* zugeteilt. Hiernächst hat er *in prima* griech. Altertümer, den Horaz und die Geographie übernommen, wöchentlich also 10 Stunden; *in secunda* habe ich den Stroth und die alte Geschichte; Kaestner die chrestom. poët. und die Geographie abgetreten. Ich behalte bloß 1 griech. Stunde über das N. T. verbunden mit Interpretation, *in prima*; u. 1 dgl. *in secunda*. Hier lese ich *historica*, dort moralische Schriften. Hr. Voß stehet also im Griech. ganz allein vor den Riss. Er will es so u. kann nicht satt kriegen. Herr Dein Wille geschehe! Ich habe vor der Hand 2 Stunden *in prima* Stilübungen; 2 Stunden Reden des Cicero; 1 Stunde *antiquit. Romanor, forenses*; 1 St. N. T., wöchentlich also 6. Der Subkonrektor gibt 2 St., in der philos. Historie *in prima* außer dem Hebräischen, und 4 Stunden *in secunda*, Hebräisch und Justin. Er verlangte die Enzyklopädie; ich behauptete aber, diese müsse dem Direktor bleiben; ich wenigstens würde, wenn ich Direktor wär, sie mir nicht nehmen lassen. Nun schlug ich ihm das N. T. mit Exegesen vor; er übernahm es, kündigte es aber den andern Tag wieder auf, und ich übertrug ihm die Philos. Historie, vor der Hand der Griechen und Römer. Er übernimmt diese Lektion, verlangt aber den dritten Tag wieder das N. T. Hier sprach ich unwillig; es bleibt bei der philos. Historie. Ich habe ihm das Hebräische wegen der fehlerhaften Methode ungern gegeben; ich konnte es aber nicht ändern. Diese Einrichtung mag bis gegen Michaelis so bleiben.

15. Johann Eisenschmidt: Als Schüler am Gymnasium (1825)

Ich kam aufs Gymnasium in meinem 15. Jahre, im Jahr 1825, und wurde wegen meiner guten Kenntnisse im Lateinischen nach Sekunda gesetzt. Der Rektor Kluge [von der Bürgerschule in Jena] hatte mich selbst dahin begleitet und mir zugleich Wohnung bei einer armen Witwe besorgt, wo ich einen Platz zum Schlafen und Arbeiten hatte, für alles Übrige musste ich selbst sorgen. An Kaffee, warmes Mittagessen und dergleichen war nicht zu denken. Meine Mutter schickte mir wöchentlich durch Marktweiber, die Weimar von Jena aus mit Gemüse und Früchten versorgten, Brot, Butter und irgend sonst etwas Essbares. Hielt ich nun mit meinen Vorräten nicht gut Haus, so musste ich, wie die Kreuzfahrer zu Zeiten des Mangels, Fasttage im eigentlichsten Sinne halten. Und es gab Tage, an denen ich den ganzen Tag nichts weiter gegessen habe als das Frühstück, das ein gutmütiger Nachbar in der Schule mit mir teilte. Doch ging es mir nur im ersten Jahre so schlecht, später besserte sich meine Lage auch in dieser Hinsicht von Jahr zu Jahr.

Ich war also nach Sekunda gesetzt, das [die] zwar in Ober- und Unter-Sekunda zerfiel, aber doch die meisten Stunden vereinigt hatte. Dann saßen aber 70 Schüler in der Klasse. Der Einzelne kam daher wenig an die Reihe, und man kam in große Gefahr, unaufmerksam und nachlässig zu werden. Da ich nun zugleich weit hinten saß, so war ich nicht nur jener Gefahr mehr ausgesetzt, sondern hatte auch weniger Gelegenheit, mich auszuzeichnen. Ich war daher auf dem besten Wege zu verkommen. Im zweiten Semester saß ich zwar einige Bänke höher, aber mein Platz war aus einem andren Grunde schlecht. Die Klasse hatte nämlich ein sehr großes Katheder mit breitem hervorspringenden Rande. Die Schüler, die zwischen dem Katheder und der Wand ohne Fenster saßen, waren somit dem gewöhnlichen Gesichtskreise des Lehrers entrückt und ergaben sich zu Zeiten einer wenig gestörten Unaufmerksamkeit. Dieser Winkel hat zu einer der schönsten Schul-Anekdoten Anlass gegeben, die ich durchaus nicht übergehen darf. In Sekunda war vor meiner Zeit der Schulrat Schwabe Hauptlehrer gewesen, der zwar noch lebte, aber schon seit einigen Jahren emeritiert war. Nach allem, was ich über ihn gehört habe, ist er ein ebenso tüchtiger als geachteter Lehrer gewesen, dabei ein Mann von seltenem Humor, der sich im Gefühl seiner Würde und Wirksamkeit manchmal unbedenklich gehen ließ, wie es sein heitrer und überaus liebenswürdiger Charakter eingab. Einst hatte er die Beobachtung gemacht, dass Sekunda einen Späher unten an der Treppe aufstellte, der die Klasse vor Überrumpelung sichern sollte. Eines Tages gelingt es ihm, den Späher zu überlisten und vor ihm die Klasse zu gewinnen. Wahrscheinlich heiter gestimmt dadurch, tritt er in die mitten im Unfug überfallene Klasse, aus der Zauberflöte singend: der Papageno ist schon da! und die Klasse fällt jubelnd im Chor ein: Ist immer lustig, Hopsasa! Mit der Hand Stille winkend, geht er hierauf auf sein Katheder und hält eine Stunde voll Lebendigkeit und Humor.

Ein ander Mal erklärt er Ovids Metamorphosen und wirft nebenbei auch einen Blick in jene Ecke. Da sieht er denn, wie eine Gesellschaft dicht unter dem Katheder – Karten spielt. Ohne ein Wort zu sagen, lässt er weiter übersetzen; plötzlich schlägt er einen der eifrigen Spieler mit der Hand auf den Kopf und sagt: Dummkopf, du kannst ja stechen! …

Der Unterricht bestand, wie auf dem ganzen Gymnasium, so auch in Sekunda, hauptsächlich im Latein, Griechisch und Mathematik. Es war zwar auch ein Professor für Geschichte und Deutsch da, aber wir sahen aus allem, das niemand auf diese Stunden Gewicht legte, daher gaben wir uns auch keine sonderliche Mühe. Indes waren diese Stunden nicht ohne nützliche Anregung. Hauptlehrer in Sekunda war Professor Vent, ein Mann, dessen Andenken mir aus vielen Gründen teuer ist. Er war ein eigentlich pädagogischer Lehrer und besaß trotz seiner Kränklichkeit doch viel Zähigkeit und Ausdauer. Vor allem drang er auf Kürze und Vollständigkeit der Antworten, und da er jahrelang uns zu diesem Zwecke erzog, so ist dies gewiss bei den meisten nicht ohne Erfolg geblieben …

Es fand sich in Weimar zu der Zeit große Bereitwilligkeit, arme und fleißige Gymnasiasten zu unterstützen. Viele Familien zahlten solche kleine Stipendien oder trugen zu einer Summe bei, von welcher arme Gymnasiasten mittags beköstigt wurden. So hatte ich das Glück, durch einen meiner Mitschüler, dessen Vater auch beitrug, drei Tage in der Woche einen guten Mittagstisch zu erhalten. Eine arme Beamtenwitwe besorgte die Beköstigung täglich für 6 Gymnasiasten. So hatten auch die wohlhabenden Bürgerfamilien wöchentlich einoder zweimal einen bei sich am Tisch und ging man endlich ab, so wurde man freundlich aufgefordert, einen andern vorzuschlagen, dem damit gedient sei. …

Durch Karl [einen Mitschüler] wurde ich nach und nach mit andern jungen Leuten aus den ersten Familien Weimars, die mit uns das Gymnasium besuchten, bekannt, was mir in vieler Hinsicht nützlich war, vor allem dadurch, dass sie mich zu Privatstunden empfahlen. So gab ich z. B. dem Sohne des Bibliothekars Riemer, der das griech. Lexikon verfasst hat, Unterricht im Latein. Da ist es mir doch einmal vorgekommen, dass der Schüler mehr wusste als der Lehrer.

Ich übersetzte mit ihm einst Ovids ›Epistolae ex Ponto‹ und als darin ein Satz vorkam, dessen Sinn war: Sei du, Augustus, mir, was Achilles seinen Feinden war, erklärte ich meine Unfähigkeit, das Rätsel zu lösen. Da sagte ein Schüler ganz freudig: O, ich weiß wohl, was es bedeutet! die Wunden, die Achilles mit der Spitze seiner Lanze machte, konnte er mit dem andern Ende derselben wieder heilen. »Woher weißt du das?« Vom Alten. »Von welchem Alten?« Vom alten Goethe. Ich besuche manchmal seinen Enkel, und dann zeigt er uns gewöhnlich Bilder und erzählt dazu. So hat er uns auch Bilder zum Homer gezeigt und uns das vom Achill erzählt. Dass ich sonst schon brauchbar war zu solchem Unterrichte, kann ich wohl daraus schließen, dass ich diese Stunden lange Zeit behielt, obgleich der Vater manchmal eine Zeit lang dem Unterrichte beiwohnte. Er mischte sich aber gar nicht in den Unterricht; nur einmal verbesserte er einen Missgriff, den ich bei der Übersetzung beging.

Zu den Vorteilen, die ich dem Gymnasium verdanke, gehört vor allem die Übung des Gedächtnisses und darauf sah besonders Prof. Vent in Sekunda. Er ließ ganze Reden des Cicero auswendig lernen, so dass wir nach Beendigung der Rede diese auswendig wussten, worauf wir wohl das Katheder besteigen und die Rede halten mussten; aber er ließ sie auch später von Zeit zu Zeit wiederholen. Ich habe auf dem Gymnasium ganze Gesänge des Homer und des Virgil auswendig gelernt und später Gelegenheit gehabt, mich eines starken und zähen Gedächtnisses zu erfreuen. In Sekunda machten wir auch zuerst Bekanntschaft mit dem Direktor Gernhard[t], denn er besetzte in Obersekunda wegen Abgangs eines Lehrers einige Stunden und las mit uns den Livius. Wir fürchteten uns vor diesen Stunden, denn seine ganze Persönlichkeit war schrecklich. Dabei war er sehr heftig und sprach außer beim Übersetzen nur Latein. Anfangs ging es von unserer Seite aus Befangenheit und Unsicherheit herzlich schlecht, was ihn eben nicht nachsichtiger machte. Endlich machte ich die Entdeckung, dass seine Fragen gar nicht so schwer und meist mit den Worten des Schriftstellers zu beantworten waren.

16. Julius Schwabe: Auf der Elementarschule (um 1825)

In unserer Nachbarschaft hielt ein wackerer Lehrer, Namens *Gerbing*, eine in gutem Rufe stehende Privat-Elementarschule. Diesen Herrn Gerbing ließ mein Vater eines Tages zu sich bitten und übergab mich ihm als seinen jüngsten Schüler. Ich war darüber vor Freude so sehr außer mir, dass ich um Herrn Gerbing herumsprang und seine langen Beine umarmte. Doch ach! wie so oft im Leben das, was wir sehnlich wünschen und herrlich ausmalen, seinen ganzen Zauber verliert, sobald wir es erreicht haben, so ging es auch mir mit der Schule. Am ersten Schultage, wo mir alles noch neu war und ich mich in der Gesellschaft so vieler Knaben befand, schien mir die Sache nicht so übel zu sein. Aber schon am zweiten Tage kam sie mir langweilig vor, und ich empfand peinlich den Zwang, stundenlang still sitzen zu müssen, statt draußen auf dem kleinen Kastanienberg vor unserer Wohnung mit Knaben meines Alters mich herumzutummeln. Und am dritten Morgen, als die Uhr neun schlug, weigerte ich mich ganz entschieden, hinüber in die Schule zu gehen. Freundliches und ernstes Zureden, selbst Drohungen der Eltern halfen nichts – ich verweigerte hartnäckig den Gehorsam. Erst als mein Vater zu der *ultima ratio* der Pädagogen griff und auf dem Revers meiner Persönlichkeit sehr unangenehme Empfindungen erzeugte, gab ich den Widerstand auf und ließ mich, geschlagen und gedemütigt, wie ich war, durch das Dienstmädchen zur Schule bringen.

Die Schulstube war in zwei Hälften abgeteilt, in deren einer die Knaben, in der anderen die Mädchen saßen. Mit Recht hält man jetzt dafür, dass eine solche lokale Gemeinsamkeit unzulässig ist und oft Unzuträglichkeiten mit sich bringt, wie ich sie später beim Vorbereitungsunterricht zur Konfirmation kennen lernte, welcher sämtlichen Konfirmanden der Stadt, beiderlei Geschlechts, im Saale der Bürgerschule von geistlichen Herren erteilt wurde. Da flogen fortwährend von der Knabenseite Briefchen hinüber zu den Mädchen und verursachten Störungen, die sich für den ernsten Zweck des Unterrichts durchaus nicht schickten. Ähnliche Nachteile kamen aber in der gerbingschen Schule nicht zum Vorschein. Hier waren den Scholaren die Schwingen des bekannten Flügelkleides noch nicht so weit gewachsen, dass sie zu dergleichen unstatthaften Exkursionen hingereicht hätten. Im Gegenteil lässt sich von einem Nutzen sprechen, welchen jene Gemeinsamkeit des Schullokales für die Knaben mit sich brachte, indem diese sich bemühten, sich auch im Lernen als das stärkere Geschlecht zu erweisen. Auch fühlten sie sich angeregt, gewisse schmerzhafte Empfindungen, welche unter Umständen das spanische Rohr ihnen zuteilte, mit heldenhafter Selbstbeherrschung ohne Wehklage zu erdulden, was ohne Zweifel zu ihrer Willens- und Charakterstärkung beitrug. Es kam nicht selten vor, dass bei intensiveren Strafexekutionen sich auf der Mädchenseite ängstliches Weinen und mitleidiges Fürbitten erhob, während die zugeteilten Prügel von den Geschlagenen nicht nur ohne Klage, sondern sogar mit lächelnder Miene in Empfang genommen wurden. Diese Hervorkehrung der Mannhaftigkeit im Gegensatz zur Weichheit des weiblichen Gemütes machte sich auch bei anderer Gelegenheit geltend. In der Lesestunde mussten die Kinder in abwechselnder Reihenfolge die Lesestücke des »Schwabeschen Lesebuches« vorlesen. Unter letzteren befindet sich die Erzählung von einem kranken Knaben, dessen Hinscheiden in sehr beweglicher Weise geschildert wird. Während des Vorlesens dieser Szene vergossen die meisten Mädchen unter lautem Schluchzen reichliche Tränen, und die Jungen, welche sich über solche Weichheit erhaben fühlten, brachen in ein echter Kannibalen würdiges Hohngelächter aus.

Ich kann nicht umhin, mit einigen Worten auf die damals und leider auch noch jetzt üblichen Schulprügel zurück zu kommen. Nicht der gute Herr Gerbing, wohl aber ein Hilfslehrer, Namens *Lohrmann*, ein noch junger Seminarist, war sehr freigebig mit der Anwendung des spanischen Rohres, das er mit Virtuosität zu handhaben verstand. Wir merkten wohl, dass es ihm ein Genuss war, Schläge zu geben, und dass er oft auch dann prügelte, wenn kein genügender Grund dazu vorlag. Das erweckte in uns einen so tiefen Hass, wie man ihn kaum in Kinderseelen für möglich halten sollte.

17. Friedrich Johann Justin Bertuch: Die Zeichenschule (1789)

Unsere hiesige fürstliche freie Zeichenschule, von deren Einrichtung Sie einige genauern Nachrichten wünschen, nahm zwar schon mit dem Engagement ihres jetzigen Direktors, des Herrn Rat Kraus, im Jahr 1776 ihren Anfang, bekam aber erst im Jahr 1780 ihre feste und bestimmte Form und einen ausgebreitetern Wirkungskreis.

Se. Durchl. der Herzog hatte bei Stiftung dieses nützlichen Instituts einen dreifachen Zweck: 1. Verbesserung der hiesigen Handwerker durch Zeichnen und Anleitung zu besserm Geschmacke in ihren Arbeiten. 2. Vervollkommnung des Unterrichts der Jugend beider Geschlechter durch ganz freie Instruktion im Zeichnen, für alle Klassen und Stände. 3. Um dadurch vielleicht manchem jungen versteckten und noch schlafenden Künstler-Genie Gelegenheit zu geben, sich zu entdecken und zu entwickeln …

1. Der Herzog trägt aus seiner Schatulle durchaus alle Kosten davon; gibt den Platz, Verheizung, Gipse, Modells, Zeichnungen, Bücher, und was sonst nötig ist, frei, besoldet die dabei angestellten 8 Lehrer, und hat, mit Einem Worte, dies Institut in ganz eigentlichem Verstande so frei gemacht, dass ein Lehrling, wer es auch sei, von seinem 10. Jahre an, ganz frei hingehen und, so viele Jahre er will, sorgfältigen Unterricht genießen kann, ohne dass es ihm einen Heller mehr als das Papier und den Röthel kostet, das er verzeichnet.
2. Der Unterricht wird nirgends anders als in den drei dazu bestimmten Sälen gegeben, davon, wie Sie wissen, zwei mit des Direktors Kraus Wohnung genau zusammenhängen, damit er zu jeder Stunde hingehen, und die Arbeiten der jungen Leute dirigieren könne. Eine Vorschrift und Zeichnung mit nach Hause zu nehmen, ist schlechterdings nicht erlaubt, weil dies alle Ordnung und Sukzess des Unterrichts stören würde; und es muss sich die junge Dame und der junge Kavalier vom ersten Range gefallen lassen, so gut wie das gemeine Bürgermädchen und der Knabe eines Handwerkers zu den bestimmten Unterrichtstunden hierher mit ihrem Portefeuille zu kommen, und am angewiesenen Orte Lektion zu nehmen; und alle tun dies auch ohne Ausnahme sehr gern.
3. Die Eleven sind nach dem Geschlecht und Fähigkeiten in drei Hauptklassen abgeteilt, und nach diesen die Lehrstunden an den zwei öffentlichen Lehr-Tagen, Mittwoch und Sonnabend, in der Woche eingeteilt. Im Sommer halben Jahre kommt also *a.* die 1. Klasse männliche Lehrlinge, die Anfänger früh von 6–7 Uhr, *b.* die 2. Klasse männliche Lehrlinge; die älteren und schon geübtern Schüler (zu welcher Klasse auch die Fürstlichen Pagen und junge Edelleute aus der Stadt angewiesen sind) früh von 9–10 Uhr, *c.* die 3. Klasse, sämtliche weibliche Eleven, Kinder und Erwachsene, früh von 10–12 Uhr in die zwei Säle, wo die freie Handzeichnung gelehrt wird, und empfängt hier im freien Handzeichnen von den dazu angestellten vier Lehrern, welche nebst dem Direktor, Herrn Rat Kraus, alle zugleich gegenwärtig sein müssen, den nötigen Praktischen Unterricht. Im Winter halben Jahre wird die Lektionsstunde der ersten Klasse früh von 6–7 Uhr auf den Nachmittag von 2–3 Uhr verlegt.

Nachmittags von 3 bis 4 Uhr gibt ein besonderer Lehrer der 1. Klasse in den Anfangsgründen der Geometrie als Grundlage zur Architektur und freien Handzeichnen den nötigen Unterricht; und

Abends von 6 bis 7 Uhr unterrichtet ein Architekt die sämtlichen Handwerksgesellen und Lehrjungen aus der Stadt, welche daran Teil nehmen wollen, z. E. Zimmerleute, Tischler, Dreher, Maurer, Steinmetzen, Schlosser, Gürtler, Sattler usw. in der Architektur, wobei im Sommer auch von den Tischlern und Zimmerleuten modelliert wird. Der Saal zu diesem Unterrichte ist von jenen beiden abgesondert und im alten Schlosse.

Dies ist der Unterricht, der wöchentlich an beiden obgedachten öffentlichen Lehrtagen, Mittwoch und Sonnabend, allgemein und ohne Unterschied erteilt wird. Außerdem und an zwei besonderen Tagen, nämlich Dienstag und freitags, haben die ältesten und geschicktesten männlichen Eleven, und die jungen Künstler noch besonders Unterricht im Zeichnen nach Gips und Natur, an einem lebendigen Modell.

Für diejenigen Eleven, welche sich nach Prüfung ihrer Talente nun ganz der Kunst widmen und zu Künstlern ausbilden wollen, stehen die beiden obgedachten Säle an der Wohnung des Direktors, welche im Winter täglich geheizt werden, beständig offen, und sie arbeiten jeder in seinem Genre, unter Spezial-Aufsicht des Direktors, täglich daselbst.

Was den Gang des Unterrichts überhaupt anbelangt, so müssen alle Lehrlinge, männliche und weibliche, ohne Ausnahme, mit den gewöhnlichen Anfangsgründen der Zeichenkunst (wozu Herr Rat Kraus ein ABC-Buch entworfen hat) anfangen, und jedes kann denn auf ein oder das andere Genre der Zeichnung, z. E. Blumen, Landschaft, Figuren, Dekorationen usw. so es sich wählt, fortgehen …

Die Zahl der männlichen Eleven ist fast immer über 100 und der weiblichen zwischen 50 und 70 bisher gewesen, und man spürt auffallend, welchen wesentlichen Nutzen dies Institut für Stadt und Land hat.

18. Franz Eduard Genast: Hospitäler in Weimar (um 1840)

In Weimar befanden sich zu damaliger Zeit zwei der Stadtgemeinde gehörige Häuser, welche zur Aufnahme hilfsbedürftiger Frauen bestimmt waren. Sie standen am alten Graben nebeneinander und waren unter dem Namen des armen und reichen Spitals bekannt. Die Großherzogin Maria Paulowna erkundigte sich eines Tages bei Tafel nach der Einrichtung und Zweckmäßigkeit dieser städtischen Anstalten und hörte von einigen aus ihrer Umgebung, dass für die armen alten Frauen auf das Vortrefflichste gesorgt sei. Da Röhr [Generalsuperintendent Dr. J. F. Röhr] die sicherste Auskunft zu geben imstande war und sich ebenfalls in der Gesellschaft befand, wendete sich die Fürstin an ihn mit den Worten: »Ich höre mit Vergnügen, dass es den armen alten Frauen in beiden Anstalten so gut geht, dass die Häuser so sauber und wohnlich eingerichtet sind. Ist dem so?«

»Halten zu Gnaden, Kaiserliche Hoheit, die beiden Anstalten sind unter aller Kritik!«, erwiderte Röhr und fuhr, ohne sich durch den befremdeten, finstern Blick der Fürstin beirren zu lassen, ruhig fort: »Ich kann nur bitten, dass Kaiserliche Hoheit sich durch eigene Anschauung überzeugen möchten, ob ich die Wahrheit gesprochen habe.«

Am andern Tage früh um acht Uhr hielt bereits der Wagen der Fürstin vor den von den Fenstern der Superintendentur aus sichtbaren Hospitälern, vier Wochen darauf war der Plan zu einem schönen, geräumigen Neubau entworfen und genehmigt, welchen die Großherzogin auf eigene Kosten ausführen ließ, selbst überwachte und mit einem zweckmäßigen Inventar, sowie mit einem zur Erhaltung desselben ausreichenden Kapitale dotierte. Als im nächsten Jahre die Einweihung der Anstalt stattfand, wandte sich die Fürstin an Röhr und sagte: »Erinnern Sie sich noch unseres Gesprächs im Schlosse?« Röhr versicherte ihr, dass es unauslöschlich in seinem Herzen stehe, die Großherzogin aber erwiderte, dass sie ihm für seine Wahrheitsliebe den größten Dank schuldig sei.

19. Charlotte von Ahlefeld: Vernachlässigte Stiftungen (1829)

Die Großfürstin [Anna Paulowna] nimmt sich sehr tätig der sogenannten milden Stiftungen an, die bisher sehr unmild waren, indem eine grenzenlose Vernachlässigung und Unreinlichkeit darin herrschte, und die alten Weiber auf bloßem Stroh lagen und die elendeste Nahrung bekamen. Das Konsistorium, dem die Oberaufsicht oblag, hatte sich nie darum bekümmert – es waren nicht einmal Öfen vorhanden, die Unglücklichen im Winter vor Kälte zu schützen. Bloß der Spittelvater, ein 78-jähriger Greis, hatte einen in seinem Zimmer, und es war daraus der für die gut dezente Großfürstin unverzeihliche Fehler hervorgegangen, dass ein 80- und ein 76-jährig Mütterchen sich, aus Furcht zu erstarren, zu ihm gebettet hatten. Wie ein guter Engel erschien plötzlich die Großfürstin unter diesen Bildern des Jammers und ließ sich weder durch den pestilenzialischen Geruch noch durch manche Gräuel des Anblicks, wohin ich auch das allzu leichte Kostüm des Spitalvaters rechne, abhalten, alles auf das Genaueste zu untersuchen um den Übeln abzuhelfen …

20. Johannes Falk: Elend der Waisenkinder (1818)

Die Landstände, anstatt mich in dem Hungerjahr 1817, wo alle Bedürfnisse aufs Doppelte stiegen, zu stützen, haben mir den jährlichen Beitrag von fünfhundert Talern gestrichen.

Um die armen Kinder in diesem Hungerjahr durchzubringen, habe ich verkauft und versetzt, was nur irgend gehen wollte. Der schöne, von ihrer Großmutter geerbte Schmuck meiner Frau steht im Pfandhaus. Sogar die Leinwand, welche die Kinder zu ihrer eigenen Bekleidung angefertigt hatten, an fünfhundert Ellen, so auch Baumwolle, Flachs mussten dahin getragen oder verkauft werden, nur damit die armen Kinder gespeist werden konnten.

Gott sei Dank, es ist mir auch nicht ein einziges derselben zugrunde gegangen. Viele Knaben, noch vor einem Jahr blühend und gesund, hatten nun ein bleiches, abgezehrtes Aussehen. Witwen sah ich in dieser Zeit, die ihr mit Kleie dürftig zusammengehaltenes Brot mit dem Löffel essen mussten. Ein Glück noch, dass die großherzogliche Kammer mir wenigstens die hundert Scheffel Getreide für dieses Jahr nicht genommen hatte; denn sonst wäre ich mit den Kindern, denen sie angewiesen sind, in neue Verlegenheit gekommen.

Wo ich nicht augenblicklich Geld oder Brot schaffen und die ungestümen Forderungen der Pflegeeltern befriedigen konnte, brachten sie mir die Kinder zu Dutzenden ins Haus zurück, und indem ich so mit schwerer Not und Sorgen kämpfte, forderte mir das großherzogliche Almosenkollegium für jeden Burschen, den ich aufdingen ließ, ein Almosen ab. Sogar für den Vagabunden Bier aus Jena, Zinngießer bei Meister Schiller am Bornberge, der aus Caen in der Normandie und über Mertrau vagabundierend zu mir gekommen war und dessen Mutter gestohlen hatte, musste ich Almosen bezahlen, also Almosen vom Almosen bezahlen …

Den 14. April erschien ein armer Krüppel, 16 Jahre alt, an einer Krücke, sehr klein und schwächlich in der Anstalt. Er bat mich im Namen Jesu Christi, ich sollte ihn doch einen Schneider werden lassen. Ich befragte ihn, wo er her sei. Er gab mir zur Antwort: »Ich heiße Ludwig Minner und bin in Möhrenbach geboren, über Amt Gehren im Arnstädtischen. Weil ich über einen nassen Weg gegangen bin, wo ich unter einem Baum stecken blieb, hab ich mich verdorben. Ich konnte nicht wieder heraus, weil ich Salz trug. Endlich hörte man mich rufen, aber erst nach einer Stunde. Von dieser Zeit an habe ich nun das Reißen bekommen, was mich ganz zusammengezogen hat, so dass ich nun ein Krüppel bin. Mein Vater ist tot, meine Mutter auch, nur meine Stiefmutter lebt noch, aber die hilft mir nichts. Sie sagt, ich soll mein Brot vor den Türen suchen. Das hab ich nun seit zwei Jahren getan, bald in Arnstadt, bald in Ilmenau, bald in Coburg, bald in Saalfeld. Die Nacht schlafe ich gewöhnlich in den Hirtenhäusern. Wenn ich Brot genug in meinem Säckchen habe, lasse ich mir eine Suppe kochen. Die Hunde sind so garstig mit mir. Zu Gräfenau haben sie mir ein Stück aus meinem Strumpf gerissen, ein andermal fallen sie mich an und beißen mir ein Stück aus dem Fuß, da bleib ich liegen. So möchte ich gern ein Schneider werden.« – Nach Landesgesetzen musste ich ihn abweisen, denn diese lauten so: »Kein Landeskind, keine Versorgung.« …

Ich habe dieses arme, verlassene Kind bei Meister Querndt, dem Schneider in Kleinkromsdorf, untergebracht, obgleich ich nicht weiß, wo ich das Geld dazu hernehmen soll.

II. Hof und Hofleben unter Anna Amalia und Carl August

»Er ist bei Hofe« – über diese stereotype Auskunft spottet 1789 der Russe Nikolai Karamsin (Dok. 21), aber sie ist doch kennzeichnend für Weimar, wo mehr als die Hälfte aller Einwohner auf irgendeine Weise von diesem Hof abhängig war. Die zahlreichen Aussagen zeigen deutlich, dass er sich gesellschaftlich kaum von den anderen kleinen Fürstenhöfen des ausgehenden 18. Jahrhunderts unterschied, und nur dank der Aufgeschlossenheit der herzoglichen Familie das geistige Leben weit reger war als anderswo.

Die Grundlagen für diese geistige Entwicklung hatte schon die Herzogin Anna Amalia gelegt. Knapp zwanzigjährig übernahm sie 1758 die Regierung des Landes, 1775 folgte ihr Carl August, während sie sich selbst in ihr Wittumspalais zurückzog. Da das eigentliche herzogliche Schloss nach einem Brand eine Ruine war, wohnte die herzogliche Familie im »Fürstenhaus« und erst ab 1803 wieder in der Residenz, dem Neuen Schloss. Zu den Regierungsgebäuden gehörten auch das Rote und das Gelbe Schloss. Als freundliche Sommerresidenzen dienten der fürstlichen Familie noch das Belvedere und die Schlösser Tiefurt und Ettersburg.

Einer der besten Zeugen für das Hofleben unter Anna Amalia und dem jungen Carl August ist der Freiherr von Lyncker, der schon als Page bei Anna Amalia gedient hatte. Er gibt eine lebendige Charakteristik der Herzogin Anna Amalia (Dok. 22). Dieses Bild wird reizvoll ergänzt und vertieft durch die Beobachtungen der Schauspielerin Karoline Jagemann von 1797 (Dok. 23). Vom jungen Herzog und dem Treiben bei Hofe im November 1776 berichten die Brüder Friedrich und Christian Stolberg (Dok. 24). Elf Jahre später wird die Gräfin Henriette Egloffstein bei Hofe vorgestellt, und sie ist tief beeindruckt von den fürstlichen Persönlichkeiten (Dok. 25).

Den Hof um 1800 beschreibt Ludwig Christian von Oertel (Dok. 26). Er macht auch mit einigen Mitgliedern der Hofgesellschaft bekannt. Zu den engsten Vertrauten der Herzogin-Mutter gehörten damals die Hofdame Luise von Göchhausen, deren Porträt Cäcilie von Voigt überliefert (Dok. 27), und Charlotte von Stein, von der Johann Georg Zimmermann schwärmt (Dok. 28).

Die Persönlichkeit Carl Augusts und sein für Stadt und Land gleichermaßen segensreiches Wirken hat Goethe im Gespräch mit Eckermann treffend charakterisiert (Dok. 30). Seine Worte werden ergänzt durch die Aussagen von Karl Wilhelm von Lyncker über den jungen Landesvater (Dok. 31) und die heiter-anekdotische Beschreibung Julius Schwabes (Dok. 32).

Von den Vergnügungen und Geselligkeiten bei Hofe wird noch im folgenden Kapitel ausführlich die Rede sein. Natürlich spielten Toilettenfragen hier wie überall eine gewichtige Rolle, wie wir bei Karl Wilhelm von Lyncker (Dok. 33) und der Gräfin Egloffstein (Dok. 34) hören. Auch in Weimar war der Hof ein Jahrmarkt der Eitelkeiten: schöne Kleider, hohe Titel, Intrigen und nicht zuletzt die Schauspielerin Karoline Jagemann als Mätresse Carl Augusts lieferten Gesprächsstoff und die entsprechenden Notizen in den Erinnerungswerken. Der livländische Publizist Garlieb Merkel spottet um 1800 über die Titelsucht (Dok. 35); jede kleinste Geste wird wichtig genommen, wie eine Briefnotiz Karl Ludwig Fernows beweist (Dok. 36). Und genüsslich spinnt Frau von Stein in einem Brief an ihren Sohn Fritz vom 29.5.1812 einen Skandal aus: Die Jagemann hatte dem Großherzog im April eine Tochter geboren, und bald danach kam es zu einem Eklat (Dok. 37). So wie Charlotte von Stein hier das Verhältnis kommentiert, wird es auch von anderen beobachtet und betratscht (Dok. 38). Karoline Jagemann dagegen sah ihre Beziehungen zum Herzog unbelastet, frei und tief. Ihre Haltung sucht sie in ihren Erinnerungen zu rechtfertigen (Dok. 39). Dass diese Affäre die Beliebtheit des Herzogs bei der Bevölkerung nicht geschmälert hatte, beweist nicht zuletzt ein Bericht Johann Eisenschmidts über das fünfzigjährige Regierungsjubiläum Carl Augusts, das er 1825 als Schüler miterlebte (Dok. 40).

21. Nikolai Karamsin: »Er ist bei Hofe!« (1789)

Die Lage Weimars ist artig. Die umliegenden Dörfer mit ihren Feldern und Gehölzen gewähren eine anmutige Aussicht. Die Stadt ist nur klein, und außer dem herzoglichen Palast gibt es hier weiter keine großen Gebäude. Als man mich am Stadttor befragt hatte, befragte ich auch meinerseits den wachthabenden Sergeanten: »Ist Wieland hier? Ist Herder hier? Ist Goethe hier?« – »Hier, hier, hier«, antwortete er, und ich befahl dem Postillion, nach dem Gasthof »Zum Elefanten« zu fahren.

Der Lohnlakai wurde nun sogleich abgefertigt, um sich zu erkundigen, ob Wieland zu Hause sei. – »Nein«, war die Antwort, »er ist bei Hofe.« – Ob Herder zu Hause sei? – »Nein, er ist bei Hofe.« – Ob Goethe zu Hause sei? – »Nein, er ist bei Hofe.« – »Bei Hofe, bei

Hofe«, spottete ich halb bürgerlich dem Bedienten nach, nahm meinen Stock und ging in den dicht an der Stadt liegenden Park. Ein schönes Lustwäldchen, das man den Stern nennt, gefiel mir besonders, doch noch mehr zog mich das wilde, dunkle Ufer eines rauschenden Baches an, unter dessen Geräusch ich, auf einem bemoosten Steine sitzend, das erste Buch von »Fingal« las. Diejenigen, welche mir im Garten begegneten, betrachteten mich mit einer Aufmerksamkeit, die in großen Städten, wo man bei jedem Schritt auf unbekannte Gesichter stößt, nicht gewöhnlich ist.

22. Karl Wilhelm von Lyncker: Anna Amalia (um 1775)

Was nun das persönliche Benehmen der höchstseligen Herzogin Anna Amalie während ihrer Regierung betrifft, über die ich so viele vertrauliche Äußerungen in meiner Eltern Hause vernommen, so machte sie wohl in jedem Bezug eine rühmliche Ausnahme von ihren übrigen durchlauchtigen Schwestern, indem ihre Haltung sowie ihre Reden stets gemessen und würdevoll waren.

Man nannte die Gesichtsbildung der jungen Regentin allgemein schön. Ihr großes durchdringendes Auge gestattete, wie sie selbst öfters erwähnte, nicht allein Das zu sehen, was neben ihr, sondern auch zuweilen das, was hinter ihr geschah; doch blickte es sehr ernsthaft, wenn Etwas vorging oder sich vernehmen ließ, was der scharf durchschauenden Gebieterin missfiel. Eine sehr hervorstehende Nase zeichnete bekanntermaßen das ganze herzogliche braunschweigische Haus aus, dergestalt dass ein junger Mensch, namens König, der von dorther gekommen war, unsere Herzogin aber nie gesehen hatte und als total wahnsinnig in dem Irrenhause verwahrt werden musste, bei ihrem Anblick ausgerufen haben soll: »Das ist eine braunschweigische Nase!«

Eine eigentümliche Lieblichkeit umgab ihren wohlgeformten, zartgeschlossenen Mund, und Jedermann fand sich beglückt, gegen den sie ihn freundlich öffnete. Allgemein wurde ihr kleiner Fuß bewundert, und da sie täglich ein Paar neue Schuhe anlegte, die sie dann den Kammerfrauen überließ, so kamen solche häufig zum Verkauf, und jede Dame war stolz darauf, ihren Fuß in die Schuhe der Herzogin zu zwängen. Die Hof- und andern Kavaliere trugen aus Galanterie kleine goldene Schuhe als Uhrketten-Berlocke.

Nach der Tagesordnung jener Zeit ließen sich fast alle vornehmen Damen von Möpsen oder Windspielen begleiten, die nicht allein einer großen Beachtung, sondern auch des Glücks genossen, sich auf diesen oder jenen zarten Schoß niederlassen zu dürfen, und die Überbleibsel ihrer Gebeine, auch auf den teuersten Kleidern, wurden sehr verzeihlich gefunden. Auch die Hohe Frau war in ihrer frühern Zeit stets von diesen Modetieren begleitet, und welche Stelle Dieselben dazumal spielten, bezeichnen noch viele alte Damenbilder, auf denen man fast stets, wenn auch nicht einen ganzen Hund, doch wenigstens eine Hundekopf erblickt.

Es gehörte ferner bei Damen und Herrn zum guten Tone, viel Tabak zu schnupfen, um möglichst schöne, mit Ringen gezierte Hände und nebenbei brillante Dosen sehen zu lassen. Dies war denn auch bei der Frau Herzogin zu ununterbrochener Gewohnheit geworden.

Man kann wohl nicht sagen, dass sich die Herzogin in mancherlei Worte ergossen und in größern oder kleinern Gesellschaften an ihrem oder dem nachmaligen regierenden Hofe anhaltend feurige Diskurse zu halten pflegte; sie verstand aber die Kunst, in engern Kreisen Gespräche auf die interessantesten Gegenstände zu bringen, wie ich Dies späterhin bei Tafel hinter ihrem Stuhle besonders zu bemerken Gelegenheit hatte, wenn Wieland, Herder, Goethe und mehrere andere große Geister bei ihr speisten. Wurde jedoch die Unterhaltung sehr lebhaft und heftig, wozu die alten Weine, die der marschallierende Kammerherr v. Einsiedel immer sehr reichlich servieren ließ, nicht wenig beitragen mochten, so wusste sie eine solche sehr geschickt abzubrechen und auf gleichgültigere Gegenstände zu leiten.

Die Herzogin und die vornehmsten Damen pflegten in Gesellschaften Goldfaden zu drieseln; außerdem war das Filetstricken in Zwirn und Seide an der Tagesordnung.

23. Karoline Jagemann: Begegnung mit Anna Amalia (1797)

Die Tür des Salons öffnete sich, und ich stand der Fürstin gegenüber, die mich inmitten ihres kleinen Hofstaats erwartete. Das Äußere der hohen Frau besaß widersprechende Einzelheiten, die sich jedoch zu einer fürstlichen Erscheinung vereinten, an ihrem geistigen Ausdruck, vor allem an der frappanten Ähnlichkeit mit Friedrich dem Großen erkennbar. Sie war klein, und ein gebogener Rücken störte die majestätische Haltung, die das Gesicht aufwies, tat aber der Anmut, die über ihr ganzes Wesen ausgegossen war, keinen Eintrag.

Nach einem huldvollen Empfang, wie ich ihn nach der letzten Entrevue in Belvedere kaum erhofft hatte, und vielen Fragen nach Herrn v. Dalberg, meiner Lehrerin, dem Grafen Veterani machte mich die Fürstin mit zwei jungen Damen bekannt, um die sich ihr Gefolge inzwischen vermehrt hatte, Fräulein v. Wolfskeel, die zweite Hofdame neben Fräulein v. Göchhausen, die ich von Jugend auf kannte, und Demoiselle Rudorf, die Kammersängerin dieses Hofes. Erstere war eine zarte, graziöse Gestalt, die, ohne schön zu sein, mit ihrem weißen Morgenanzug und rundem Strohhut etwas Idyllisches aufwies und einen sehr angenehmen Eindruck machte. Demoiselle Rudorf, bei der Fürstin in hoher Gunst, schlank und biegsam wie eine Birke im Winde, wiegte auf einem langen, beweglichen Halse einen rotbeturbanten Kopf, dem man eine gewisse Schönheit und ansprechenden Ausdruck nicht absprechen konnte. Dunkelbraune Locken fielen in der Ungezwungenheit der damaligen Mode bis auf die stark gezeichneten, obgleich nicht regelmäßig gezogenen dunklen Brauen und beschatteten zwei schön geformte Augen, die in ungewissem Blau, aber doch vorteilhaft gegen die langen dunklen Wimpern abstachen. Während ich bei Fräulein von Wolfskeel an die Galathee denken musste, fiel mir bei Demoiselle Rudorf die Sibylle ein; so einfach das Wesen jener war, so kompliziert letztere in der unaufhörlichen Geziertheit, dem Drehen und Wiegen des Kopfes und den Schlangenwindungen des Oberkörpers. Der gute, freundliche, wohlwollende Herr v. Einsiedel ist als Schriftsteller weithin bekannt; seine Charakteristik liegt in diesen drei Adjektiven beschlossen, er wurde deshalb von beiden Höfen der Ami genannt und um seines ehrenwerten Charakters willen von der ganzen Stadt hochgeachtet, indes er den glänzenden Geistern, die am Hofe der Fürstin die Unterhaltung leiteten, mit Originalität und Liebenswürdigkeit zur Seite stand …

Im Sommer bewohnte sie ein bescheidenes Gutshaus im Dorfe Tiefurt, das nur die Ehrfurcht vor der Bewohnerin Schloss nennen konnte, am Eingang eines kleinen Parks mit herrlichen Bäumen, den die Ilm, sonst verdrießlich und träge, wie ein rauschender Waldstrom durcheilte. Außer ihrem Hofstaat war sie täglich von allem umgeben, was Weimar Vorzügliches besaß, und dessen war damals viel, denn Wieland, Herder, Goethe in der Blüte ihrer Jahre, voll Heiterkeit, ich möchte sagen fröhlichen Übermuts, überboten sich in geistreichen Betrachtungen, Scherzen und Satiren über moralische und psychologische Themen, Erlebnisse, Zeitereignisse und Gedichte, und dazu gesellten sich abwechselnd andere, die mit Witz und Gelehrsamkeit

Heiterkeit und Anmut verbreiteten. Der Herzog war die Seele der Unterhaltung, zu der sein lebendiger Geist und seine frohe Laune immer neuen Stoff lieferten, und seine Mutter fühlte sich glücklich, wenn sie den geliebten Sohn in ihrer Nähe wusste. Was vom Ausland an Künstlern und Gelehrten, interessanten Frauen und merkwürdigen Persönlichkeiten nach Weimar kam, fühlte sich von diesem Treiben angezogen wie Tasso am Hofe von Este und verweilte gern in seiner Atmosphäre. Ein kleines, angenehm eingerichtetes Logis in einem reinlichen Bauernhause nahm die Fremden auf, welche die Fürstin länger in ihrer Nähe zu haben wünschte, auch ich brachte dort zuweilen eine geruhsame Nacht zu, wenn der Abend zu schnell eingebrochen war. Das Wittumpalais bezog die Herzogin, wenn die Blätter in Tiefurt gelb wurden und die feuchten Herbstnebel den Aufenthalt im Freien nicht mehr gestatteten. Hier versammelte der Abend die Gesellschaft, in die damals einige französische Emigranten und eine englische Familie Gore eingeführt wurden, ein Vater mit zwei Töchtern, von denen die jüngere eine liebenswürdige Erscheinung war, wie sie nur noch in Romanen existieren, am seltensten unter den Engländerinnen der neuesten Zeit, die den Kontinent besuchen.

24. Friedrich und Christian Stolberg: Höfische Unterhaltung (1776)

»Der Herzog ist ein herrlicher achtzehnjähriger Junge, voll Herzensfeuer, voll deutschen Geistes, gut, treuherzig, dabei viel Verstand. Engel Luischen [die junge Herzogin] ist Engel Luischen. Die verwitwete Herzogin, eine noch schöne Frau von sechsunddreißig Jahren, hat viel Verstand, viel Würde, eine in die Augen fallende Güte, so ganz ungleich den fürstlichen Personen, die im Steifsein Würde suchen. Sie ist charmant im Umgang, spricht sehr gut, scherzt fein und weiß auf die schönste Art einem etwas Angenehmes zu sagen. Prinz Konstantin [der jüngere Sohn der Herzogin Amalie] ist ein herziges, feines Bübchen. Eine Frau v. Stein, Oberstallmeisterin, ist ein allerliebstes, schönes Weibchen. Wir waren gleich auf dem angenehmsten Fuß dort; es war uns sehr wohl, und ihnen ward auch wohl bei uns. Am Vormittag waren wir entweder bei Goethe oder Wieland oder ritten mit dem Herzog auf die Jagd oder spazieren. Von zwei bis fünf Uhr waren wir bei Hofe. Nach Tisch wurden kleine Spiele gespielt, Blinde Kuh und Plumpsack. Von sieben bis neun Uhr war Konzert oder ward *Vingt-un* gespielt. Einmal war Maskerade. Einen Nachmittag las Goethe seinen halb fertigen ›Faust‹ vor. Es ist ein herrliches Stück. Die Herzoginnen waren gewaltig gerührt bei einigen Szenen ... Einigen steifen Hofleuten waren wir, glaub' ich, ein Dorn im Auge, aber die Guten waren uns herzlich gut.« »Die ganze herzogliche Familie ist, wie keine fürstliche Familie ist. Man geht mit ihnen allen um, ganz als wären's Menschen wie Unsereiner ... Unser Goethe war da und ist da; den hab' ich noch viel lieber gekriegt ... Einen Abend soupierten wir beim Prinzen, des Herzogs Bruder. Miteins ging die Tür auf, und siehe: die alte Herzogin kam herein mit der Oberstallmeisterin, einer trefflichen, guten, schönen Frau v. Stein. Beide trugen zwei alte Schwerter aus dem Zeughause, eine Elle höher wie ich, und schlugen uns zu Rittern. Wir blieben bei Tische sitzen, und die Damen gingen um uns herum und schenkten uns Champagner ein. Nach Tische ward Blinde Kuh gespielt; da küssten wir die Oberstallmeisterin, die neben der Herzogin stand. Wo lässt sich das sonst bei Hofe tun?«

25. Henriette Gräfin von Egloffstein: Vorstellung bei Hofe (1787)

Unsre Vorstellung am Hof war, aus Gründen deren ich mich nicht mehr entsinne, verschoben worden, endlich aber der Tag anberaumt wo diese für mich so wichtige Begebenheit vor sich gehen sollte. – Mit welchem Herzklopfen stieg ich auf der wohlbekannten Treppe im Fürstenhaus zum großen einfachen Saal, an welchen sich die schmucklosen Gemächer der regierenden Herzogin Louise reihten! Welche Beklommenheit! Welche ängstliche Erwartung, bis die Flügeltüren des Audienzzimmers sich öffneten und ich die hohe, ernste Frau erblickte, deren erhabne Tugenden in jener Zeit noch nicht so innig erkannt und bewundert wurden als späterhin! – Der Eindruck, den ihre erste Erscheinung auf *mich* machte, lässt sich am besten mit demjenigen vergleichen, den die Madonnen-Bilder unsrer alten deutschen Maler auf jedes fühlende Gemüt machen. – Reinheit und Majestät sprach sich in ihrem ganzen Wesen aus und in den Zügen des angenehmen Gesichtes herrschte die unwandelbarste Ruhe, obgleich sie die *Ahndung* eines tiefen Seelenleidens ausdrückten. Die schlanke, ungewöhnlich hohe Gestalt, der simple Anzug der Fürstin, die sich an einen massiv silbernen Tisch lehnte, als wir ihr der Reihe nach vorgestellt wurden, prägte sich meinem Gedächtnis so tief ein, dass ich sie, so lange ich lebe, immer vor

Augen sehe, und nicht ohne Selbstgefühl sagen kann, dass ich, trotz meiner großen Jugend fähig war, die merkwürdige Erscheinung einer der edelsten Frauen an welcher sich noch die Nachwelt freuen wird, gehörig zu schätzen. –

Kaum war der ängstliche Moment überstanden, so verkündigte die lebhafte Bewegung des Hofpersonals die Ankunft der Herzogin-Mutter und diese trat an der Hand ihres Sohnes, des regierenden Herzogs Carl August ins Gemach.

Wie bei den meisten lebhaften und unerfahrnen Menschen, so hatte auch mir die Einbildung einen Streich gespielt, indem sie mir das Bild dieser Fürstin mit den reizendsten Farben malte. Was ich jetzt erblickte, entsprach meiner Erwartung auf keine Weise. Eine kleine unansehnliche Gestalt mit kurzem Hals, auf welchem ein viel zu großer Kopf ruhte, der dem verstorbenen König Friedrich von Preußen sprechend ähnlich sah, schritt streng und feierlicher, nur durch ein unmerkbares Nicken des Hauptes grüßend in den Kreis, der sich in ehrfurchtsvoller Stille rund umher gebildet hatte, und nahm nach einem kalten Willkommen an der rechten Seite der Herzogin Louise Platz. Dies war Amalia!! Die weltberühmte Beschützerin der Künste und Wissenschaften, die Gründerin Weimars, die Wohltäterin des kleinen Landes, dem sie einen bedeutenden Ruf gegeben hatte!

Auf den Wink ihrer hässlichen, missgestalteten Hofdame, Fräulein von Göchhausen, Tochter unserer Hauswirtin, nahte ich mich zitternd, um der Herzogin vorgestellt zu werden. Als ich mich, der damaligen allgemeinen Sitte gemäß, [...] der Fürstin die Hand zu küssen [nahte], setzten mich ihre großen durchdringenden blauen Augen und die ernste Miene so sehr in Furcht, dass ich kaum fähig war Antwort auf ihre an mich gerichteten Fragen zu geben. Allein der milde, angenehme Ton, womit diese Fragen gemacht wurden, flößte mir den Mut ein, die Blicke auf die Sprechende zu richten und mit Erstaunen gewahrte ich, wie sehr sich das starre Angesicht, das mir vorhin so abschreckend erschien, plötzlich verwandelt hatte. Ein anmutig, wohlwollendes Lächeln schwebte jetzt um den kleinen Mund, die junonischen Farrenaugen drückten nur Güte und Teilnahme aus und das Wohlgefallen, womit sie auf mir ruhten, verschönerte die stark markierten männlichen Züge, welche ich vor wenigen Augenblicken noch so abstoßend gefunden hatte. Selbst als ich zurückgetreten war, hafteten ihre Blicke immer noch auf mir und ich bemerkte, dass sie meine Mutter zu sich rief, um sich von mir zu unterhalten. Was die Herzogin äußerte, musste schmeichelhaft für mich sein, denn das Gesicht meiner Mutter verklärte sich im Lauf des Gesprächs, während welchem beide mich immer im Auge behielten.

Was den Herzog anbelangt, so erlaube ich mir nicht, hier etwas über ihn mitzuteilen. Das Urteil, welches ich damals über ihn fällte, als ich noch keinen Begriff von dem großen Unterschied zwischen dem *weiblichen* und *männlichen* Verdienst hatte, würde doch nur ein schiefes sein und ich begnüge mich daher damit, zu erklären, dass ich ihn weder hübsch von Gestalt, noch anziehend vonseiten des Geistes fand, weil er etwas verwachsen und zurückhaltend in der Gesellschaft war, aus welcher er sich so schnell als möglich immer zu entfernen suchte.

26. Friedrich Ludwig Christian von Oertel: Am herzoglichen Hof (um 1800)

Diesmal lebe ich bloß für den hiesigen Hof. Seit wenigen Tagen bin ich fast täglich da. Er ist sicher unter die beste Klasse der deutschen Höfe zu zählen, und ein Fremder befindet sich daselbst wohl und eben nicht verengt. Der Herzog ist äußerst artig und zuvorkommend, und dies flößt einen jedem Zutrauen gegen ihn ein. Ich habe ihn durchgängig loben hören, und dies Lob verdient er, denn er gehört zu den besten deutschen Fürsten, die aber freilich nicht in sehr großer Menge zu haben sind. Er ist leutselig und spricht mit jedermann, also dass der Zutritt zu ihm nicht verbaut ist, wie bei vielen andern. Einerseits ist er sehr populär, anderseits aber wieder, besonders wenn es durch die Minister geht, sehr pretiös. Er sucht zu helfen wo er kann, aber freilich je nachdem es ihm vorgetragen wird. Sein vorzügliches Vertrauen besitzt der Geheimrat Voigt, der zum Geschäftsmann, das heißt in Deutschland, was den Gang der Geschäfte betrifft, wie gemacht, und eine seltene Fertigkeit in Durchlesen und Überschauen der Akten besitzen soll. Übrigens kenne ich ihn nicht.

Den Herzog gewinn ich täglich lieber. Oft äußert er in seinen Gesprächen viele edle Gesinnungen; und schon das spricht für ihn, dass er Männer, wie Goethe, Herder und Wieland in seinem Lande zu erhalten sucht, denn ein solcher Umgang hat eine gute Wirkung mittelbar und unmittelbar. Als ich in den achtziger Jahren hier war, schien mir dieser seltene Regent damals noch unbefangener und sein Vertrauen auf Goethe und Herder größer und inniger gewesen zu sein. Ein Fürst, der mit zwei so edlen Männern umgeht, kann nie etwas Böses wollen.

Die Herzogin Luise, seine Gemahlin, eine Prinzess von Hessen-Darmstadt, ist eine seltene erhabene Frau, voller Geist und Würde. Sie sprach über mehrere Sachen mit Kenntnis, worüber ich erstaunt, und mit vielem Urteil. Sie lebt ziemlich einsam und zurückgezogen; die Punkte ausgenommen, die jetzt die Etikette der Franzosen verlangt. In den vorigen vergangenen Sommer war ihr das ein Vergnügen, im Herzoglichen Park, wo die Natur lieblich erscheint, Teegesellschaften zu geben, wobei nur geistige edle Menschen waren, als die Gräfin *Bernstorff*, die zwei Engländerinnen *Gore*, *Herders*, Herr und Fräulein von Knebel, Frau von Stein, und die Hofdame der Herzogin. Die Unterhaltung mit solchen Menschen ist rein und geistig, und dass diese Fürstin dies liebt, wirft auf sie ein vorteilhaftes Licht. Und noch könnte ich dir eine Menge vortrefflicher Züge aus ihrem Charakter erzählen! – Ihre Hofdamen sind die Frau von *Wedel*, eine Fräulein von Waldner und eine Fräulein von Riedesel. –

Die Herzogin *Amalia*, die Mutter des Herzogs, eine geborene Prinzessin von Braunschweig, lebt vom regierenden Hofe ziemlich getrennt; führt aber ein stilles schönes Leben. In ihrem Äußeren, so wie sie es auch wirklich ist, liegt sehr viel Liebevolles, Huldreiches, und Großmütiges, und die Musen, die sie beschützt, reichen, da wo sie weilt, alle die Annehmlichkeiten dar, die ihnen eigen sind. Ihr Aufenthalt ist ein Aufenthalt alles Schönen und Guten. Sie ist in Italien gewesen, und da hat sie die schönsten Blüten des Geistes und Herzens eingesammelt. Tiefurth, welches nahe bei Weimar liegt, ist im Sommer ihr Wohnort. Es ist ein reizendes Tal an der Ilm, worinnen so wie auch in der darin wohnenden Gesellschaft Ruhe und Reinheit der Natur herrscht. Die Herzogin hat in diesem Tale zwei Denkmäler errichtet, eins ihrem Bruder, dem verewigten Prinz Leopold von Braunschweig, der aus übertriebner Menschenliebe in der Oder ertrank, und ein anders ihrem Sohne, dem Prinzen Constantin, der am Rheine während des unseligen Krieges gegen Frankreich, starb. Unter den wenigen Menschen, die sie sieht, sind Wieland, Herders, von Knebel, und der Professor Meyer. Ihre Hofdamen sind eine Fräulein von Göchhausen, und eine Fräulein von Wolfskeel; letztere ist ein gar geistig musenhaftes Wesen. Der Kammerherr der Herzogin ist ein Herr *von Einsiedel*, der unter die merkwürdigen Männer von Weimar zu zählen ist. Künste und Wissenschaften beurteilt er mit seltenem richtigen Sinne, und sein Gesicht dafür ist mit dem Wesen der Sache in Harmonie. Vorzüglich hat er sich mit dem Theater beschäftigt, und in seinen vermischten Schriften, die 1782 zu Dessau herausgekommen sind, findet man mehreres darüber. Mehrere Feenmärchen in Wielands Dschinnistan sind von ihm. – Er ist zu Lumpzig, im Altenburgischen geboren. –

Die Verstimmung der beiden Höfe wird je länger je fataler, und die niedrigen Seelen suchen sie zu unterhalten und Öl ins Feuer zu gießen. Mehr und weniger werden alle andern Verhältnisse dadurch gestört oder verdorben. –

27. Cäcilie von Voigt: Das Fräulein von Göchhausen (um 1800)

Fräulein v. Göchhausen war nichts weniger als hübsch, ja verwachsen; sie hatte aber den Geist, den Witz, der gebrechlichen Personen selten fehlt, und wie man ihnen im Allgemeinen wenig Gutmütigkeit zutraut, wollte man diese auch bei ihr vermissen. Ihre geistige Bildung war für die Zeit ihrer Jugend eine ungewöhnliche; ihre vortreffliche Unterhaltungsgabe machte sie, trotz ihres Äußern, höchst einnehmend; sie verstand es im hohen Grade, mit jedermann zu verkehren und einen jeden in den Fall zu setzen, auch sein Schärflein zur Unterhaltung beitragen zu können und sich behaglich zu fühlen. Da sie fertig Englisch und Französisch sprach, und durch die Reise mit ihrer Fürstin nach Italien auch mit diesem Idiome vertraut war, so konnte sie ihr gesellschaftliches Talent mit Leichtigkeit auf die vielen Fremden ausdehnen, die teils als Zugvögel, teils als länger weilende Gäste, sich damals in Weimar aufhielten.

Mit mehreren derselben, und zwar den ausgezeichnetern, blieb sie zeitlebens in schriftlicher Verbindung. Ihre Papiere wurden, infolge eines Artikels in ihrem Testamente, vernichtet, zum Bedauern vieler, aber auch zur Freude mancher, die durch eine Veröffentlichung ihrer Indiskretionen sich kompromittiert fürchteten. Die Veröffentlichung einer Auswahl dieser Briefe wäre gewiss sehr interessant und wünschenswert gewesen. So hatte ihr z. B. Frau v. Staël die Personen genannt, welche sie unter den Figuren in der Delphine gemeint, auf welche Vorfälle sie dabei angespielt hatte und dergleichen mehr.

Fräulein v. Göchhausen gehörte zu den Personen, die stets geneckt sein wollen und eher einen recht derben Scherz, als übersehen zu werden, ertragen können. Der Herzog Karl August, im jugendlichen Mutwillen, trieb allerlei Scherz mit ihr, wohl wissend, dass, je mehr er sie peinige, um so mehr es ihr gefiel.

28. Johann Georg Zimmermann: Frau von Stein (1785)

Sie hat überaus große schwarze Augen von der höchsten Schönheit. Ihre Stimme ist sanft und bedrückt. Ernst, Sanftmut, Gefälligkeit, leidende Tugend und feine, tiefgegründete Empfindsamkeit sieht jeder Mensch beim ersten Anblick auf ihrem Gesichte. Die Hofmanieren, die sie vollkommen an sich hat, sind bei ihr zu einer sehr seltenen hohen Simplizität veredelt ... Aus ihrem leichten Zephirgang und aus ihrer theatralischen Fertigkeit in künstlichen Tänzen würdest du nicht schließen, was doch sehr wahr ist, dass stilles Mondenlicht und Mitternacht ihr Herz mit Gottesruhe füllt ... Ihre Wangen sind sehr rot, ihre Haare ganz schwarz, ihre Haut italienisch wie ihre Augen, der Körper mager, ihr ganzes Wesen elegant mit Simplizität.

29. Karl Wilhelm von Lyncker: Kammerherren und Hofdamen (1775)

Mittlerweile war auch ein sardinischer Major, namens Siegmund v. Seckendorff aus dem Ansbachschen gebürtig, ein Verwandter von uns, in Weimar angekommen; er erhielt die hier noch ungewöhnliche Stelle eines Kammer*herrn*, und seine Erscheinung machte viel Aufsehen. Zu gleicher Zeit beförderte man auch die zeitherigen Kammerjunker v. Werther, v. Üchtritz und einige andere Einländer zu dieser Charge und gab ihnen die damit verbundenen Schlüssel. Die mehrsten unter der verwitweten Herzogin mit Hofchargen versehenen und zum Teil früher benannten ausländischen jungen Edelleute hatten großenteils ihr Vermögen zugesetzt und auswärtige Dienste gesucht, um Besoldungen zu erhalten, die ihnen hier nicht werden konnten. Dagegen traten jetzt ein gewisser Franz v. Seckendorff aus dem Baireuthischen, ein Herr v. Grote aus dem Hannöverschen, ein Herr v. Lösten aus dem Mecklenburgischen, ein junger Herr v. Oertel und noch andere aus guter Familie als Hofjunker ein; sie mussten jedoch, mit Ausnahme von Seckendorff, vorher erklären, nie auf Besoldung Anspruch zu machen. Zwei Herren v. Kalb, Söhne des damaligen Kammerpräsidenten, langten von Straßburg an, wo sie Leutnants bei dem dasigen französischen Regimente gewesen waren.

Franz v. Seckendorff war zwar mit Siegmund verwandt, jedoch von der Ebenetter Branche. Er war hübsch gewachsen, sehr männlich gebildet, sehr elegant und viel reicher als sein Vetter. Die Akademie hatte er nicht lange vorher, als er hier ankam, verlassen. Bei seinem großen Hange zum lustigen Leben war er etwas plump in seinen Äußerungen und Späßen. Man sagte, er habe nicht viel gelernt; er saß jedoch in dem Regierungskollegio und soll unter dem Beistande seines Kollegen, des nachmaligen Geheimen Hofrats Eckart zu Jena, sehr fleißig nachgearbeitet haben. Er war unserm Hause sehr zugetan und fast alle Abende darin zu finden. Jedoch hatte er sich bei dem Durchlauchtigsten Herrn und dessen Umgebung mancherlei Nachteil zugezogen. Bei seiner scharfen Zunge konnte er sich nicht enthalten, über so manche nähere Verhältnisse, besonders über Goethe loszuziehen. Er liebte das Hazardspiel, verlor große Summen an den Oberstallmeister v. Stein und wurde deshalb auch gegen Die aufgebracht, die den dasigen Zirkel ausmachten …

Epoche machte jedoch besonders *Siegmund* Seckendorff. Voller Kenntnisse, war er zugleich ein vorzüglicher Musiker und Komponist, und Goethe schien ihn sehr zu schätzen. Sein persönliches Benehmen war übrigens das sonderbarste, was man wohl je an einem Hofe sah. Wenn er im Audienzzimmer vor der Herzogin erschien und seine Verbeugung gemacht hatte, sprach er gewöhnlich nicht ein Wort, schien ganz in sich gekehrt und nachdenkend, pflegte jedoch dabei an den Knöcheln seiner Finger so zu kauen, dass sie beständig feuerrot, ja oft blutig waren. Er war ganz gut gewachsen, doch mochte sein Körper sehr vermagert sein, denn die Bekleidung, welche jederzeit elegant war, hing weitläuftig um ihn herum. Sein Gesicht war blass und voller Falten, der Mund sehr aufgeworfen, die Nase sehr spitzig, und die Stimme unangenehm hohl. Begann er aber zu sprechen, so geschah dies auf eine höchst unterhaltende Art. In allen Kunst- und wissenschaftlichen Fächern war er zu Hause, konnte über alle Maßen lustig, dabei aber auch äußerst witzig sein. Die jungen Damen schienen sehr glücklich, wenn er mit ihnen sprach, und wie sehr sie ihm günstig waren, beweist wohl, dass das schöne Fräulein v. Kalb, nur Fiekchen genannt, nicht selten Tränen vergoss, wenn er sich gegen sie gleichgültig zeigte …

Nach Angabe des Siegmund Seckendorff wurde auch eine neue Hofuniform eingeführt; sie bestand aus einem blauen Rock, auf welchem sich von beiden Seiten kleine gelbe Knöpfe und schmale goldne Kettelschnuren in dem Maße befanden, dass der Rock mit diesen hinüber und herüber zugehängt werden konnte; dazu kam ein hochstehender gelber Kragen und spitze polnische Aufschläge gleicher Farbe, die beide mit schmalen goldnen Kettelschnüren besetzt waren. Die Unterkleider waren ebenfalls gelb und gleichermaßen mit solchen Schnüren eingefasst. Diese Uniform war offenbar in sardinischem Geschmack und wurde als sehr auffallend im In- und Auslande bespöttelt.

An schönen Fräulein war ein Überfluss, und viele hatten sich von außen her in den angesehensten adligen Häusern eingefunden, um ihre Bildung zu vervollkommnen. Zwei Fräulein v. Künsberg aus Ansbach, zwei Fräulein v. Ilten, zwei Fräulein v. Oppel, zwei Fräulein v. Kalb, zwei Fräulein v. Lasberg, zwei Fräulein v. Staff und mehrere andere zierten den Hof. Die beiden ersten waren mit uns verwandt und wohnten bei meinen Eltern, wozu sich dann auch die übrigen Jugendfreundinnen gesellten. Die goethischen und andere gefühlvolle Schriften erweckten in mehreren derselben den Geist der Empfindsamkeit. Der silberne Mond, vom Ritter Gluck besungen, die rauschenden Wasserfälle, der Ton der Nachtigall, die Blumen der grünen Wiesen waren von diesen zarten Gemütern noch nie so wertvoll erkannt und verehrt worden als damals. Goethe dichtete, und Siegmund Seckendorff komponierte und sang den Huldinnen die gefühlvollsten Lieder. Jede dieser Damen hatte folgerecht auch ihren Anbeter, die sich dann öfters bei uns einstellten, und so hatte ich schon als Knabe fast täglich Gelegenheit, schmachtende Damen zu bewundern. Einige dieser jungen Damen übten sich selbst in der Poesie wie in der Musik, deklamierten ihre Gedichte, und wenn man bei Sommernächten durch die Straßen ging, ertönten aus vielen Fenstern die lieblichsten Melodien. Eins dieser empfindsamen Lieder begann mit der Strophe: »Ein Veilchen auf der Wiese stand, gebückt in sich und unbekannt; es war ein herziges Veilchen«; ein anderes fing mit der Strophe an: »Ach, wenn ich doch ein Vöglein wär und auch zwei Flügel hätt!«

30. Johann Wolfgang von Goethe: Carl August (1775)

»Er war achtzehn Jahre alt, als ich nach Weimar kam; aber schon damals zeigten seine Keime und Knospen, was einst der Baum sein würde. Er schloss sich bald auf das Innigste an mich an, und nahm an allem was ich trieb, gründlichen Anteil. Dass ich fast zehn Jahre älter war als er, kam unserem Verhältnis zugute. Er saß ganze Abende bei mir in tiefen Gesprächen über Gegenstände der Kunst und Natur und was sonst allerlei Gutes vorkam. Wir saßen oft tief in die Nacht hinein und es war nicht selten, dass wir nebeneinander auf meinem Sofa einschliefen. Fünfzig Jahre lang haben wir es miteinander fortgetrieben und es wäre kein Wunder, wenn wir es endlich zu etwas gebracht hätten.« –

Eine so gründliche Bildung, sagte ich, wie sie der Großherzog gehabt zu haben scheint, mag bei fürstlichen Personen selten vorkommen.

»Sehr selten!, erwiderte Goethe. Es gibt zwar viele, die fähig sind über alles sehr geschickt mitzureden; aber sie haben es nicht im Innern und krabbeln nur an den Oberflächen. Und es ist kein Wunder, wenn man die entsetzlichen Zerstreuungen und Zerstückelungen bedenkt, die das Hofleben mit sich führt und denen ein junger Fürst ausgesetzt ist. Von allem soll er Notiz nehmen. Er soll ein bisschen Das kennen und ein bisschen Das, und dann ein bisschen Das und wieder ein bisschen Das. Dabei kann sich aber nichts setzen und nichts Wurzel schlagen, und es gehört der Fonds einer gewaltigen Natur dazu, um bei solchen Anforderungen nicht in Rauch aufzugehen. Der Großherzog war freilich ein geborener großer Mensch, womit alles gesagt und alles getan ist.«

Bei allen seinen höheren wissenschaftlichen und geistigen Richtungen, sagte ich, scheint er doch auch das Regieren verstanden zu haben.

»Er war ein Mensch aus dem Ganzen, erwiderte Goethe, und es kam bei ihm alles aus einer einzigen großen Quelle. Und wie das Ganze gut war, so war das Einzelne gut, er mochte tun und treiben was er wollte. Übrigens kamen ihm zur Führung des Regiments besonders drei Dinge zustatten. Er hatte die Gabe, Geister und Charaktere zu unterscheiden und jeden an seinen Platz zu stellen. Das war sehr viel. Dann hatte er noch etwas, was eben so viel war, wo nicht noch mehr: Er war beseelt von dem edelsten Wohlwollen, von der reinsten Menschenliebe, und wollte mit ganzer Seele nur das Beste. Er dachte immer zuerst an das Glück des Landes und ganz zuletzt erst ein wenig an sich selber. Edlen Menschen entgegen zu kommen, gute Zwecke befördern zu helfen war seine Hand immer bereit und offen. Es war in ihm viel Göttliches. Er hätte die ganze Menschheit beglücken mögen. Liebe aber erzeugt Liebe. Wer aber geliebt ist, hat leicht regieren.«

»Und drittens: Er war größer als seine Umgebung. Neben zehn Stimmen, die ihm über einen gewissen Fall zu Ohren kamen, vernahm er die elfte, bessere, in sich selber. Fremde Zuflüsterungen glitten an ihm ab, und er kam nicht leicht in den Fall, etwas Unfürstliches zu begehen, indem er das zweideutig gemachte Verdienst zurücksetzte und empfohlene Lumpen in Schutz nahm. Er sah überall selber, urteilte selber, und hatte in allen Fällen in sich selber die sicherste Basis. Dabei war er schweigsamer Natur und seinen Worten folgte die Handlung.«

Wie Leid tut es mir, sagte ich, dass ich nicht viel mehr von ihm gekannt habe als sein Äußeres; doch das hat sich mir tief eingeprägt. Ich sehe ihn noch immer auf seiner alten Droschke, im abgetragenen grauen Mantel und Militärmütze und eine Zigarre rauchend, wie er auf die Jagd fuhr, seine Lieblings-Hunde neben her. Ich habe ihn nie anders fahren sehen als auf dieser unansehnlichen alten Droschke. Auch nie anders als zweispännig. Ein Gepränge mit sechs Pferden und Röcke mit Ordenssternen scheint nicht sehr nach seinem Geschmack gewesen zu sein.

»Das ist, erwiderte Goethe, jetzt bei Fürsten überhaupt kaum mehr an der Zeit. Es kommt jetzt darauf an, was einer auf der Waage der Menschheit wiegt; alles Übrige ist eitel. Ein Rock mit dem Stern und ein Wagen mit sechs Pferden imponiert nur noch allenfalls der rohesten Masse und kaum dieser. Übrigens hing die alte Droschke des Großherzogs kaum in Federn. Wer mit ihm fuhr, hatte verzweifelte Stöße auszuhalten. Aber das war ihm eben recht. Er liebte das Derbe und Unbequeme und war ein Feind aller Verweichlichung.«

Spuren davon, sagte ich, sieht man schon in Ihrem Gedicht ›Ilmenau‹, wo Sie ihn nach dem Leben gezeichnet zu haben scheinen.

»Er war damals sehr jung, erwiderte Goethe; doch ging es mit uns freilich etwas toll her. Er war wie ein edler Wein, aber noch in gewaltiger Gärung. Er wusste mit seinen Kräften nicht wohinaus, und wir waren oft sehr nahe am Halsbrechen. Auf Par-force-Pferden über Hecken, Gräben und durch Flüsse, und bergauf bergein sich tagelang abarbeiten, und dann Nachts unter freiem Himmel kampieren, etwa bei einem Feuer im Walde: das war nach seinem Sinne. Ein Herzogtum geerbt zu haben war ihm nichts, aber hätte er sich eins erringen, erjagen und erstürmen können, das wäre ihm etwas gewesen.«

»Das Ilmenauer Gedicht, fuhr Goethe fort, enthält als Episode eine Epoche, die im Jahre 1783, als ich es schrieb, bereits mehrere Jahre hinter uns lag, so dass ich mich selber darin als eine historische Figur zeichnen und mit meinem eigenen Ich früherer Jahre eine Unterhaltung führen konnte. Es ist darin, wie Sie wissen, eine nächtliche Szene vorgeführt, etwa nach einer solchen halsbrechenden Jagd im Gebirge. Wir hatten uns am Fuße eines Felsen kleine Hütten gebaut und mit Tannenreisern gedeckt, um darin auf trockenem Boden zu übernachten. Vor den Hütten brannten mehrere Feuer und wir kochten und brieten was die Jagd gegeben hatte. Knebel, dem schon damals die

Tabakspfeife nicht kalt wurde, saß dem Feuer zunächst und ergötzte die Gesellschaft mit allerlei trockenen Späßen, während die Weinflasche von Hand zu Hand ging. Seckendorf, der schlanke, mit den langen feinen Gliedern, hatte sich behaglich am Stamm eines Baumes hingestreckt und summte allerlei Poetisches. – Abseits, in einer ähnlichen kleinen Hütte, lag der Herzog im tiefen Schlaf. Ich selber saß davor, bei glimmenden Kohlen, in allerlei schweren Gedanken, auch in Anwandlungen von Bedauern über mancherlei Unheil das meine Schriften angerichtet. Knebel und Seckendorf erscheinen mir noch jetzt gar nicht schlecht gezeichnet, und auch der junge Fürst nicht, in diesem düstern Ungestüm seines zwanzigsten Jahres.«

»Der Vorwitz lockt ihn in die Weite,
Kein Fels ist ihm zu schroff, kein Steg zu schmal;
Der Unfall lauert an der Seite
Und stürzt ihn in den Arm der Qual.
Dann treibt die schmerzlich überspannte Regung
Gewaltsam ihn bald da bald dort hinaus,
Und von unmutiger Bewegung
Ruht er unmutig wieder aus.
Und düster wild an heitern Tagen,
Unbändig ohne froh zu sein,
Schläft er, an Seel und Leib verwundet und zerschlagen,
Auf einem harten Lager ein.«

»So war er ganz und gar. Es ist darin nicht der kleinste Zug übertrieben. Doch aus dieser Sturm- und Drang-Periode hatte sich der Herzog bald zu wohltätiger Klarheit durchgearbeitet, so dass ich ihn zu seinem Geburtstage im Jahre 1783 an diese Gestalt seiner früheren Jahre sehr wohl erinnern mochte.«

»Ich leugne nicht, er hat mir anfänglich manche Not und Sorge gemacht. Doch seine tüchtige Natur reinigte sich bald und bildete sich bald zum Besten, so dass es eine Freude wurde mit ihm zu leben und zu wirken.«

Sie machten, bemerkte ich, in dieser ersten Zeit mit ihm eine einsame Reise durch die Schweiz.

»Er liebte überhaupt das Reisen, erwiderte Goethe; doch war es nicht sowohl um sich zu amüsieren und zu zerstreuen, als um überall die Augen und Ohren offen zu haben und auf allerlei Gutes und Nützliches zu achten, das er in seinem Lande einführen könnte. Ackerbau, Viehzucht und Industrie sind ihm auf diese Weise unendlich viel schuldig geworden. Überhaupt waren seine Tendenzen nicht persönlich, egoistisch, sondern rein produktiver Art und zwar produktiv für das allgemeine Beste. Dadurch hat er sich denn auch einen Namen gemacht, der über dieses kleine Land weit hinausgeht.«

Sein sorglos einfaches Äußeres, sagte ich, schien anzudeuten, dass er den Ruhm nicht suche und dass er sich wenig aus ihm mache. Es schien, als sei er berühmt geworden ohne sein weiteres Zutun, bloß wegen seiner stillen Tüchtigkeit.

»Es ist damit ein eigenes Ding, erwiderte Goethe. Ein Holz brennt, weil es Stoff dazu in sich hat, und ein Mensch wird berühmt, weil der Stoff dazu in ihm vorhanden. Suchen lässt sich der Ruhm nicht, und alles Jagen danach ist eitel. Es kann sich wohl jemand durch kluges Benehmen und allerlei künstliche Mittel eine Art von Namen machen. Fehlt aber dabei das innere Juwel, so ist es eitel und hält nicht auf den anderen Tag.«

»Ebenso ist es mit der Gunst des Volkes. Er suchte sie nicht und tat den Leuten keineswegs schön; aber das Volk liebte ihn, weil es fühlte, dass er ein Herz für sie habe.«

31. Karl Wilhelm von Lyncker: Carl August als Regent (1780)

In den Regierungsgeschäften war der gnädige Herr unermüdlich und ließ sich an allen Orten, wo er sich befand, ununterbrochen Meldungen machen. Seine Befehle gab er sehr bestimmt, sprach über alle Vorgänge mit den betreffenden Dienern, welche stets die Erlaubnis hatten, vor ihm zu erscheinen, und im Laufe des Vormittags wurde sein Zimmer nicht leer. Konnte er die Angemeldeten nicht sofort sprechen, so wurden sie doch gewöhnlich in dasselbe eingelassen und erhielten, Einer nach dem andern, Audienz.

Wenn ihm ein Gegenstand wichtig schien, ließ er sich die Akten geben und durchlas sie genau. Sehr oft verlangte er schriftliche Aufsätze, fertigte aber auch dergleichen selbst aus, und es werden eine Menge Abhandlungen von ihm vorhanden sein, welche zeigen, wie tief und mit welchem Scharfsinn er in Geschäftszweige einging, die er für bedeutend hielt.

Es gab eine Zeit, wo sehr häufige Feuer in der weimarischen Gegend statthatten. [Unser Herr] erschien fast jedes Mal selbst in diesen Orten und dirigierte die Löschanstalten. Ja, ich weiß ein Jahr, in welchem Tag und Nacht gesattelte Pferde für ihn und die Husaren als Feuer-Ordonnanzen in Bereitschaft sein mussten. Bei dem ersten

Alarmschuss bestieg er sein Ross und in möglichster Schnelligkeit traf er an Ort und Stelle ein.

Wenn es auch zuweilen verlauten wollte, als wären seine Anordnungen nicht immer die zweckmäßigsten gewesen, so konnte seine persönliche Teilnahme bei den Verunglückten doch nur Dank und Wohlgefallen erregen.

Der gnädige Herr zeigte sich auch sofort als ein leidenschaftlicher Liebhaber des Militärs sowie der Jagd. Was das Militär betraf, so waren die ältesten Offiziers zum Teil invalid, anderntteils aber nicht wohl mehr zu dem Dienste, wie ihn der Herzog wünschte, geeignet. Er übernahm daher das Kommando selbst; v. Lasberg, v. Bila, die beiden Majors und ein Hauptmann v. Milkau wurden pensioniert; der ältere Hauptmann v. Germar avancierte zum Major und kommandierte unter dem Herzoge. Ein preußischer Husarenleutnant v. Lichtenberg war in Dienste genommen worden, um die hiesigen undisziplinierten, sogenannten Landhusaren zu einem geregelten Korps zu bilden; er war ein vortrefflicher, nebenbei sehr kühner Reiter. Die Leibgarde wurde inzwischen aufgelöst bis auf den Rittmeister, welcher jedoch noch immer die frühere Uniform trug. Der nunmehrige Rittmeister v. Lichtenberg führte nun bei den 36 berittenen Mann den strengen preußischen Dienst ein; Serenissimus bestiegen in Person die wildesten Pferde, und somit war v. Lichtenberg sehr viel in seiner Nähe. Sie kauften ihm auch das Haus, was dermalen Frau Generalin v. Egloffstein inne hat, zur festen Wohnung. Eine Reitbahn wurde eingerichtet, und ein neuer Husarenstall gebaut. Ein gewisser Kriegsrat Volgstädt hatte bisher den ökonomischen Zweig des ganzen Militärs verwaltet; jedoch sagte man ihm allerlei Eigennützigkeiten nach, weshalb er in keiner hohen Achtung stand. Bei dieser neuen Husaren-Organisation, welche unstreitig sehr kostbar war, hatte er viel Bedenken geäußert; dem ungeachtet fand der Herzog für gut, dem Rittmeister nicht nur die Löhnungs- und Montierungsangelegenheiten, sondern auch das Remontefach ganz allein zu übertragen. Besagter Volgstädt und v. Lichtenberg eiferten gegen einander; allein Ersterer unterlag und wurde auf eine nicht sehr ehrenvolle Weise in Pension versetzt. Zwei Schwestern dieses Kriegsrats waren berühmt wegen ihrer Hässlichkeit, und die jüngste war es auch wirklich in dem Grade, dass die Damen, welche guter Hoffnung waren, ihre Gegenwart vermieden. Ihre Mutter habe ich noch in meinem Elternhause gesehen; sie wurde Oberjägermeisterin tituliert und stand in Achtung.

Wenn der Rittmeister sein Korps durch die Stadt zum Exerzieren führte, blies ein Trompeter Kavalleriemarsch, v. Lichtenberg aber war ein Onkel von mir und hatte mich samt meinem Hofmeister in sein Haus genommen, daher ich denn den Herzog fast täglich sah, wenn er dem Husaren-Exercitio in der Reitbahn beiwohnte oder sich mit dem Rittmeister bei einer Pfeife Tabak am Kamin über das Soldatenwesen unterhielt, wobei sich nicht selten der zum Oberforstmeister avancierte v. Wedel und Goethe einfanden. Um die Husaren in jeder Art geschickt zu machen, hatte der Herzog ein Voltigierpferd in die Reitbahn setzen lassen, und der Fechtmeister Hennicke gab Lektion in dieser Kunst.

Man vergnügte sich an großen Treibjagden auf Wild und Hasen, nicht weniger an Hasenhetzen mit Windhunden, wozu noch späterhin eine Art Jagd kam, die man Baxieren nannte und die darin bestand, dass jeder Reiter einen Hasen annahm, ihm eine Stunde lang scharf nachjagte, dann wieder ruhen ließ, und dies so oft wiederholte, bis der Hase steif genug war, ihn mit der Hand zu nehmen. Einstmals ließ unser Herr eine Menge junger, wilder Schweine, Frischlinge genannt, nebst ein paar alten im Allstedtischen und Eisenachschen einfangen und nach Weimar transportieren. Man gab ihnen in der zumachten Reitbahn ihre Freiheit und ließ sie an sogenannten Schweinsfedern oder auch an Hirschfänger anlaufen. Zu diesem Jagdfest waren die herrschaftlichen und anderen Damen mit eingeladen worden; da es aber nicht an Blut und Verwundungen fehlen konnte, so hatten sie sich nicht sehr daran ergötzt …

Die ausgezeichnete Beobachtungsgabe unsers gnädigen Herrn, womit er alles Interessante, was ihm auf seinen Reisen vorkam, bemerkte und mit den heimischen Zuständen in Vergleich stellte, ist bekannt. Alles, von der höchsten Stufe der Kunst und Wissenschaft an bis auf den Ackerpflug, sprach seine Teilnahme an, und vermöge seiner außerordentlichen Lebhaftigkeit und seines Dranges, mit eignen Augen zu sehen und, was möglich, selbst tätig zu versuchen, wurde [gar Manches] in der Heimat in größter Eile, soweit nur möglich, umgestaltet.

Was die Jagd betrifft, die er nunmehr im ganzen Herzogtume sehr anhaltend betreiben ließ, so benutzte er diese Reisen, die Landesteile in ihrer Kultur bis auf den geringsten Gegenstand, sowie die Lage der Untertanen in ihrer kleinsten Häuslichkeit kennen zu lernen. Unter seinem Gefolge, welches fast stets aus Goethe und dem geeignetsten Forstpersonal bestand, befand sich, man darf wohl sagen: sein zweiter Favorit, der Oberforstmeister v. Wedel, den er schon als Jagdpagen liebgewonnen hatte und der, wenn auch nicht ein Gelehrter, doch ein anerkannt unterrichteter Forstmann war, nächstdem aber wegen seines redlichen Charakters, seines hellen Verstandes, wie seiner guten Laune von allen sehr geschätzt wurde.

Zu dieser Zeit nahm wohl die künstliche Forstkultur ihren ersten Anfang, und der gnädige Herr, dem jede Vervollkommnung irgend eines Gegenstandes höchst willkommen war, machte sich nunmehr auch mit diesem Zweige der Staatswirtschaft auf das Genaueste bekannt und behielt ihn stets vor Augen, während Goethe bei solchen Exkursionen in botanischer und mineralogischer Hinsicht Berge und Täler durchstrich und ihn mit manchem poetischen Gedanken erfreute.

Diese Jagdpartien wurden jedoch stets zu Pferde gemacht, um bei dem Durchreisen der Orte und Fluren alles Auffassungswürdige in Augenschein nehmen und sich hierüber von jedem Umstehenden nähere Auskunft geben zu lassen. Auch nahm der junge Herr nur die äußerst nötige Bedienung mit sich, nahm oft mit schlechter Kost in der ersten besten Bauernwirtschaft vorlieb und fragte gern nach jedes Anwesenden Existenz.

32. Julius Schwabe: Anekdoten um Carl August (um 1824)

Auf dem Wiener Kongresse wurde das Herzogtum Weimar zum Großherzogtum erhoben. Im ganzen waren der Veränderungen, die infolgedessen im großherzoglichen Hofhalte stattfanden, nur wenige, und der Großherzog selbst blieb sich gleich in seiner Neigung zu schlichter Einfachheit im äußeren Auftreten, die er, wo es darauf ankam, so gut mit fürstlicher Würde zu verbinden wusste. Was die Kleidung betraf, liebte er, besonders in seinem höheren Alter, die Bequemlichkeit über alles. Man sah ihn selten anders als in seiner dunkelgrünen Pekesche. Mit dem Namen Pekesche, oder auch polnischer Rock, bezeichnete man damals ein Kleidungsstück, welches einen ähnlichen Zuschnitt wie unsere heutigen Joppen oder Jacketts hatte, nur durch sogenannten Shawlkragen sich davon unterschied, und auf der Brust mit Schnüren von gleicher Farbe wie die des Rockes besetzt war. Diese Pekesche bildete einen nicht unwesentlichen Bestandteil des Bildes, welches der Weimaraner von seinem »alten Herrn« im Herzen trug. Wenn Karl August hohen Besuch hatte und diesem zu Ehren sich in der Generalsuniform sehen ließ, schien es dem Publikum, als sei das gar nicht sein rechter, echter alter Herr. Wenn er aber in seiner alten Jagddroschke, die ein Hofkutscher in sehr prunkloser Livree lenkte, durch die Straßen fuhr oder, angetan mit der Pekesche und auf dem Haupte die dunkelgrüne Mütze mit Goldstreif, sich in den schattigen Wegen des Parkes erging, so imponierte seine Erscheinung den ihm Begegnenden nicht weniger, als wenn sie ihn mit Krone und Hermelin auf dem Throne gesehen hätten.

Je älter die Pekesche war, die Karl August trug, desto bequemer und lieber war sie ihm, und es hielt oft schwer, ihn zum Anlegen einer neuen zu bewegen. Eines Morgens beim Ankleiden war er kaum mit dem einen Arm in den Ärmel des Rockes, welchen der Kammerdiener Hecker hinhielt, gefahren, als er, das Kleidungsstück betrachtend, den Arm wieder herauszog und unwillig fragte: »Was ist das für ein Rock?« – »Es ist eine neue Pekesche, Königliche Hoheit!«, antwortete Hecker. »Die alte war schon einige Mal ausgebessert und so fadenscheinig, dass sie sich wahrlich für einen Großherzog nicht mehr schickte. Da habe ich denn eine neue machen lassen.« Hecker war ein alter treuer Diener und als solcher wohl bisweilen ein wenig dreist, was ihm sein hoher Herr in seiner großen Bonhommie meist ungerügt hingehen ließ. – »Du weißt«, sagte der Großherzog, »dass ich neue Röcke nicht gern trage. Jedenfalls hättest du mich erst fragen müssen. Wo hast du denn meine alte Pekesche?« – »Die habe ich draußen im Vorzimmer. Ich wollte sie, sobald Königliche Hoheit angekleidet wären, forttragen.« – »Wohin denn?«, fragte der Großherzog. »Was machst du denn mit meinen abgelegten Röcken?« – »Die verkaufe ich an einen Erfurter Trödler. Die Erlaubnis dazu habe ich vom Herrn Hofmarschall.« – »Wie viel bekömmst du denn für so eine Pekesche?« – »Ach, Königliche Hoheit, nicht viel! Die Röcke sind ja immer so abgetragen, dass ich nur einen Taler, oder wenn's hoch kömmt, einen Speziestaler dafür erhalte.« – »Na, du sollst nicht zu Schaden kommen. Hier hast du einen Speziestaler. Aber jetzt bringst du mir sogleich meine alte Pekesche!« –

Karl August war ein großer Tierfreund. Er hat die Entstehung der jetzt so zahlreichen zoologischen Gärten nicht erlebt, die ihm gewiss das größte Interesse abgewonnen haben würden. An Stelle dieser großartigen Institute hatte man ehemals die wandernden Menagerien, die von sehr verschiedener Qualität waren. Von den reichen Menagerien eines Aken, Martin etc. herab bis zu den kleinen Tierbuden, in welchen ein alter grämlicher Bär, ein magerer Wolf und ein als Adler figurierender Uhu gezeigt wurden, gab es alle möglichen Abstufungen. Zum weimarschen Vogelschießen, welches zu Karl Augusts Zeiten noch den Charakter eines wirklichen Volksfestes trug, erschienen auf dem Festplatze außer anderen Sehenswürdigkeiten stets eine oder mehrere Menagerien, die sich, mochten sie groß oder klein sein, des Besuches des Großherzogs zu erfreuen hatten. Im Jahre 1824 wurde mein Vater, der damals Bürgermeister von Weimar war, offiziell benachrichtigt, dass der Großherzog am nächsten Vormittag die in der Schießhausallee aufgestellte martinsche Menagerie zu besuchen beabsichtige. Mein Vater empfing den Großherzog zur festgesetzten Stunde beim Schießhaus und geleitete ihn in die Menagerie. Außer dem gewöhnlichen Kontingent von Löwen, Tigern usw. befand sich hier auch ein durch Größe und Stärke ausgezeichneter Wolf. Derselbe saß nach Hundeart in seinem Käfig, gegen dessen eisernes Gitter er sich lässig träge lehnte. Ohne weiteres steckte der Großherzog seine Hand zwischen den Eisenstangen durch und kraulte den Wolf im Nacken. Mit erschreckter Miene bat der Menageriebesitzer meinen Vater, dem Großherzog zu sagen, dass der Wolf ein höchst gefährliches, bissiges Tier sei, und dass weder er selbst, noch einer der Wärter es wagen würde, sich dem Wolf in dieser Weise zu nähern. Der Großherzog hörte, was der Menageriebesitzer zu meinem Vater sagte, und entgegnete: »Lassen Sie das nur gut sein! Die Bestie weiß, wer es gut mit ihr meint.« Und er fuhr noch eine Weile fort, dem Wolfe mit fester Hand die dichte Halskrause zu kraulen. Der Wolf aber war durch die ihm ganz neue Liebkosung offenbar in eine so gemütliche Stimmung versetzt, als dies bei einem Wolfsgemüt möglich ist, und gab sein Behagen dadurch zu erkennen, dass er nicht nur stillhielt, sondern auch seinen ohnehin stattlichen Mund durch Ziehen der Winkel desselben bis zu den Ohren verlängerte und ein wohliges Knurren hören ließ. Der schiefe Blick, welchen er dabei auf das umherstehende Menageriepersonal warf, schien sagen zu wollen: »Von jedem leide ich's freilich nicht!«

Der in den früheren Jugendjahren Karl Augusts hervorgetretene lebhafte Drang zu frischem, heiterem Lebensgenuss wich schon frühzeitig dem ernsten Streben, seine Regentenpflichten zum Wohle des Volkes gewissenhaft zu erfüllen und durch Vermehrung seiner Kenntnisse unermüdlich an seiner eigenen höheren Ausbildung zu arbeiten. Aber auch in seinen alten Tagen hat ihn die ihm innewohnende Neigung zum Humor nicht verlassen. Es gewährte ihm stets großes Vergnügen, einen guten Scherz oder komische originelle Äußerungen zu hören, selbst wenn dieselben ein etwas kräftiges Kolorit hatten. So gewährte es ihm ein wahres Gaudium, den Förster Stötzer zu Eisenach fluchen zu hören. Dieser – übrigens ein braver und tüchtiger Forstmann – verstand das aus dem ff, und seine Flüche, in denen es von himmelblauen, schwefelgelben und anders gefärbten Donnerwettern regnete, waren weit und breit berüchtigt. Einmal überlief ihn seine große natürliche Heftigkeit dergestalt, dass er in Gegenwart des Großherzogs auf der Jagd einen ungeschickten Treiber mit den Worten anfuhr: »Ei, du verdammter Tölpel, so wollt' ich doch, ein aschgraues Donnerwetter schlüg dich gleich fünfzigtausend Klafter tief in den Erdboden hinein, dass der Teufel deine verfluchten Knochen am jüngsten Tage mit der Laterne zusammensuchen müsste!« – Ein anderes Mal war auf der Anhöhe über der von Eisenach nach Marksuhl führenden Chaussee ein Treibjagen gehalten worden. Nach dessen Beendigung stand der Großherzog mit dem General von Seebach bereits unten auf der Chaussee, während die übrige Jagdgesellschaft, meist Herren vom Hofe, sich noch auf dem herab ins Tal führenden Fußpfade befand. »Hören Sie nur, Seebach, wie der Stötzer da oben tobt«, sagte der Großherzog. Und in der Tat, oben auf dem Waldplateau über der etwa fünfzig Fuß hohen senkrechten Felswand, welche neben der Chaussee aufsteigt, hörte man den Stötzer wie ein Ungewitter toben und fluchen. Er war ganz außer sich über den Hergang des letzten Treibens geraten, die schönsten Hirsche und Rehböcke waren durch die meist mit ungeschickten Schützen besetzte Linie gegangen. Und gerade von diesem Treiben hatte Stötzer einen glänzenden Erfolg erwartet und sein weidmännisches Gefühl war durch das Misslingen tief verletzt. Fluchend und schimpfend auf Treiber und Jäger erschien er oben am Rande der Felswand, und der Großherzog rief ihm zu: »Na, Stötzer, was hast du denn so fürchterlich zu schimpfen?« – »Gott straf mich, Königliche Hoheit«, rief Stötzer hinunter, »Wenn Sie nicht dabei wären, so spräch ich: – alle miteinander –!« (Vgl. Götz von B.)

33. Karl Wilhelm von Lyncker: Toilette bei Hofe (um 1780)

Bei Hofbällen waren Domino-Anzüge gebräuchlich, wie wir sie noch vor wenigen Jahren gesehen haben. Bei der Fußbekleidung sah man Schuhe mit roten Absätzen und runden Steinschnallen. Auf den Schultern lagen breite Haarbeutel, mit schwarzen breiten Bändern durchzogen, welche auf der Brust an dem sogenannten Jabot befestigt waren und *postillons d'amour* hießen. Die Damen trugen Reifröcke und über diesen buntseidne Roben. Bei den Kontratänzen mussten sich selbige auf eine höchst lächerliche Weise von der Seite durch die Kolonne schieben. Ihre Armbekleidung war mit offenen herunterhängenden Ärmeln versehen; auf den Schuhen mit sehr hohen Absätzen blitzten ebenfalls Steinschnallen.

Mit der größten Mühe und Beschwerde wurden bei Herren und Damen die Haarfrisuren zusammengerichtet, ja man kann wohl sagen: aufgebauet, um den Perücken, welche zum Teil schon aus der Mode gekommen waren, nichts nachzugeben. Hievon zeugen die Bilder aus jener Zeit. Die Vorbereitungen dazu nahmen den Abend vorher ihren Anfang, und da hohe Stirnen beliebt wurden, suchte man sie sich durch Herausrupfen der hereingewachsenen Haare zu verschaffen, was nicht ohne Schmerzen abgehen konnte. Mein seliger Vater ließ stets nach dem Abendessen die zum Locken bestimmten Haare mit sogenannten Papilloten ganz fest an den Kopf wickeln, und die weibliche Familie, welche seine Umgebung ausmachte, unterlag einer ähnlichen Behandlung, wodurch die Betreffenden nicht selten um einen Teil ihres nächtlichen Schlafs gebracht wurden. Hatte man aber diese Abendtortur vernachlässigt, so musste das Brenneisen tags darauf die *Vices* der Haarwickel vertreten, und mussten mehrere Kohlenpfannen zu diesem Gebrauche beständig in Bereitschaft stehen. Waren nun die Damen mit dieser Toilette fertig, so wurde das sogenannte *Rouge* aufgelegt, wie es die Mode erheischte, auch wenn es den Wangen nicht an hinlänglicher Röte fehlte. Ja, es war Sitte, dass fast jede Dame mehrere Farbenbüchsen bei sich führte, um den durch Luft oder Wärme beraubten Gesichtsschmuck in offener Gesellschaft wieder zu ersetzen. Als eine besondere Gnade rühmte oft meine selige Mutter, wenn sie vom Hofe nach Hause kam, dass die gnädigste Herzogin ihre Farben mit eigener Hand aufgefrischt habe. Zuletzt kam es an die sogenannten *Mouchen*, und man studierte lange, ob man eine große oder kleinere, in welcher Zahl und auf welcher Stelle man sie auflegen wolle, um es im Sinne der geliebten Gebieterin zu tun.

34. Henriette Gräfin von Egloffstein: Toilette bei Hofe

Dienstag morgen war ich mit der Tante zur *visite* bei der Hofdame Fritsch, die uns ihre schönen Sachen zeigte. Der Schmuck ist herrlich, – aber nicht von Perlen, sondern von den schönsten Brillanten; – ein kostbares Halsband, lauter große *pendeloques* in Ringen, einen Pfeil, die schönste Arbeit, um ihn auf dem Kamm, vorn in den Haaren und als Halstuchagraffe zu tragen – herrliche Ohrenringe von Brillanten mit zwei Birnen von langen, dicken – ein kostbares *fer-*

moire von Rubin und eine lange, zierliche Kette von Malachit, einem grünen, russischen Stein, in Gold gefasst. – Das Halsband allein ist auf 8000 Taler, sage *achttausend Taler* taxiert. Von den Kleidern schweige ich; sie hat fünf Samtkleider, acht reiche, gestickte – und der Himmel mag wissen, wie viele hundert andere Kleider. Die schönsten *points* haben sie von der Großfürstin erhalten; die Schals kostet jeder 1400 Taler »Des is a Pracht!!« – aber der guten Constance kleidet es auf ihrer schiefen Gestalt sehr übel; übrigens mag ich sie gerne leiden, sie ist freundlich und heiter und hat den *jargon de société* und lässt sich gut necken.

35. Garlieb Merkel: Titelsucht (um 1800)

Besonders fiel es mir auf, immer nur vom *Hofrat* Wieland, *Geheimen Rat* Goethe, *Vizepräsidenten* Herder sprechen zu hören. Man nannte sie gar nicht ohne Titel. Ich flüsterte Weyland zu, diese Titel gemahnten mich bei diesen Männern wie die Deckel, die man um Bücher schlüge, damit sie selbst nicht vernutzt würden. Er lächelte zwar, aber es schien ihn zu verletzen. Eigentlich war jener Gebrauch eine Artigkeit der Sprechenden gegen sich selbst. In der ganzen Gesellschaft war wahrscheinlich, mich ausgenommen, kein einziger Unbetitelter, selbst unter den wenigen Kaufleuten, und so setzte sich denn jeder, wenn er die großen Dichter auch bei dem Titel nannte, mit ihnen in dieselbe Kategorie.

36. Karl Ludwig Fernow: Visitenkarten für den Hof (1805)

Weimar, etwa Ende November 1805: Was die Visitenkarte betrifft, so hat der Kaiser [Alexander I. von Russland] nicht nur allen Geheimen Räten, sondern auch sogar den Hofdamen samt und sonders welche senden lassen, und es ist allerdings eine ehrende Aufmerksamkeit, dass auch eine auf des Kaisers ausdrücklichen Befehl an Wieland hat gesendet werden müssen, obgleich er weder Geheimer Rat noch Hofdame ist. Es ist aber falsch, dass bloß Wieland und nicht auch Goethe dergleichen erhalten haben sollte. Überhaupt ist der Kaiser hier gegen alle Menschen, die ihm nahe gekommen, so leutselig und zuvorkommend artig gewesen, dass eine solche Auszeichnung oder Zurücksetzung überhaupt bei keinem Menschen stattgefunden hat.

37. Charlotte von Stein: Skandal um die Jagemann (1812)

Gestern Abend erhielt ich eine wunderbare Geschichte von Herrn v. Dankelmann, welcher in Weimar eine Menge Ohrfeigen ausgeteilt hat und arretiert ist. Er ist in Jena seither beschäftigt gewesen, auf Pränumeration seine Reisebeschreibungen nach dem Kap und nach Java auszuarbeiten. Seinen diplomatischen Posten, den ihm der König von Sachsen in Danzig übertragen hatte, hat er, ich weiß nicht warum, schon seit einiger Zeit wieder verlassen. Vor ein paar Tagen kommt er zu seiner Schwägerin, der Jagemann oder Frau v. Heygendorf, und verlangt mit heftigen Ausdrücken seine Frau und Kinder, die er nicht länger in einem Hurenhause lassen wollte. In der Heftigkeit des darüber entstandenen Wortwechsels und einigen Schimpfreden der Jagemann teilt nun Herr v. Dankelmann Ohrfeigen aus an Demoiselle Jagemann und an ihren Bruder, den Maler, nimmt mit Gewalt seine schlafenden Kinder nebst dem bei ihnen befindlichen französischen Mädchen und führt sie in den Gasthof »Zum Erbprinz«, wo sie die Nacht blieben. Den anderen Morgen geht er wieder zur Jagemann und verlangt seine Frau und wurde abermals mit seiner Forderung abgewiesen. Die Jagemann lässt den Hofmarschall holen, welcher aber den Dankelmann nicht beruhigen kann; darauf lässt sie den Kammerherrn v. Spiegel holen, der mit bei der Polizei ist, jedoch ebenso vergeblich. Nun schickt sie eigenmächtig zu den Polizeidienern. Herr von Dankelmann widersetzt sich kräftig, und es gibt ein Handgemenge; die Jagemann und ihr Bruder schreien: »Packt ihn, er ist toll«; endlich werden sie Herr über ihn, nämlich die Polizeidiener, Bettelvögte und Nachtwächter und Herr Jagemann und dessen Diener, und führen ihn am hellen Tag auf die Hauptwache. Einige hundert Menschen laufen nach, alles vor den Fenstern der Erbprinzess vorbei. Diese schickt den Kammerherrn v. Bielke hin, um zu erfahren, weswegen man den Baron v. Dankelmann so niederträchtig behandelt. Der Maler Jagemann sagt ihm: »Ich und meine Schwester haben diesen schlechten Menschen arretieren lassen«, worauf Herr v. Bielke antwortet: »Sie sind selbst schlecht, sonst hätten Sie sich das wohl nicht unterstanden, Sie haben kein Recht, jemand zu arretieren, oder Sie müssen sich mit arretieren lassen.« Der Geheimrat Voigt schickte sogleich eine Estafette über diesen Vorfall nach Dresden zum Herzog. Man ist neugierig auf dessen Antwort. Nach zwei Tagen wurde Baron v. Dankelmann von der Hauptwache durch Herrn v. Bielke nach dem Hotel »Erbprinz« begleitet, wo er zwei Mann Wache und Stubenarrest hat.

Die Erbitterung der Jagemann mag nicht gering sein, denn Dankelmann hat im Zorn öffentlich gesagt, sie sei auch zugleich die Hure von Stromeyer, der Herzog müsste das Geld dazu hergeben. Jetzt steht mit Kohle und fingerlangen Buchstaben an die Mauer geschrieben »Sachsen-Weimarisches Bordell«, man hat sich vergeblich alle Mühe gegeben, es ganz zu verlöschen. Auch hat der Regierungsrat Müller, der sich in alles mischt, tüchtige Ohrfeigen von Dankelmann bekommen. Schade, ich weiß nichts weiter von der Geschichte; man wird sie doch nicht genau erfahren; denn die teilnehmenden Parteien sind zu sehr gemischt. Dankelmann ist brav und entschlossen, allein auf der anderen Seite leichtsinnig und liebt zuweilen den Trunk. Die meisten Herren vom Hof sind gegen ihn, seine Schwiegermutter hat ihn alle Tage besucht in seinem Arrest und ihren Töchtern dadurch unrecht gegeben, was an Herren nicht vom Hofe ist, ist größtenteils auf seiner Seite.

38. Karl von Stein: Hofintrigen (1824)

Zu die Geburtstäge habe ich mich nicht [am Hofe] sehen lassen. Des Erbgroßherzogs seiner [am 2. Februar] wurde durch eine Maskerade gefeiert, wovon die Großfürstin die Kosten trug. Es ging aber nicht ohne Disjust ab. Die Jagemann als Frau von Heygendorff, und Strohmeier als Hofrat, wollten durch den Hoffourier eingeladen sein, und schickten die Billetts, die die Großfürstin für die vornehmsten Schauspieler ihnen hatte zukommen lassen, beleidigt zurück. Der Großherzog fand sich mittelbar auch beleidigt, dass die Großfürstin nicht seine Mätresse nebst ihrem Strohmeier durch eine expresse Einladung honorieren wollte und blieb daher nur sehr kurze Zeit auf der Maskerade. Übrigens hat Herr Riemer wie gewöhnlich die Aufzüge besungen, wodurch man erfahren hat, was sie bedeuten sollten. Bald darauf wurde die Maskerade noch einmal auf dem Stadthause wiederholt, wobei die beleidigten Personen sämtlich fern blieben. Bei dem Schauspiel aber zum Geburtsfest der Großfürstin, was auch um diese Zeit fällt [16. Februar], hatte die Jagemann als Direktrice des Theaters bekannt machen lassen, dass weder Abonnement noch auch Freibillette gültig wären. Darüber war es sehr leer, und bei dem gewöhnlichen Beifallklatschen oder Respekt-Klatschen wenn die Großfürstin erscheint, stemmte die Jagemann beide Fäuste auf die Brustlehne ihrer Loge und klatschte nicht mit.

39. Karoline Jagemann: Liebe zum Herzog

Ich war in einer beständigen Exaltation, die Hofkonzerte wurden mir durch die schmerzlichen Eindrücke peinlich. Wenn ich die Bedienten oder Hofleute in ungewöhnlicher Bewegung sah, der Herzog vor Beendigung der Kur den Saal verließ oder mir von befreundeter Seite gemeldet wurde, man habe nach dem Arzt geschickt, begann für mich ein Zustand, der den Streit zwischen Vorwürfen und Grundsätzen zu einem hoffnungslosen machte. Einmal trat der Herzog zu mir und sagte mir, es könne so nicht weitergehen, er müsse mich sprechen. In einer Unterredung glaubte ich ihn von der Tiefe und Natur meiner Neigung überzeugen, Aufschluss über die Ungleichheiten meines Betragens geben, seine Ansichten widerlegen zu können, und so bat ich ihn im Bewusstsein meines reinen Willens, nach dem Hofkonzert zu mir zu kommen. Von diesem Augenblick an fühlte ich mich frei von der Last, die mich so lange bedrückt hatte, nicht von ihm losgerissen, sondern losgesprochen, da ich mir einbildete, dass er, von meiner ewigen Dankbarkeit und Ergebenheit überzeugt, sich selbst überwinden würde. Nicht ohne Beklemmung, aber mit mehr Freude als Angst, erregt von meinen Illusionen, aber ehrfurchtsvoll und demütig sah ich in meiner Konzerttoilette dem Eintritt meines Gastes entgegen. Mag es Folge meiner gedrückten Kindheit oder ein angeborener Charakterzug sein, ich war immer verlegen, wenn ich Vorzüge, die man in mir zu finden glaubte, rechtfertigen sollte; so hatte mich auch das Bewusstsein, wie wert ich dem Herzog war, nicht zu der Überlegenheit erheben können, mit welcher der Sieger dem Besiegten gegenübertritt. Nur hatte das so lange andauernde Verhältnis meiner Liebe einen Ernst und eine Tiefe gegeben, die, ganz verschieden von dem, was man Leidenschaft nennt, dennoch derselben die Waage hält. In dieser tiefbewegten Stimmung hieß ich den Herzog willkommen, war glücklich, ihm meine Handlungsweise verständlich zu machen, und wiederholte, dass ich für ihn sterben möchte (was ihm keinen Eindruck zu machen schien), aber seine Wünsche nicht erfüllen könne, freilich mich auch nicht gewaltsam loszureißen vermöge, weil der Gedanke, ihn gekränkt zu haben, mir unerträglich sei. Er möge doch einsehen, dass seine Empfindung für mich größtenteils in seiner Imagination bestehe und durch die Schwierigkeiten, die ich ihm in den Weg legte, vergrößert worden sei; wenn er sie überwinde, werde er tausendmal zufriedener sein, als wenn er mich durch seine Schuld unglücklich sehen müsste. Er erwiderte, das Gefühl, das ihn an mich fessele, bedeute Leben oder Tod, meine Grundsätze beruhten auf den allgemeinen Begriffen, aber die Umstände forderten zuweilen Ausnahmen und die vorliegenden besonders. Jung, unerfahren und unbesonnen, würde ich Eindrücke über meine Wahl entscheiden lassen und das Opfer eines Unwürdigen werden, wie das gerade in meiner Sphäre oft vorkomme. Bliebe ich dagegen bei ihm, so mache ich das Glück eines Menschen, der es nicht unwert wäre, dass man ihm Bedenken opfere, die sich in dem Bewusstsein einer guten Handlung verlören. Übrigens wäre es eine Rechtfertigung vor der Welt, dass seine Gemahlin aufrichtig wünsche, meine Neigung möchte mich ihm zuführen, mir also nicht feindlich, sondern wohlwollend gegenüberstehe. Je wärmer und eindringlicher der Herzog sprach, desto größere Gewalt tat ich mir an, keine Nachgiebigkeit zu zeigen; ein einziges Wort, sagte ich mir, kann dich verderben, und beharrte bei meiner Bitte, mich ziehen zu lassen. Endlich fragte mich der Herzog, ob es meine Begriffe von Ehre befriedigen würde, wenn ich mich ihm an die linke Hand trauen ließe, ich erklärte das für eine Form, die das Unerlaubte nur schlecht bedecke, und wies sie weit von mir. »Nun«, schloss der Herzog, »ich habe versuchen wollen, ob der Himmel mir noch ein Glück gönnt, das mir meine Existenz wert machen könnte; ohne eine solche Aussicht halte ich es in dem beschränkten Wirkungskreise und den erkaltenden häuslichen Verhältnissen nicht mehr aus; ich werde in russische Dienste gehen und meiner Frau die Regentschaft übertragen, das Land wird sich wohl dabei fühlen, und ich finde eine angemessene Tätigkeit oder das Ende eines reizlosen Lebens.« Aber wie fest ich auch dem Edelmut und der Wahrheitsliebe des Herzogs vertraute, konnte ich doch den Gedanken nicht abweisen, diese letzte Erklärung solle meine Beharrlichkeit dadurch erschüttern, dass selbst das Wohl des Landes von mir abhängen sollte.

40. Johann Eisenschmidt: Regierungsjubiläum Carl Augusts (1825)

Auch auf dem Gymnasium war ich so glücklich, ein großes Fest zu erleben. Während ich in Untersekunda saß, kam nämlich das 50-jährige Regierungs-Jubiläum des Großherzogs Karl August, verbunden mit seiner goldenen Hochzeit, und das ganze Land rüstete sich, dieses Fest großartig zu begehen. Auch kam das Land seinem Wunsche, das Fest nicht durch kostspielige und flüchtige Freudenbezeugungen, sondern durch nützliche Stiftungen und Anlagen zu ehren, durchaus nach, vor allem die Hauptstadt Weimar, welche an diesem Tage eine neue Bürgerschule, berechnet auf 1200 Kinder, einweihte, so wie im ganzen Lande nicht weniger als 80 000 Obstbäume zu Ehren des Tages gepflanzt wurden. So wurden schon den ganzen Sommer über Vorbereitungen zu diesem Tage, er fiel in den September, gemacht. Welcher Jubel endlich, als wir vernahmen, dass wir 8 Tage Ferien des Festes wegen haben würden. Und so war es auch. Endlich kamen die ersehnten Tage, und Weimar fing an sich zu schmücken. Häuser wurden eiligst noch abgeputzt, wo es nötig war, Gerüste wurden aufgeschlagen, und wir Gymnasiasten stürzten uns jubelnd in dies Leben und lieferten den Lehrjungen Schlachten. Denn da doch jedermann sein Haus mit Kränzen und Girlanden schmücken wollte, so hatte die Stadtverwaltung eine Menge Wagen besorgt, welche fortwährend aus den nächsten Wäldern Grünes zufuhren. Kam ein solcher Wagen in eine Straße, so stürzten Lehrjungen aus allen Häusern und machten die Wagen in wenigen Augenblicken leer. Sahen wir nun ein altes Frauchen vor einer Tür stehn, die niemand hatte, der ihr Grünes brachte, so hieß es: Frauchen, brauchen Sie Grünes?, und auf eine bejahende Antwort stürzten wir auf den Wagen los und kämpften einen Heldenkampf mit Schuster- und Schneiderburschen, bis jeder einen Arm voll Grünes erobert hatte. Dann wurden wir wohl noch mit Kaffee und Kuchen traktiert und zogen weiter. Vor jedem Hause saßen Frauen und Mädchen Kränze windend, denen wir willkommenen Beistand leisteten, indem wir Blätter und Zweige zu den Girlanden vorschnitten. Welche Massen von Blumen wurden da verbraucht, und es war kein Mangel, da Astern und Georginen in der schönsten Blüte standen. Jeden Tag stieg das Leben.

Die Stadt füllte sich schon mit Fremden. Den Tag vor dem Feste brachten wir nur damit zu, berühmte Fremde zu besuchen, natürlich nur am Kutschtritt und an Haustüren, und die glückliche Unverschämtheit der Jugend ließ uns manches sehn, was andern unbekannt blieb. »Kommt, der König von Bayern ist eben angekommen.« »Kommt doch mit, vor Goethes Haus steht eine große Equipage, wollen wir sehn, wer herauskommt.« So ging's den ganzen Tag fort, so dass die Schuhmacher nach dem Fest gewiss nicht über Mangel an Arbeit geklagt haben. Immer mehr füllte sich die Stadt mit Gästen. Am Abend kamen Massen von Landleuten und brachten die Nacht auf Wagen zu, denn an irgendein Unterkommen war längst nicht mehr zu denken. Man schlief die Nacht vor dem Fest ohnedies kaum, selbst wenn man ein Bett hatte. Der Tag kam, und zwar ein wunderschöner Herbsttag mit blauem Himmel. Morgens 5 Uhr donnerten 101 Kanonenschuss, alle Glocken begannen zu läuten, und auf allen freien Plätzen ertönte Festmusik. Schon durch die Straßen zu gehn, wo jedes Haus reich und geschmackvoll geschmückt war, gereichte zu hohem Genuss. Gegen 6 Uhr traf mich ein Mitschüler: Komm schnell, der alte Goethe geht eben gratulieren! Und wirklich hatten wir das Glück, diese Heroengestalt ernst und sinnend durch den Park nach dem Römischen Hause wandeln zu sehn, wo sein erhabener Freund diese Nacht geschlafen hatte. Alle übrigen Gratulationen empfing der Großherzog nach der Kirche im Schlosse, vor dem wir uns natürlich auch einfanden, um Könige und Fürsten aussteigen und viele berühmte Männer vorübergehn zu sehn. Unter ihnen war auch unser Direktor, der, wie wir wohl wussten, eine latein. Ode in sapphischem Versmaß gedichtet, nein, gewiss nicht gedichtet, sondern aus Versfüßen zusammengeleimt hatte und die jedermann ungewiss ließ, ob die Unverständlichkeit im Odenschwung oder der Odenschwung in der Unverständlichkeit seinen Grund hatte. Aber wir drängten uns mit Stolz, dass unser Direktor auch zu den Gratulanten am Hofe gehörte, sogleich um ein Bedeutendes durch die Zuschauer vor. Von den Festzügen und andern Feierlichkeiten sage ich nichts. Den ganzen Nachmittag verbrachten wir mit Herumbummeln in der von festlichen und fröhlichen Menschen gefüllten Stadt.

Wir hatten zwar Billetts zum freien Theater, aber da wir mehrere Stunden früher hätten hingehen müssen, um einen Platz zu bekommen, verschenkten wir dieselben an Fremde, die in halber Verzweiflung die Menschen ins Theater gehn sahen. Abends war die Stadt glänzend erleuchtet, und da fast jedes Haus, selbst in den abgelegensten Straßen, ein Transparent hatte, von denen manche sinnreich, andre wunderlich waren, fehlte es uns nicht an Unterhaltung. Als aber nach dem Theater der Jubilar auf einer Droschke durch die Stadt fuhr, um die Erleuchtung auch selbst zu schauen, bildeten wir, fürcht ich, eine durch Hurrah- und Vivatrufen etwas lästige Eskorte.

Was kümmerte uns in diesen Tagen Homer, Plutarch, Cicero usw., wir stürzten uns mit jugendlicher Gier in den Strudel. Hatten wir Hunger, so gingen wir zum ersten besten Bekannten und luden uns ein und wir wurden immer freundlich empfangen und entlassen.

III. Geselliges Leben

Stark ausgeprägt war das gesellschaftliche Leben Weimars. Geselligkeiten aller Art, Tanzveranstaltungen, Maskenbälle, Konzerte, Tee- und Gesellschaftsabende, aber auch Vorträge und Diskussionen in literarischen Zirkeln und wissenschaftlichen Gesellschaften wechselten einander ab. Der kleine Hof bot das große Vorbild, dem die Bürger in bescheidenem Rahmen nachzueifern suchten.

Das älteste Zentrum bildete der Kreis um die Herzogin Anna Amalia, der »Weimarische Musenhof«, der sich vorwiegend im Wittumspalais, im Sommer aber auch in Ettersburg oder Tiefurt traf. Wieland, Musäus oder der Kammerherr F. H. von Einsiedeln gehörten ebenso dazu wie die bekannte Hofdame Luise von Göchhausen, die 1790 mit den wöchentlichen »Freundschaftstagen« einen eigenen kleinen literarischen Zirkel begründete, über den Cäcilie von Voigt berichtet (Dok. 41). Auch Goethe besuchte diese Zusammenkünfte und suchte dort, wie die Gräfin Egloffstein erzählt, einen *»Cour d'Amour«* zu begründen (Dok. 42).

Anfangs bildete der Kreis um den jungen Herzog und Goethe eine Art Gegenpol zum »Musenhof«. Darüber berichtet Siegmund von Seckendorff 1775 an seinen Bruder (Dok. 43). Wie einfache Leute das Treiben des Herzogs und seiner Freunde erlebten, zeigen die Beobachtungen des Jägerburschen Schilling, der 1776 von einem herzoglichen Jagdausflug auf den Kyffhäuser erzählt (Dok. 44). Allmählich verminderten sich die Gegensätze zwischen den beiden Kreisen. Es war vor allem Goethe, der hier vermittelte. Mit dem Tod der Herzogin-Mutter war 1807 auch die Zeit des »Musenhofs« beendet.

Neben den Theateraufführungen, von denen noch im nächsten Kapitel ausführlich die Rede sein wird, erfreuten sich die Hofkonzerte besonderer Beliebtheit, wie wir von Karl Wilhelm von Lyncker (Dok. 45) und Joseph Rückert (Dok. 46) hören. Im Winter vergnügte man sich beim Eislaufen (Dok. 47), im Sommer bei Ausflügen (Dok. 48), gelegentlich mischte man sich auch unter das Volk (Dok. 49), das nur zu gern Anteil an den Vergnügungen und den offiziellen Festen nahm. So beschreibt Luise von Göchhausen die Ankunft der Verlobten des Erbprinzen, der russischen Großfürstin Maria Paulowna (1786–1859) am 9. November 1804 (Dok. 50). Manchmal wurden die vielen Feste sogar den Beteiligten zuviel, wie Gräfin Julie von Egloffstein 1817 an ihre Mutter berichtet (Dok. 51).

Ganz besonderer Beliebtheit erfreuten sich bei Hofe wie bei den Bürgern die Maskenbälle, die sogenannten Redouten, zu denen alle Besucher maskiert erschienen; nur Dienern und Dienstmädchen war der Zutritt in Maske nicht erlaubt. Sie fanden im Komödien- und Redoutenhaus bis zu fünfzehn Mal in einem Winter statt! Bürger und Hofgesellschaft verkehrten dabei zwanglos miteinander, und Goethe bemühte sich häufig und mit großem Eifer um die Ausstattung. Verschiedentlich führte er auch bei Hofe Maskenumzüge und Maskenspiele durch. Lyncker beschreibt Redouten (Dok. 52) wie Maskenspiele (Dok. 53), ebenso 1788 Gräfin Egloffstein (Dok. 54); Franz Ludwig Karl Friedrich Passow sieht allerdings den Redoutenbetrieb kritisch (Dok. 55).

Von Vergnügen und Geselligkeiten der Bürger berichtet Ludwig Christian von Oertel (Dok. 56), von Amalie Winter erfahren wir, dass auch die Fremden gern in die Gesellschaften einbezogen wurden (Dok. 57). Ein beliebtes Zentrum der bürgerlichen Kreise bildeten die Teeabende, die Johanna Schopenhauer seit 1806 regelmäßig veranstaltete und über die Stephan Schütze ausführlich informiert (Dok. 58). Karl von Holtei singt ein Loblied auf Johanna Schopenhauer (Dok. 59), von einer Gesellschaft in ihrem Hause erzählt sie am 27.1.1807 selbst (Dok. 60). Passow zeigt sich wieder einmal kritisch, legt aber nichtsdestotrotz größten Wert auf eine Einladung, wie aus einem Brief an Johann Heinrich Voß vom März 1810 hervorgeht (Dok. 61).

Zu den Geselligkeiten des Hofes und der gehobenen Bürgerschicht zählten auch die Besuche einer Freimaurerloge, der sowohl der Herzog als auch Goethe angehörten und die Lyncker kurz beschreibt (Dok. 62). Außerdem traf sich das gebildete Weimar seit 1791 in dem von Anna Amalia begründeten »Gelehrten-Verein«. Einzelheiten dazu erfahren wir aus Karl August Böttigers Bericht über die Sitzung vom 4. November 1791 (Dok. 63).

Für Abwechslung, Aufregung und Unterhaltung sorgten auch, wie sich der alte Weimarer Bürger Heinrich Schmidt erinnert, die Studenten aus dem benachbarten Jena (Dok. 64). Schließlich darf man auch die zwanglosen Geselligkeiten nicht vergessen, die hier wie überall die Männer gelegentlich in den Wirtschaften zusammenführten und deren eine der ungarische Schulmeister Szluchorinyi 1803 schildert (Dok. 65). Wenn auch einige Zweifel an dem Wahrheitsgehalt seiner Schilderung bestehen, so ist sie doch so reizvoll erzählt, dass sie hier eine Aufnahme verdiente.

41. Cäcilie von Voigt: »Die Freundschaftstage« (um 1800)

Also Fräulein v. Göchhausen gab jeden Sonnabend ein Frühstück zum Besten, das man mit dem Namen »der Freundschaftstag« zu bezeichnen gewohnt war. Ihren Kaffee, den sie selbst bereitete, rühmte man als den trefflichsten in der ganzen Stadt, und auch die sogenannten »Freundschaftsbrötchen« blieben nicht unbelobt. Die für immer Eingeladenen hätten die Räume gerade gefüllt, aber da ihnen gestattet war, interessante Fremde mitzubringen, so war nicht immer die Gesellschaft mit dem Platze in Verhältnis. Da wurden denn mitunter strategische Künste angewendet, um einen ledigen Stuhl zu gewinnen und diesen oder jenen Sitzenden, wie beim Kinderspiel, zum Verlassen der guten Stelle zu bewegen. Zu den Stammgästen gehörten von Damen: die durch liebliche Anmut und Grazie gefallende zweite Hofdame der Herzogin, Fräulein v. Wolfskeel, die heiter gelaunte Frau v. Egloffstein, geb. v. Aufseeß, die als Dichterin und Malerin reichbegabte Fräulein Amalie v. Imhof, die geistreiche, schöne Gräfin Henriette v. Egloffstein, und Fräulein Mimi von Oertel. Diese ließ durch ihre Fröhlichkeit, ihren Verstand und ihre Bereitwilligkeit eine Lücke in der Unterhaltung zu ergänzen, ja ihre eigne Persönlichkeit sogar zum heiteren Zielpunkt des Scherzes darzubieten, gar bald ihre Hässlichkeit vergessen. Kammerherr v. Einsiedel, der liebenswürdige, stets harmlose und verbindliche Freund seiner Freunde, und deshalb allgemein mit dem schönen Beinamen *l'Ami* belegt, wurde sogleich traulich umringt, so oft er sich sehen ließ; ihn, den Mann von der reinsten Herzensgüte und dem gefälligsten Willen, kleideten seine Zerstreutheiten ungemein gut, man hätte sie ungern an dieser Individualität vermisst. Heinrich Meyer, der Kunstkenner, fand sich ebenfalls zuweilen ein; seine Naivität und sein trockener Humor machten ihn zu einem überaus vorzüglichen Erzähler, wobei ihm seine sehr merkliche Zürcher Aussprache noch zustatten kam. Graf Karl Brühl, der oft und lange in Weimar weilte, trug bereitwillig mit seinem deklamatorischen und musikalischen Talente zur Unterhaltung bei; Böttiger, der gelehrte, dienstfertige, allseitige Mann, brachte Kupferstiche und Zeichnungen, Briefe und Neuigkeiten aus allen Weltgegenden herbei und schaffte so der Unterhaltung den weitesten Spielraum. Hierzu kamen Bertuch, Ridel, die Gebrüder v. Fritsch, Rat Krause, Kammerherr v. Wolfskeel, Leo v. Seckendorff, Dr. v. Herder d. J., Weyland, Froriep, Müller und andere mehr, die alle, bald öfter bald seltener – zuweilen auch Wieland – dem freundschaftlichen Kreise sich anreihten, der wohl ein Jahrzehent hindurch jeden

Spätherbst sich erneute und bis zum Mai, wo die Herzogin Amalia gewöhnlich ihr Landhaus in Tiefurt bezog, fortdauerte.

Sobald der Sonnabend heranrückte, suchte jedes Mitglied des Vereins etwas aufzufinden, was zur Würze der Unterhaltung beitragen möchte; bald war es ein kleines Gedicht, eine neue Komposition, ein neues Buch, bald eine scherzhafte Erzählung, oder auch nur eine interessante Anekdote. So strichen denn im heiteren, ungezwungenen Austausch ein paar Stunden gar schnell vorüber.

War die Gesellschaft klein, so wurde wohl auch einmal ein dramatisches Dichterwerk mit verteilten Rollen gelesen, wenn gleich öfters mehrere Sonnabende verstrichen, ehe man damit zu Ende kommen konnte; dies war besonders der Fall, wenn Böttiger ein Trauerspiel des Sophokles oder Aeschylus vorlas und kommentierte. Ein anderes Mal wurde diese oder jene poetische Frage zu lösen aufgegeben, z. B. was unter Schillers Mädchen aus der Fremde gemeint sei?

Die Gräfin v. Egloffstein, auch als Sängerin ausgezeichnet, sang das Gedicht; ihre hohe Gestalt, die edlen begeisterten Züge, das große, Geist und Leben sprühende Auge vergegenwärtigten *die Poesie* so bestimmt, dass sogleich die meisten Stimmen sich dafür entschieden. Mehrmals wurden vergebliche Versuche gemacht, das Märchen *par excellence* von Goethe zu enträtseln. Auf solch eine Untersuchung, die damals gar manche Köpfe und Köpfchen beschäftigte, spielen die Verse eines hochgestellten Mannes an, dem die eifrige Verwaltung der Staatsgeschäfte dennoch mitunter Muse vergönnte, der Dichtkunst zu pflegen.

42. Henriette Gräfin von Egloffstein: Goethes »Cour d'Amour«

Das Auftreten des olympischen Jupiters, wie man Goethe scherzweise nannte, wollte zwar anfangs dem hier vereinten lustigen Völkchen nicht sonderlich zusagen; als er sich jedoch weit heiterer und herablassender, denn seit vielen Jahren bezeigte, verschwand allmählich die durch seine Nähe veranlasste Scheu und man gab sich ohne Rückhalt der guten Laune hin, zu welcher der köstlich bereitete Mocca auf dem Kaffeetisch der geistreichen Wirtin alle Besucher ermunterte, welche letzteren sich gleichsam dazu verpflichtet fühlten, die harmlosesten und anmutigsten Scherze als Dankopfer auf den Hausaltar des kleinen boshaften *genius loci* darzubringen.

Eines Morgens, an welchem sich zufälligerweise außer mir nur noch einige Freundinnen bei der Göchhausen zum Dejeuner eingefunden hatten, da die übrigen Mitglieder der Gesellschaft anderwärts versagt waren, stellte sich auch Goethe ein und äußerte seine Zufriedenheit darüber, dass er heute Hahn im Korbe sei. Hierauf erklärte er, dies käme ihm recht gelegen, weil er schon längst den Wunsch gehegt, ein vernünftiges Wort mit uns im Vertrauen zu sprechen, – und doch brachte er nur die extravagantesten Dinge vor, die uns desto mehr überraschten, als die meisten von uns ihn noch nie in einer solchen Stimmung gesehen, und wir uns nunmehr erklären konnten, wie anziehend und liebenswürdig er in früherer Zeit gewesen sein müsse, bevor er die ihm jetzt eigene pedantische Steifheit angenommen hatte. In seiner lebhaften Unterhaltung kam er, wie man im gemeinen Leben sagt, vom hundertsten ins tausendste, und endlich auch auf das, was er das Elend der jetzigen gesellschaftlichen Zustände nannte. Mit den grellsten Farben schilderte er die Geistesleerheit und Gemütlosigkeit, die sich gegenwärtig überall, besonders aber im geselligen Verkehr, bemerklich mache, und hob dagegen das ehemalige gesellige Leben in kräftigen Zügen hervor. Während er hierüber wie der Professor auf dem Katheder dozierte, erhitzte er sich mehr und mehr, bis er endlich seinen ganzen Zorn über den Teufel der Hoffart ergoss, der die Genügsamkeit und den Frohsinn aus der Welt verbannt, dagegen aber die unerträglichste Langeweile eingeschmuggelt habe. Man müsse, meinte er, mit vereinten Kräften gegen diesen bösen Dämon zu Felde ziehen, sonst würde derselbe noch weit mehr Unheil stiften, und gleich auf der Stelle wolle er uns den Vorschlag machen, wir sollten zur Erheiterung des nah bevorstehenden traurigen Winters einen Verein bilden, wie es deren in der guten alten Zeit so viele gegeben habe. Wenn nur ein paar *gescheite* Leute den Anfang machten, dann würden die Übrigen schon nachfolgen, – und sich plötzlich zu mir wendend, setzte er hinzu, indem er mir seine Hand reichte: Die Wahrheit seiner Behauptung würde sich sogleich bestätigen, wenn ich ihn zum Partner annehmen und den anderen mit gutem Beispiel vorangehen wollte. – Obgleich mich dieser Antrag überraschte, so hielt ich denselben doch nur für das Aufblitzen einer schnell vorübergehenden mutwilligen Laune und würde es für die lächerlichste Prüderie gehalten haben, nicht in den Scherz einzugehen. Ich legte also unbedenklich meine Hand in die seinige, und belachte den Eifer, womit er die anderen anwesenden Damen aufforderte, jede von ihnen möge sich gleichfalls einen *poursuivant d'amour* erwählen, denn unser Verein müsse nach der wohlbekannten Minnesänger-Sitte eine *cour d'amour* bilden, und auch so genannt werden, indem der Name die poetische Tendenz desselben und die Zwanglosigkeit bezeichne, die unter den Mitgliedern herrschen solle. Ob übrigens Amor seine Rechte bei den letzteren geltend machen könne und dürfe, möge der Macht des kleinen schelmischen Gottes überlassen bleiben.

Goethes Aufforderung hätte eigentlich unsre Wirtin wegen ihres Alters und ihrer Missgestalt beleidigen können, wäre die sogenannte *gute Dame* nicht schon längst an unzarte Behandlung gewöhnt gewesen, und hätte sie nicht bereits eine zu große Virtuosität in der Kunst, sich selbst zum Besten zu haben, erlanget, als dass sie sich davon verletzt fühlen sollte. Auch war sie durch ihre Katzennatur hinlänglich befähigt, sich in alle Launen und Einfälle derjenigen zu schmiegen, die ihr in dem Grade wie Goethe imponierten, mochten jene ihr auch noch so absurd erscheinen. Daher kam es denn im gegenwärtigen Falle, dass sie sogleich in seinen Vorschlag einging und mit der ihr eignen komischen Manier erklärte: sie sei bereit, dem Aufruf Folge zu leisten, da sie mit Gewissheit darauf rechnen könne, einen treuen Seladon zu finden; die anderen schönen Damen möchten nur ihr Heil versuchen, ob ihnen eben so dienstwillige Narren zu Gebote stehen würden, als ihr.

Goethe nahm diese humoristische Erklärung mit dem lebhaftesten Beifall auf, und begab sich sogleich an den Schreibtisch unserer gefälligen Wirtin, wo er in der größten Geschwindigkeit die folgenden Statuten der *cour d'amour* improvisierte:

Erstlich sollte die zu errichtende Gesellschaft aus lauter wohlassortierten Paaren bestehen, die Versammlungen derselben wöchentlich einmal, abends nach dem Theater, im Goetheschen Hause stattfinden und dort ein Souper eingenommen werden, zu welchem die Damen das Essen, die Herren den Wein liefern würden.

Zweitens werde jedem Mitgliede die Erlaubnis erteilt, einen Gast mitzubringen, jedoch nur unter der unerlässlichen Bedingung, dass dieser allen Teilen *gleich angenehm* und *willkommen* sei.

Drittens dürfe während des Beisammenseins kein Gegenstand zur Sprache kommen, der sich auf politische oder andere Streitfragen beziehen könnte, damit die Harmonie des Vereins keine Störung erleide.

Viertens und letztens sollten die gegenseitig erwählten Paare *nur so lange* zur Ausdauer in dem geschlossenen Bündnis verpflichtet sein, bis die Frühlingslüfte den Eintritt der mildern Jahreszeit verkündigten, wo dann jedem Teile freistehen müsse, die bisher getragenen Rosenfesseln beizubehalten, oder gegen neue zu vertauschen.

Als Goethe dies merkwürdige Aktenstück uns vorlas, konnte ich mich nicht enthalten, seine auffallende Gravität und den imponierenden Nachdruck zu belächeln, womit er einzelne Stellen betonte. Ich musste dabei an die Xenie denken, in welcher er sagt: »Alles fängt doch der Deutsche mit Feierlichkeit an« – auch den Scherz, setzte ich in Gedanken hinzu, weil ich noch immer sein heutiges Treiben für nichts weiter als das Aufblitzen einer guten Laune hielt, die eben so schnell wie sie entstanden wieder verschwinden werde. Desto mehr ward ich am nächstfolgenden Tage durch ein Billett überrascht, worin Goethe mir meldete, dass er noch sechs Paare für die *cour d'amour* angeworben, und da die heilige Zahl Sieben ein günstiges Omen für unser Unternehmen darbiete, so sollte am kommenden Abend das Stiftungsfest in seinem Hause gefeiert werden. Ein beigelegtes Blatt enthielt das Verzeichnis der sieben Paare in folgender Ordnung:

Geh. Rat von Goethe	Gräfin Egloffstein
Herr von Wohlzogen.	Frau von Schiller
Herr von Schiller	Frau von Wohlzogen
Kammerherr von Einsiedel	Frau Hofmarschall von Egloffstein
Hofmarschall von Egloffstein	Fräulein von Wolfskehl, Hofdame
Hauptmann von Egloffstein. . . .	Amalie von Imhof
Professor Meyer	Fräulein von Göchhausen, Hofdame.

War es Goethes Absicht, eine *recht solide*, ehrenwerte Gesellschaft um sich zu versammeln, so konnten die eben aufgeführten Paare allerdings ziemlich *wohlassortierte* genannt werden, da sich nur einige Individuen darunter befanden, die nicht in den Kreis passten, wo sich weit mehr Gelehrsamkeit und Berühmtheit vereinigt hatte, als zu einer anspruchslosen heitern Geselligkeit von Nöten war. Das Beste der Sache lag, nach meiner Meinung darin, dass wir so hübsch *en famille* bleiben, und in unserer *soit disant cour d'amour* von nichts weniger als von Liebe die Rede sein konnte, – es hätte denn, – um mich Goethes eigener Worte zu bedienen, – der kleine schelmische Gott seine Macht an Amalien von Imhof und meinem martialischen Bruder versuchen müssen. Denn, was mich betrifft, so war mein Partner ganz *sans conséquence* in meinen Augen und ich würde selbst im Traume es für eine Unmöglichkeit gehalten haben, dass er nicht eben so gleichgültig gegen mich gesinnt sein sollte, als ich in Bezug auf ihn von jeher gewesen und geblieben bin. – Dem ohngeachtet entging unser unverfängliches Verhältnis der Verleumdung nicht, wie ich erst nach Goethes Ableben aus Falks zusammengestoppeltem Buche ersah, weil der gute Alte sich durch den Namen täuschen ließ, mit dem der Stifter unseres Vereins seine schöne Erfindung zu taufen beliebte.

43. Siegmund von Seckendorff: Zerstreuungen bei Hofe (1775)

»Das Ganze teilt sich jetzt in zwei Horden, von denen jene des Herzogs die geräuschvolle, die andere die ruhige ist. In der ersten rennt, jagt, schreit, hetzpeitscht und galoppiert man; seltsamerweise hält man sich für geistreich, weil nämlich schöne Geister dazu gehören. Die zweite langweilt sich meistens; sie sieht ihre Pläne durchkreuzt von der anderen Gruppe, und die Vergnügen, die man sucht, entfliehen gewöhnlich in dem Augenblicke, wo sie beginnen sollen. – Man tanzt viel; man ermüdet nicht, Komödie zu spielen; aber ich weiß nicht, welches Hindernis sich der Fröhlichkeit in den Weg stellt. Die Intrigen, die Ungewissheit wegen der Zukunft, die geheimen Eifersüchteleien und Kabalen geben allen etwas Gezwungenes inmitten der Vergnügungen und nehmen den Festen Saft und Leben. So redet wohl eins dem andern vor, man amüsiere sich; indessen ist unter zehn vielleicht noch nicht einer, der sich nicht zum Sterben langweilt.

Serenissimus überlässt sich fortwährend den geräuschvollsten Zerstreuungen und kommt nicht heraus aus dem Kreise der Personen, die seine Augen bezaubert haben. Alle Tage werden durch neue ungewöhnliche Vergnügungen ausgezeichnet, ohne dass man fragt, was darüber geredet wird. Denn nach dem leider allzu getreulich befolgten Systeme seiner Ratgeber gibt es keine Konvenienz in der Welt und soll es keine geben. Nach ihrer Lehre stammen die geltenden Regeln nur aus menschlichen Grillen, und der erste Mann im Staate ist in der Lage, sie abzuschaffen. Es werden ja die wunderlichsten Dinge durch die Gewohnheit geheiligt; um nun neue Sitten einzuführen, muss man nur die ersten Angriffe der Kritik unbeachtet lassen. Und den öffentlichen Vorurteilen muss man festen Willen und Befehl entgegensetzen. Nach diesem schönen System wird gehandelt; du wirst zugeben, dass es weit führen kann!«

44. *Jägerbursche Schilling: Jagdausflug auf den Kyffhäuser (1776)*

Acto früh nach 8 Uhr traf ich allhier in Tilleda ein, fand aber den Gastwirt Lutzie, allwo des Herrn Herzogs Durchlaucht nebst Dero *Suite* einlogiert gewesen, nicht einheimisch, und als er auch nach Verlauf einiger Zeit noch nicht zu Hause kam, so ging ich indessen zu dem hiesigen herrschaftlichen Förster Schilling, dessen ältester Sohn, der Jägerpursch, als welcher gestern auf dem Kiphäuser gewesen, mir dann auf Befragen von der Sache folgendes erzählete:

Er habe davon, dass des Herrn Herzogs von Sachsen-Weimar Durchlaucht mit einer *Suite* am Donnerstage abends allhier angekommen wären, so wenig als sein Vater, der Förster, der, indem er inzwischen auch darzu kommt, solches zugleich versichert, etwas gewusst; und er, der Jägerpursch Schilling, sei daher seiner Ordnung gemäß darauf gestern des morgens früh um 3 Uhr in den Forst zur Hauung gegangen, da er denn schon von unten einige Personen auf dem Kiphäuser wahrgenommen, wovon er aber, wer sie wären? weder gewusst noch auch von den Holzhauern benachrichtigt werden können. Er sei hierauf mit einem von den Holzhauern, Namens Bernhard Bornkesseln, den Berg hinauf gegangen und habe oben auf dem Kiphäuser, Welches etwa gegen 4 Uhr gewesen sei, drei Herren und dreie, die ihre Bedienten zu sein geschienen, angetroffen. Er habe die Herren vor fremde Kaufleute oder Studenten gehalten. Ehe er ihnen völlig nahe gewesen, sei ein großer Hund am Berge heraus gekommen, da er, Schilling, denn zu dem bei ihm gewesenen Manne, Bornkesseln, dass es jene Herren hätten hören können, gesagt habe: Wenn ich meine Flinte bei mir hätte, so würde ich gleich den Hund totschießen.

Vor die Herren selbst aber habe er nachher gesprochen: Was sie sich unterständen, hieher zu gehen, und den Forst so früh zu beunruhigen, und den Hund laufen zu lassen?

Worauf sie ihm geantwortet: Ob sie nicht hier herauf dürften? Es sei ja ein kahler Berg.

Er habe erwidert: Es sei dieses ein Berg, wo Erz stünde, und nach vorhandenem Befehle dürfe niemand herauf, er müsse sich erst beim Förster melden; und wen man ohne Erlaubnis hier antreffe, der werde *arretiert*.

Wobei Schilling auf Befragen anführet, dass solches der verstorbene Herr Jägermeister von Lengefeld also befohlen.

Der eine Herr, welches der Herzog, wie er nachher ersehen, gewesen sei, habe geantwortet: Da müsste ich auch dabei sein.

Er, Schilling: Wenn ich nur gleich Leute hätte.

Worauf sie erwidert: Ja, das war's eben;

Er aber versetzt habe: Das hat nichts zu bedeuten, da liegen Örter, da können wir Leute genug kriegen; und unser Herr Oberforstmeister logieren auch nicht weit von hier.

Jene Herren hätten gefraget: Wie denn der Herr Oberforstmeister heiße?

Er habe geantwortet: Der Herr Oberforstmeister von Beulwitz.

Weiter und unter andern spaßhaften Reden mehr, die er aber so genau nicht mehr wisse, die ihm aber von solchen Herren, wofür er sie anfänglich gehalten, fast ärgerlich vorgekommen, habe einer von der Gesellschaft angefangen: Da hätte man sollen Tafeln vor den Berg machen, und es ins Wirtshaus zu wissen tun, dass fremde Herren, wenn welche kämen, ohne Erlaubnis auf den Berg nicht dürften.

Worauf er, Schilling, geantwortet habe: Fremde Herren müssten ja wohl selbst wissen, dass sie so in einem Forst nicht gehen dürfen und ihn beunruhigen. Überdem sehe er schon an ihnen, indem der eine, welches, wie er nachher erfahren, der Herzog gewesen sei, rote Erde an dem Überrock und ledernen Beinkleidern angestrichen gehabt, dass sie nicht des Besehens wegen gekommen wären, sondern auf den Kux gingen, und an dem Herrn, auf den Herzog weisend, so ihm aber noch unbekannt gewesen, sehe man ja das Wahrzeichen deutlich, dass sie in dem Loche gesteckt. Es hat mich Wunder, dass sie in so ein Loch kriechen, es ist oft gefährlich darinnen.

Dieser, der Herzog nämlich, habe geantwortet: Glaubt er, dass wir Kuxgänger seien? Ich will ihm den Kux weisen, was wir haben, und habe einen roten Schmergelstein aus der Tasche gebracht, und ihm solchen gewiesen, unter den Worten: Wenn er wüsste, was das wert wäre! – Das ist vieles wert! und dann den Stein wieder eingestecket.

Ein anderer, der hinten naus gestanden, habe weiter angefangen: Er will vermutlich uns begleiten, um etwas – wobei der Herzog, den er aber noch immer nicht gekannt, sich umgesehen und geschüttelt habe, und worauf er, Schilling, in der Meinung, dass sie ihn auf ein Trinkgeld, als welches ihn verdrossen, anstechen wollen, geantwortet: Wo die Herren den Weg herauf gefunden, werden sie ihn auch wieder hinunter finden.

Noch ferner habe unter andern einer von der Gesellschaft zu ihm gesprochen: Hier lassen wir uns nicht *arretieren*, er muss mit hinunter gehen in den Gasthof auf ein Glas Wein.

Wogegen der eine, welches der ihm noch immer unbekannte Herzog gewesen sei, gesagt habe: Schenkt ihm hier ein Glas Wein ein, dem Jäger.

Da denn der Herzog das eingeschenkte Glas Wein selbst in die Hand genommen und es ihm, Schillingen, gereichet habe, mit den Worten: Trink er, auf meinen Befehl.

Er, Schilling, habe das Glas genommen, und des Herrn, der es ihm gegeben, Gesundheit getrunken.

Endlich habe der Herzog sich zu erkennen gegeben, und gesagt: Ich bin der Herzog von Weimar, und, mache er dem Herrn Oberforstmeister mein *Kompliment.*

Hierüber nun sei er, Schilling, sehr erschrocken, und habe untertänigst um Vergebung gebeten.

Worauf Sie, der Herzog, geantwortet: Es ist gut.

45. Karl Wilhelm von Lyncker: Hofkonzert (um 1780)

Die Konzerte gab man stets in dem großen Saale [des Fürstenhauses oder im Palais der Herzogin-Mutter], und auf die Kapelle wurde ein fortwährendes Augenmerk gerichtet, weil die Herzogin-Mutter selbst musikalisch war und komponierte. Den Konzertmeister Kranz hatte man große Reisen machen lassen, von denen er als ausgezeichneter Künstler wieder zurückkam. Die Hofsängerinnen bestanden aus der Konzertmeisterin Wolf, Madame Steinhardt, Mademoiselle Neuhaus und der zuletzt angekommenen Korona Schröter. Einziger Hofsänger aber war der Tanzmeister Aulhorn, welcher das Unglück hatte, dass die großen Hunde, welche der Herzog häufig mit in den Saal nahm, seine Stimme nicht ertragen konnten und zu heulen anfingen, wenn er dieselbe erhob, wodurch er dann öfters unterbrochen, ja einstmals zum Aufhören genötigt wurde.

Berühmte Virtuosen besuchten nicht selten Weimar, unter welchen mir noch besonders die Mara mit ihrem Gatten im Gedächtnis ist. Letzterer gab Konzerte auf dem Violoncell und grimassierte dabei zu allseitigem Gelächter. Auch der berühmte Abel aus London war einstmals hier anwesend und ließ sich auf der Gambe hören. Der Violoncellspieler Schlick aus Gotha kam ebenfalls sehr oft hierher, galt für einen großen Meister und logierte gewöhnlich bei dem Herrn v. Einsiedel, welcher damals mit der Korona Schröter in einem Hause wohnte.

46. *Joseph Rückert: Hofkonzert (1799)*

An jedem Sonntage abends – einige Sommermonate abgerechnet – ergötzet sich der Hof in seinem Saale an einem schönen Konzert, wozu jeder Nichtadelige auf die Galerie eingeladen ist. Der für Musik enthusiastische Weimaraner weiß dieses Privilegium, das sich auch auf solche Tage erstreckt, an denen sich fremde Virtuosen an dieser Stätte hören lassen, vollkommen zu schätzen. – Auch haben hier die Freunde des Gesangs immer nach vierzehn Tagen Gelegenheit, die beliebte Virtuosin, Demoiselle *Jagemann*, aufs Neue zu bewundern. – Ohne Zweifel ist dieses schöne Volksprivilegium einer weisen Politik sehr gemäß. Es wecket und nähret eine günstige Stimmung unter den niedern Klassen, die an jenem Orte einen geliebten Genuss mit dem höhern Stande teilen und bei dem Anblick der unter ihren Augen schleppenden Pracht und des schwülen, umgebenden Hofglanzes ihren bequemern Zustand von der freien Galerie des Lebens herab nicht anders als gesegnet und glücklich finden können. In der Tat scheint auch das weimarische Publikum mit der blinden oder prächtigen Seite des Hofes längst und vollkommen ausgesöhnt zu sein, während dieses glänzende Phantom in den mehresten übrigen, großen oder kleinen, Residenzstädten gewöhnlich der, im Verborgenen gärende, Sauerstoff der Unzufriedenheit unter den niedern Volksklassen wird. Man darf oft nur den Menschen dem Gegenstande seines Neides näher bringen, um ihn sicher zu heilen.

Auf der Galerie, wo sich die Menge versammelt, sind, um Unordnungen zu verhüten, Wachen ausgestellt und die Geschlechter getrennt.

47. *Karl Wilhelm von Lyncker: Schlittschuhlaufen (um 1780)*

Das Schlittschuhfahren war schon in den ersten Regierungsjahren des Herzogs Sitte und zu einer fortlaufenden Hofvergnügung geworden. Der Rittmeister v. Lichtenberg, früher in holländischen, dann preußischen Diensten, war Meister in dieser Kunst. Goethe, der es in seiner Vaterstadt erlernt hatte, fand auch viel Gefallen daran. Den Teich im Baumgarten, welcher damals noch der Herrschaft gehörte, späterhin aber von dem Legationsrat Bertuch erkauft wurde, benutzte man zu dieser Kunst. Es ward ein Häuschen darauf errichtet und allen Honoratioren der Zutritt gewährt. Der Herzog selbst fuhr eine Zeit lang fast täglich; auch die regierende Herzogin, die Frau v. Stein und mehrere andere Damen erlernten es, und es war eine Freude, die Durchlauchtige Frau mit vollem Anstand über das Eis schweben zu sehen. Die Korona Schröter hatte viel Fertigkeit darin erlangt; ihre schöne Figur nahm sich dabei vortrefflich aus. Mancherlei Frühstücke wurden dabei teils von den Herrschaften, teils von andern vom Stande gegeben.

Als aber später hier die Schwanseewiesen überschwemmt wurden, gab der Herzog dort größere Feste, sogar Eis-Maskeraden und Illuminationen, denen die Durchlauchtigsten Damen und der Adel beiwohnten. Wir Knaben erschienen gewöhnlich nur zweimal die Woche, um unsere Lehrstunden nicht zu sehr zu vernachlässigen, und der Herzog, sowie Goethe, ließen uns Kunststücke erlernen. Wir mussten nämlich in vollem Schlittschuhfahren Äpfel mit bloßen Degenspitzen aufspießen, über Stangen springen, wurden gleich Hasen mit Parforcepeitschen gehetzt; ja, man schoss aus nur mit Pulver geladenen Pistolen hinter dem flüchtigen Wilde drein, welches für uns die größte Lust war. Bei einer nächtlichen Maskerade und Illumination erhielten wir Teufelsmasken und mussten die Damen, welche nicht selbst Schlittschuh fuhren, auf dem Schlitten zwischen den erleuchteten Pyramiden und feuerspeienden Raketen und Schwärmern herumkutschieren. Auf unsern mit Teufelshörnern versehenen Mützen waren Schwärmer angebracht, welche die vorbeifahrenden Herren mit brennenden Lunten anzündeten und somit ein fortlaufendes Feuer bewirkten.

48. Johannes Falk: Landpartie

Oftmals bekam Bertuch, als *Maître de plaisir*, noch ganz spät den Befehl, dass der Küchenwagen gerüstet werden musste, weil man mit dem Frühesten in den Wald wollte. War es in der Nähe, so genügten ein paar Küchenesel. Ging's aber weiter über Berg und Tal, in die Ferne, unter Gottes blauem Himmel, da gab es die Nacht genug zu schaffen, und alle Casserolen gerieten in Bewegung. In der herrschaftlichen Küche ging es nun an ein Kochen, ein Sieden, ein Braten, ein Halsabschneiden von Kapaunen, Truthähnen, Tauben und anderm Geflügel. Wo man hinsah, herrschte Tätigkeit. Die Ilmteiche mussten noch spät ihre Fische, der Wald seine Rebhühner, der Keller seine ausgelesensten Weine hergeben. Eine Gesellschaft von Herren und Damen, oft fröhlich untereinander gemischt, machte sich sodann gleich am frühen Morgen auf den Weg. Die Bäume in der tiefsten Einsamkeit, die sonst nur gleichgültige Geier an sich vorüberziehen sahen, oder dem gaffenden Wilde, noch an der Hütte des Kohlenbrenners, eine Freistätte gewährten, wunderten sich über den singenden fröhlichen Zug; man konnte sagen, dass ihnen nun erst ihr Recht geschah, da sie eine heitere, dichterisch gestimmte Jugend unter ihren Schatten beherbergten und den Rausch einer allgemeinen Lust durch das Rauschen ihres grünen Obdachs vermehren halfen.

Bei solchen Auszügen fanden auch nicht selten kleinere und größere theatralische Spiele statt. Bäume, Wiesen, Quellen mussten die Bühne bilden. Zu Ettersburg, diesem so angenehmen Waldort, wo in der Regel ein Stand von einigen hundert Hirschen zu finden ist, sind noch die Grenzen solcher hier und da gelegentlich errichteten Waldbühnen abgesteckt.

49. Henriette Gräfin von Egloffstein: Der Erbprinz wird Schützenkönig

Dienstagabend war der Hof und wir alle wieder auf dem Schießhause, wo es ganz brillant zuging; der Erbprinz ist Schützenkönig geworden, und gab dem ganzen Schützenkorps eine große *Fête* … Alle unsere schönen Damen tanzten mit Bäcker und Fleischerburschen, mit eleganten Unteroffiziers und steifen, alten Schützen, echte Bürger, nach altem Schrot und Korn; man konnte das Lachen nicht lassen über die närrischen Figuren, und doch musste ich mich über die wahre Fröhlichkeit der Leute freuen.

50. Luise von Göchhausen: Die Ankunft der Großfürstin Maria Paulowna (1804)

Ihr Einzug Nachmittags am 9. war prächtig durch die unglaubliche Volksmenge, die in geordneten Scharen zu Pferde und zu Fuß festlich ihr entgegenwallten. Acht der schönsten Isabellen zogen ihren Wagen, Musik erfüllte die Luft und alle Herzen schlugen. Beim Aussteigen wurde sie mehr getragen, als dass sie gehen konnte, und oben an der Treppe des Schlosses empfing sie Segen und Liebe in unsern beiden Fürstinnen. Nach einiger Ruhe führte man sie an der Hand ihres Gemahls auf den Salon des Schlosses. Sie grüßte mit der ihr nur einzig eignen natürlichen Grazie und tausende mit Herz und Mund riefen ihr: Lebe lange, lebe hoch! – Über die Feste nach dem ersten Ruhetag, der bloß in der Familie froh begangen wurde, muss ich Sie auf die nächstens erscheinende Beschreibung verweisen. Doch kann ich nicht übergehen, dass bei dem unglaublichen Zuströmen des Volkes, sowohl aus dem Land als von Fremden, alles ruhig und würdig erschien; ich möchte es die frohe Teilnahme eines gebildeten Volkes nennen. Jubel und Musik war abends in allen Straßen und öffentlichen Häusern, und noch jetzt hat der Stadthauswirt täglich über 100 Couverts. Alle Gasthöfe sind voll. Am Montage kam die Großfürstin zum ersten Mal ins Theater. Sie können sich den klatschenden Jubel kaum denken. Ein Vorspiel von *Schiller* wurde gegeben. Die Musenkünste begrüßen die Gekommene. Das Stück begann mit Landleuten, die einen seltenen Baum verpflanzen; sie erflehen Segen vom Himmel für sein Gedeihen im fremden Boden etc., zart und schön behandelt. Herab von den Anhöhen kommen die Künste; sie mischen sich unter die Leute des Landes, fragen nach ihren Festen und vereinigen sich bescheiden in Bezug auf die Prinzessin zur allgemeinen Freude und ihrer Weihe. Das Ganze fand gerechten Beifall; es war wirklich schön und herzlich. Die Reden der Landleute eigneten sich oft zu Chören; dies allein hat einzeln missfallen, da Sie Einiger Missfallen an dieser Art zu reden kennen. Hierauf folgte Mithridat. Unsere Schauspieler spielten an diesem Tage wie begeistert; sie waren kaum zu erkennen, selbst Graf Boll nicht.

Die Großfürstin beträgt sich mit so viel Verstand, Herzensgüte und Liebenswürdigkeit, dass sie wirklich Wunder tut; auch unser Vater Wieland ist begeistert und macht wieder Verse. Er hat den jungen Stadtmädchen (sein Luischen war auch dabei) eine allerliebste kleine Anrede an die Prinzessin gemacht. Diese Rede gefiel ihr so wohl, dass, ohne den Verfasser noch zu wissen, sie das Mädchen küsste, die sie sprach. Es war die kleine Klauer. Die Prinzess spricht sehr gut deutsch.

51. Julie Gräfin von Egloffstein: Vergnügen bei Hofe (1817)

Das war eine *heiße* Woche für Hof und Stadt und für deine armen Töchter, meine liebe, liebste Mutter! Und trotz der brillanten Feten, die darin sich häuften – eine sehr armselige – denn es wurde in ihr nichts Kluges gedacht – gesprochen – geschrieben – noch getan – Putz, Tanz und Spiel, Repräsentieren und Figurieren und Probieren nahm uns alle Zeit zu vernünftigeren Dingen weg: kaum dass ans

Schlafen zu denken war! – Geburtstagsbälle und Geburtstagskomödien – Assembleen – Beleihungszeremonien – der Landständeversammlung – Proben und Aufführung der Tableaus – endlich noch kl. Privatsoupers, die bis in die Nacht hineindauerten – eines folgte dem andern, wie im Meere Welle auf Welle sich folgt – und trieb uns so unstet umher, wie einst unsern lieben Rheinnachen auf den stürmischen Fluten bei Andernach. Seit gestern endlich sind wir zwar nicht wie damals in dem schönen Linz – aber doch im Hafen der Ruhe eingelaufen – und haben einen *langen* Schlaf getan! –

Von den hohen Fürstlichkeiten bis auf den armen, geplagten Hofmarschall herab und von dem wieder an, bis auf die kl. Pagen, Hoffouriere, Bedienten und Zofen herunter – alles dankt Gott, dass diese Woche zu Ende …

Bei unserer Darstellung ging es den meisten Gästen wie in der Fabel dem armen Storch, der vom Fuchs zu Mittag gebeten wurde und nichts abbekam von all den guten Bissen, die aufgetragen wurden. – Das Lokal war so traurig gewählt, dass die hohen Herrschaften *allein* den Tableaus gegenüber zu stehen kamen – der größte Teil der übrigen Gesellschaft, die doch aus mehreren hundert Personen bestand, musste sich mit den Ausrufungen und Lobeserhebungen der Sehenden begnügen – Graf Marschall ging umher wie ein brüllender Löwe und wiederholte seinen Lieblingsspruch vom Schießhaus her »Dümmes Püblick!« – Linchen hatte als Stärke ein sehr schönes, glänzendes Kostüm und machte sich vortrefflich … Es waren drei Türen gewählt, hinter denen die Bilder erschienen. In der mittlern war jedes Mal ein Haupttableau – in den beiden Seitentüren zwei Nebengemälde, die aber alle besser glückten als jene, da sie aus einer einzelnen, höchstens *zwei* Figuren bestanden, während in den Hauptgemälden eine Gruppierung von 6–8 Personen oft stattfand, die denn natürlich *sehr* zusammengepresst werden musste. – Die mittlere Türe hatte Meyer, die eine Seitentüre ein gewisser Baurat Coudray, die andre ich zu arrangieren. In meiner erschienen folgende Bilder: die Gräfin Fritsch als Circe, Herr v. Koemeritz als junger Prophet mit einem Engel – und die Poesie – also meine eigne werte Person. – Da aber diese gerade zuerst erscheinen musste und ich niemand hatte, der sie zu drapieren verstand, so erbarmte der alte Goethe sich der armen Poesie – (unfehlbar aus Dankbarkeit, weil sie seiner sich so oft erbarmt) – und zog und zerrte und zupfte so lange an meinem Mantel herum, bis er endlich – entzückt über sein eigen Werk »schön, schön – wunderschön« ausrief und mir versicherte, es sei jammerschade, dass ich mich nicht selbst sehen und zeichnen könne. – Ein fühlbareres Herzklopfen habe ich nie gehabt als in dem Moment, wo ich die ganze Gesellschaft auf meine Türe zukommen – das Zeichen zum Aufziehn des seidenen Vorhangs hörte – und darauf, als dieser zurückflog, es wusste, dass nun alle Blicke auf mir ruhten, ja, dass ich einzig und allein deshalb dasäße, um mich beäugeln zu lassen. All das Lob, das ich von allen Seiten aus der dunkeln Menge draußen in meine Halle herein vernahm, die einzelnen schmeichelhaften Äußerungen, die halblaut von den fürstlichen Lippen flossen, waren wahrhaftig nicht geeignet, meine Herzschläge zu mindern – im Gegenteil trieben sie mir erst recht das Blut ins Gesicht und straften die Schminke Lügen, die fingersdick mir auf den Backen lag. Ich kann nicht begreifen, dass die Verlegenheit, die mein Inneres erfüllte, sich nicht sichtlich in meinen Zügen ausgesprochen haben soll –, und doch behaupten die Leute, dass ich höchst begeistert ausgesehen hätte. Bei dem vierten und fünften Male, als der Vorhang aufgezogen wurde, ward mir's auch wirklich viel freier um Herz und Stirne – ich erhob mich zu ordentlich poetischen Ideen und Empfindungen. Es wäre sehr eitel von mir und langweilig für euch, wenn ich erzählen wollte, was für Artigkeiten mir von allen Seiten zuströmten, als ich nachher im Ballkleid bei der Hoheit erschien – auch habe ich wirklich nur für wenige ein treues Gedächtnis. Goethe allein hat mich getadelt – aber das Wunderbarste ist, dass dieser Tadel mich gefreut hat, statt mich zu schmerzen, weil er artiger war, als jemals ein Lob gewesen.

52. Karl Wilhelm von Lyncker: Redouten (um 1780)

Alle acht oder vierzehn Tage wurden Redouten gegeben, welche die Herrschaften und der Adel jederzeit besuchten. Vor den Redouten war allemal Spiel und Abendtafel am Hof. Ausgezeichnete Fremde, gewöhnlich die Grafen und Gräfin Werther, die Gräfin Bernstorff und Mehrere dieses Standes, wurden hierzu geladen. Die Herrschaften und alle Übrigen erschienen in Redoutenanzügen. Fast jedes Mal kamen noch abends spät Fremde an, sehr oft aber die fürstlichen Herren von Gotha, der Herzog Georg von Meiningen, Herr und Frau v. Bechtholsheim von Eisenach. Wer nicht spielte, hielt Konversation. Ähnlichermaßen wurde es am Hofe der Herzogin-Mutter gehalten, und nur bei besonderen Aufzügen oder sonstigen Vorgängen besuchte sie vor der Redoute den regierenden Hof.

Eine der vorzüglichsten Maskeraden war der sogenannte »Winteraufzug«. In demselben wurde der Winter in einer Eisgrotte von einem graubärtigen Greise, mit einem Schneemantel bedeckt, dargestellt; ihn umgaben, vorausgehend oder folgend, allegorische Personen mit den Attributen alles dessen, was dem Winter eigentümlich ist und ihn interessant macht, so z. B. das Theater in der Tragödie und Komödie, die Redoute selbst nach ihren verschiedenen italienischen Kostüms, die Kälte, das Feuer usw. Das Karneval, in der Person eines Hanswurstes, durch den Kammerjunker v. Schardt repräsentiert, dem diese Rolle bei jeder Gelegenheit zufiel, führte dabei die vier Temperamente, unter denen ich mich auch befand, an einem Narrenseil, und somit bestand das Ganze wohl aus 50 und mehr Personen. Viele charakteristische Tänze waren hierzu einstudiert worden.

Außer diesem muss ich besonders noch eines Aufzugs gedenken, welcher nach Goethes Angabe von dem Herzog, dem Oberstallmeister v. Stein, dem Leutnant v. Schardt, einer Fräulein v. Voß und meiner Schwester mit vielem Beifall gehalten wurde. Ein Zauberer, in der Person des Oberstallmeisters v. Stein, hatte beide vorbenannte junge Damen sein eigen gemacht und ließ sie in zwei Portechaisen von Sklaven hinter sich hertragen. Natürlich fühlten sich diese Gefangenen in der Gewalt des alten Zauberers sehr unglücklich und beklagten sich in angemessener Pantomime. Nach einiger Zeit aber erschienen ihre Ritter: der Herzog und der Herr v. Schardt, bekämpften den Zauberer und befreiten ihre Damen. Letzterer wurde sogleich in Ketten gelegt, in eine der Portechaisen gesteckt und durch das Gefolge der Ritter aus dem Redoutensaal hinausgebracht. Die Ritter tanzten dann mit ihren befreiten Damen einen allegorischen Tanz zum Schlusse dieses Aufzugs. Das Kostüm war sehr glänzend; meine Schwester und Fräulein v. Voß erhielten einen silber- und golddurchwirkten Anzug; man hatte Schwungfedern von einer solchen Länge kommen lassen, wie man sie noch nicht gesehen hatte. Das Arrangement des Ganzen war sehr sinnig und unterhaltend.

Die Feste waren jederzeit voll und belebt. Die regierende Herzogin pflegte auf denselben mit einer halben Maske vor dem Gesicht in ganz weißem Anzuge mit sogenannten Poschen, wie sie damals Mode waren, zu erscheinen. Ihr schönes, langes Haar in Locken gekräuselt, ward allgemein bewundert; sie tanzte mehrenteils außer den Menuetten einige englische Tänze. Der jedesmalige Vortänzer war der erwähnte Leutnant v. Schardt. Wenn die Kolonne aufgestellt war, trat sie mit ihm oben an, tanzte anerkannt schön und schwebte, die beiden Arme auf dem Rücken, wenn die Tour nicht eine derselben erheischte, mit dem ihr eigenen Anstand hindurch, trat jedoch am Ende der Reihe ab.

Der Herzog, gewöhnlich in einem Tabarro, tanzte mehrenteils nur Walzer, fast ohne Ausnahme mit dem ältesten, schlanken und großen Fräulein v. Voß, der man wegen ihrer zierlichen Bewegungen den Zunamen *Grâce* Voß gegeben hatte. Zuweilen walzte er auch mit der Korona Schröter. Letztere zeichnete sich jederzeit durch die Schönheit ihrer Gestalt und ihres regelmäßigen Gesichts, durch Anmut und Bescheidenheit, aber auch durch ausgesuchten theatralischen Anzug aus; sie war nie ohne ihre Begleiterin, Mademoiselle Probst. Goethe pflegte sehr oft in dem geschmackvollsten Theateranzug zu erscheinen und machte sich durch seine majestätische Gestalt, zugleich aber auch durch seine steife Haltung bemerkbar; auch er tanzte sehr oft mit der Korona. Die Herzogin-Mutter erschien nicht selten in einer Charaktermaske. Unter anderm stellten beide Herzoginnen einmal zwei türkische Gefangene vor und trugen äußerst brillante Ketten.

Noch gedenke ich eines der prachtvollsten Anzüge des Herzogs Ernst von Gotha, der einmal ganz unerwartet und etwas spät auf der Redoute erschien. Dieser Anzug war im Kostüm von Henri IV. Zu seinem Begleiter hatte er den Oberstallmeister v. Hardenberg als Sülly mitgebracht. Dieser Fürst war bekanntlich in dem Besitze der bedeutendsten Edelsteine und hatte seinen altfranzösisch-königlichen Federhut sowie die Ordenskette mit denselben so reichlich ausgeschmückt, dass es allgemeines Erstaunen hervorbrachte.

Nächst mehreren Erscheinungen von Seiltänzern und Kunstreitern kam auch zu jener Zeit eine Kunstspringergesellschaft hier an, welche sich in der geschlossenen Reitbahn sehen ließ. Den höchsten Herrschaften hatte ein von derselben dargestelltes Gefecht, die Barbarenschlacht genannt, so wohl gefallen, dass sie der Herzog selbst mit noch 15 jungen Kavalieren erlernte und dergestalt einübte, dass sie mehrere Male auf der Redoute in angemessener, aber sehr eleganter Kleidung nach einer von den Springern hinterlassenen Musik wiederholt wurde. Das taktmäßige Ankämpfen und Anschlagen leichter, an ihrem Ende mit Blech beschlagenen Keulen, welche die Streitenden mit kleinen metallnen Schildern auffingen, war sehr vergnüglich anzuhören und anzusehen; man musste zugleich die Geschicklichkeit bewundern, mit der jede Verletzung verhütet wurde.

Wenn auf den Redouten die wenigen Tänze vorbei waren, an welchen die Herrschaften teilnahmen, so wandelten sie gewöhnlich in den Nebenzimmern auf und ab; zuweilen spielten sie auch Karte. Der Kammerherr v. Werther legte jedes Mal Bank; unser gnädiger

Herr und viele Kavaliere pointierten; doch ließ sich ersterer nie tief ein. Der bei Gelegenheit eines Theaterstücks vorbenannte Hauptmann v. Braun, welcher ein intimer Freund des Herrn v. Werther war, machte mehrenteils den Croupier, und während dieser seiner Funktion geschah es eines Tages, dass ihn zwischen einer Frau v. Hendrich, geborenen v. Poseck, welche eine passionierte Pharaospielerin war, und dem Bankier selbst ein Blutschlag dergestalt rührte, dass er nicht wieder lebendig wurde.

53. Karl Wilhelm von Lyncker: Maskenspiele (1780)

In dem Jahre 1780 hatte die junge Herzogin dem Lande freudige Hoffnung zu erwünschter Nachkommenschaft gegeben. In Beziehung hierauf ließ Goethe ein Melodram aufführen, wozu der mehrgedachte Schubert die Musik komponiert hatte. Der Gegenstand war folgender: Eine Anzahl Gnomen bewohnten einen rauhen Felsen als ihr Eigentum; ich war das Haupt derselben und erschien mit wilden, doch nach der Musik geordneten Gebärden. Ein mit oberer Gewalt begabter Zauberer trat herzu und verlangte: es solle dieser Felsen solange bearbeitet werden, bis man auf eine geheimnisvolle Stelle käme, in welcher sich ein bisher unsichtbarer Schatz befinde. Der Gnom gab zu erkennen, dieser Schatz gehöre ihm und seinen Geistern, und er werde ihn gegen alle Mächte zu bewahren wissen; ich rief die übrigen Berggeister herbei, trug ihnen das Verlangen des wunderbaren Mannes vor, und sie erklärten sich durchaus abfällig, wogegen ersterer, wie ich mich noch erinnere, die Worte aussprach:

> Hinderst du mich, so sag ich dir: die größte Pein, mit der ein Gnom deines Gleichen je beladen ward, häuf ich auf dich; in zackige Kristalle eingeschlossen, sollst du die morschen Glieder ewig zucken!

Der erste Akt endete unter Dialogen, Pantomimen und Tänzen der Berggeister damit, dass der Anführer der Gnomen allen Anforderungen des Zauberers widerstrebte. Im zweiten Akt suchte der Zauberer abermals die Gnomen durch große Versprechungen zu gewinnen; namentlich stellte er ihnen vor: sie sollten, wenn sie ihm behilflich wären, in einen ganz anderen, besseren Zustand kommen, und statt dieser rauen, grausenhaften Wohnungen in die angenehmste Gegend und Lage versetzt werden. Sie bequemen sich allmählich und fangen an zu arbeiten. Mancherlei einzelne Erscheinungen zeigen sich in dem Felsen; Pantomime, Tanz, Dialog wechseln mit angemessener Musik. Der dritte Akt beginnt. Felsenstücke lösen sich ab; der Zauberer und der erste Gnome regen die Arbeiter an; die Pantomime wird in ausdrucksvoller Weise fortgesetzt; man kommt endlich im Arbeiten auf die erwünschte Stelle; mit einem Male ist der letzte Stein gesprengt, und ein schöner Knabe von der feurigsten Morgenröte sphärisch beleuchtet, liegt freundlich auf rosigem Lager. In dem Augenblick verwandelt sich das ganze Theater unter schauerlichem Getöse, unter kreuzweis vom Himmel herabfallenden Feuerflammen und rauschender Musik in die anmutigste Gegend; der Himmel ist voller Genien; die Gnomen haben sich in liebliche Knaben verwandelt, mit Blumenkränzen um das Haupt und Festons in den Händen, zu denen sich ebenso kostümierte artige Mädchen gesellen und die fröhlichsten Tänze beginnen. Unvermerkt hatte sich eine Brücke vom Theater aus bis zu der Estrade, wo die Herrschaften saßen, über das Parterre gebildet; der reizende Knabe wird von dem sämtlichen Theaterpersonal in einem Blumenkorbe zu der Herzogin gebracht; und so endet das Spiel.

Vor mehrerer Zeit hatte die Herzogin Amalie den Ettersburger Sommeraufenthalt mit dem zu Tiefurt vertauscht, wo man ähnliche schöne Tage verlebte. Von einzelnen Vorgängen kann ich nur hinsichtlich des bekannten Fischerstücks Erwähnung machen, dem auch ich an zwei heiteren Sommerabenden beiwohnte. Die Korona Schröter spielte darin die Hauptrolle und erwarb sich durch ihre Grazie und Lieblichkeit den vollkommensten Beifall.

Dieser im Druck erschienenen Darstellung folgte beide Mal eine zweite, von der aber, soviel ich weiß, nirgends etwas zu lesen ist. Es wurden nämlich sogenannte *Ombres chinoises* mit lebenden Figuren gegeben. Der Gegenstand war die Geburt der Minerva; Siegmund Seckendorff hatte die Musik dazu gesetzt, und die ganze Vorstellung, bei welcher hinter einer transparenten Leinewand die Figuren natürlich nur im Profil erschienen und sich bewegen konnten, nahm sich doch artig genug aus. Jupiter, in der Person des Malers Kraus, auf dessen Schultern ein kolossaler Pappenkopf befestigt war, saß auf seinem Throne und klagte über Kopfschmerz. Meine Wenigkeit, als Ganymed auf einem Adler hinter ihm schwebend, reichte ihm den Nektar; die Kopfschmerzen vermehrten sich, und ich wurde in die Lüfte gezogen, um auf Befehl des Äskulap den Vulkan zu bestellen. Dieser in der Person des Hochseligen Großherzogs, in der einen Hand einen Hammer, in der andern eine Art Brecheisen haltend und ein Schurzfell vor sich, kam nun an. Äskulap gab durch Pantomime zu vernehmen, dass nur vermittels einer Trepanierung zu helfen sei, und nach vielem Widerstreben entschloss sich Vater Zeus zu dieser Operation. Der Ganymed musste ihm den Kopf halten, und Vulkan setzte den Trepan auf. Nach mancherlei wunderlichen Bewegungen des Vulkans und gräulichen Gebärden des Patienten spaltete sich der Kopf, der Olymp verdunkelte sich, eine kleine Minerva entsprang aus dem gespaltenen Haupte, senkte sich in die Tiefe herab, und vergrößerte sich vermöge einer zweckmäßigen Maschinerie von Moment zu Moment, bis sich die schlanke Gestalt der Korona Schröter als Minerva, mit ganz leichter Gaze bedeckt, dergestalt in ihrer Vollkommenheit zeigte, dass man alle Teile des schönen Körpers vortrefflich sehen konnte. Mehrere Götter des Olymps, unter andern Apoll, erschienen und bezeugten ihre Freude. Man bedeckte nun das Haupt der Minerva mit dem Helm, legte ihr die Ägide an, gab ihr die Lanze in die Hand, und Ganymed setzte ihr die Eule zu Füßen. Die schöne Göttin wurde bewundert; himmlische Musik und Chorgesang ließ sich hören, und so fiel der Vorhang vor der transparenten Leinwand nieder. Siegmund v. Seckendorff hielt einen Epilog, und nach eingenommenem Souper fuhr man wieder nach Weimar zurück.

54. Henriette Gräfin von Egloffstein: Maskerade bei Hofe (1788)

Zum erstenmal in meinem Leben sollte ich teil an einem Aufzug nehmen, der zum 30. Januar, dem Geburtstag der Herzogin Louise, auf der Maskerade zu erscheinen bestimmt war. Die neun Musen, vom Apoll angeführt, wollten der hohen Frau ein Gedicht überreichen, was dieser Apoll selbst gedichtet hatte. Die schönsten Mädchen wurden hierzu auserwählt und man hatte mir die Ehre erzeigt, mich darunter zu zählen. Da ich wegen meiner Größe und Eigentümlichkeit zur Melpomene passte, erteilte man mir diese Rolle und ich tat mir nicht wenig darauf zugute, am Abend des Tages im Salon der Herzogin Amalie, wo wir uns versammelten, die größten Lobsprüche über mein Kostüm, so wie über die geschmackvollen Verzierungen desselben zu vernehmen. Herr von Einsiedel (welcher den Apollo vorstellte) mit einem für weibliche Reize höchst empfänglichen Herzen begabt, wusste nicht, welcher Muse er zuerst huldigen sollte und geriet dadurch in solche Zerstreuung, dass er, als wir vom Palais aus nach dem Schauspielhaus gefahren und im Begriff waren den Redoutensaal zu betreten, das Wichtigste – nämlich das auf Band gedruckte Gedicht an die Herzogin – vergessen hatte. Weder er, noch wir andern, wussten wo es geblieben war, und da wir ohne dasselbe nicht erscheinen konnten, noch wollten, verbreitete sich die höchste Bestürzung unter der kleinen Herde, die ihren verlegenen Hirten fragend, scheltend, klagend umringte. – Sein »Halten zu Gnaden« wurde überschrieen, seine beleibte Gestalt nach allen Seiten hingedreht um zu erforschen, ob das vermisste Band nicht irgendwo hängen geblieben – und noch jetzt kann ich nicht, ohne Anwandlung zum Lachen zu fühlen, daran denken, wie der sonderbare Mann sich mitten unter uns ausnahm. Seine hohe, aber, wie gesagt, beleibte Figur war in weißen Atlas gekleidet – was schon an sich als ein Verstoß gegen das Kostüm des Apollo betrachtet werden konnte, und erschien daher noch weit stärker. Eine Perücke von hellblonden lockigen Haaren stach gegen seine dunkle Hautfarbe, seine schwarzen Augenbrauen und seine Stumpfnase so mächtig ab, dass man sich kaum des Lachens enthalten konnte, wenn man ihn ohne seine schöne, jugendliche Maske sah. Dabei schnupfte er ununterbrochen Tabak, was er immer tat, wenn er verlegen, oder zornig war, und fuhr [bald] mit der einen, bald mit der andern Hand, nach der Gegend hin, wo im gewöhnlichen Anzug, jetzt aber *keine*, Taschen waren. Aus diesem, teils tragisch, teils komischen Zustand erlöste uns plötzlich sein Bedienter, der, ohne auf den Befehl des Herrn zu warten ins Palais gelaufen war und nun mit dem flatternden Band von dort zurückkehrte. Sogleich bewegte sich der Zug vorwärts, und als er feierlich den Saal betrat, ahndete niemand wie unästhetisch sich eben noch die holden Musen, nebst ihrem Apoll benommen hatten. Das Gedicht wurde ehrfurchtsvoll überreicht, gnädig aufgenommen und die heiligen Neun flogen bald darauf im lustigen Wirbeltanz zerstreut umher.

55. Franz Ludwig Karl Friedrich Passow: Auf der Redoute (1809)

Auf der Redoute bin ich inzwischen gewesen, um den großen, von Goethe und Falk angeordneten Aufzug auch zu sehn. Schlimm ist inzwischen, dass vor der Redoute entsetzlich viel davon gesprochen wurde, sonderlich von den Aufgezogenen, nachher aber alles sehr still blieb. Auch war's lumpig. Einer unserer Schüler, Herr Burkhardt, zog als Chorführer voran, dann ... Werner als Knecht Ruprecht, horribel anzusehn, dann der Stern, darin die Heiligen Drei Könige: Madame Schopenhauer, Frau Falken und das liebe Adelchen [Schopenhauer];

dann ein Trupp Bauern und Bäuerinnen, unter denen sich besonders Frau von Goethe bemerklich machte. Sonst war noch zu betrachten ein Aufzug von einigen Schauspielern, eine erst am Morgen der Redoute von der Jagemann gefasste und mit Geist und Glück ausgeführte Idee, von der vorher gar nicht, aber nachher desto mehr und desto günstiger gesprochen ist … Diese wirklich schönen Gestalten, die *ohne Lachen* erfreuten und erheiterten, hielten schadlos für den Überdruss des ganzen Aufzugs, der nur an Anmaßung, Leerheit und Gefallsucht der respektiven Interessenten erinnerte.

56. Ludwig Christian von Oertel: Vergnügungen der Bürger (1800)

Die Weimaraner sind größtenteils betriebsam, zufrieden, und aufgeklärt, und in den übrigen Ständen herrscht ein ziemlich guter Ton, ziemliche Kultur und Geselligkeit, nur freilich ist vielen auch Plattheit, und die Unterhaltung von nichts als dem Hofe, dem Theater und dem Kartenspiele eigen. Jedoch muss man ihnen den Ruhm zugestehen, dass sie in Parallele mit den Einwohnern der übrigen Städte Deutschlands, gewiss unter die gebildetsten zu zählen sind.

Die Vergnügungen in Weimar sind des Sommers über der sogenannte Vauxhall, welcher darin besteht, dass sich alle Sonntage nachmittags im Park eine große Menge Menschen versammelt, dass sich diese gruppieren, und während der Musik spazieren gehen, oder sich in Lauben oder in Rondels sich niederlassen. Erfrischungen zu sich nehmen, und so auf eine angenehme Weise die Zeit dahin bringen und sich vergnügen. Diese Einrichtung hat mir sehr wohlgefallen, denn man findet da manchen guten Freund, mit dem man den Abend froh verleben kann.

Im Winter ergötzt man sich in dem Theater, und zwar wird die Woche dreimal gespielt, ferner des Sonntags im Konzert am Hofe, und an den Maskeraden, welche im Komödienhause gehalten werden, und auf denen man auch recht sehr vergnügt sein kann.

Es existieren ferner drei Clubs, einer montags, der nur aus Herren – Bürgerlichen und Adeligen zugleich – besteht; ein zweiter mittwochs, der aus Herren und Damen, aber bloß bürgerlichen, besteht; und den dritten freitäglichen konstituieren allein Adlige – Herren und Damen – vorzüglich junge Herren und Fräulein, die aber nur alle drei bis vier Wochen zusammen kommen, wenn sie nämlich die Tanzlust anwandelt. Diese Gesellschaft kommt bloß des Tanzes wegen zusammen: ich will aber deswegen eben nicht glauben, dass sie sich sonst nicht anders zu unterhalten wüssten; o nein – – –.

Ein Gesetz des Mittwoch-Clubs, welches mir durchaus nicht gefallen hat, ist: dass kein Schauspieler Mitglied davon werden kann. – Sehr unterhaltend und interessant ist der Montags-Club.

57. Amalie Winter: Der Geist der Geselligkeit (um 1810)

Junge Fremde, die auf einige Tage nur gekommen waren, blieben häufig Wochen – ja Monate, den ganzen Winter hindurch in Weimar, bis der Sommer die Gesellschaft zerstreute; sie warteten beständig auf Briefe – wie sie zu ihrer Entschuldigung anführten – und niemals während des ganzen Winters klagten sie über Langeweile. Es war der Geist der Geselligkeit, der einen so eigentümlichen, fesselnden Reiz ausübte, und obgleich Tanzen, Schlittenfahren und alle Vergnügungen der Jugend auch ihre Rolle dabei spielten, so herrschte doch eine Art von Bildung vor, welche die kleine Stadt den häuslichen Angelegenheiten und dem Lokal-Interesse entrückte und im Reiche der Literatur und Kunst, der Geschichte und Politik jedem eben erst Angelangten sogleich ein Gedanken-Rendezvous mit den Einheimischen eröffnete. Selten hat man wohl einen so redseligen Kreis als den damaligen gesehen: auf Schlittenfahrten, im Theater, bei den Morgen-Visiten ging das Gespräch nie aus; bei den zahlreichen Tee-Gesellschaften brauchte die Hausfrau niemals wegen der Unterhaltung ihrer Gäste besorgt zu sein; man scherzte in allen Sprachen; alles war beschäftigt, alles amüsiert. Beim Tanzen selbst spielte die Musik oft umsonst, und im langen endlosen Cotillon, dieser Verzweiflung der Mütter, vergaßen die Paare oftmals die Touren und plauderten, statt zu tanzen.

58. Stephan Schütze: Die Teeabende der Johanna Schopenhauer (um 1810)

Die Gesellschaft nahm – den 12 November 1800 – einen ganz kleinen Anfang. Wie *Fernow*, der schon früher die Bekanntschaft der Frau Schopenhauer gemacht hatte, mich gegen Abend dazu abholte, fand ich *Goethe*, *Meyer* und den Kammerrat *Ridel* (den früheren Erzieher des Erbprinzen, jetzigen Großherzogs). Ich fühlte mich um so mehr beglückt, hier Goethen vorgestellt zu werden, da ich bisher vergebens darnach gestrebt hatte, denn damals war er lange nicht so zugänglich, wie in späterer Zeit, so wie denn überhaupt der spätere Goethe sich viel milder und mitteilender bewies, als der frühere. – Fünf Personen saßen denn also um die Schopenhauer her, die in stiller Geschäftigkeit hinter der Teemaschine ihr Amt als Wirtin verwaltete, während ganz gemächlich wissenschaftliche Gespräche geführt wurden. Die Unterhaltung verbreitete sich über Italien, die italienische Sprache und ihre verschiedenen Dialekte, über welche Fernow nach vielen mit Fleiß angestellten Nachforschungen seine Bemerkungen mitteilte. Man blieb indes immer nur bei Erfahrungssätzen stehen, auf ästhetische oder philosophische Betrachtungen, auf die ich am meisten begierig war, ließ man sich nicht ein. Um endlich doch auch etwas zu sagen, fasste ich mir ein Herz und äußerte gegen Goethe, da man seines Egmonts erwähnte, dass die Lichterscheinung Klärchens zuletzt dem Stück erst eine höhere Bedeutung gäbe, indem sie das Verdienst Egmonts um die ganze Nation der Niederländer in seinen Folgen ausspräche. Schiller hatte sich, wie bekannt, *gegen* die Erscheinung erklärt. Goethe lobte mich über mein Lob und sagte, dass er das Stück *auch* nicht ohne die Erscheinung sehen möchte. Damit war denn meine geistige Bekanntschaft mit Goethe eröffnet. Ein ängstliches Gefühl beschlich mich aber, wenn ich auf die Wirtin blickte, die man so wenig ins Gespräch zog. Ich dachte gleich, dass das so nicht fortgehen könne – und bei der nächsten Versammlung sah ich denn auch die Gesellschaft eine ganz andere Gestalt gewinnen. Mehrere Familien (z. B. die bertuchsche, die weilandsche, die der Hofrätin Ludecus) waren noch dazu eingeladen; mit jedem Donnerstagabend erweiterte sich der Kreis. Später kamen Wielands, Falks und Voigts hinzu, Froriep, wie er eben in Weimar gegenwärtig war, nach und nach der Regierungsrat (jetzt Kanzler und Geheimerat) v. Müller, Einsiedel, Conta, Reinbeck, Stoll, Riemer, Fräulein v. Reizenstein, mit Pinsel und Palette geschickt, die Malerin Bardua und andere kunsttreibende oder schriftstellernde Damen, ferner der Bildhauer Weißer, Werneburg, mit seinem Taunzahlensysteme, der mythologische Majer, d'Alton, Professor Passow, Professor Johannes Schulze, Keil, v. Gerstenbergk. Kein Fremder von einiger Bedeutung reiste fortan durch Weimar, der sich nicht in die schopenhauersche Gesellschaft führen ließ, so dass sie bald in den Reisebüchern und Geographien mit zu den Merkwürdigkeiten der Stadt gezählt wurde. Selbst fürstliche Personen, wie der jetzt regierende Großherzog und Herzog Bernhard, beehrten sie zuweilen mit ihrer Gegenwart. Vorlesungen, die gehalten wurden, Gespräche über Werke der Kunst, die man auch öfters aufgelegt fand, wechselten ab mit leichter Unterhaltung über Vorfälle des Tages, über das Theater, über neue Erscheinungen in der Literatur, über bekannte ausgezeichnete Personen, selten über Politik, die man gern vermied, nachdem der Feind ganz Deutschland überzogen hatte …

Vorlesungen hielt Fernow zweimal über die italienischen Dialekte. Dann kam von mir ein Lustspiel daran: der Dichter und sein Vaterland. »Als Vorschlag zu einer Totenfeier für alle Dichter, die gestorben sind, und noch sterben werden.« Es wurde zur Zeit der jenaischen Schlacht gedruckt, und jetzt, vom Krieg umringt, musste es sein Publikum in Weimar, ja in diesem Kreise suchen …

Einsiedel gab in seinem kräftig-biederherzigen Ton zwei Übersetzungen aus dem Plautus zum Besten, und wie Goethe darauf über die mögliche Darstellung sprach, glaubte ich zu bemerken, dass er mit seiner Neigung zum Plastischen in Gefahr war, im Komischen in eine mimische Breite zu geraten, in welcher Stand zu halten kaum dem größten Komiker gelingt. Er erzählte aber in dieser Weise gern von den italienischen Komikern, wie z. B. ein im Rausch ins Elysium versetzter Mensch allmählich erwacht, um sich tastet, die Augen reibt usw. Ich habe auch nie gehört, dass Goethe Lustspiele für das Theater einstudiert und darauf die Sorgfalt verwandt hätte, die er großen Trauerspielen zu widmen pflegte, welche denn auch immer – wenn auch hin und wieder mit einer etwas steifen Haltung – in höchster Vollendung erschienen und einen mächtigen Total-Eindruck hervorbrachten.

Eines Abends zeigte Heinrich Meyer geschnittene Steine vor und belehrte uns über die Schönheit der Formen. – Ein andermal (den 13. November 1812) erfolgte von ihm eine Abhandlung über Lukas Kranach. – Sehr drollig klang es, wenn er Schweizerische Volkslieder vorlas, und sie ganz mit dem breittreuherzigen Schweizer-Dialekt betonte, den er ohnehin nie völlig los werden konnte. – Nicht selten erging er sich auch naiven Humors im Vortrage alter Schwänke, wobei aber die Damen gewöhnlich Stellen zu fürchten hatten, die zu sehr in die Plastik fielen, die er indes gerade am liebsten belachte. – Unterhaltend war es, den alten Bertuch die ganz frühe Zeit Weimars schildern zu hören, wo man sich noch mit Privat-Komödien begnügte, die Dichter selbst mitspielten, und gerade das Unvollkommene mit der Not des Behelfs die Lust vermehrte. Redselig füllte er damit jede Pause aus, die in der Gesellschaft entstand, aber der Wunsch, dass er seine Erfahrungen schriftlich niederlegen möchte, blieb leider unerfüllt. Jetzt wird es schwer halten, noch jener alten Chronik habhaft zu werden. –

Falk teilte gelegentlich Übersetzungen aus dem Anakreon von einem Unbekannten mit. Wie wir später erfuhren, rührten sie von Peucer her, der bald darauf von Buttstädt nach Weimar versetzt wurde. Sie klangen angenehm und Falk besonders legte einen großen Wert darauf. –

Ein Lustspiel von Professor Reinbeck wurde vorgelesen, das rollenweise verteilt war. Mehreres von ihm kam während seiner Anwesenheit in Weimar mit Beifall auf die Bühne. –

Sehr oft ließ Goethe etwas von Riemer vortragen, z. B. Erzählungen aus Tröst-Einsamkeit von Arnim; von älteren Poesien den armen Heinrich etc. Zuweilen war auch eine Dame gefällig genug, etwas zu deklamieren oder auf der Gitarre zu spielen. Kurz: es gab in der schopenhauerschen Gesellschaft Unterhaltungen von der mannigfaltigsten Art, so dass man sich niemals genötigt sah, zu den stummen Spieltischen seine Zuflucht zu nehmen ...

Sonst führte die schopenhauersche Gesellschaft noch manche *Wirkung* in Scherz und Ernst mit sich. Die, welche so oft einer gemeinsamen Unterhaltung sich erfreuten, kamen mitunter auch in persönliche Berührungen. Es gab Liebe und Eifersucht, ein Suchen und ein Fliehen, freundliche Verse an Neujahrs- und Namenstagen, Sonette und Madrigale, zum Preis der Schönheit und Güte, als worin namentlich Riemer sich hervortat. Besonders wurde ein zartgebautes, reizendes Fräulein umschwärmt, das mit einer kindlich-sanften Stimme, einem ruhigfeinem Gesicht und still funkelnden Augen jeden hoffen ließ, ohne einem etwas zu gewähren. Mancher verlor sein Herz an sie, ohne dass es zu einem Wagnis kam. – Die Hofrätin Schopenhauer sprach gelegentlich für das Heiraten, und eines Abends (den 29. April 1810) ließ sie einen großen Kuchen hereintragen, worauf vierzig Lichter brannten. Dieser war für den dicken Fr. Majer bestimmt, den sie zu seinem Geburtstage damit überraschte. Er blies aber gleich zwei Lichter aus und bat noch um einige Frist. – Mir widerfuhr eine Neckerei anderer Art. Als nämlich Unwohlsein mich eines Sonntags von der Gesellschaft zurückgehalten hatte, pochte es andern Tages um Mittag an die Türe: eine von den Damen schickte, ohne sich zu nennen, eine Krankensuppe. Kaum hatte ich dafür gedankt, so pochte es wieder, es trat wieder ein Mädchen herein und brachte eine zweite Suppe. Und wie diese neben die erste gestellt war, erneuerte sich das Pochen abermals und eine dritte Suppe erschien, zu der sich bald von einer gleichfalls Unbekannten eine vierte gesellte. Einige dieser Suppen konnten für köstlich gelten, aber manche war aus so festen Bestandteilen zusammengesetzt, dass eine Verspottung meiner Krankheit darin nicht zu verkennen war, bis endlich noch Frau v. Goethe das Werk mit einem vollständigen Gerichte krönte. –

Geistiger und bedeutender wurde die ganze Gesellschaft überrascht, als Goethes Wahlverwandtschaften (Oktober 1809) an das Licht traten, denn wir fanden darin unser reizendes Fräulein wieder, wie es einem Tischnachbar, der nur eines Armes mächtig ist, vorschneidet; auch ein langer Architekt mit blühendem Gesichte, von Locken umwallt, und noch mancher Andere taucht wieder darin auf; indes war, nach Goethes Weise, nur die äußere Erscheinung zum Grunde gelegt, und durch die Wirklichkeit der aufwärts strebenden freien Dichtung kein Zwang angetan. –

Zum Schlusse muss ich noch ein besonderes Lob über unsere Wirtin aussprechen, wie sie nach feiner Weltsitte ohne alle Umständlichkeit jeden in ihrem Kreise gewähren ließ, wie sie *nicht* das Wort führte oder mit anmaßlichen Gedanken den Ton angab, sich *nicht* mit Paradoxien zum Mittelpunkte des Kreises machte, sondern nur mit angenehmer Redseligkeit, schnell von einer Sache zur andern übergehend, bald von einzelnen Erfahrungen auf ihren Reisen erzählend, bald mit leichtem Spott über etwas scherzend, am meisten da, wo eine Pause entstand oder das Wort eines anderen Veranlassung gab, an den gemeinsamen Unterhaltungen ruhig-heiter mit fortspann. Aber zum Erstaunen war es, zu bemerken, wie die Gesellschaft nach und nach auf ihren eigenen Geist wirkte.

59. Karl von Holtei: Johanna Schopenhauer und ihr Salon (um 1826)

Diese herrliche Frau, die mich wie einen älteren Sohn behandelte und mir vom ersten Tage näherer Bekanntschaft bis zum letzten Atemzuge ihres Lebens eine liebevolle, jeder Entfernung und Trennung trotzbietende Freundschaft bewahrte, war mir in Weimar eigentlich der Mittelpunkt des Daseins. Gleichviel, ob sie, mich zu erfreuen, eine kleine, lustige Schar kluger und lustiger junger Männer um ihren Teetisch versammelte und uns jeden Übermut gestattete, mochten wir noch so wild toben und lärmen – oder ob sie in geweihten, feierlichen Abendstunden geistiger und gemütlicher Sammlung, mit mir allein bis tief in die Nacht sitzend, meine klagenden Selbstbekenntnisse vernahm, beruhigend und ermunternd mir einredete, über literarische Entwürfe sprach, keinen Tadel verhehlte, jede Spur von Talent anerkannte und immer mild, schonend, empfänglich, teilnehmend, edel blieb. Ihr langer, vertrauter Umgang mit Goethe, dessen Verkehr in ihrem Hause erst aufgehört hatte, seitdem er das seine nicht mehr verließ, die vielen Spuren seiner bei ihr verlebten Abende, die in unzähligen während des Gesprächs leicht hingeworfenen Handzeichnungen und Schriftproben vorhanden waren, die lebhafte Erinnerung an alle goethischen, schillerschen, wielandschen, herderschen und überhaupt weimarischen Zustände, die sie entweder aus eigenem Miterlebnis oder aus beredtem Munde anschauender Zeugen ausführen konnte: dies, im Verein mit ihrer produktiven Kraft, ihrem echt weiblich gebliebenen Talente der Darstellung, machte sie zu einem unerschöpflichen Quell belehrender Unterhaltung. Dabei war ihre Einrichtung so zierlich und sauber, alles so sorgsam gehalten, die Räume so friedlich und traulich, die Wände mit schönen Gemälden, zum Teil ihr Werk, geziert, über sie und ihre Umgebung ein so wohltuender Friede verbreitet, dass jene Dämonen des irdischen Taumels und der unersättlichen Gier nach Lebenslust, die störend in mir tobten und mich in manchen Sumpf geführt haben, schüchtern entwichen, sobald ich nur bei ihr eintrat. Denn ihr durfte ich alles bekennen, alles erzählen, mein Herz vor ihr ausschütten, und ohne Heuchelei erschien ich bei meiner Freundin als der wahre, wirkliche Mensch in seiner ungeschminkten Natürlichkeit. Und so mag es mir nun geglaubt werden oder nicht: wenn mir die Wahl gestellt würde – heute oder zu jeder Stunde – ob ich den glücklichsten Abend, den süße Liebe mir je gegeben, oder ob ich einen solchen ernsten, wehmütigen, traulichen Abend bei meiner alten, verkrümmten Freundin noch einmal durchleben möchte? – Ich wählte den letzteren!

60. Johanna Schopenhauer: Abendgesellschaft (1807)

Am Dienstag [den 27.]gab ich einmal eine Extragesellschaft; denn ich musste einige der adligen Häuser, in denen ich gewesen war, einladen. Wie wenig kostet ein solcher Zirkel und wie hübsch ist er! Ich hatte ein kleines Konzert. Mein neues Piano ist wunderschön von Ton; Werner, mein Musikmeister, spielt es sehr schön; auch singt er einen schwachen, aber angenehmen Tenor. Die Bardua und der erste Sänger bei der Oper, Strohmeyer, sangen Duette, Arien und auch kleine Lieder, meistens von Goethen, zur Gitarre. Dann waren noch drei Musici von der Kapelle des Herzogs da. Alles dies kostete nichts als einige Gläser Punsch; diese Leute spielen nicht für Geld, sie kommen aber, wenn man sie bittet. Um neun Uhr ließ ich Punsch, Bouillon und Butterbrötchen herumgehen, wie in Hamburg in der Sonntagsgesellschaft beim Spiel, und wir blieben bis gegen zwölf Uhr lustig und guter Dinge zusammen. Die Goethen kam allein und sagte mir, er wäre nicht wohl, würde aber, wenn es ihm möglich wäre, eine halbe Stunde kommen, doch sei dies nicht gewiss. Miteins sah ich ihn aber im Nebenzimmer zwischen der Bardua und der Conta ganz gemütlich sitzen. Ich lief gleich voller Freude zu ihm, die Mädchen machten mir Platz, und ich habe fast eine Stunde mit ihm geplaudert. Er erzählte mir viel von Huber, dessen Leben jetzt herausgekommen ist. Er war unbeschreiblich sanft und liebenswürdig gestimmt. Du meinst, es sei unmöglich, vis-à-vis ihm nicht ein wenig scheinen zu wollen. Sähest du ihn nur, du würdest fühlen, wie unmöglich es ist, ihm gegenüber sich anders als natürlich zu zeigen. Er ist ganz Natur, und seine klaren, hellen Augen benehmen alle Lust sich zu verstellen; man fühlt, dass er doch durch alle Schleier sieht, und dass diesem hohen reinen Wesen jede Verstellung verhasst sein muss. Ich pflegte ihn nach besten Kräften, und hatte die Freude, einen Bedienten, der schon um acht Uhr gekommen war, bis elf mit der Laterne warten zu sehen. Seit gestern ist der Herzog wieder hier und der Prinz von Gotha auch; morgen ist der Herzogin Geburtstag. Das alles macht in dem kleinen Neste viel Lärm und Spektakel und ist Schuld, dass ich Goethen und manchen andern bisher nicht sah. Morgen wird der Herzogin zu Ehren ›Faniska‹ gegeben, worauf ich mich sehr freue.

61. Franz Ludwig Karl Friedrich Passow: Nicht eingeladen! (1810)

Sie wissen wohl, dass die bewegliche und geschwätzige Madame Schopenhauer alle Winter gewisse Repräsentationstees hält, die sehr langweilig sind, besonders seit Fernows Tod, zu denen sich aber alles Gebildete und Bildung Vorgebende drängt, weil Goethe häufig dort zu sehn war. Als ich nach Weimar kam, besuchte ich denn diese Dame auch. Sie lud mich zu ihren Tees, und ich besuchte sie den ganzen Winter, aller Langenweile zum Trotz, weil ich Goethe dort zu sehn und ihn zuweilen sprechen und erzählen zu hören mich erfreute, selbst wenig teilnehmend, weil der ewig mit aufgesperrtem Maul lachende und jachternde, frivole Ton der Tees nicht in mein Fach gehört. Als im Herbst darauf (1808) die Tees wieder angehn sollten, kommt die Schopenhauer zu meiner Luise, und nach einigen Umschweifen eröffnet sie ihr: sie bedaure gar sehr, mich nicht wieder zu ihren Tees laden zu können, denn Goethe habe ihr erklärt, er würde in keine Gesellschaft kommen, wo er mich wisse, und aus ihren Tees ein für allemal wegbleiben, wenn ich käme. Was die Schopenhauer bei diesem Zumuten hätte tun sollen, will ich nicht urgieren, dafür ist sie Madame Schopenhauer. Zugleich bat sie um Gottes willen, Luise möchte verhindern, dass ich Goethen nicht zur Rede setzte etc.; die ganze Sache solle unter uns bleiben. Das versprach Luise gleich in meinem Namen, weil sie über meine Meinung keinen Augenblick im Zweifel war, und verbat die Tees fortan auch für sich. Als ich zu Hause kam, erfuhr ich die wunderliche Geschichte, und sie kränkte mich tiefer, als ich damals selbst glaubte, weil ich das Verfahren immer unedel fand und Goethe Leute um sich duldete, mit denen ich mich in aller Rücksicht vergleichen durfte. Aber ich war lange gewohnt, Goethen nicht nach dem Gesetz zu denken, das uns andern Erdensöhnen unsern Wert oder Unwert streng zumisst. Weil ich in so vieler Hinsicht den Außerordentlichen bewunderte, so gestand ihm mein Gefühl, alle persönliche Kränkung unterdrückend, auch hier, wiewohl mit einigem Widerstreben, das Recht, anders zu verfahren als die gewöhnlichen Zweifüßler, die die Frucht der Erde essen, ruhig zu. Ihn zur Rede zu setzen, wäre mir auch ohne die gegebene Zusage nicht eingefallen. Ich glaubte, ihm missfalle etwas an mir, das er vielleicht selbst nicht aussprechen könnte, und dass er das so bestimmt und entschieden aussprach, konnte ich seiner herrschenden Natur gerade nicht verargen. Hinfort auf Diskretion hoffend, zog ich mich, um ihn nirgends durch Zusammentreffen mit mir zu verletzen, ganz auf mich selbst und auf zwei, drei vertraute, bewährte Freunde zurück, von aller guten Gesellschaft ohnehin durch dies Pröbchen aus der besten zurückgeschreckt. Ich verschloss die Sache übrigens in mir und erzählte sie niemandem als Schulzen und, wo ich nicht irre, dem guten, mir von Kindheit auf befreundeten Plüskow; selbst Abeken weiß sie von mir noch nicht. In dieser Passivität und gänzlichen Zurückgezogenheit, wodurch ich die Verehrung, die ich gegen Goethe bewahrte, jetzt am richtigsten auszudrücken glaubte, vergingen ungefähr anderthalb Jahre. Im vorigen Jahr kam ein alter Freund meines Vaters, der auch mir schon seit längerer Zeit wohl wollte, der Oberst von Hintzenstern, vormaliger Gouverneur des Prinzen Bernhard, nach Weimar und ließ sich hier nieder. Dieser vortreffliche Mann wurde einer der wenigen, mit denen ich umging, der mich näher kennen lernte und mich lieb gewann. Er wünschte, dass ich mehr teilnehmen möchte am geselligen Leben, was ich ablehnte, ohne doch mich berechtigt zu fühlen, ihm den Grund zu sagen. Vor einigen Wochen kommt er zu mir, als ich gerade aus bin, und zwischen ihm und meiner Luise entspinnt sich ein Gespräch über mein verschlossenes und zurückgezogenes Leben. Da er sich so gar liebevoll über mich äußert, fühlt Luise sich getrieben, ihm zu eröffnen, was wir als Geheimnis behandelt hatten, und sie erzählt ihm den ganzen Hergang. Hintzenstern ist außer sich, kann dergleichen von Goethe nicht begreifen und hält alles für Erfindung der Schopenhauer, beschließt indes, der Sache auf den Grund zu kommen, es koste, was es wolle. Er horcht hie und da auf und hat die Freude zu sehn, dass das, was uns als Geheimnis übergeben und von uns mit der äußersten Schonung behandelt war, in allen adligen Häusern längst bekannte und angenommene Sache war (ob durch das goethesche Haus, ob durch die Schopenhauer verbreitet, weiß ich nicht, verlang es auch nicht zu wissen), und dazu weiß man auch den Grund jenes meines Bannes, den die Schopenhauer nicht zu wissen sich gegen uns gestellt hatte: Goethe sei deshalb aufgebracht auf mich, weil ich öffentlich in der Schule seine Gedichte getadelt und auf sie geschimpft habe. Hintzenstern sagte mir, wie weit er in seinen Nachforschungen gediehn war. Als dieser schöne Grund aber hervorkam, da weiß ich nicht, ob ich das höchst Lächerliche oder das ganz Nichtswürdige einer solchen Lüge am stärksten fühlte. Mir stieg das Blut aber auch vor Freude zu Kopf, dass der Grund nicht in mir selbst, dass er ganz außer mir, dass er in einer Unmöglichkeit lag. Denn dass ich anders als mit höchster Liebe von einem Goethischen Gedicht sprechen könnte, ist pure Unmöglichkeit. Ich sagte Hintzenstern, soviel ich wusste und konnte und soviel es zu meiner vollsten Rechtfertigung bedurfte; und das war mit wenig Worten getan, denn Hintzenstern kennt mich. Nun aber versprach er, alles daranzusetzen, Goethen über seinen Irrtum aufzuklären: er fühlte sich und mich und alles Recht und alle Sitte gekränkt, und das konnte der wohlbesonnene, aber tief und stark fühlende, unermüdliche Mann nicht so mit ansehn. Er musste alles Missverständnis lösen; Einsiedel und einige andere rieten ihm zaghaft ab, aber er ließ sich nichts einreden. Im Vertrauen auf Goethes rechten Sinn und auf die gute, reine Sache, für die er sprach, ging er zu Goethe, erzählte ihm die ganze Sache, wie man mich in steter Unwissenheit mit der Hauptsache erhalten habe, wie ich die ganze Sache aus ruhigem Selbstgefühl, nicht aus schuldigem Bewusstsein auf sich habe beruhn lassen, wie er den ganzen Vorgang erfahren habe, und wie sehr unrecht mir geschehn sei. So wie Hintzenstern erwartet hatte, nahm Goethe die Sache, äußerte sich freundlich über mich und wie sehr es ihn freue, ein solches Missverständnis so, und durch einen solchen Mann, gelöst zu sehn, und versprach ihm, mir zu zeigen, dass ihn nichts mehr von mir entferne. Hintzenstern kam ganz außer sich vor Freude angelaufen, und da ich nicht zu Hause war, erzählte er Luisen, wie gut sich Goethe gezeigt und geäußert habe. So verging wieder eine Zeit von acht Tagen; endlich am letzten Mittwoch ließ Goethe mich und Luise zu Tisch bitten. Es war sonst niemand geladen, und er ließ es sich recht sichtbar angelegen sein, mir auf jede Weise aufs Deutlichste zu zeigen, dass keine Spur der alten Missstimmung und Entfremdung in ihm übrig sei.

62. Karl Wilhelm von Lyncker: Die Freimaurerloge (um 1780)

Besonders hatte auch die Freimaurerei, welche in der Loge Amalia zu einem hohen Gipfel gestiegen war, sehr viel Fremde nach Weimar gezogen. Der Herzog Ferdinand von Braunschweig, Großmeister der deutschen Maurerei, besuchte diese Loge zuweilen, und sie galt weit und breit für die vollkommenste ihrer Art. Bei dessen einstmaliger Anwesenheit wurde, wie mir noch erinnerlich, ein großes maurerisches Fest unter dem Namen einer Schwesternloge in dem dermaligen »Palais« gefeiert, welchem die Herzogin-Mutter und alle Frauen der Freimaurer beiwohnten. Geheimrat v. Fritsch, als Meister vom Stuhl, und mein Vater standen an der Spitze der Loge. Man beabsichtigte dazumal in der Maurerei noch mancherlei mystische Zwecke, und es haben sich unter meiner väterlichen Verlassenschaft noch allerlei Gegenstände vorgefunden, welche höchstwahrscheinlich zur Goldmacherei hatten dienen sollen.

Einer der obersten Grade waren die Tempelherrn; aus ihnen hatten sich Komtureien fast über ganz Deutschland gebildet, und unbekannte Obere führten die Leitung des geheimen Bundes. Diese Tempelherren hatten sämtlich ritterliche Beinamen; unter den Papieren meines Vaters fand sich ein Verzeichnis derselben vor: der Ritter vom Schwert, der Ritter vom Luchs, vom Löwen, vom Leoparden usw. Die maurerischen Kassen waren nicht unbedeutend, da eine Menge (mitunter sehr untergeordnete) Menschen aus den entferntesten Gegenden Aufnahme in diesen Orden suchten und hierdurch einige Wichtigkeit zu erlangen glaubten. Die Rezeptionsgelder waren beträchtlich und stiegen mit jedem Grade; auch trug der sogenannte »Johannis-Dukaten«, welchen jeder zur Loge gehörige Maurer, auch vom Auslande her, liefern musste, viel zur Einnahme bei. Nächstdem war durch die Loge eine Bildungsanstalt in Jena errichtet worden, welche man die Rosenschule nannte und welche zu ihrem Direktor den berühmten Professor Darjes hatte. Sie befand sich in der dermaligen Schneidemühle bei Camsdorf.

Die Herzogin bezeugte jederzeit viel Achtung für die Gesellschaft; ja, es gehörte zum guten Ton, Freimaurer zu sein, und die jungen Herren ließen sich gern halbe Tage lang vor Beginn der Logen mit weißglacierten Handschuhen und ernsten Gesichtern im Publiko sehen. Nachdem sich aber in der Folge selbst die ersten Mitglieder durch mehrere Schwindeleien, die ihnen große Erfolge vorgespiegelt hatten, getäuscht sahen, verwarf man den ganzen Mystizismus auf einem Kongress zu Wilhelmsbad und hielt sich wieder allein an die einfachen und allgemein ersprießlichen Urprinzipien des Ordens. Ein umherziehender Betrüger, namens Johnson, wurde in Weimar festgenommen und auf die Wartburg gesetzt, wo er sein Leben endete.

63. *Karl August Böttiger: Der Weimarer Gelehrtenverein (1791)*

Den 4. Nov. 1791, diesen Abend wohnte ich zum erstenmal einer Sitzung der neuen gelehrten Gesellschaft bei, die sich jeden ersten Freitag im Monat bei der Herzogin Mutter versammelt. Diese edle Fürstin widmet alle ihre Muße den Wissenschaften und Künsten. Nichts ist ihr fremd; nichts Wissenswürdiges liegt außer ihrem Kreise. Doch ist *die italienische Sprache*, in die sie unsere Klassiker übersetzt und ihren Freundinnen in Rom und Neapel zuschickt, wenn sie es vorher ihrem Bibliothekar, dem Rat Jagemann, zur Prüfung vorgelesen hat, die Musik und die Malerei ihr Lieblingsgeschäft.

Ihr verdanken nun seit einiger Zeit Weimars denkende Köpfe einen gemeinschaftlichen Versammlungsort in ihrem Palais. Sie ist bei diesen Sitzungen selbst, mit ihren zwei Hofdamen, die sie einst auch nach Italien begleiteten, gegenwärtig. Aber auch der regierende Herzog und dessen Gemahlin sind aufmerksame Zuhörer. Dies bringt übrigens bei den Anwesenden nicht den geringsten Zwang hervor. Jeder sitzt, wie er zu sitzen kommt, während das vorlesende Mitglied seinen Platz an einem besondern Tische einnimmt. In der Mitte des Saals steht eine große, runde Tafel, auf welche die mathematischen Instrumente, Zeichnungen, naturhistorischen Merkwürdigkeiten, deren Erwähnung geschehen soll, hingelegt werden. Ist nun eine Vorlesung vorbei, so steht alles auf und tritt um die Tafel herum, spricht, macht Einwürfe, hört und beantwortet die Fragen des Herzogs und der Herzoginnen, die nun mitten im Zirkel stehen, und nun geht's zu einer neuen Vorlesung und jeder nimmt wieder seinen Stuhl ein. Da eine Session immer drei Stunden, von Abends 5 Uhr bis 8 Uhr dauert, so würde ohne diese kleinen Pausen die Zunge vom Schweigen, der Körper vom Sitzen ermüden.

Die Ordnung der *heutigen* Sitzung war folgende. Der Präsident der Gesellschaft, der Geheimerat von *Goethe*, eröffnete sie mit fortgesetzten Betrachtungen über das Farbenprisma. Er wiederholte erst ganz kurz die Resultate dessen, was er im ersten Hefte seiner Beiträge zur Optik weitläuftiger und durch 24 kleine illuminierte Kupfertäfelchen, die dazu ausgegeben werden, veranschaulicht hat.

Die Hauptsätze demonstrierte er an einer schwarzen Tafel, wo er die Figuren schon vorher angezeichnet hatte, so lichtvoll vor, dass es ein Kind hätte begreifen können. Goethe ist eben so groß als scharfsinniger Demonstrator an der Tafel, als er's als Dichter, Schauspiel- und Opern-Direktor, Naturforscher und Schriftsteller ist. Er erklärte sich hier im kleinern Zirkel gradezu gegen Newtons Farbentheorie, die durch seine Versuche ganz umgeworfen wird, und zeigte zugleich an diesem Irrtum des großen Newton, dem nun ein Jahrhundert lang alles nachgebetet hat, sehr schön, wie Nachbeterei auch unter guten Köpfen so tief Wurzel schlagen könne.

Hierauf las *Herder* einen trefflichen Aufsatz über die *wahre Unsterblichkeit für die Nachwelt* vor, den wir wahrscheinlich bald im vierten Teil seiner zerstreuten Blätter zu lesen bekommen werden …

Auf Herdern folgte der Geheimerat und Archivarius *Voigt*, der uns aus dem hiesigen an den ehrwürdigsten Dokumenten so reichen Archive ein sehr merkwürdiges Diplom vorlegte und erläuterte, das der Kaiser Friedrich der Rotbart 1167 dem Abte Eckard im St. Georgenstifte zu Naumburg erteilte …

Hierauf las der Professor der Botanik *Dr. Bartsch*, als Ehrenmitglied, eine sehr sachreiche Abhandlung vom Schiffsbote oder *Nautilus*, und einer kleinen Schnecke, die im Meeressand gefunden und erst durchs Mikroskop deutlich wird, mit Hinsicht auf größere und kleinere Petrefakten und gewisse Resultate vor, die daraus von der jetzigen Bildung der Erde und ihrer frühern Gestalt, ehe sie vom

Ozean verlassen wurde, notwendig folgen. Während der Vorlesung gingen sehr schöne Exemplare vom Nautilus und der kleinen Schnecke auf silbernem Präsentierteller im Zirkel herum. Auch hierüber wurde nach dem Ende der Vorlesung vieles gesprochen …

Nun zeigte *Lenz*, der jetzige Inspektor der Kunstkammer und des Naturalienkabinetts in Jena, eine Reihe Intestinalwürmer in Spiritus, die er selbst aus den Eingeweiden vieler Tiere hervorgesucht und präpariert hatte. Unter andern war auch ein Exemplar des Blasenwurms dabei, aus welchem das bekannte Drehen der Schafe entsteht. Dieser Lenz ist ein sehr unermüdeter Naturforscher. Er hat besonders in der Helminthologie seltene Kenntnisse, und zeigte uns hier verschiedene Gattungen, die Götze in seinem schönen Werke über die Eingeweidewürmer noch nicht aufführt. Er soll auf dreißig neue Gattungen entdeckt haben.

Am Ende wurde noch eine artige Entdeckung mitgeteilt, die der Hofmedicus Hufeland von der Wirkung des Lichtes an einem im Rahmen gefassten Schattenriss des Herzogs gemacht hatte.

Es war indessen schon spät geworden, und da es stark auf 9 Uhr ging, mussten einige Vorlesungen, z. B. die des Legationsrats *Bertuch*, der uns über die Farbentinten der Japaner und Chinesen unterhalten wollte, auf die künftige Sitzung verschoben bleiben.

64. Heinrich Schmidt: Aufzug der Burschenschaft (um 1800)

Im nahen Jena war fast immer die ganze Burschenschaft im Aufruhr und das weimarische Militär nach Jena zu auf den Beinen, so dass wirkliche Scharmützel und kleine Schlachten in und bei Jena vorfielen; sowie Auszüge der Studenten, oft 700–800 an der Zahl, durch Weimar mit klingendem Spiel nichts Seltenes waren. Der erste war unstreitig der merkwürdigste und effektvollste. Eines schönen Sonntagmorgens wurde der friedliche Bürger Weimars in der Frühe um 3 Uhr durch Cymbeln und Trompeten und Trommeln und durch einen rauschenden Chorus jugendlich brüllender Kehlen aus seinem süßen Schlaf aufgeschreckt und zu dem großen Schauspiel eines Burschenauszugs aus Jena hingezogen. Über 600 Burschen waren durch das jenaische Tor herein- und bald wieder durch das Erfurter Tor hinausgezogen; dem Herrn von Rumohr, einem schönen jungen schlanken Mann auf seinem Goldfuchs an der Spitze, folgte die Masse mit ihren ledernen Helmen, dem Säbel oder dem Hieber an der Seite und dem Ränzchen auf den Schultern, wobei das *omnia mea mecum porto* wohl ziemlich ohne Ausnahme gelten konnte. Sie zogen dann auf die Anhöhen bei Erfurt, wo ein Lager aufgeschlagen und mit den Ab- und Nachgesendeten von Jena parlamentiert wurde, worauf die Burschen wohl auch teilweise nach Jena zurückkehrten.

65. Andreas Szluchorinyi: Ein Abend in Weimar (1803)

Am gestrigen Mittag betrat ich endlich Deutsch-Athen, das liebliche Weimar. Kaum hatte ich die dringenden Mahnungen meines Magens befriedigt, als ich die Stadt zu durchwandern begann. – Immer schlendernd und schauend, geriet ich an die Ilm und, ihrem Laufe folgend, unvermerkt in eine lange, von Sommerhäusern und Gärten gebildete Straße. – Mein vierstündiger Marsch vom Morgen, die brennende Augustsonne am wolkenlosen Himmel hatten in mir gewaltigen Durst erregt. Ich sah daher sehnsüchtig nach einem Brunnen oder üblichen Schenkwirtshauszeichen an der Häuserreihe umher. Da schallte mir plötzlich aus einer offenstehenden Gartentüre fröhliches Lachen, der Ton stürzender Kegel und der in diesem Augenblick für mich zur Sphärenmusik werdende Klang angestoßener Gläser entgegen. In der sichern Voraussetzung, der öffentlichen Quelle eines Labetrunkes nahe zu sein, eilte ich, gleich dem Wanderer in der Wüste, nach der Erquickung bietenden Oase, und mit schnellen Schritten betrat ich den Garten. Unter dem Laubdach einer ehrwürdigen Linde, nahe dem wohnlichen rebumrankten Hause, erblickte ich an einer Kegelbahn eine Gesellschaft von Männern und Frauen versammelt. Etwas verlegen, da mich aller Augen neugierig betrachteten, setzte ich mich an einen nahen leeren Tisch, stopfte meine Pfeife und winkte der eben mit mehreren Bierkrügen aus dem Hause tretenden Aufwärterin, ihr zurufend: »Auch mir einen Krug, Jungfrau.« Auf diesen Zuruf wandte sich die Magd wie erstaunt nach mir und hielt zögernd an; allein der Wink eines Mannes von einnehmender Gesichtsbildung, der, eben die Kugel zum Wurfe emporhaltend, mich einen Augenblick scharf beobachtet hatte und wahrscheinlich der Wirt war, bewog die Magd, mir lächelnd und knicksend und ob der Zurechtweisung ihres Gebieters, oder vielleicht meiner Person willen, bis unter das Häubchen errötend, den Krug mit einem: »Prost der frische Trank« hinzusetzen. – In langen Zügen trank ich vom erfrischenden Gerstensaft und blies die blauen Knasterwolken in die milde Luft, während die Gesellschaft, scheinbar unbekümmert um meine Person, unter Kichern und Schäkern ihr Spiel fortsetzte.

Mit voller Muße betrachtete ich mir die Gesellschaft und folgte mit Teilnahme den Wechselfällen des Glücks. Drei der anwesenden Herren zogen besonders meine Aufmerksamkeit auf sich. Den einen zeichnete eine edel geformte Stirn, lebhaftes Auge mit fast stolzem, doch wieder unbeschreiblich mildem Blick und schön gebildeter Nase vorteilhaft aus; die Haltung seines wohlgebildeten Körpers, das Edle seines Anstands, seine natürlichen, ungezwungenen und abgerundeten Bewegungen, die selbst bei den gewöhnlich unmalerischen Stellungen, welche das Kegelspiel mit sich bringt, nie eckig oder gar unschön wurden, bezeichneten einen Mann, der durch unausgesetzte Übung und Aufmerksamkeit auf sich selbst die vollendetste Herrschaft über seine Bewegungen erlangt hat, kurz, es sprach etwas aus ihm, das mich vermuten ließ, dass er den höchsten Sphären der Gesellschaft angehören dürfte. Ein kleines, schon bejahrtes, jedoch lebhaftes, oft lachendes und vorzüglich mit den anwesenden Frauen scherzendes Männchen mit rundem vollen Gesichte und klugen Feueraugen, die er oft gar komisch beim Kugelwerfen zu schließen pflegte, dünkte mir ein herzlicher, für alles Gute und Angenehme empfänglicher Mensch, nach seiner Art zu sprechen, im Besitz der wahren praktischen, aus Erfahrung geschöpften Lebensphilosophie zu sein. Am meisten jedoch zog mich mein freundlicher Wirt an; obgleich blass und leidend vom Aussehn, erregte er in meiner Seele durch seine großen geistvollen Augen, die er mit unbeschreiblicher Schwärmerei, sich selbst unbewusst, nach dem goldnen Abendhimmel aufschlug und dabei aus der Stirne die langen niederwallenden Locken mit der schöngeformten Hand hinwegstrich, ein unnennbares Mitgefühl. Ein Hauch von Rosenrot, auf seine Wangen durch die Anstrengung des Spiels gelockt, erhöhte den Reiz seines männlich schönen Angesichts und ließ ein nur mit meinem Leben schwindendes liebliches Bild in meiner Erinnerung zurück. Er schien mir ein Mann, in dessen innersten Tiefen des Geistes ein Schatz von Ideen, Gedanken und Bildern in stetem unerschöpflichem Wechsel kreisen musste. – Sie werden mich hier, treuer Freund, ob der warmen Schilderung dieses Mannes einen Egoisten schelten, der den Wirt darum über alle lobt, weil er ihn so schnell und freundlich labte, und nebenbei mein Steckenpferd, die Physiognomik, etwas verlachen. Allein nur Geduld – und sie werden im Weiterlesen finden, dass Lavaters Lehre sich hier glänzend bewährt habe. – Mein Wirt also – der gewiss zu allem andern mehr Geschick besitzen mag als zum Kegelspiel – warf jedes Mal, wenn ihn die Reihe traf, verzweifelt schlecht, so dass die Kugel fast immer durch die Gasse rannte, und hatte, da er stets fehlte, einen vollen Chor von: »Etsch, Etsch!« von dem Kreise der liebenswürdigen, größtenteils schönen, mit dem Strickstrumpfe umhersitzenden Kampfrichterinnen zu ertragen. Sie kennen mich als tüchtigen Kegelspieler, da Sie hievon manch glücklich verlebter Sommerfeierabend in Ihrem lieben Garten überzeugen konnte. Ich trat daher, eine Kennermiene annehmend, an die Kegelbahn und machte, als mein Wirt an den Wurf kam, die bescheidene Bemerkung, dass er die Kugel grundfalsch aufsetze, daher seine Würfe stets fehlschlagen müssten. Mir fast unbewusst, hatte der liebe Mann plötzlich die schöne schwere *lignum-sanctum*-Kugel in meine Hand gedrückt und bat mich mit den freundlichsten Worten, für seine Rechnung diese und die nachfolgenden Würfe zu tun, da ihn auf kurze Zeit Geschäfte ins Haus riefen. Ich nahm das Anerbieten freudig an, war bald mit den übrigen Spielern im eifrigen Gespräch verwickelt, wurde gefragt und fragte, gab und erhielt Bescheid und spielte mit so viel Glück (aber ich wandte auch all meine Kunstfertigkeit auf, um nur in Ehren zu bestehn), dass ich manch schönen Groschen gewonnen hatte, als die zunehmende Dämmerung dem Spiele ein Ende machte. – Endlich trat der Wirt in unsern Kreis, und dankend überreichte ich den Gewinst, sah nach der Aufwärterin, um meine Zeche zu bezahlen, und wollte mich, da ich sie nicht erblicken konnte, entfernen, sie aufzusuchen.

Indem ich nun Kratzfüße zog und Bücklinge machte, dabei stets nach guter Sitte rückwärts ging, stieß ich an eine lange gedeckte Tafel, die von mir im Eifer des Spiels – wofern sie nicht eben in dem Augenblicke der Erde entstiegen war – nicht bemerkt wurde. Da ergriff mich mein Wirt an den Schultern und drückte mich auf den nächststehenden Stuhl neben sich nieder, indem er sprach: »Sie bleiben mein Gast, Herr Magister.« – »Zum Abendbrot!«, rief alles und nahm Platz in bunter Reihe an dem wohlbesetzten Tisch; herrlicher Braten wurde herumgereicht, köstlich duftender alter Rheinwein perlte in den Römern: ich genoss mit allen Sinnen. Stets füllte sich von neuem mein Glas – da tat sich mein Herz weit auf, und nach alter Ungersitte brachte ich ein herzlich Lebehoch meinem Wirte! Jubelnd klirrten die Gläser aneinander, und der Herr mit der schön geformten Nase brachte mir mit Würde und Anmut ein Glas mit dem Zuruf: »Heil Ungerns hohem König! Heil dem edlen Ungervolke! Heil seinen braven Lehrern! Heil Ihnen und Glück, Herr Magister!«

Als Nachtrag sei hier bemerkt, dass mir die Herren beim Spiel Namen, Stand und Vaterland abgefragt, meine Bescheidenheit es jedoch nicht zuließ, sie um ihre Namen zu fragen. – Ich stieß an mit Freudentränen im Auge, im Herzen hallten des Mannes Worte wider, und ich ließ im stillen alle, alle mir Teuren leben im Vaterlande. Nun folgten Toaste auf Toaste – Weimars Großherzog, Deutschland, seine Gelehrten, alle edle Menschen ließ ich leben und wurde von Freude und der Liebfrauenmilch so begeistert, dass ich Schillers Hymnus an die Freude, mein Lieblingslied, anstimmte, in welches in vollem Chor die heitern Tischgenossen einstimmten. Als er zu Ende gesungen war (es leuchtete bereits hoch am Sternendome der Vollmond) und alles sich zum Aufbruche erhob, da überkam es mich mit unbezwinglicher Gewalt, nochmals ergriff ich mein Glas und rief begeistert: »Hoch lebe der hochgeliebte Dichter des Hymnus an die Freude!« Ein lautes: »Er lebe, lebe hoch!«, erscholl, dann war es still, und mein blasser Wirt reichte mir sanft die Hand und sprach: »Ich danke Ihnen, werter Freund, und freue mich herzlich, dass meiner Muse Sang auch Ungerns edle Söhne verstehen und lieben.« Da starrte ich ihm freudig ins Antlitz und schlürfte die köstlichsten Freudenperlen mit dem Weine. Mein alter Lavater hatte mich nicht getäuscht, denn eben trat mein Tischnachbar, der kleine lebhafte Herr, auf mich zu und sagte, auf meinen Wirt deutend: »Hier, Herr Magister, sehen Sie unsern Schiller, hier – Goethe, und ich bin der alte Wieland!« – Morgen – doch indem ich dies schreibe, ist es bereits Tag geworden – ich will ruhen, um mit gesammelter Seele mein Abenteuer, die glücklichsten Stunden meines Lebens, zu überdenken, nochmals genießen die überschwängliche Wonne, die ich so unerwartet empfunden! Ich halte noch immer alles für einen lieblichen Traum, oder hat der Dichter ›Oberons‹ Ritter Hüons Zauberhorn benützt?!

IV. Das Theater

Theater – das war für Weimar das große Zauberwort. Unterhaltende Theateraufführungen zählten zu den beliebtesten Vergnügen bei Hofe wie in bürgerlichen Kreisen, aber auch anspruchsvolle Stücke fanden stets ein aufgeschlossenes und dankbares Publikum. Gespielt wurde – mit Unterbrechungen – schon seit 1696 in einem Saal des Residenzschlosses. Nach dem Brand von 1774, der auch das Theater zerstörte, folgten zehn Jahre eines Provisoriums. Die Hofgesellschaft und die Bürger bauten zwei Liebhabertheater, deren Darsteller für den Hof im Schloss, in Tiefurt und Ettersburg und für die Bürger in einem Redoutenhaus spielten. Auch Goethe wirkte bei solchen Aufführungen begeistert mit. Anna Amalia (Dok. 66) und Karl Wilhelm von Lyncker (Dok. 67) berichten von diesem reizvollen dilettantischen Treiben. 1784 wurde dann das neue herzogliche Komödienhaus eröffnet, ein Tanzsaal mit Bühne und Galerie, das 1798 einen Umbau und eine Erweiterung erfuhr. Beschreibungen dieses neu gestalteten Raumes geben Joseph Rückert (Dok. 68) und W. G. Gotthardi (Dok. 69), der als Siebenjähriger das Theater erstmals besuchen durfte. Die von ihm erwähnte Trennung in eine »adelige« und eine »bürgerliche« Balkonhälfte wurde übrigens erst 1848 aufgehoben!

In diesem Theater wirkte Goethe bis 1817 als Direktor, und hier erlebten mehrere Werke von ihm und Schiller ihre Uraufführungen. Wir verfügen aus dieser Epoche über eine ganze Anzahl wichtiger Augenzeugenberichte. Der Regisseur Anton Genast beschreibt die Proben mit Goethe (Dok. 70) und Schiller (Dok. 71), Gotthardi wohnte als junger Mann ebenfalls Proben bei (Dok. 72) und überliefert in seinen Erinnerungen auch die strengen Theatergesetze, die Goethe aufgestellt hatte (Dok. 73). Selbst die Jugend nahm Anteil an Proben und Aufführungen, wie die Kindheitserinnerungen von Karl Sondershausen beweisen (Dok. 74). Entsprechend stark war die allgemeine Resonanz auf bedeutende Aufführungen. So erinnert sich ein unbekannter Augenzeuge an die ersten Aufführungen von ›Wallensteins Lager‹ und ›Die Piccolomini‹ am 12. Oktober 1798 und am 30. Januar 1799 (Dok. 75).

Für das neugebaute Theater waren seit 1784 wieder regelmäßig Berufsschauspieler engagiert worden, die für eine oder mehrere Spielzeiten blieben, manchmal aber auch als »Hofschauspieler« eine feste Anstellung erhielten. Zu ihnen gehörten so bedeutende Schauspieler wie Wilhelm Iffland (1759–1814), den Ludwig Christian von

Oertel charakterisiert (Dok. 76), die Sängerin Corona Schröter (1751–1802), an die sich die Gräfin Egloffstein erinnert (Dok. 77), und nicht zuletzt Karoline Jagemann (1777–1848), die ja nicht nur als Schauspielerin, sondern auch als Geliebte des Herzogs Aufmerksamkeit erregte und für die nötigen Intrigen sorgte. Über sie informiert uns Joseph Rückert ausführlicher (Dok. 78). Aus ihrer Feder stammt ein Bericht über die Verhältnisse am Weimarer Theater um die Jahrhundertwende (Dok. 79), der durch eine Darstellung Johannes Falks von 1808 ergänzt wird (Dok. 80). Die Schauspieler genossen übrigens in Weimar ein weit höheres Ansehen als in anderen deutschen Städten, wie schon Rückert beobachtet (Dok. 81). Das Publikum zerfloss bei Rührstücken (Dok. 82), aber es konnte auch aufmucken (Dok. 83). Im allgemeinen aber war es sich seiner Würde, ein Teil der bedeutendsten deutschen Bühne zu sein, voll bewusst, so jedenfalls behauptet Gotthardi (Dok. 84).

Goethe hatte in den Jahren nach Schillers Tod sein intensives Interesse an der Theaterarbeit zunehmend verloren, einen Rücktritt vom Amt des Direktors aber auf Bitten des Herzogs immer wieder hinausgeschoben. Dann kam der 9. April 1817, an dem ein Hund den allmächtigen Direktor von seiner langjährigen Wirkungsstätte vertrieb. Anlass, Verlauf und Ausgang dieser wahrhaften Kleinstadtkomödie, die typisch war für die Theater- und Hofintrigen, schildern die Aussagen unbefangener Beobachter. Die eigentlichen Ursachen, nämlich die Spannungen zwischen der Jagemann und Goethe, zeichnen sich schon in dem Bericht Falks (Dok. 80) ab, vom eigentlichen Anlass berichtet Franz Karl Adalbert Eberwein (Dok. 85), den Verlauf der Aufführung und die ganze Aufregung beschreibt Gotthardi (Dok. 86), während die Jagemann eine Rechtfertigung des (von ihr provozierten und beeinflussten) großherzoglichen Verhaltens in der Hunde-Affäre zu geben sucht (Dok. 87). Goethe beharrte auf seiner starren, ablehnenden Haltung und betrat das Theater nur noch in wenigen Ausnahmefällen. Es war, als ob das Schicksal selbst einen gewissen Schlussstrich unter die Angelegenheit ziehen wollte; denn im März 1825 brannte der alte Bau nieder. Frédéric-Jean Soret vermerkt das Ereignis in seinem Tagebuch (Dok. 88) unter dem 23. März, und Frau von Ahlefeld berichtet davon am 26. März an Knebel (Dok. 89).

Der von ihr erwähnte Plan für einen Neubau wurde noch im gleichen Jahr verwirklicht. Erneut setzten sich dabei die Jagemann und ihr Anhang gegenüber Goethes Vorstellungen durch. Das Großherzogliche Hoftheater konnte schon am 3. September 1825 eingeweiht werden und blieb bis Februar 1907 in Betrieb. Am 11. Januar 1908 wurde das neue Großherzogliche Hoftheater eröffnet, das die Tradition würdig fortsetzte.

66. Anna Amalia: Liebhabertheater (um 1776)

Sie wissen, dass die Schloss-Ettersburger Nation nicht in dem besten Gerücht ist; und um sich kein *dementi* zu geben, so fahren wir in unserm Lebensplan fort. Alles, was hier auf den Berg kommt, muss sich einer Probe unterwerfen. Gräfin B. hat die Probe des Theaters ausgestanden; B. die der dramatischen Dichtkunst; ich selbst habe mich produziert; doch sind wir ziemlich mit Ehren davon gekommen. Bode staffierte nämlich aus einem ganz alten Stücke, ›die Gouvernante‹, ein neues, ganz artiges und sehr komisches kleines Theaterstück zusammen. Er selbst spielte die Gouvernante sehr gut; Wedel einen komischen Liebhaber; Regierungsrat v. Schardt seinen Bedienten; die Gräfin Bernsdorff, Thusnelde, ich und die kleine Bernsdorff machten die Untergebenen der Gouvernante, denen alle Freiheit war. Dieses alles hielten wir nun sehr geheim, und an einem schönen Nachmittag ließ ich meine Kinder (das regierende Fürstenpaar), den Kammerherrn, v. Seckendorff und Goethe herauskommen, und wir spielten zum großen Gaudium aller Anwesenden, wie das Alles auf dem Tags vorher schon gedruckten Zettel zu lesen.

67. Karl Wilhelm von Lyncker: Liebhabertheater (um 1776)

Mittlerweile wurden auch Liebhaber-Theater errichtet. Die Schauspielgesellschaft sämtlicher Liebhaber bestand eigentlich aus drei Abteilungen. Die erste derselben wurde von Goethe, und was die Musik anlangte, von Siegmund Seckendorff dirigiert; die zweite, eine französische, von dem Grafen Putbus, und eine dritte von dem Legationsrat Bertuch. Das Theater war jedoch klein und in dem von dem Hofjäger Hauptmann neuerbauten Hause in der Esplanade befindlich, das jetzt dem Ober-Auditeur Schwabe gehört.

Den Anfang von Theatervorstellungen hatte Bertuch mit einem Kinderstück gemacht, ›der Hofmeister‹ genannt, wobei eine Hauptrolle der zu Berlin verstorbene Geheimerat Hufeland erhalten hatte. Mitspielende waren die zwei Fräulein v. Oertel (Diese waren zwar klein, aber in ihrer Art von ausgezeichneter Bildung), deren Mutter,

Tochter des verstorbenen Geheimenrats Greiner, für eine der gelehrtesten Frauen gehalten wurde. Von Knaben waren außer ihrem Bruder der letztverstorbene Baron v. Stein und auch meine Wenigkeit dabei. Ein starker Donnerschlag hemmte bei der ersten Aufführung den Fortgang mitten im Spiel, und unter vollem Regen fuhr die Herrschaft in das Fürstenhaus zurück; die kleinen Komödianten aber, welche zur Abendtafel geladen waren, liefen in ihren Theateranzügen auf öffentlicher Straße ebenfalls dahin. Wir saßen an einem besonderen Tische unter dem Vorsitze eines Hofkavaliers und erhielten nach geendigter Abendmahlzeit manches freundliche Wort vonseiten der fürstlichen Personen …

Bald nach vorbenanntem Stücke wurde der ›Edelknabe‹ gegeben, wobei mir die Titelrolle zugeteilt ward. Rat Conta, Vater des jetzigen Präsidenten, gab die Rolle des Fürsten, Madame Benda, Kammerfrau der verwitweten Frau Herzogin, die der Mutter; der übrigen Personen erinnere ich mich jedoch nicht mehr genau. Die höchsten Herrschaften sahen den Vorstellungen von einer Estrade zu, und nach Vollendung derselben wurden die Spielenden gewöhnlich denselben vorgestellt und ihnen etwas Befriedigendes gesagt. In dem vorbenannten Stücke erhält der Edelknabe von seiner Fürstin eine Uhr. Die regierende Herzogin hatte hierzu, weil es sich von einer mit Brillanten besetzten handelte, die ihrige hergeliehen, welche sie zum Brautgeschenk erhalten hatte; und als ich vom Theater kam, versprach sie mir eine andere zum Geschenk, nicht minder ein Freibillett auf die nächste Redoute, sowie die höchste Begünstigung, eine Menuett mit ihr tanzen zu dürfen, wie Dies denn auch zu seiner Zeit in Erfüllung ging.

Man wagte sich hierauf auch an größere Stücke, wie z. B. die ›glücklichen Bettler‹ von Gozzi, wobei der Prinz Konstantin selbst die Rolle des Said übernahm; der v. Knebel die des Usbeck. Fräulein v. Wöllwarth, der v. Einsiedel, mein Vater, der Professor Musäus und der Hoftanzmeister Aulhorn erhielten die übrigen Rollen.

Nicht lange hernach gab man den ›Westindier‹, dessen Rolle Goethe und die des O'Flahertie der Herzog selbst mit großem Beifall aufführte. Siegmund v. Seckendorff spielte die Gastwirtin Fullmer zu allgemeiner Bewunderung; später wurde sie auch einmal von Fräulein v. Göchhausen gegeben. So folgten dann von Zeit zu Zeit mehrere damals als vorzüglich erachtete Vorstellungen vonseiten dieser Direktion.

Graf Putbus hingegen veranstaltete französische Stücke, von denen ich mich nur des ›Glorieux‹ erinnere, welche Rolle der Oberstallmeister v. Stein übernommen hatte; auch mein Vater war dabei. Nicht minder wurden kleine französische Operetten gegeben, weil der Graf Putbus eine hohe angenehme Stimme und viel Musik hatte. Eine Tante von mir, Sophie v. Raschau, Fräulein v. Waldner, die Hofdame, sind mir noch als Mitspielende erinnerlich; Siegmund v. Seckendorff gab den poetischen Dorfjunker zu allseitigem Wohlgefallen.

In der ebenso gelungenen Vorstellung des ›Barbiers von Sevilla‹ gab Siegmund Seckendorff den Figaro, Herr v. Einsiedel den Grafen Almaviva, mein Vater den Bartholo, meine Schwester die Rosine usw.

Bertuch, der Geheime Sekretär Schmidt, Letzterer ein sehr hübscher Mann von Ansehn, der Maler Kraus waren sehr stark in Rollen jeder Art und gaben mehrere lustige Vorstellungen.

Ja, sogar Balletts wurden gegeben, wozu benannter Seckendorff die Komposition lieferte und der Tanzmeister Aulhorn die Tänze arrangierte. Ausgezeichnet schön tanzte der Oberstallmeister v. Stein die ernsthaften Solos, *pas de deux* u. dgl. Der damalige Kammerjunker und Leutnant v. Schardt hatte sich von jeher in komischen Tänzen geübt und die sogenannten Kapriolen erlernt. Meine Schwester war die gewöhnliche *moitié* des v. Stein; eine Tante von mir, Henriette v. Raschau, ward in den *pas de deux* besagtem Herrn v. Schardt beigegeben. Die übrigen sogenannten Konzerttänzer und -tänzerinnen wurden aus den Kavalieren und Fräuleins entnommen, welche man hierzu am geschicktesten hielt. Das sogenannte Blumenballett, wobei sich mehrere Solotänzer und -tänzerinnen ruhmvoll hervortaten, fand man äußerst schön. Dergleichen wurden auch von Knaben und kleineren Mädchen aufgeführt.

Es erschienen nun immerwährend mancherlei neue Theaterstücke von Goethe auf der hiesigen Bühne, welche von Siegmund Seckendorff und von einem herbeigezogenen Komponisten, namens Schubert, eins aber auch von der Herzogin-Mutter selbst in Musik gesetzt worden waren; dies letztere ist unter dem Namen ›Jery und Bätely‹ bekannt.

Die Korona Schröterin war inmittelst mit ihrer Begleiterin, Mademoiselle Propst, aus Leipzig angekommen; sie gab nun als hiesige Hofsängerin fast überall die Hauptrollen, und ein gewisser Oberkonsistorialsekretär Seidler spielte gewöhnlich ihren Liebhaber.

Die geist- und phantasiereichen goetheschen Theater-Vorstellungen vom Jahre 1776 an will ich, da sie größtenteils gedruckt sind, hier im einzelnen nicht aufzählen. Nur erwähnen muss ich, dass das Lustspiel ›Die Mitschuldigen‹, worin Goethe den Alcest, die Korona Schröter die Sophie, Bertuch den Söller und der Professor Musäus den Wirt zum Bären vortrefflich gaben, als ganz unmoralisch angesprochen wurde. Gegen die ›Geschwister‹ und seine übrigen Stücke hatte man einzuwenden, dass sie zur Empfindelei führten und die Phantasie der jungen Leute nur allzu sehr aufregten.

68. Joseph Rückert: Das Theater in Weimar (1799)

Das Theater in Weimar wird von den Einwohnern und Fremden häufig besucht. Bei vielen der ersteren ist der Schauspielgenuss zu einer Sache des Luxus geworden. Mancher überwindet leichter den Hunger als die Neigung für eine theatralische Vorstellung. Besonders stark füllt sich das Haus an Operntagen, und hier ist wohl jene Gewohnheit am leichtesten zu verzeihn. Man kann nichts Vollkommneres hören als eine mozartische Oper in Weimar. Bei Aufführung des ›Don Juans‹, der auch *Jean Paul Richter* beiwohnte, fragte diesen jemand, wie ihm die Musik gefalle? Richter antwortete ihm: »Das ist grade so, als fragten Sie mich, wie mir die zweite Welt gefalle?« Auch wird echte Musik wohl schwerlich irgendwo richtiger gehört und gewürdiget als in Weimar, wohin der gute Geschmack durch die wohltätige Hand der Herzogin-Mutter Amalie gepflanzt wurde und wo er jetzt in voller Blüte erscheint. Das Publikum, an Meisterstücke gewöhnt und durch sie verwöhnt, gähnt bei den alltäglichen Opernkompositionen und ruft und seufzt nach *Mozart*. Die Theater-Direktion befindet sich bei diesem ekeln Geschmack oft in nicht geringer Verlegenheit. Die ›Zauberflöte‹, der ›Don Juan‹ sind unzählige Mal aufgeführt worden, und man hat ihrer noch immer nicht satt. Wem, der einmal an diesen Göttertafeln geschmauset hat, kann man es aber verdenken, wenn er den Appetit für trocknes Brot verlor? Das Abonnement beträgt, seit der Veränderung des Hauses, für den Monat einen Laubtaler. – Bei der unvergesslichen Gegenwart *Ifflands* auf der weimarischen Bühne wurde der Preis um den dritten Teil erhöht; aber der geringste Bürger dieser Stadt brachte, so oft er konnte, seiner Kunstliebe das große Opfer. Das Haus war mit Entzücken bis oben angefüllt. – Dieser große Meister nahm damals aus Weimar einen eben so reichen Lohn als Beifall mit hinweg. Wer schenken konnte, schenkte und behing den angebeteten Mann mit Ringen und andern kostbaren Zeichen des Dankes und der Verehrung wie ein Katholik sein Wunderbild in der Kirche.

Die neue innere Gestalt des weimarischen Theaters hat glänzende Vorzüge vor der alten, die bei vielen Unbequemlichkeiten dem Auge einen mehr widrigen, als erfreulichen Anblick gewährte. Der Eindruck, den der neue Tempel nebst dem schillerischen Prologe bei Eröffnung desselben auf das Publikum machte, war außerordentlich. Die neue prächtige Dekoration, die neuen Töne von oben, die freundliche Gestalt von unten – dieser neue Himmel und diese neue Erde – setzten alle außer sich selbst. Mehrern anwesenden Fremden, die das gemeinschaftliche Entzücken teilten, gaben der neuen Gestalt in Absicht des guten Geschmacks und der Weisheit, die aus der Anordnung des Ganzen blickt, den Vorzug vor allen Theatern, die sie in Deutschland sahen. Was den Raum betrifft, so erlitt das Parterre zwar eine Einschränkung; dadurch wurde aber auf der andern Seite für jede Bequemlichkeit unsäglich gewonnen. Unter vielen will ich hier nur einiger erwähnen. In dem alten Hause ging im Parterre beim Ein- und Ausgang der Weg über die Bänke und Füße der Zuschauer hinweg; auch war es ein bloßes Glück, besonders bei spätem Kommen, einen Platz zu finden. Man musste sich deswegen oft eine Stunde früher in das Theater begeben. Die neue Anordnung hat beiden Unbequemlichkeiten auf das Glücklichste abgeholfen – der ersteren durch breite Gänge rings um das Parterre, der letzteren durch nummerierte Plätze. Jeder findet, zu jeder Zeit, seinen bestimmten Ort, den er gegen Vorzeigung seiner Nummer einnimmt. – Auch einen Balkon gewann das weimarische Theater, welcher über dem Parterre mit einer Menge schöner und geräumiger Logen, für Fremde und Einheimische, an der Wand herumläuft. Im Hintergrunde erscheint die geschmackvolle herzogliche Loge. Über dem Balkon zieht die Galerie geräumig hin, die aber jenen eben so wenig drückt, als dieser das umlaufende freie Parterre.

Der Schmuck und die Malereien dieses neuen theatralischen Jerusalems erscheinen für den Sinn sehr erfreulich. Die Wände blühen rings in den heitersten Frühlingsfarben. In der Gegend der Galerie bemerkt man allerlei passende Figuren, Arabesken und charakteristische Köpfe, welche letztere eine Reihe gemalter Zuschauer bilden, die durch ihre verschiednen mimischen Expressionen an dem, was unten auf dem Theater vorgeht, teilzunehmen scheinen, eigentlich aber nur den Stufengang des komischen und tragischen Ausdrucks vorstellen sollen. Auch die Erleuchtung hat ein neues besseres Ansehen gewonnen. Sie geschieht nicht mehr wie sonst durch eine Menge stinkender, den Zuschauer beschmutzender Talglichter unten und oben: Ein Kranz heiterer Lämpchen, der aus seiner Höhe wie ein Sternenkranz erscheint und dem entfernten Auge nicht wehe tut, senkt sich einige Ellen von oben herab und streut das heiterste Licht über das ganze Haus.

Man fühlt jetzt lebhaft in Weimar, welchen Wert ein heiteres Haus Thaliens hat und wie viel an ihm liegt. Der Zuschauer empfängt hier, möcht ich sagen, gleich bei seinem Eintritte die Weihe von den Wänden herab. Die Heiterkeit des Ortes strömt in seine Seele und umfängt sie ganz.

69. Wilhelm Gotthard Gotthardi: Das Theater in Weimar (1813)

An der Hand meiner Mutter, die mir viel zu langsam ging, wanderte ich, als es halb sechs Uhr geschlagen hatte, großer, froher Erwartungen voll, hin nach dem Theatergebäude. Sein Äußeres machte nicht den grandiosen Eindruck auf mich, den ich mir davon versprochen hatte; ich meinte, es müsse wenigstens so groß sein, wie das weimarische Residenzschloss, und noch viel, viel schöner, fand es jedoch nicht viel besser aussehend, als unser Gutshaus oder die Pfarrei in unserem Dorfe, nur dass es länger war, wenn auch nicht viel. Es war ein auf einem freundlichen und geräumigen Platze auf dem höheren Teile der Stadt, dem Wittums-Palais der Herzogin Anna Amalia gegenüber und Wielands Wohnung ganz nahe gelegenes, alleinstehendes, ganz hübsch hohes, einstöckiges Haus mit einer Reihe breiter, in kleine längliche Scheiben geteilter Fenster, ähnlich unseren Kirchenfenstern in G. – Auch nicht das einfachste Emblem verriet seine eigentliche Bestimmung. Bei Betrachtung der Außenseite, die ohnedies schnell übersehen war, hielt ich mich indes nicht lange auf, da meine brennende Neubegier natürlich weit mehr auf das *Innere* des schmucklosen Kunsttempels gerichtet war.

Wir traten ein; und da neben und mit uns noch viele andere, mir fremde Menschen mit eintraten, so hielt ich mich um so fester an die Hand der Mutter, weil ich fürchtete, dass sie – mein Schutz unter der Menge – mir abhanden kommen und ich auf ewig von ihr gerissen werden könne. Ungetrennt gelangten wir, nachdem meine Führerin die gelösten Einlasskarten (Kinder zahlten die Hälfte des Entrées) an den Billeteur abgegeben, und er uns groß und breit die Eingangstür geöffnet hatte, zu unseren Plätzen. Gleich darauf zündete der Kapelldiener die Lichter an den Orchesterpulten an; es war ordentlich, als ob er nur auf unsere Ankunft gewartet hätte …

Die Größe der Räume mochte der früheren nummerisch um mehrere tausende geringeren Einwohnerzahl Weimars ganz angemessen sein. Der Eindruck, den dieselben machten, war der des im höchsten Grade Gemütlichen, Freundlichen, Traulichen, Anheimelnden. Der Zuschauerraum hatte eine hübsche Höhe; Breite und Tiefe reichten ziemlich aus. Zwei Galerien liefen um den oberen Teil des Saales; die untere (»Balkon«) für die Elite der Gesellschaft bestimmt, in der Mitte die herzogliche Loge enthaltend; die obere, wie alle oberen Theatergalerien, der geringeren Volksklasse zugeteilt. Das Parterre war durch einen nicht zu schmalen Zwischenraum in eine rechte und linke Reihe geschieden, teilte indes nicht die Eigenschaft, oder, wenn man lieber will, das Vorrecht des Balkons, in eine »adelige« und »bürgerliche« Seite zu zerfallen. Jedem, der seine acht guten Groschen zahlte, stand die beliebige Wahl zwischen rechts und links darin frei. Jene erwähnte und zwar sonst strenge Geschiedenheit des adeligen und bürgerlichen Balkons hätte man unter dem Regimente eines so liberalen, von verknöchertem Aristokratismus gänzlich freien Fürsten, wie Karl August war, kaum für möglich halten sollen; und doch verhielt sich's in Wahrheit so. Die Logenreihe beschränkte sich – die zwei Logen auf beiden Seiten des Balkons über der Bühne ausgenommen – lediglich auf die der Bühne gegenüberliegende Seite des Parterre, und unter diesen geringzähligen Parterrelogen befand sich auch die goethesche. Die Seitenabteilungen des Parterre, von den mit rotem Tuch beschlagenen Sitzen desselben durch höchst einfache, viereckige, hölzerne Träger getrennt, gaben Stehplätze ab. Den Balkon schmückte, als Stütze für die Galerie, auf beiden Seiten eine prächtige, reich vergoldete Säulenreihe, dieselbe, von welcher Schiller im Prolog zu Wallensteins Lager sagt:

> Und ein harmonisch hoher Geist spricht uns
> Aus dieser edlen Säulenordnung an,
> Und regt den Geist zu festlichen Gefühlen.

Von einem kunstvollen Anstrich des Saals, oder von Plafondverzierungen, Wand- und Deckengemälden und dergleichen, wie sie die heutigen luxuriösen Theater haben, keine Rede. Auf graue Wasserfarbe angebrachte, schwarze, marmorartig aussehende Tupfen bildeten den Gesamtanstrich des Hauses. Die Beleuchtung desselben, bestehend aus Öllampen und Unschlitt-lichtern, die durch blecherne Halbschirme geschützt waren, konnte als völlig genügend gelten und verbreitete sich wohltätig bis in die entferntesten Ecken und Winkel.

70. Anton Genast: Theaterproben mit Goethe (um 1800)

Bei der Hauptprobe von ›König Johann‹ zeigte Christiane nicht genug Entsetzen vor dem glühenden Eisen; ungeduldig hierüber riss Goethe dem Darsteller des Hubert das Eisen aus der Hand und stürzte mit solch grimmigem Blick auf das Mädchen zu, dass dieses entsetzt und zitternd zurückwich und ohnmächtig zu Boden sank. Erschrocken kniete nun Goethe zu ihr nieder, nahm sie in seine Arme und rief nach Wasser. Als sie die Augen wieder aufschlug, lächelte sie ihm zu, küsste seine Hand und bot ihm dann den Mund; eine schöne und rührende Offenbarung der väterlichen und kindlichen Neigung beider zu einander.

Obgleich Goethe vom Jahre 1793 bis zu Anfang des neuen Jahrhunderts mehrere junge Talente, die ihm der Ausbildung wert erschienen, engagiert hatte und sich selbst mit ihnen beschäftigte, so war doch im Ensemble ein störender Zwiespalt fühlbar. Goethe wandte seine größte Aufmerksamkeit der Plastik und einem edleren Pathos zu, doch die älteren Schauspieler konnten das gespreizte Wesen und den bombastischen Ton, welcher damals noch auf allen deutschen Bühnen sein Wesen trieb, nicht genügend abstreifen. Die jüngeren waren wieder zu verzagt, die neue Bahn kühn einzuschlagen, welche Goethe ihnen vorzeichnete. Dazu gehörte allerdings, was sein praktisches Vorbild anlangte, einiger Mut; absichtlich trug er, seinen Schülern gegenüber, sehr grell auf, weil er aus Erfahrung wusste, dass selbst die begabtesten unter ihnen zu schüchtern waren, sein Maß zu erreichen; aber eben dieses Auftragen, verbunden mit seinem äußerst kräftigen Organ, welches seine Sprache noch besonders markig werden ließ, machte, namentlich in gebundener Rede, seinen Vortrag beinahe übertrieben.

Goethe dagegen strebte in Rhetorik, Plastik und Mimik der Antike nach und führte so, im Gegensatze zu Schröder, zum Idealismus. Das Bild, das Ganze gewann an Kraft und Schönheit, und in dem poetischen Hauch, der die Darstellung durchwehte, lag ein Zauber, der den anderen Bühnen größtenteils abging. Mit dem Wachsen und Gedeihen der Anstalt wuchs auch die Liebe Goethes zu seiner Schöpfung. In früheren Jahren hatte er die Proben nur bei besonderen Stücken besucht, nun aber wohnte er denselben fast regelmäßig bei. Und mit welcher Rücksicht verfuhr er da bei seinen Anordnungen! Nie gab er seiner Unzufriedenheit strenge Worte; sein Tadel war immer so, besonders gegen die älteren Schauspieler, dass er nicht verletzen konnte, z. B.: »Nun, das ist ja gar nicht übel, obgleich ich mir den Moment *so* gedacht habe; überlegen wir uns das bis zur nächsten Probe, vielleicht stimmen dann unsere Ansichten überein.« Den jüngeren gegenüber war er weniger rücksichtsvoll; hier hieß es oft: »Man mache das *so*, dann wird man seinen Zweck nicht verfehlen.«

Es ist Goethe von vielen Seiten der Vorwurf gemacht worden, dass er die Bühne wie ein Schachbrett betrachtet habe, dessen lebendige Figuren nur nach seinem Willen sich stellen und ihre Plätze wechseln dürften. Wann wäre ein hohes geistiges Streben nicht von der Gewöhnlichkeit angegriffen worden? Allerdings bekümmerte sich Goethe auch um Gehen und Stehen der Schauspieler, und stets mit richtigem und feinem Sinn. Höchst störend war es ihm, wenn zwei Personen oder gar drei und vier, ohne dass es die Handlung nötig machte, dicht beieinander auf einer oder der anderen Seite, oder in der Mitte vor dem Souffleurkasten standen und dadurch leere Räume im Bild entstehen ließen; da bestimmte er genau die Stellung und gab durch Schritte die Entfernung von der einen zur anderen Person an. Er wollte in dem Rahmen ein plastisches Bild haben und behauptete, dass selbst zwei Personen ein solches, das den Augen wohl tun müsste, durch richtige Stellung schaffen könnten. Ebenso musste der Schauspieler, an den die Rede eines andern gerichtet war, einen Schritt vortreten, damit der Redende sich auf natürliche Weise mehr zum Publikum wenden konnte, eine Regel, die freilich jeder vernünftige Schauspieler von selbst einhalten sollte, der nicht sein liebes Ich, sondern das Ganze im Auge hat …

Bestimmte Rollenfächer durften die Schauspieler unter Goethe nicht beanspruchen und selbst die ersten durften sich nicht weigern, wenn es zum Besten des Ganzen war, eine Anmelderolle zu übernehmen. Er verlangte von jedem, dass ihm die Kunst höher stände als sein liebes Ich. Ein Beispiel möge hier folgen.

Meinem Kollegen Becker hatte Goethe den zweiten holkschen Jäger zugeteilt. Obgleich Becker von Anfang an mit dieser untergeordneten Rolle sehr unzufrieden war und weit lieber den Wachtmeister gespielt hätte, getraute er sich doch nicht, die Annahme derselben zu verweigern, solange ich im Besitz einer ähnlichen war; kaum hörte er aber von dem mir übertragenen Kapuziner, so erklärte er mir auch schon, dass er den Jäger nicht spielen würde, und beauftragte mich, als fungierenden Wöchner, dies dem Herrn Geheimen Rat zu melden. Mir war nicht wohl bei der Kommission und ich kleidete sie wenigstens in die etwas gefälligere Form einer Bitte meines Kollegen. Nichtsdestoweniger geriet Goethe in den heftigsten

Zorn, bestand darauf, dass Becker die Rolle spielen müsse, und setzte hinzu: »Sagen Sie dem Herrn, wenn er sich dennoch weigern sollte, so würde ich die Rolle selber spielen.« Becker weigerte sich aber nicht mehr.

71. *Anton Genast: Theaterproben mit Schiller (um 1800)*

Schiller rezitierte und spielte zuweilen in den Proben den Schauspielern einzelne Stellen vor. Sein Vortrag wäre sehr schön gewesen, wenn nicht der Dialekt die Wirkung hier und da etwas abgeschwächt hätte; aber trotzdem, dass seine Haltung steif und gebückt, dass seine Bewegungen durchaus nicht plastisch waren, riss er uns alle durch sein Feuer und seine Phantasie zur Begeisterung hin. Er war in der Karlsschule erzogen, wo bei den damaligen dramatischen Übungen der Schüler die Unnatur der französischen Tragödien als Norm galt, und diese trat zuweilen bei seiner Rhetorik wenn auch nicht störend, hervor. Besonders liebte er den Schluss einer Rede mit gewaltigem Pathos ins Publikum zu schleudern, und das an und für sich schon Grelle wünschte er öfters noch greller hervorgehoben. Dass Alba im ›Egmont‹ im fünften Akt als Henker mit großem rotem Mantel und tief ins Gesicht gedrücktem Hut erscheinen musste, geschah auf seine Anordnung; unser Veteran Graff, der der erste Darsteller des Alba war und ihn noch in den dreißiger Jahren spielte, ließ sich diesen Theatercoup weder von der Intendanz, noch von der Regie nehmen und erwiderte stets: »Schiller hat es so gewollt!« Goethe war damit einverstanden und beide wussten recht gut, was sie taten. Ferner wünschte Schiller nach der ersten Aufführung des ›Macbeth‹, dass die Teller, welche die Lady spielte, bei der Wiederholung des Stücks sich nach der Ermordungsszene die Hände ein wenig rot anstreiche, damit das Ringen derselben im fünften Akt dem Publikum verständlicher würde. Goethe aber wusste ihn von dem Gedanken abzubringen, der übrigens nicht sein eigen war, sondern von England stammt, wo allerdings die Lady nach dieser Szene mit bluttriefenden Händen erscheint, die sie bei den Worten: »Meine Hände sind blutig wie die deinen!« förmlich auswindet. Der Himmel bewahre unsere deutsche Bühne vor *solcher* Wahrheit!

Schiller war übrigens bei den Proben voll Nachsicht und Freundlichkeit gegen die Schauspieler, man musste ihn lieb gewinnen; und doch gab es einige gelehrte Thebaner unter diesen, die sich klüger dünkten als er, weil ihnen die sogenannten Handgriffe des Bühnenlebens mehr zu Gebote standen; und sonach kamen Widersprüche bald von dieser, bald von jener Seite. Mich brachte die Anmaßung dieser Leute öfters in Harnisch und ich hätte gern mit Fäusten drein geschlagen, aber Schiller widerlegte stets mit der größten Freundlichkeit oft ganz widersinnige Ansichten.

Dem ›Macbeth‹ folgte ›Maria Stuart‹, die am 14. Juni 1800 gegeben wurde. Schiller las, da der fünfte Akt noch nicht beendet war, uns zunächst vier Akte vor und nach wenigen Tagen auch den letzten.

Bei der Besetzung der beiden Königinnen war man zweifelhaft, ob man der Vohs die Maria und der Jagemann die Elisabeth geben sollte, oder umgekehrt. Endlich entschied der Vohs schlanke, üppige Gestalt für die Maria und der Jagemann geistige Kraft für die Elisabeth.

Die letztere war anfänglich höchst ungehalten darüber und sandte die Rolle mit dem Bemerken zurück, dass weder ihre Persönlichkeit noch ihr Talent sich für die Elisabeth eigne; aber Schillers freundliche Bitte und seine treffliche Auseinandersetzung des Charakters gewannen sie vollkommen, und mit einer wahren Leidenschaft ging sie endlich an das Studium dieses Charakters. Schiller hatte auch in seiner Ansicht vollkommen Recht; die Vohs war eine sehr schöne Frau und ihr Talent allenfalls ausreichend für die Maria, zur Elisabeth aber fehlte ihr die geistige Fähigkeit.

Schiller leitete die Proben mit unermüdlichem Eifer und trefflicher Anordnung. Einen großen Anstoß gab die Abendmahlsszene, und Herder besonders soll gegen diese Profanierung der Kirche protestiert haben; dennoch wurde sie dargestellt, aber nur einmal, denn das Publikum selbst erklärte sich dagegen.

Von allen Orten waren Zuschauer herbeigeströmt und alle Räume des Auditoriums bis auf den letzten Platz besetzt. Schillers Ruhm hatte sich nicht nur in den Städten Thüringens, sondern auch auf den Dörfern schon verbreitet, und selbst Bauern sah man im Theater, wenn ein schillersches Stück gegeben wurde.

72. Wilhelm Gotthard Gotthardi: Theaterproben (um 1815)

Sehr günstig traf es sich für mich, dass der Anfang der Theaterproben in der Regel in eine Stunde fiel, in welcher ich weder durch Amts- noch andere Geschäfte mich dringend in Anspruch genommen sah, – und hätten selbst solche Abhaltungen mir vorgelegen, mit kühner Hand würde ich ihre umstrickenden Netze zerrissen haben;

denn ich hatte mir das unverbrüchliche Wort gegeben, die Schauspieler einmal zu beschleichen und ihnen in die Karte zu sehen. Die Proben begannen in der Regel nachmittags vier oder fünf Uhr an den Tagen: Dienstag, Donnerstag, Freitag, – ich weiß nicht genau mehr, ob auch sonntags. Goethe war im Kommen pünktlich; weit pünktlicher aber noch war ich. Eine halbe Stunde – es kann auch eine ganze gewesen sein – vorher, ehe sein Wagen angerollt kam, befand ich mich, der ich ohne Gefährde ins Haus sacht eingedrungen, in halb freudiger, halb banger Erwartung der Dinge, die da kommen sollten, an meinem Platze, verhielt mich aber weit geräuschloser, als Goethe selbst bei seinem Eintreten und Sichzurechtsetzen tat, wobei ich Anlass, Aufforderung und Muße genug hatte, diverse moralische Betrachtungen und Untersuchungen bei und mit mir anzustellen, z. B. über den Unterschied eines guten und eines bösen Gewissens, wozu die dunkle, versteckte, vor der Hand aber für mich noch gar nicht lauschige Ecke, wo ich Posto gefasst hatte, mich wie von selbst einlud. Inmittelst gab ich mir alle Mühe, so gut es gehen wollte, wieder in das rechte Gleichgewicht der Seele zu kommen und mein aufgeregtes Gemüt zu beschwichtigen.

Solange Goethe noch nicht da war, ging es oben auf der Bühne ziemlich munter her; das Kommen, das Auf- und Abgehen der Schauspieler und der anderen beim Ganzen beschäftigten Personen, die vorläufigen Arrangements, welche der Regisseur traf, um alles in den erforderlichen Stand zu setzen, hatte Bewegung und Leben unter das Personal gebracht, und ich fühlte mich schon dadurch ganz gut unterhalten. Bei Goethes Erscheinen trat plötzliche Ruhe ein, und jeder verfügte sich an seinen Platz. Der Regisseur – es war der alte wackere A. Genast – trat mit der Frage an den Chef heran: »Befehlen Euer Exzellenz, dass begonnen werde?« Auf Goethes sonores: »Wenn's beliebt!«, ging die Geschichte denn auch ohne weiteres vor sich und nahm, mit mancherlei kleineren und größeren Unterbrechungen, ihren Fortgang. Gebe man sich nicht der Befürchtung hin, als haben diese Unterbrechungen mich unwillig gemacht: sie hatten für mich gerade ein besonderes Interesse. Ich blickte von meinem Stand- oder Sitzpunkte aus in aller Ruhe (denn diese hatte ich mir nun gewonnen, da ich bis daher so unangefochten gelassen worden war) in das Getriebe dieses so häufig noch stockenden Räderwerks, das sich vor meinen Augen auseinander zuschieben angefangen hatte. – Wie ganz anders ging es da zu, als ich es späterhin in Proben bei einigen anderen Theatern gesehen, zu welchen mir, durch Vermittelung mir befreundeter Persönlichkeiten, der Zutritt gestattet worden war. Wie auffallend kontrastierte das Tun und Lassen der Herren Akteurs und der Frauen und Fräulein Aktricen dort mit dem der goetheschen Schüler und Schülerinnen! Man schien das Theater bei einer Probe für nichts anderes zu halten, als für einen Konversationssalon, in welchem man seiner, mit mehr oder weniger Gleichgültigkeit einander zugeworfenen, bald stärker, bald leiser gesprochenen Reden los und ledig zu werden eilte. Dabei bedienten sich die Herren und Damen ihrer Mäntel und anderer Umhüllungen, um sich das lästige Händespiel zu ersparen; das männliche Personal behielt ohne Umstände seine Hüte auf dem Kopfe, der weibliche Teil der Gesellschaft ihre Sonnenschirme in der Hand, um damit, je nach Laune und Belieben, auf und über der Erde herumzuspielen. Sie glaubten samt und sonders genug zu tun, wenn sie, wie ein Schulknabe sein Pensum, ihre Worte in monotonstem Geleier von sich gaben. Waren sie mit dem jedesmaligen Auftreten fertig, so dreheten sie sich, gleichgültig und froh, ihre Last abgeschüttelt zu haben, auf dem Absatz herum und sagten damit der Szene Adieu, wandelten auch wohl an der Seite derselben noch einige Minuten, mit dem Nachbar heimlich plaudernd, auf und ab, oder liefen aus einer Kulisse in die andere. Dieser *licentia histrionalis* heilsame Schranken zu setzen, fiel den Regisseuren, wenn die Leutchen es nicht gar zu arg und auffallend machten, durchaus nicht ein, und so glaubte man sich in einer Art Taverne, oder in einem Taubenschlag zu befinden, wo ab- und zuflog, was fliegen konnte oder wollte. – Da wären sie bei unserem Goethe, in dessen Geist sein Genast handelte, schön angekommen! Der hielt auf Zucht und Ordnung, und war ein Mann des Takts und des Ziemenden, wie es nur einen geben konnte. Wie hätte er also solches Unwesen dulden mögen! Er nahm und behandelte die Sache *sehr ernst*, wie es mit der Kunst, so gut wie mit der Wissenschaft und allem Würdigen im Leben, genommen sein will, und darum durfte keiner, vom Regisseur bis zu dem letzten Statisten herab, so frei sein, seine Pflicht nur obenhin zu tun und sich gehen zu lassen, wie es ihm beliebte. –

73. *Goethes Theatergesetze*

1. Wer sich bei einer Probe, sie mag Namen haben, wie sie will, zu seiner Szene rufen lässt, zahlt acht Groschen. Sollte der Fehlende außerhalb des Theatergebäudes, oder wohl gar in seiner Wohnung gesucht werden, bezahlt er einen Taler.

2. Wer bei einer Aufführung eines Stückes zu spät auftritt, zahlt einen Taler.
3. Wer einen Statisten zu machen verweigert, indem er eine unbescheinigte Unpässlichkeit vorwendet, oder sich dadurch entschuldigt, dass er eine Rolle in dem Stück oder der Oper sonst gehabt, zahlt einen Taler.
4. Jedes Mitglied ist verbunden, sich zu seiner Rolle dem Charakter und Kostüm gemäß zu kleiden, und weder prächtiger, noch jünger zu erscheinen, als es die Rolle erlaubt. Es haben daher die Mitglieder, welche Kleidungen zu Hause oder eigene Kleidungen haben, dem Wöchner anzuzeigen, was sie anziehen wollen. Erscheint jemand in einem unpassenden Kostüm und beharrt auf seinem Sinn, ungeachtet der vom Wöchner dagegen gemachten Einwendungen, so wird ein solches Mitglied um zwei Taler gestraft.

Untersagt wird ferner:

5. Das Probieren in einhüllenden Chenillen und Mänteln, mit Stöcken in den Händen.
6. Das Hin- und Herlaufen während des Probierens einer Szene, ohne in der vorgeschriebenen Aktion zu bleiben, wie es die Rolle verlangt.
7. Das Lärmen, Schreien und laute Lachen während der Klavier-, Orchester- und Stückproben, als auch während der Vorstellung im Garderobezimmer und auf dem Theater.
8. Das Spaßmachen, wenn man Statisten auf dem Theater vorstellt, wodurch die Spielenden aus der Fassung gebracht werden.
9. Das Applaudieren und laute Auflachen der zuschauenden Schauspieler und Schauspielerinnen, sowohl auf dem Theater, als in den Damen- und Herrenlogen etc.

74. Karl Sondershausen: »Goethe singt!«

Wir Knaben spielten mit den Topfscherben am Grabenteiche oder auf dem Eise, wenn die schlanke Braut des Grafen von Berka [die Schauspielerin Bertha Götz in der Oper ›Die Saalnixe‹] mit ihrer blaupapiernen Rolle aus der Probe dort vorbei kam.

Einmal hatte sich ihr Bruder mit ins Theater geschlichen und kam lachend zurück. »Heute hat der Goethe im Theater gesungen!«, rief er uns schon von weitem zu.

Dem war wirklich so. Das schöne Lied: »Das Wasser rauscht« etc. war von *Goethe* eingelegt worden. Es passt auch gut dazu. Es ist der

Schlüssel zu der Nixensage, die offenbar in der wundersam geheimnisvollen Macht des Wasserspiegels auf die Phantasie ihren Grund hat. Auch sang es *Bertha Götz* so kunstlos, kindlich, dass man es nicht ohne Rührung hören konnte.

Aber *Goethen* wollte das lange nicht genügen. »Wohl zehnmal« – erzählte der Augenzeuge – »musste sie wieder von vorn anfangen, und immer war es ihm noch nicht recht. Da trat er endlich selbst hin und sang und machte die Gesten dazu.« – Ritter Hartwig war eilends hinter die Kulissen gekommen und hatte gerufen: »Um Gottes willen, kommen Sie! *Goethe* singt die Bertha selbst!«

75. Unbekannter Augenzeuge: Erste Aufführungen von ›Wallensteins Lager‹ und ›Die Piccolomini‹ (1798/99)

Das erneuerte Haus sollte mit Wallensteins Lager eröffnet werden. Die Hof-Schauspielergesellschaft war aus Lauchstädt zurückgekehrt, Schiller von Jena herübergekommen, um beim Einstudieren des neuen Stückes selbst gegenwärtig zu sein; ein neuer Geist war über alle Teilnehmer gekommen, die Schauspieler sahen vergnügt dem Hämmern und Nageln zu, ja einer und der andere ergriff wohl selbst Pinsel und Farbentopf, um mitzuhelfen; wie denn auch nach vollbrachtem Bau Architekten und Maler die Hauptproben mit besuchten und den Chor des Reiterliedes verstärkten. Mit der Melodie dieses Reiterliedes, die so eigens den Worten angepasst ist, freudig und ermutigend, und doch nicht ohne leisen Schmerz über das Losreißen des Kriegers von allen Herzensbanden und den Unbestand des Glückes, hatte es eine ganz eigene Bewandtnis. Von Schillern war das Lied an namhafte Komponisten, wie Zelter, Zumsteeg u. a. geschickt worden, aber keine dieser Kompositionen befriedigte ihn; entweder waren sie zu künstlich, oder nicht ausdrucksvoll genug. Doch die Zeit drängte, und er wollte sich eben zu einer Wahl unter den ungenügenden entschließen, als er von Cotta eine Komposition übersendet erhielt, welche ein Freund desselben, Herr Dr. Zahn in Calw, zwar nur für das Pianoforte gesetzt hatte (da der junge Mann kein theoretischer Tonkünstler war und die Melodie für das ganze Orchester zu setzen nicht verstand), die aber dem Dichter ganz ausnehmend zusagte. Das Fehlende wurde schnell hinzugefügt; war doch die Hauptsache dem Dilettanten gelungen. Seine Melodie lebte noch lange Jahre in aller Mund und Ohr, und war recht eigentlich zum Volksliede geworden. In Zimmern und an öffentlichen

Orten erklang sie überall; Postillone und die Trompeter der Kavallerie bliesen sie um die Wette, ja sogar auf Drehorgeln war sie häufig zu hören.

Die Proben dirigierten Goethe und Schiller gemeinschaftlich. Dieser half die Rollen einstudieren, während jener zunächst die äußere Anordnung übernommen hatte, in der Schiller ein Neuling war, wie er denn überhaupt fürs Gruppieren und für Szenerie bei weitem nicht das Talent wie Goethe besaß, bei dem sich gleich alles plastisch und malerisch gestaltete.

Die Generalprobe wurde schon im Theater-Kostüme gehalten; das rege Leben, das sich der Schauspieler und des kleinen Publikums, dem erlaubt worden war der Probe beizuwohnen, bemächtigte, war von ganz anderer Art, als was man gewöhnliche Spiel- und Schaulust nennt; es galt, etwas ganz Neues, Ungewöhnliches hervorzurufen, auszuschmücken und zu beurteilen. Schiller vermochte nicht in seiner Loge als ruhiger Zuschauer auszudauern, die bleichen Wangen röteten sich, freudig mischte er sich unter die Spielenden und schob noch hier und da eine Bemerkung ein.

Die Leseproben zur Aufführung der Piccolomini hatten gelehrt, dass es kein leichtes Unternehmen sei, den verbannten Vers wieder auf dem Theater einzuführen und die richtige Deklamation desselben den Schauspielern, die sich vom Rhythmischen ganz entwöhnt hatten, begreiflich zu machen; aber das unablässige Bestreben beider Dichter besiegte auch diese Schwierigkeit. Den jüngeren Schauspielern wurde der gewaltige Unterschied zwischen skandieren, rhythmisch sprechen, oder die Verse wie Prosa herabrollen, verständlich gemacht; auch die ältern fügten sich, und nur einige wenige unbelehrbare mussten bei Seite geschoben werden. Es entstanden dadurch einige Lücken, namentlich blieb die Herzogin von Friedland unbesetzt, bis Goethe und Schiller auf den Einfall kamen, die Rolle durch eine ganz junge Schauspielerin zu besetzen, die denn auch sich sehr fähig bezeigte, den Unterricht aufzufassen. Mademoiselle Malcolmi hatte bis dahin nur in untergeordneten Liebhaberinnen- und Soubretten-Rollen sich gezeigt. Niemand hatte ihr Talent für das Tragische zugetraut, in welchem sie sich in der Folge so sehr auszeichnete und unter dem Namen Wolf so berühmt wurde.

Das Probieren ging nun fleißig fort; auch mit dem Kostüme beschäftigte man sich ernstlich. Hut, Stiefel und Wams eines schwedischen Offiziers, die sich in einer alten Rüstkammer in Weimar fanden, machten Schillern ganz glücklich, und auch Goethe erfreute sich höchlich, als er durch einen günstigen Zufall die Verlegenheit, wie der gravitätische Questenberg zu kleiden sei, auf einmal gehoben sah. Bei einem Besuch in Jena nämlich, wo Goethe, wie damals immer, auf dem Schlosse wohnte, richtete er von ungefähr seine Augen auf den ungeheueren eisernen Ofen im Zimmer, und siehe da, die Platte trägt die Jahrzahl von Wallensteins Abfall und die unvergleichlichsten Figuren, nach denen nun die »alte Perücke«, die bei alledem kein Zerrbild ist (Questenberg), gekleidet werden konnte. Indessen brachte Schiller durch sein öfteres Zurücknehmen des Manuskriptes, um noch dies oder das daran zu bessern, manches Hemmnis in die Sache, so dass Goethe sich eines Tages, im Verein mit seinem Kollegen bei der Hoftheater-Kommission (Hof-Kammerrat Kirms) veranlasst fand, folgenden scherzhaften Mahnbrief durch einen Eilboten an Schiller nach Jena abzusenden:

»Überbringer dieses stellt ein Detaschement Husaren vor, das Ordre hat, sich der Piccolominis, Vater und Sohn, wie es gehen will zu bemächtigen und wenn es derselben nicht ganz habhaft werden kann, sie wenigstens stückweise einzuliefern. Euere Liebden werden ersucht, diesem löblichen Vorhaben allen möglichen Vorschub zu tun. Die wir uns zu allen angenehmen Gegendiensten erbieten.
Weimar, 27. Dez. 1798.

Melpomenische zum Wallensteinschen Unwesen
gnädigst verordnete Kommission.
Goethe und Kirms.«

Als nun endlich der Tag der Aufführung wirklich erschien, strömten schon am frühen Morgen aus der Nachbarschaft, zumal von Jena und Erfurt, Theaterfreunde in Masse herbei, welche ein Unterkommen im Gasthofe und einen guten Platz im Theater sich sichern wollten. Dabei war es ein Hauptwunsch, Schillern zu sehen, den selbst viele Jenenser, bei seiner zurückgezogenen Lebensweise, noch gar nicht in der Nähe erblickt hatten. Um sich die müßige Weile zu vertreiben, wurden des Nachmittags in einem geselligen Kreise kleine gesellschaftliche Spiele beliebt, an denen auch Fichte Teil nahm, der das bekannte Fragspiel mit der Frage anfing: ob das in die Gedanken gefasste Dinge konkret oder abstrakt sei? Die befragte Dame kannte jedoch das Wort nicht einmal, viel weniger den Begriff, und so hätte das Spiel alsobald ein Ende. – Man drängte sich ins Theater, und konnte es kaum erwarten, bis der Vorhang aufflog, der dieses Mal, so wähnte man, weit feierlicher rauschte wie sonst. – Es war ein eigener Genuss für den ruhigen Beobachter, deren es unter den gespannten Zuschauern freilich nur wenige gab, das übervolle Parterre zu überblicken. Da saßen ihrer viele mit freudetrunkenen Augen, die bei den wunderschönen lyrischen Stellen, aus denen das liebende, ahnende Gemüt des Dichters sprach, und worin die Großheit seiner Ideen, die üppige Fülle seiner Phantasie so glänzend erschien, nur durch Gebärden ihr Entzücken ausdrücken konnten; das Herz war ihnen zu voll, als dass sie ihren Empfindungen hätten Worte geben können. Dann traf es sich wieder, dass manche, die man unter die Ungebildeten zählte, gerade mit am lebhaftesten ergriffen und von der Macht der Poesie, die sie fühlten, ohne sie sich deutlich machen zu können, fortgerissen wurden; da hingegen andere, denen man einen gebildeten Verstand nicht absprechen konnte, kalt blieben oder allerlei Ausstellungen machten.

Schiller selbst war hochvergnügt, und in seiner Freude, die er den Schauspielern wiederholt kund gab, fügte er zu dem Mahle im zweiten Akt noch einige Flaschen Champagner hinzu, die er selbst unter dem Mantel auf das Theater trug. Beinahe aber hätten sie Unheil angerichtet; denn da Vohs, aufgeregt von lebhaftem Spiel, schnell ein paar Gläser hinunterstürzte, bekam er den Anflug eines Räuschchens, so dass es sehr gut war, dass der Akt bald schloss, und er Zeit gewann, sich wieder zu sammeln.

76. Ludwig Christian von Oertel: Iffland am Weimarer Theater (1800)

Einen anderen, aber größeren, Schauspieler und Schauspieldichter finde ich zu meiner großen Freude hier – *Iffland*. Schon sahe ich ihn einige Mal spielen, und immer stand ich entzückt von seinem Spiele da, denn noch brachte außer ihm kein Künstler die Wirkung in mir hervor, die der Dichter, wie ich glaube, beabsichtigt hatte. Seine Akzentuierung, Deklamation, Aktion und Mienenspiel sind einzig und müssen jedem Zuschauer zugleich Bewunderung und Achtung entlocken. An ihm sieht man, was ein Schauspieler sein soll, was er sein kann, und wie sehr vom Theater aus gewirkt werden könnte. Die Zuschauer sind wie Kinder, die man leiten kann – zum Guten oder zum Bösen – und ich glaube, dass man daher mehr auf dieses Mittel der Bildung Rücksicht nehmen, und es als solchen Zweck gebrauchen solle.

In dem deutschen Hausvater von Gemmingen spielte er den Graf Wodmar, in den Strelitzen den Zar Peter, in Scheinverdienst den Ratschirurgus Rechtler, in Dienstpflicht den alten Dalner, in Stille Wasser sind tief den Lieutnant Wallen, in der ehelichen Probe von Dahlberg den Treumund, in dem Spieler den Hauptmann Posert, in den Hagestolzen den Hofrat Reinhold, in der Aussteuer den Kommissär Wallmann, in der Sonnenjungfrau den Oberpriester, in den Räubern den Franz Mohr, in dem Herbsttag den Lieutnant Wanner, im Egmont den Egmont. – Es tut mir innig Leid, dass ich nicht früher hier angekommen bin, um ihn nicht in jeder Vorstellung zu sehen. – In den Räubern war alles zum Ersticken voll. Es ist wirklich ein im Tollhaus gemachtes, grässliches Stück, und – ohne Not grässlich. Iffland spielte indes den Franz Mohr vortrefflich: es ist vielleicht seine kunstvollste Rolle. Ich werde nicht nötig haben, dir eine Entwickelung seines verschiedenen Spieles, das ich gesehn, zu geben, da ich höre, dass Bötticher dies in einem eigenen Werke auseinander setzen wird, und mein Brief sonst eine lange Abhandlung werden würde. Dass Bötticher viel Gutes und Wahres darüber sagen wird, bin ich halb und halb schon im Voraus überzeugt, denn beweisen nicht seine Programme de arte scenica der Alten, dass er sich auch außer seinen Schulgeschäften viel mit dem Theaterwesen abgegeben? Hat er ferner nicht schon im Theater selbst, die Schreibtafel in der Hand mit der größten Aufmerksamkeit dagestanden, und Bemerkungen niedergeschrieben? Und ist er nicht täglich ja stündlich um Iffland herum, der ihm manche gute Bemerkung sagt? Als Schauspieler ist Iffland der größte und vollkommenste, den ich gesehn; – aber als Schauspieldichter rangiere ich ihn nicht in die erste Klasse. Hat man ein Stück von ihm gesehn, oder gelesen, so hat man sie im Grunde alle gesehn. Meist denselben Sinn, nur auf verschiedene Weise eingekleidet. Immer ein Klageton, etwas Jammerndes und Weinendes, ja ich möchte sagen ein Geschwätz alter Weiber, die sich ängstigen können und sagen: »ach das geht schlimm«, oder »ach das wird schlimm werden«, oder »wir sind alle verloren« oder »hätte der und der, und die und die das nicht getan, es so und so gemacht, so wäre all das Unglück nicht über uns gekommen«, oder »ach dass Gott sich erbarme« etc. etc. Nicht dass wir in seinen Stücken etwa einen Helden sähen, der auf seiner Bahn mit starkem Geiste einher wandelte, und uns edle Gesinnungen zeigte, die anfeuren, uns zum Muster dienen, und uns lehren könnten, wie man sich in mancherlei Situationen des Lebens gleich und fest betragen solle. Aus Ifflands Stücken gehen wir meist in uns gedrückt, und wehmütig, und sagen nichts, oder höchstens:

»sie haben's recht gut gespielt«; aber nicht »o das war ein schönes treffliches Stück; was für ein edler Mensch ist doch der und der«. Nur durch solche Vorstellungen fühlen wir uns gestärkt und voll neuer Lebenskraft: sie sind am meisten fähig gut auf uns zu wirken. Armseligkeiten und elende schlechte Handlungen sehen wir Deutsche ja täglich um uns: große edle Menschen und Taten nur selten. Und warum sollen wir denn auch auf dem Theater das grade sehen, was uns klein und erbärmlich macht? Warum nicht das, was uns groß machen, oder wenigstens nach und nach uns dazu antreiben könnte? Noch eine Beobachtung muss ich hinzufügen, die auf die ifflandische Dichtung und auf mein Urteil darüber einiges Licht wirft, nämlich, dass diese Dichtungen eigentlich bloß dem weiblichen Geschlecht gefallen, und in diesem zwar am meisten den ältlichem, bei denen das geistige Feuer schon allmählich verlöscht, und die sich dem Eigentümlichen des weiblichen Charakters nähern. –

Iffland ist mittler Statur – ein wenig dick, und in Gesellschaft ein ungemein lustiger unterhaltender Mann. Er ist von Geburt ein Hannoveraner, und war bis jetzt Schauspieldirektor in Mannheim. Wie ich höre, so soll man mit ihm unterhandeln, sich in Weimar zu engagieren. Ich selbst wünschte es für das hiesige Theater, da es vor vielen andern große Anlage zeigt, eines der feinsten Gebildesten und Richtigsten zu werden.

77. *Henriette Gräfin von Egloffstein: Corona Schröter*

An diesem Abend sah ich zum erstenmal die berühmte Schröter, Schauspielerin, Kammersängerin, Gelehrte und Freundin der ausgezeichnetsten Männer jener Zeit. Eine sehr hohe, schlanke Gestalt in echt griechischem Kostüm zog mitten im Tanz meine Blicke an und als ich meinen Tänzer befragte, wer diese Person sei, nannte er mir ihren Namen. In Hinsicht ihrer bedeutenden Schönheit, die sich noch lange erhielt, ihrer vielseitigen Kenntnisse und ihres philosophischen Geistes, durfte man die Schröter mit der Ninon vergleichen. Übrigens war sie gerade das Gegenteil von dieser; denn trotz der Leidenschaft, die sie so vielen Männern einflößte, konnte sich keiner ihrer Gunst rühmen und selbst der Neid ihr nichts böses, oder irgend eine Schwachheit nachsagen. Ihre Haltung war stolz und edel, wie ihr Charakter, die Züge ihres Gesichtes, obgleich nicht regelmäßig schön, brachten doch dieselbe Wirkung hervor, und wer sie in ihrer Jugendblüte gekannt hatte, versicherte, sie sei unwiderstehlich reizend gewesen. Bis auf einen Anflug von theatralischer Würde, welche zur Zeit, als ich sie kennen lernte, schon in Steifheit und Pedanterie übergegangen war. Goethe, Knebel, Einsiedel, ja selbst der Herzog und andere merkwürdige Männer sollen ihre Anbeter gewesen sein. Der erste hat sie in einem seiner Gedichte verewigt, sonst würde man vielleicht jetzt nicht mehr wissen, dass sie existiert und eine so große Rolle in Weimar gespielt hat. Schade, sehr schade ist es, dass Corona Schröter weder Memoiren, noch eine aufrichtige Selbstbiographie hinterließ, da sie unstreitig zu den wunderbarsten weiblichen Naturen gerechnet werden kann.

78. Joseph Rückert: Demoiselle Jagemann (1799)

Unter den Sängerinnen überstrahlt Demoiselle *Jagemann* alle ihre übrigen Rivalinnen. Sie ist die Tochter des durch mehrere Schriften bekannten Rats *Jagemann*, der die Bibliothekarsstelle bei der Herzogin-Mutter verwaltet. Dieser um die Bildung und um das Glück so vieler vortrefflichen Künstler und Künstlerinnen verdienten Fürstin hat auch diese vorzügliche Schauspielerin und noch vorzüglichere Sängerin ihre Kunstbildung zu verdanken. Der feine Blick der Fürstin erkannte früh die schlummernden Talente des jungen Mädchens und beförderte es nach Mannheim. Hier empfing Demoiselle Jagemann von der berühmten Madame *Beck* den ersten Unterricht in der Singkunst. Die talentvolle Schülerin machte Fortschritte und erschien bald als glückliche Nebenbuhlerin ihrer großen Lehrerin. Sie wurde in kurzem die Mignon des Publikums und ein gewisser Reichsgraf unter ihren Zuschauern, den die Reize und Kunst der jungen Aktrice an dem empfindlichsten Teile trafen, entschloss sich heroisch, sie zu heiraten. Nachher als sich die Mannheimer Truppe zerstreute, kehrte Demoiselle Jagemann nach Weimar zurück, wohin ihr theatralischer Ruhm, in Verbindung mit ihren gräflichen Hoffnungen, lärmend vorangegangen waren. Hier lebte sie einige Zeit stille bei ihren Eltern, als sie plötzlich die Nachricht von der Unmöglichkeit einer Heirat mit ihrem hohen Liebhaber erhielt, dessen Familie sich gegen die ungleiche Partie empörte. Demoiselle Jagemann engagierte sich jetzt mit der leichtesten Resignation einer Kunstfreundin dem weimarischen Theater und brachte ihren Amor der Muse zum Opfer. Zugleich wurde sie zur Hofsängerin ernannt. Nach wenig Wochen war diese Zauberin die angebetete Göttin von ganz Weimar. Diese für die Reize der Kunst so empfängliche Stadt lebte damals eine Zeitlang im beständigen Taumel des theatralischen und musikalischen Entzückens und der Bewunderung, die ihr die in ihren Mauern bisher noch nie gehörten Töne der neuen Sängerin einflößten.

Auch als Aktrice zeigt Demoiselle Jagemann ausgezeichnete Talente. Da sie im ›Oberon‹ als Oberon selbst auftrat, sagte *Wieland*, der zugegen war, zu seinen Nachbaren mit Enthusiasmus: »Dies ist das Bild, das mir bei der Dichtung des Oberons vorschwebte.« Ihre ans Kleine grenzende, wohlgebildete Figur kömmt dieser Rolle gut zustatten. Man muss sagen, dass diese Meisterin es eigentlich war, die den theatralischen Oberon in Weimar wieder zum Gott machte.

79. Karoline Jagemann: Verhältnisse am Weimarer Theater (um 1800)

Das Theater stand unter Goethes Oberdirektion, die der Hof ihm ohne alle Einmischung überlassen hatte, und nicht nur waren von Bellomo brave Künstler zurückgeblieben, sondern auch andere hinzugekommen, denen ich mein Wohlgefallen nicht versagen konnte, obschon ich durch das musterhafte Mannheimer Theater verwöhnt war. Da war Vohs, ein erster jugendlicher Liebhaber von einnehmendem Wesen und hübscher Gestalt, seine Frau eine allerliebste Soubrette mit etwas Gesangstalent, Becker, ein origineller Komiker, und seine Frau, eine liebliche erste Liebhaberin. Malcolmi zeichnete sich in launigen Alten und Bauern aus, und Madame Beck, die Schwägerin meiner Gesangslehrerin, war die beste komische Mutter dieser und der folgenden Zeiten; Graff gab würdige Alte wie den Abbé de l'Epée und Nathan sehr gut, ließ aber in Charakterrollen wie König Philipp im Don Carlos zu wünschen, während Leißring, ein junger Mensch mit außerordentlichem Theatergeschick, das Fach der Naturburschen vertrat. Herr Haide stand als zweiter Liebhaber und wo er sonst hingestellt wurde, im Wege, denn er pflegte auf eine Zeile zwei bis drei Gesten zu verwenden, nahm oft die erste im Entstehen zurück, um sie gegen eine andere zu vertauschen, und gelangte so zu einem wilden Herumfechten, zuweilen zu dem Gestus, mit dem man Hörner bezeichnet. Die Harmonie, welche die genannten Talente sehr lobenswert in den Lustspieldarstellungen erreichten, wurde regelmäßig durch diesen Darsteller durchbrochen. Weniger vorteilhaft war das Trauerspiel ausgestattet, sodass Goethes und Schillers ältere Werke recht unvollkommen zur Erscheinung kamen. Hin und wieder leisteten Vohs, Becker und Frau auch in diesem Genre Ausgezeichnetes, doch fielen unverzeihliche Missgriffe vor, die heute nicht mehr mit der Nachsicht der damaligen Zeit hingenommen werden würden. Madame Malcolmi sprach die Königin im Don Carlos in estländischem Dialekt, kam betrunken auf die Bühne und improvisierte Dinge, die sich nicht niederschreiben lassen; Macbeth erhielt in der Darstellung des Herrn Malcolmi einen komischen Anstrich, da er ihn im Stile seiner Lustspielfiguren gab und außerdem durch ein barockes Kostüm die Lachmuskeln reizte. Derlei Störungen fielen im Trauerspiel unzählige vor.

Mit der Oper sah es nicht viel besser aus. Außer Herrn Benda, der wirklich eine Tenorstimme und eine gewisse Methode hatte, und Madame Weyrauch, die ohne musikalische Kenntnisse und Vortrag das Verdienst besaß, mit einem dünnen Organ über das dreigestrichene *F* hinauszusingen, gab es niemanden, der sich Sänger hätte nennen können. Eine Demoiselle Matiegzeck bellte die Donna Anna, Don Juan und Leporello bedeuteten gar nichts; Herr Weyrauch, der den Mangel an Stimme durch ein angenehmes Spiel ersetzte, rettete als Masetto und Madame Vohs durch ihre interessante Erscheinung als Zerline die Vorstellung. Mit solchen unzureichenden Mitteln gab man Figaro, die Zauberflöte und alle damals gangbaren Opern, gut wurden nur die Operetten, besonders die dittersdorfschen, aufgeführt. Nebenrollen und Ausstattung fanden eine geradezu jammervolle Berücksichtigung; während die drei Genien in der Zauberflöte in Mannheim (wie auf allen Theatern) von hübschen Mädchen in hübschen Kostümen gegeben wurden, fanden hier drei Seminaristen Verwendung, unbeholfene Bauernjungen, denen man ziegelrote Trikots anzog, so weit, dass die Arme wie Hautwülste ausschauten, nicht gerade rein gewaschene Tuniken überwarf, nicht kurz genug, die griechische Form anzudeuten, nicht lang genug, die schmutzigen Stiefel zu bedecken, die struppigen Köpfe mit plumpen, einfarbigen Rosenkränzen zierte und die Backen purpurn schminkte wie Ostereier. Doch das Spiel kann keine Feder schildern; die Hauptsache war, dass sie die Palmzweige wie Zepter von sich weghielten und gelegentlich damit den Takt schlugen. In anderer Art unbegreiflich war es, dass die schwangere Königin der Nacht ihre Arie in der Kulisse sang und eine stumme Stellvertreterin auf der Bühne die Bewegungen machte, dass Papageno in der Szene, wo die Löwen des Herrn Sarastro erscheinen, die Melodie des Liedes »Mag der Sultan Saladin« aus Richard Löwenherz anstimmte, die zu Mozart passt wie die Faust aufs Auge. Solche von Goethe ausgehende Ideen belachte das harmlos gutmütige Publikum, es lachte auch, wenn Goethe von seinem Stuhl inmitten des Parterre sich erhob und mit donnernder Stimme rief: »Man lache nicht!« Und der Hof mit dem Herzog an der Spitze, die Besseres kannten, sahen in dieser Zeit der Anspruchslosigkeit über die Mängel hinweg, indem sie sich an das besser Gelungene hielten und allmählich auf einen allgemeinen Fortschritt hoffen zu dürfen glaubten. Einen merkwürdigen Grundsatz hatte Goethe auch damit aufgestellt, dass kein weimarischer Schauspieler Gastrollen geben und kein fremder auf der hiesigen Bühne erscheinen dürfe. Der Grund lag in der Besorgnis, die guten Mitglieder möchten durch größere Anerbieten zum Abgang verlockt werden und die mittelmäßigen durch das Auftreten bedeutender Talente dem Publikum in ihrem wahren Lichte erscheinen. Dadurch wurden den einheimischen Künstlern aber Selbsterkenntnis und Fortschritt erschwert, und sie fühlten sich um so unglücklicher, als sie ein karges Auskommen besaßen, durch Vorschüsse an die Scholle gebunden waren und keinen Nebenverdienst sich zu erwerben vermochten. Diese Vorschüsse waren ein Hauptmanöver meines Freundes Kirms, sich seiner Leute fest zu versichern, der Mann tat alles aus Interesse für seinen Herrn, Goethe ließ es geschehen, und der Herzog wusste es nicht.

Die Herzogin Amalia war diejenige von den Fürstlichkeiten, die am wenigsten von dem damaligen Stande des Theaters befriedigt wurde. Von der Erinnerung an die glänzende Oper in Italien erfüllt, nahm sie ungern mit der hiesigen Mittelmäßigkeit vorlieb, und wenn sie vom Schauspiel sprach, geschah es nur, um den kleinen, aber vortrefflichen Truppen Kochs und Seilers, die während ihrer Regierung auf dem Schlosstheater gespielt hatten, den Vorzug zu geben. Ein besonderer Umstand war es, welcher der geistvollen, aber leicht erregten Fürstin einen entschiedenen Widerwillen gegen die weimarische Neuschöpfung beigebracht hatte. Demoiselle Rudorf hatte eine sehr schöne Stimme, aber nicht eine Idee von musikalischem Talent, kein Taktgefühl und ein schlechtes Gehör. Da die Frau Herzogin ihr Engagement beim Theater wünschte, wurden Versuche gemacht, die sämtlich misslangen; sie warf regelmäßig um, verdarb den anderen Sängern das Konzept und beschuldigte den Kapellmeister und das Orchester der Kabale. Ihre Tränenströme und Krämpfe erregten das Mitleid der Fürstin in solchem Maße, dass jene in Ungnade fielen und die kleinen Konzerte, ihre Lieblingsunterhaltung, eine Weile unterbrochen wurden. Am allerschlimmsten aber kam der Hofkammerrat weg, dem Goethe überlassen hatte, das Resultat der Prüfung höchsten Ortes mitzuteilen, und Demoiselle Rudorf sein »Unbrauchbar« dadurch vergalt, dass sie ihn unlauterer Absichten auf ihre Person beschuldigte. Von da ab sah die Herzogin in ihr die verfolgte Unschuld, während Hof und Stadt, der Herzog und Goethe an der Spitze, vom Gegenteil innig überzeugt waren.

80. Johannes Falk: Verhältnisse am Weimarer Theater (1808)

Als Goethe nach den Tagen des höchsten Erfurter Glanzes seine Bewunderung für Napoleon kundtat, verglich er ihn mit einem Konzertmeister, der jedes Instrument zu benutzen weiß, und mit einem Theaterdirektor, der seine Ideen rücksichtslos ausführt, ohne auf das Geschrei von oben und unten zu achten. Und das sagte er mit solchem Nachdruck und so bedeutsamem Blicke, dass man nicht im Zweifel war, dass er damit sein Ideal eines Theaterdirektors andeuten wollte, das er bislang nur teilweise erfüllt habe. Seine Hand lag schwer auf den Theaterleuten, das Publikum schalt er aus, verfolgte Andersgesinnte und verfemte die Journale wegen Lappalien; aber alle diese Leute machten ihm auch das Leben durch ihre Kapricen, Ansprüche, Geschmacklosigkeiten und Torheiten sauer, und vor allem der Herzog, der sich mehr als je ein Fürst um alle Einzelheiten kümmerte, unmittelbar verfügte und dem Hofkammerrat Kirms Weisungen gab, dadurch den regelmäßigen Gang der Geschäfte störte und das Ansehen der Direktion untergrub. Deshalb nannte er das Theater ein miserables Geschäft und einen Bettel, den Direktor einen Sisyphus und Packesel, fand, dass er, der Geheimrat und angesehene Schriftsteller, einem Wanderprinzipal nichts vorgebe. Nur ehrenhalber wich er nicht vom Posten; wurde aber die Plackerei zu arg, vergrub er sich in einen seiner anderen Berufe und ließ den Dingen eine Weile ihren Lauf. Unter den Schauspielern war niemand, der ihm nicht einmal Schwierigkeiten bereitet hätte, er nannte die Männer Weiber, die Weiber Puppen und schmollte zuweilen auch mit der Jagemann, obwohl er ihre Verdienste um die Oper anerkannte und in Frieden mit ihr leben wollte. Welche Frau in ihrer Stellung hätte aber die Vorteile derselben unbeachtet gelassen, welche Künstlerin von ihrer Bedeutung ihr Licht unter den Scheffel gestellt? Sie war eine Macht geworden, mit der zu rechnen war; doch drängte sie sich keineswegs vor, warf sich nicht zur Patronin der Gekränkten und Geschlagenen auf und suchte nicht persönlichen Nutzen, sondern behielt das Interesse der Kunst und der Anstalt im Auge. Zudem vermied sie jeden unmittelbaren Eingriff, alles erfolgte durch den Hausherrn, dessen Verfügungen nicht selten den Eindruck machten, als ob die Nemesis sich an der Autokratie des Direktors rächte, die bei diesem verwickelten Geschäft nicht zu entbehren war.

Jedes Theater trägt beständig Zündstoff in sich, das weimarische war aber in dieser Periode besonders damit gesegnet. Becker war mit Wolff, dem Liebling Goethes, und dessen Frau zusammengestoßen, hatte sich der Klagen seiner Gattin (geb. Ambrosch) über Beeinträchtigung durch die Jagemann angenommen, und der in Aussicht gestellte Abgang eröffnete infolge seiner starken schauspielerischen und wöchnerischen Beschäftigung große Schwierigkeiten. Dazu kam ein an sich geringfügiger Kulissenstreit, indem der Tenorist Morhardt wegen Heiserkeit absagte und Demoiselle Jagemann die vom Herzog gewünschte Vorstellung durchsetzen wollte; derselbe komplizierte sich indes, als der rasch Genesene Anwürfe seiner Gegnerin durch Beleidigungen beantwortete, die auch den Herzog trafen. Äußerst erzürnt verfügte dieser seine Entlassung in härtester Form, während Goethe Untersuchung und Urteil für die Kommission in Anspruch nahm. Da er bei seiner Demission beharrte, war der Herzog willens, die Verwaltung des Theaters dem Hofmarschallamt, die geistige Leitung der Demoiselle Jagemann zu übergeben, wurde aber durch diese, seine Minister, die Herzogin und Herrn v. Einsiedel nachgiebiger gestimmt, und Rat wie eigene Überlegung brachten Goethen auf mildere Gedanken. Mit seinem Vorschlage, die Oper abzugeben und das Schauspiel zu behalten, wollte er Demoiselle Jagemann als Mitregentin anerkennen; da aber die Einheit des Personals und der Administration widerstrebte, ließ er es schließlich beim alten, nur dass er der Frau v. Heygendorf mit noch größerer Höflichkeit begegnete als vordem.

81. Joseph Rückert: Ansehen der Schauspieler (1799)

Auch genießen der brave Schauspieler und die brave Schauspielerin die Achtung des Publikums, und es sind ihnen die Türen zu den angesehensten Häusern daselbst aufgetan. Dieses Verhältnis zeigt seinen wohltätigen Einfluss nicht nur auf dem Theater, sondern auch selbst in den Häusern und Sitten dieser, anderwärts dem dissolutesten, törichsten Leben ergebenen Menschenklasse.

82. *Henriette Gräfin von Egloffstein: Theaterskandal*

Im Laufe des Winters hatte Kotzebue zwei Dramen: ›Die Kreuzfahrer‹ und ›Die Hussiten vor Naumburg‹ vollendet, und diese gehaltlosen Produkte der Direktion des Theaters übergeben, damit sie noch während seiner Anwesenheit in Weimar aufgeführt werden möchten. – Wenn man bedenkt, dass Goethe damals alle theatralischen Unternehmungen leitete, so begreift man nicht, wie Kotzebue sich mit der Hoffnung schmeicheln konnte, man werde seinem Wunsche willfahren. Was vorauszusehen war, erfolgte. Die Direktion sandte seine Manuskripte mit der Entschuldigung zurück: Trauerspiele könnten vor der Hand nicht einstudiert werden, weil nur Lustspiele an die Reihe kommen sollten – eine Angabe, die durch die Nachricht widerlegt wurde, dass ein Trauerspiel, welches Schlegel aus dem Spanischen übersetzt hatte, einstudiert werde – nämlich der Alarcos, von Lope de Vega – der, wie einst jener goldene Apfel den die Zwietracht in das Festmahl der Götter fallen ließ, eine Fehde veranlasste, bei welcher zwar kein Blut vergossen, aber die gehässigsten Leidenschaften in Bewegung gesetzt wurden. – Kotzebue, abermals an der empfindlichsten Seite verwundet, ließ nun die Maske der Mäßigung fallen und erging sich in den heftigsten Schmähungen über die ihm widerfahrene Zurücksetzung.

Je näher der zur Aufführung des Alarcos anberaumte Tag herankam, desto lebhafter ward die Neugierde, das vielbesprochene und vielbekrittelte Stück zu sehen, und als er endlich erschien, strömte die halbe Bevölkerung von Weimar zum Theater, das die Menge kaum zu fassen vermochte.

Trotz so vieler Jahre, die seit jenem Tage über meinem Haupte hingezogen sind, sehe ich doch noch jetzt in dem ungetrübten Spiegel der Erinnerung, eben so deutlich wie damals in der Wirklichkeit, das überfüllte Schauspielhaus vor mir, – mitten im Parterre Goethe, ernst und feierlich auf seinem hohen Armstuhle thronend, während Kotzebue auf dem vollgedrängten Balkone, weit über die Balustrade vorgebeugt, durch lebhafte Gestikulationen seine Gegenwart bemerkbar zu machen sucht.

Im Anfange der Vorstellung verhielten sich die Zuschauer völlig passiv; je weiter aber das Stück vorwärts schritt, desto unruhiger ward es auf der Galerie und im Parterre. Ich weiß nicht, ob dem fein gebildeten Geschmack des weimarischen Publikums der barbarische Inhalt der alten spanischen Tragödie nicht behagte, oder ob Kotzebues Bemühungen doch nicht ganz fruchtlos geblieben – kurz, in der

Szene wo gemeldet wird, dass der alte König, den die auf seinen Befehl ermordete Gattin des Alarcos vor Gottes Richterstuhl zitierte, »aus Furcht zu sterben, endlich gar gestorben sei« – da brach die Menge in ein tobendes Gelächter aus, so dass das ganze Haus davon erbebte, während Kotzebue wie ein Besessener unaufhörlich applaudierte.

Aber nur einen Moment. Im Nu sprang Goethe auf, rief mit donnernder Stimme und drohender Bewegung: »Stille! Stille!« – und das wirkte wie eine Zauberformel auf die Empörer. Augenblicklich legte sich der Tumult, und der unselige Alarcos ging ohne weitere Störung, aber auch ohne das geringste Zeichen des Beifalls zu Ende.

83. Johann Heinrich Voß d. J.: Rührstücke

Die ›Hussiten‹ habe ich dreimal gesehen. Ich kann es begreifen, dass sie Sensation und Tränen hervorbringen. Kotzebue zwingt einen zum Weinen, wie der Harlekin zum Lachen, dadurch, dass er uns unvorbereitet die Rührung einjagt. Kurz und gut, ich habe auch geweint – der Teufel kann's lassen. Das Stück hat einen gewissen menschlichen Ton, der, so gemein er auch ist, doch seine Wirkung nicht verfehlt, wenn er so dargestellt wird, wie hier geschah. Ich wettete das zweite Mal mit der jüngeren Vulpius um einen Sechser, dass sie durchaus weinen müsste. Die ältere Schwester leistete mir Beistand, damit ich nicht betrogen würde. Wir sahen ihr bei jeder rührenden Stelle ins Gesicht, aber kein Tränchen. Ich musste die Wette bezahlen, gab ein halb Kopfstück und ließ mir achtundzwanzig Pfennige herausgeben. Ich würde das Mädchen für gefühllos halten, wenn sie mir nicht gestanden hätte, sie hätte alle Kraft aufbieten müssen, nicht zu weinen. Goethe saß derweil ruhig in seinem Zimmer. Seinen Geist (so heißt der Bediente) schickte er ins Theater, und der arme Schelm musste bei jedem Akt zu Hause laufen und das Geschehene erzählen. Auch Goethe hat gegen seinen Sohn ein Kopfstück verloren über die Stelle: »Dicke Pfaffen knistern in den Flammen,« von der er behauptete, sie könnte nicht darin stehn. – Goethe sagte, wenn die ›Hussiten‹ die Auslage abverdient hätten, dann sollte der ›Herodes vor Bethlehem‹ gegeben werden. – Schiller sprach ich nach der Vorstellung; er klagte jämmerlich, dass Kotzebue so viel aus seiner ›Jungfrau‹ gestohlen, und meinte, so etwas erlaubte sich kein Rechtlicher und Ehrliebender.

84. Wilhelm Gotthard Gotthardi: Theaterpublikum (um 1820)

Vom Theaterpublikum meiner Vaterstadt lässt sich füglich behaupten, dass es einer in traulichsten Verhältnissen lebenden Familie glich. War doch auch die Stadt nicht zu groß und ausgedehnt (nach Jean Paul ist ja eine kleine Stadt »ein großes Haus, die Gassen sind nur Treppen«), als dass eine intimere Annäherung des Auditoriums unüberwindliche Schwierigkeiten dargeboten hätte; und da aus sehr erklärlichen Gründen feststehende Abonnements an der Tagesordnung waren, so fanden sich Bekannte und Freunde im Schauspielhause leicht und Jahr aus Jahr ein dreimal in der Woche zusammen. Die verhältnismäßig kleinen, aber höchst komfortabel und lauschig eingerichteten Räume, welche die Theaterbesucher aufnahmen, erleichterten überdies die Zusammenkunft der Einzelnen miteinander und die Anknüpfung von Bekanntschaften ungemein, oder trugen, wo diese schon im Gange waren, vieles dazu bei, sie weiter zu spinnen und fester zu schlingen. Vermöge des bequemen inneren Arrangements des Hauses war zudem die Möglichkeit gegeben, dass Diejenigen, welche gern enger beisammensaßen, ohne von besonderen Hindernissen und lästigen Umständlichkeiten gehemmt zu werden, oder auffallende Störungen zu verursachen, zu einander gelangen konnten, während andere Abteilungen ihre Abonnementsplätze verabredetermaßen, und wenn sich's eben tun ließ, im nahen Umkreise sich gewählt hatten. Ebenso luden die Vorräume, in die sich während der Theaterpausen doch immer ein Teil der Zuschauerschaft begab, um frische Luft zu schöpfen, nicht minder das Büffet, um Erfrischungen einzunehmen, von selbst zum Austausch von Ansichten, Meinungen etc. über das Stück und die Schauspieler ein und gaben ungesuchte Veranlassung, sich auszusprechen …

Anstand, Sitte, das Dekorum wurde da auf das Beste gewahrt. Einzelne häuslich gesinnte Frauen habe ich auch hier wohl, jedoch nur vor Beginn des Stückes, um sich die Langeweile zu vertreiben und nicht ganz müßig dazusitzen, solange das Haus noch nicht vollständig erleuchtet war, den Strickstrumpf handhaben erblickt, und dass manche Hungrige und Durstige der Gesellschaft sich im Zwischenakt von dem währenddes seine Ware offerierenden Konditorgarçon einiges Konfekt, ein Glas Punsch oder Limonade reichen ließen, konnte eben so wenig auffallen und unter die Unanständigkeiten gerechnet werden.

85. Franz Karl Adalbert Eberwein: Goethe und der ›Hund des Aubry‹ (1817)

Nach der Aufführung des ›Epimenides‹ ließ sich endlich Goethe von Riemer und Wolff bewegen, den ersten Teil des ›Faust‹ teilweis auf das Theater zu bringen. Während sich derselbe noch mit den Vorbereitungen zu diesem großen Unternehmen beschäftigte, erhielt er eine Zuschrift von dem Herrn, der mit einem Pudel eine Kunstreise unternommen, worin ihn dieser um Erlaubnis bittet, im weimarischen Hoftheater als Gast den ›Hund des Aubri‹ geben zu dürfen. In den 34 Jahren seiner Direktion hatte Goethe wegen des Unbequemen, ja Schädlichen, das mit dem Gastspiel verbunden ist, nur ausgezeichneten Künstlern, wie Iffland, als Reizmittel für seine Zöglinge, Gastrollen gestattet. Die alle Illusion störenden Tiere hatten bei uns bis dahin Thaliens Tempel nicht entheiligt; auch in Goethes Hause war weder Hund noch Katze zu sehen. Jongleurs, Bereiter und Equilibristen fanden im Reithaus ein passendes Unterkommen. Der Pudel wurde abfällig beschieden; dessen Eigentümer aber ließ sich, wie das böse Prinzip, durch nichts abschrecken. Er fand Mittel und Wege, sein Gesuch unmittelbar an den Großherzog zu bringen, der als leidenschaftlicher Jäger die Hunde liebte. Serenissimus genehmigten des Pudels Gastspiel und dem Grafen Edling ward befohlen, das Erforderliche dazu einzuleiten.

Der Graf mag wohl das Missliche dieses Auftrags erkannt haben; denn er übertrug ihn dem Regisseur Oels (Durand hatte nach einem Jahre der Regie freiwillig entsagt). Oels wurde vom Geheimrat im Hausgarten freundlich empfangen. Doch so oft jener Miene machte, sich seines Auftrags zu entledigen, lenkte Goethe das Gespräch auf einen andern Gegenstand. Endlich nahm Oels einen raschen Anlauf und meldete ihm, was der Großherzog befohlen. »Kommen Sie morgen früh um acht Uhr wieder«, versetzte Goethe mit zornentbranntem Gesicht; »da wollen wir weiter davon sprechen!«, ließ Oels stehen und ging eiligen Schritts in sein Haus. Unser Regisseur war zur bestimmten Stunde in Goethes Haus; die Exzellenz aber war schon um sieben Uhr, ohne Bescheid für ihn zu hinterlassen, nach Jena abgereist.

86. Wilhelm Gotthard Gotthardi: Die Aufführung des ›Hund des Aubry‹ (1817)

»Wissen Sie's schon? Er ist angekommen! Er ist da! Wir haben ihn endlich!« – Diese Aus- und gegenseitigen Zurufe konnte man am

Morgen des neunten April im Jahre des Heils eintausendachthundertundsiebzehn auf den Straßen Weimars von einzelnen, die sich begegneten, und von zusammenstehenden größeren und kleineren Abteilungen von Menschen beiderlei Geschlechts, die mit diesen erregten Worten ihre ungewöhnlich belebte Konversation eröffneten, vernehmen; sogar an den Brunnen der öffentlichen Plätze, wo die Köchinnen und Dienstmädchen ihre Eimer und Kannen füllten, machten sie sich laut und gingen von Mund zu Munde. »Nein, das muss prächtig werden; so etwas ist noch gar nicht da gewesen; da *muss* ich in die Komödie, und sollte es mich meinen letzten Heller kosten!«, so expektorierte und vermaß sich einer dieser dienstbaren Geister gegen eine daneben stehende Gesinnungsgenossin. – »In welchem Gasthof der Stadt mag er sich nur eingetan haben? Kann man ihn nicht bald zu sehen bekommen?«, fragte die letztere im Kreise ihrer Amtsschwestern herum. – »Meinen Sie den Mann, oder den Hund?« Diese Gegenfrage richtete ein naseweiser Schusterjunge, der in demselben Augenblick seinen Krug der Brunnenröhre nahe brachte, an die Wissbegierige. »Dummer Junge, was liegt mir am Manne! Männer gibt's genug; aber ein Hund, wie der einer sein soll, ist gewiss nirgends zu finden!«, erwiderte die Charmante mit gelinder Entrüstung. Der heißersehnte Sonnabend kam, und Herr *Karsten*, den samt seinem um vieles kunstfertigeren Begleiter, als er selber war, das kunstsinnige Wien in das übrige Deutschland entsendet hatte, und dem Herr Castelli das hochberühmte Hunde-Stück nach französischem Typus zurechtgeschnitten, wozu Herr Kapellmeister Seyfried eine ganz hübsche Musik geliefert, hatte am Morgen dieses großen Tages oder schon am Abend des vorigen die Hauptprobe auf sein Paradestück hinter sich und strich vielleicht schon im Geist die mehr oder weniger ansehnliche Summe ein, die ihm, oder richtiger seinem ihn ernährenden Pudel als Gastspiel-Honorar für zwei akkordierte Vorstellungen verwilligt worden war.

Der Abend, oder vielmehr erst der Nachmittag, an welchem das unerhörte Spektakel des Auftretens eines vernunftlosen vierbeinigen Tieres, (ohnerachtet Werni der Jäger in Schillers Wilhelm Tell dem zweifelnden Fischer Ruodi das Gegenteil zu beweisen sucht), eines wohldressierten Pudelhundes auf der Menschen-Schaubühne dem überraschten Publikum vorgeführt werden sollte, war erschienen. Ein Teil der Einwohnerschaft Weimars konnte kaum die Zeit erwarten, bis sich »die engen Gnadenpforten« öffneten, die heute das Außerordentlichste darbieten wollten, was noch jemals in der Theater-Geschichte überhaupt, und in der der weimarischen Bühne insbesondere da gewesen war; ein anderer rümpfte die Nase, schüttelte den Kopf, machte bedenkliche Mienen oder seinem Unwillen über den bevorstehenden unerhörten Skandal in gedämpfteren oder lauteren Exklamationen und Verwünschungen Luft. Schließlich jedoch vereinigten sich beide Parteien oder auch drei: die Erwartungsvollen, die Entrüsteten, die Ruhigen, welche letzteren sich offenbar in der Minderheit befanden, von dem mächtigen Zug menschlicher Neugierde beherrscht und fortgerissen, in dem ausgesprochenen oder unausgesprochenen Entschluss: eben hinzugehen und sich die neue närrische Sache mit anzusehen.

Der Theaterplatz füllte sich von Minute zu Minute mehr. … Bis zu der Kasse zu gelangen, war indes vorerst noch unmöglich. Man musste noch eine gute Stunde warten, bevor man in ihren Bereich kam. Denn um die fünfte erst sollte sich die dahin führende, um vier Uhr noch fest verschlossene, schweigsame Tür auftun. Nur die wenigsten waren so glücklich gewesen, sich schon vorher in den Besitz von Billetts zu setzen, deren Preise auch heute in ihrer alten, ehrlichen, spekulationverachtenden Bescheidenheit ruhig wie immer auf dem Zettel standen. Die Mehrzahl war genötigt, sich in den Belagerungssturm des wohlverschanzten Eingangs hineinzustürzen und es dem Schicksal zu überlassen, ob man von der wogenden Menge vor- oder rückwärts getragen und gehoben werde.

Ich befand mich im dichtesten Haufen der An-, Zu- und Durchdrängenden und musste natürlich, woraus ich mir nicht eben viel machte, meine Püffe, Knüffe und Stöße mit herabnehmen; teilte ich ihrer doch auch aus, wo es der Selbsterhaltungstrieb verlangte. Ich weiß nicht mehr: war an diesem kulturgeschichtlichen Tage, bezüglich Nachmittage und Abende, das Wetter warm oder kalt, ruhig oder stürmisch (da wir im April standen, so ist letzteres zu vermuten); hatte uns der Himmel Sonnenschein oder Regen herabgesendet –: warm – das weiß ich noch – sehr warm ist mir unter den gewaltigen Anstrengungen geworden, die ich zu machen hatte, um mich nicht bloß zu behaupten, sondern auch meinem Ziel so nah als möglich zu rücken …

Es schlug drei Viertel, – und endlich (die Zeit bis dahin kam mir freilich wie eine Ewigkeit vor) hob es zum Schlage der vollen, von hunderten mit mir heißersehnten fünften Stunde aus. Kaum war der letzte, eine kleine Weile nachvibrierende Ton verhallt, so tat sich die einladende Theatertüre auf, und nun war an kein Halten mehr zu denken: Alles stürzte vorwärts, sich einzwängend, so gut es gehen wollte (ich keiner der Letzten), und in wenigen Minuten hatte jeder, der sich sein Billett erobert hatte, seinen Platz im Hause gefunden. Der geplagteste Mann der Stadt in dieser fünften Nachmittagsstunde musste, meines Erachtens, der Hoftheaterkassierer Bergfeld sein, der seine heilige Not hatte, alle die drängend an die Kasse Andringenden schnell genug mit den verschiedenen Rangbilletts zu versorgen. Die allermeisten, denke ich, wurden befriedigt und fanden ihr Unterkommen. Aber dichtgedrängt, wie eingekeilt saßen sie – Einheimische und Fremde, welche letztere ziemlich stark vertreten waren – neben einander, und in ihrer Mitte auch ich, der, ohne weitere Unfälle, mit den anderen gleicherweise in den Hafen eingelaufen war. – So angefüllt ist das kleine Haus wohl lange nicht gewesen, wie an diesem Abend des zwölften und an dem des vierzehnten April. Obgleich sehr lebhaft, ging es doch, wie immer, durchaus anständig unter der den sechsten Glockenschlag erharrenden Menschenmenge zu. Auch dieser musste draußen erschallt sein, denn der diensttuende Hoffourier ließ seinen Kraftstock die meinen Lesern von früher her bekannten, weithin dröhnenden Schläge tun, die ihre zauberische Wirkung auch diesmal nicht verfehlten. Denn es trat die tiefste Stille im Hause und mit ihr der Beginn der Vorstellung ein, die so merkwürdig war und es weiterhin noch mehr werden sollte.

Goethes Loge, nach welcher, unruhig und erwartungsvoll suchend, schon lange vorher, bevor an ein etwaiges Eintreten ihres Inhabers in dieselbe zu denken sein konnte, die Köpfe sich gewendet hatten, war und blieb leer. Sie sollte es von jetzt an auf lange bleiben …

Nach der kleinen Musikeinleitung hob sich der Vorhang und wir wurden von Szene zu Szene tiefer in das sehr lockere, triviale Gewebe des unerquicklichen Ganzen hineingeführt und zu Zeugen aller der Umstände und Begebenheiten gemacht, die einen Hund zur Vorsehung stempeln, zum Entdecker und Rächer einer Gräueltat machen sollten.

Man erlasse mir die undankbare Arbeit der Zergliederung des Machwerks auch nur seinem Hauptinhalt nach …

Wie das Stück und das Spiel des Hundes aufgenommen wurde? Nun – gut, ja von der Masse sogar sehr gut, ausgezeichnet, brillant. Das Publikum war, da diese Vorstellung außer Abonnement gegeben wurde, ein sehr gemischtes. Die beiden Force-Szenen vorzüglich, wo der Pudel in dunkler Nacht hastig-ängstlich herbeigerannt kommt, an die Haustür der Wirtin Gertrude kratzt und davor so lange und so heftig winselt, lärmt und bellt, bis die Hausbewohner nach und nach munter werden; wo er, nachdem er sich über Zweck und Absicht seines Gebarens verständlich gemacht hat, mit der angezündeten Laterne im Maul seinen Weg zurücklegt und hinter ihm die aufmerksam gewordenen Wirtsleute etc. herlaufen, – fanden donnernden Applaus vonseiten des größeren Teils des Hauses; und nun erst *der* Auftritt, wo der vierbeinige Mime, den schändlichen Maccaire verfolgend, durchs Fenster springt, sich auf den Mörder losstürzt, und was dergleichen Mirakulöses mehr war, steigerte den Grad des Staunens und des hervorbrechenden Beifalls auf das Höchste. Zum Hervorruf kam es inmittelst nicht. Wurden doch bei uns die Künstler nicht gerufen! – Des »gutangezogenen« Hundes Besitzer und Instruktor, Herr *Karsten*, stand, wie vorhin schon berührt, seinem Scholaren im eigenen Spiele augenscheinlich nach. Dem Stück würde ohne ihn nichts abgegangen sein. Die Repetition, die zwei Tage darauf im Abonnement erfolgte, soll eben so zahlreiche, wenn nicht noch reichlichere Scharen ins Schauspielhaus gezogen haben. Der altbewährte Herrscher in demselben hatte es für immer verlassen, von ihm, seinem ihm so lieb gewordenen Pflegekind sich gänzlich gewendet!

87. Karoline Jagemann: Rechtfertigung (1817)

Der Großherzog ... glaubte die Intendanz wieder auf lebensfähigen Fuß gestellt zu haben und wurde nicht wenig betroffen, als sich Goethe entschloss, ihr Valet zu sagen. Die möglichsten Konzessionen, die seiner Theatermüdigkeit gemacht waren, vermochten ihr nicht aufzuhelfen, er verleugnete seine früheren Repertoire-Grundsätze und zürnte prinzipiell über Eintagserscheinungen. Gab es jemanden, der seiner Ansicht widersprach, dass eine Kunstanstalt beständig nach dem Höchsten streben müsse? Hatte er aber dem Theater nicht zugestanden, dass es auf Unterhaltung und Neuigkeit Rücksicht zu nehmen habe? Nur dadurch, dass er den Budenprinzipalen in dieser Taktik folgte, war es ihm möglich geworden, den Fortschritt der weimarischen Schule durchzusetzen, und leicht wäre der Nachweis, dass er eine Unmenge Stücke gegeben hat, die den ›Hund des Aubry‹ nicht übertrafen. Aber damals besaß er Elastizität und frischen Jugendmut, hatte Ziele vor Augen und ging in der Aufgabe auf, während er durch die beständigen Reibungen und unablässigen Kämpfe allgemach mürbe geworden war und sich auf das Altenteil zurückgezogen hatte, das es im Leben eines Theaterdirektors schlechterdings nicht geben darf. Statt des früheren tätigen Mitarbeitens schrieb er jetzt Akten und Reglements, und seine letzten Inszenierungen – nach jahrelanger Untätigkeit – erbrachten in ihrer formalen Erstarrung den Beweis, dass er den Zusammenhang mit der Schauspielkunst verloren hatte. ›Mahomet‹ war schon vor siebzehn Jahren eine problematische Vorstellung, heute aber, ohne Leben und Geist, ein Aufmarsch von Marionetten, und der ›Schutzgeist‹ im Vergleich mit dem ›Hund des Aubry‹ eine veraltete Antiquität. Diese Stücke machten bei Hofe einen schlechten Eindruck, der es dem Großherzog erleichterte, die Damen von der Richtigkeit seiner Ansicht zu überzeugen. Während das Publikum nach Bekanntgabe des großherzoglichen Reskripts, das unbeabsichtigt wie eine Maßregelung wirkte, für Goethen Partei ergriff und die Mitglieder Genasts Ansicht beitraten, stand der gesamte Hof auf des Großherzogs Seite, natürlich ohne die Hochachtung für den Dichter und Weisen zu vergessen, die dieser ebenso wenig außer acht ließ. Er war sogar geneigt, Goethes Widerspruch nicht als Auflehnung gegen seinen Willen, sondern als Prinzipienreiterei zu betrachten, wie das Alter sie liebt, in diesem Falle durch die Idiosynkrasie besonders angestachelt; überhaupt ließ er sich von seinem großen Freunde gern überzeugen, nur das stolze Übersehen seiner unschuldigen Wünsche nahm er übel. Dieser war viel mehr ausgesprochener Despot, wie er bei den verschiedensten Gelegenheiten deutlich bewies; ich musste deshalb an seine Opposition von 1808 denken, wo er sich, wenn auch mit besseren Gründen als diesmal, gegen den Willen des Fürsten zur Geltung bringen wollte. Hatte man damals seiner Nervosität Rechnung getragen, so erschien ein Einlenken angesichts seiner Amtsmüdigkeit noch wünschenswerter, und so waren wir überzeugt, dass ihm mit der erbetenen Entbindung von der Intendanz eine Wohltat erwiesen worden sei. Um so größer das Staunen über Bezichtigung kunstfeindlicher Absichten, das sich erst dann in ein herzliches Gelächter auflöste, als uns die Kunsterziehung des Pudels gelegentlich verraten wurde. Der Abgang Goethes vom Theater war in einem Alter, das den aufreibenden Anstrengungen nicht mehr gewachsen war, eine sehr natürliche Sache, das Auftreten Dragons das Satyrspiel nach pathetischem Hauptstück; sobald der Vorhang gefallen war, hatte der Hund seine Rolle ausgespielt, das unvergängliche Verdienst des Dichters um das Theater bleibt bestehen, so lange ein solches existiert.

88. Frédéric-Jean Soret: Theaterbrand (1825)

22. März 1825.

Nachts um 1 Uhr wurden wir geweckt durch den furchtbaren Brand, der das ganze Theater zerstört hat; es ist vollständig vernichtet... [Unleserliches, aber nicht über das Theater.] Der Großherzog ... will ein Theater im Reithaus einrichten.

[Zweites Blatt:] Goethe ist von diesem Brand so erschüttert, dass er vormittags im Bett blieb und die Großherzogin nicht empfangen konnte. Welche Schwachheit von dem großen Manne! Sie, die ihre liebste Gewohnheit aufgeben muss, ist völlig gefasst und wollte ihn noch heute Vormittag besuchen, nachdem sie die ganze Nacht auf den Beinen gewesen; und er, der viele Jahre hindurch das Theater nicht von innen gesehen und das alles völlig aus dem Gesicht verloren hatte, ist ganz außer sich. – Das Unglück hat ihm den recht sentimentalen Ausruf entlockt: »Jedem von uns sind damit viele Erinnerungen zerstört!« Man könnte fast das Gegenteil behaupten: nichts befestigt die Erinnerung so, als wenn das sichtbare Zeichen fehlt, das man täglich vor Augen hatte. So kommt mir erst in diesem Augenblick zum Bewusstsein, wie viel Stunden meines Hierseins ich auf diesem Theaterbalkon verbrachte, obgleich ich doch so vielerlei dort erlebt habe, besonders gegen Ende des vorigen Jahres.

89. Charlotte von Ahlefeld: Theaterbrand (1825)

Der Schreck über den nächtlichen Brand unseres guten alten Theaters hat uns allen, die wir so frei sind, uns zu den Ihrigen zu zählen, nichts wesentliches geschadet, außer dass Frau von Stein durch die mit einem solchen Vorfall verbundene Unruh (denn sie hatte doch das Bett verlassen, bis sie wusste, wo das Feuer war), matter und angegriffener als vorher ist. Hätte nicht die Furcht, dass jemand verunglücken könnte, mich geängstigt, so würde ich, da es doch einmal nicht zu ändern war, diesem prächtigen Schauspiele die beste Seite abgewonnen, und mich, da ich es in meiner Wohnung ganz genau sehen konnte, an diesem schönen Anblick geweidet haben. Besonders imposant war der Sturz des Daches, das, von dem Wehen der Flammen gleichsam gelöset und gehoben, nun mit gewaltigem Krachen in sich selbst versank, und eine schwarze Dampfwolke emporschickte, der nachher die volle, unermessliche, bei dem, Gottlob! stillen Wetter gerade aufsteigende Glut folgte. Es geht indes unserm

Theater wie den Königen von Frankreich, die nie sterben, weil jedes Mal, so wie der eine die Augen schließt, der andere ohne alle Unterbrechung sogleich proklamiert wird. So hat auch der Großherzog, während es noch im vollen Brennen war, bereits im Palais neue Zeichnungen und Pläne zum künftigen so schnell als möglich zu treffenden Aufbau entworfen, und man meint, dass schon zum [Regierungs-]Jubiläum [am 3. September] sich der Phönix wieder aus der Asche erheben wird. Die Großherzogin scheint wahrhaft über diesen Verlust betrübt zu sein, und es ist doppelt empfindlich, da man es so unachtsam preisgegeben hat. Denn alle Zuschauer rochen schon lang vorher, und vorzüglich in der letzten Vorstellung, den Brand, der durch die unter dem Fußboden zur Erwärmung angebrachten Röhren entstanden ist. Als man aber den Herrn Strohmeier darauf aufmerksam machte, soll er mit seiner gewöhnlichen Insolenz diese Warnung aufgenommen haben, ohne sie zu beachten.

V. Weimarer Persönlichkeiten

Gewiss ist das klassische Weimar ohne Goethe nicht vorstellbar, aber über seiner dominierenden Persönlichkeit sollten die andern nicht übersehen werden, die entweder zu den alteingesessenen Familien der Stadt gehörten, oder schon vor ihm an den herzoglichen Hof berufen worden waren, oder durch seine Vermittlung nach Weimar kamen, hier ansässig wurden und mit ihm zusammen das geistige Leben der Stadt prägten. Auch sie und ihre Lebenswelt spiegeln sich oft recht reizvoll in den Berichten der Zeitgenossen.

Zu ihnen gehörte Christoph Martin Wieland (1733–1813). Anna Amalia hatte 1772 den damals schon bekannten Dichter und Verfasser des sozialpolitischen Romans ›Der goldene Spiegel‹ als Erzieher ihres Sohnes Carl August nach Weimar berufen. Seine verantwortungsvolle Tätigkeit dauerte zwar nur drei Jahre, in dieser Zeit beeinflusste er aber entscheidend das geistige Leben der Stadt. Nach dem Regierungsantritt des jungen Herzogs konnte sich der nun Zweiundvierzigjährige, wohlversehen mit einer Pension, ganz seinen schriftstellerischen Neigungen und seiner großen Familie widmen. Allein schon generationsbedingt stand er fortan dem Kreis um die Herzogin-Mutter näher als Carl August und Goethe. Als der »Patriarch von Weimar« fand er bei den Zeitgenossen mindestens ebensoviel Anerkennung und Beachtung wie Goethe, was deutlich aus verschiedenen zeitgenössischen Berichten hervorgeht. Als Besucher Wielands berichten der Züricher Johann Heinrich Landolt aus dem Jahr 1782 (Dok. 90), Schiller 1787 (Dok. 91), Nikolai Karamsin 1789 (Dok. 92), V. Wölfling 1796 (Dok. 93) und Joseph Rücken 1799 (Dok. 94). Zu diesem Zeitpunkt hatte sich Wieland schon in das große finanzielle Abenteuer seines Lebens gestürzt und 1797 das Landgut Oßmannstedt in der Nähe von Weimar gekauft, wo er dann bis zu seinem Tode lebte. Einige kleine liebenswürdige Anekdoten aus seinem Leben liefert uns aus persönlicher Kenntnis Karl August Böttiger (Dok. 95).

Von letzterem stammt auch die nach den Erzählungen Friedrich Justin Bettuchs niedergeschriebene Charakteristik jener Männer, die auf Anregung Goethes oder zumindest von seinem Schicksal angelockt in der zweiten Hälfte der 70er Jahre des 18. Jahrhunderts nach Weimar kamen und dort sehr zum Missfallen der eingesessenen Bürger ihr Genietreiben entfalteten (Dok. 96).

Johann Gottfried Herder (1744–1803) kam 1776 nach Weimar, wo er dann fast dreißig Jahre lang als Prediger, Oberkonsistorialrat und schließlich in den letzten zwei Jahren vor seinem Tod als Präsident des Oberkonsistoriums wirkte. Sein Eintreffen und seine ersten Tage in Weimar schildert er selbst in einem Brief vom 13.1.1777 an Johann Georg Hamann (Dok. 97). Diese Ausführungen werden ergänzt durch die Erinnerungen seiner Frau Caroline (Dok. 98), aus denen deutlich hervorgeht, dass es der eigenwillige Mann an seiner neuen Wirkungsstätte nicht leicht hatte. Seine Wirkung als Prediger beschreiben Wieland (Dok. 99), Rückert (Dok. 100) und Schiller (Dok. 101). Von ihren Begegnungen mit Herder und ihren Eindrücken von seiner Persönlichkeit berichten 1787 Schiller (Dok. 102) und 1789 Karamsin (Dok. 103). Einen guten Einblick in Alltag und Familienleben im Hause Herder vermittelt der aus Schaffhausen stammende Johann Georg Müller, der 1780 eigens aus seiner Vaterstadt nach Weimar gepilgert war, um sein großes literarisches Idol persönlich kennen zu lernen (Dok. 104).

Herder war es, der Jean Paul (1763–1825) veranlasste, im Herbst 1798 nach Weimar zu übersiedeln. Richtig Fuß gefasst hat dieser in den zwei Jahren seines Aufenthalts jedoch nicht, zumal seine Beziehungen zu Goethe recht kühl waren. So ist sein Aufenthalt in der Stadt für uns nur Episode geblieben, für Rückert war er seinerzeit bedeutsam genug, um ihn in seine Beschreibung Weimars aufzunehmen (Dok. 105). Kurz vor Jean Paul war der aus Danzig stammende Johann Daniel Falk (1768–1828) nach Weimar zugezogen. Anfangs ein unbedeutender Literat, der Anschluss an die geistigen Größen der Stadt suchte, gewann er zunehmend Ansehen, wurde von Carl August gelegentlich zu diplomatischen Aufträgen herangezogen und wirkte vor allem nach Ende der Befreiungskriege im Geist Pestalozzis, indem er sich der vielen Kriegswaisen in Stadt und Umgebung annahm (siehe Kap. I). Seine Begegnungen mit Goethe hat er später in einem Erinnerungswerk niedergelegt. Friedrich Wilhelm Riemer versucht ihn zu charakterisieren (Dok. 106), bleibt aber in seinem Urteil zu einseitig. 1791 hatte sich der aus dem Vogtland stammende Altertumswissenschaftler Karl August Böttiger (1760–1835) in Weimar niedergelassen, wo er die Leitung des Gymnasiums übernahm. Rückert zählt ihn dementsprechend in der Reihe der wichtigen Persönlichkeiten auf (Dok. 107) und Ludwig Christian von Oertel ergänzt diese Hinweise aus persönlichem Umgang mit kritischen Worten (Dok. 108).

Zu den bekanntesten Weimarer Bürgern, die im kulturellen Leben der Stadt eine wichtige Rolle spielten, zählten Musäus, Kotzebue und Bertuch. Johann Carl August Musäus (1735–1787), gelernter Drucker und späterer Professor am Gymnasium, gehörte zum »Musenhof« und wurde in Weimar als Schriftsteller hoch geschätzt. Sein Neffe Kotzebue stellt ihn vor (Dok. 109), und auch Heinrich Schmidt erinnert sich aus seiner Schulzeit gern an den Lehrer zurück (Dok. 110). August von Kotzebue (1761–1819) lebte bis 1781 und mit Unterbrechungen wieder zwischen 1798 und 1817 in seiner Vaterstadt. Obgleich sein Verhältnis zu Goethe stets gespannt war, wurden unter dessen Theaterleitung doch insgesamt siebenundachtzig Stücke des ungemein produktiven Theaterdichters in Weimar aufgeführt. Der etwas zwiespältige Ruf, den er in der Stadt genoss, spiegelt sich in den Beobachtungen Rückerts (Dok. 111) und der Gräfin Egloffstein (Dok. 112). Von seinem berüchtigten Versuch, Schiller und Goethe zu entzweien, wird noch ausführlich im nächsten Kapitel die Rede sein.

Friedrich Johann Justin Bertuch (1747–1822) ließ sich nach auswärtigen Studienjahren 1773 in Weimar nieder, wo er dank seiner vielseitigen literarischen und kaufmännischen Begabung und seines Organisationstalents bald Ansehen und Vermögen gewann und zu den einflussreichsten Bürgern der Stadt zählte. Eine treffende Charakteristik seiner Persönlichkeit gibt Heinrich Döring, Redakteur des von Bertuch verlegten Journals des Luxus und der Moden‹ (Dok. 113). Er selbst berichtet 1782 von seiner Fabrik künstlicher Blumen, in der er armen Mädchen eine Beschäftigung bot (Dok. 114), und 1800 in einem Gesuch um Genehmigung einer eigenen Druckerei für seine verlegerische Arbeit (Dok. 115). Die Anfänge der von Bertuch mitbegründeten ›Allgemeinen Literatur-Zeitung‹ beschreibt Böttiger (Dok. 116). Dass es bei der Geschäftstüchtigkeit Bertuchs gelegentlich nicht ohne Spannungen mit den Weimarer literarischen Größen abging, beweist eine Briefstelle Wielands vom 6. März 1796 (Dok. 117). Schiller dagegen erkennt das kaufmännische Geschick Bertuchs schon bei seinem ersten Besuch 1787 an (Dok. 118) und schätzt es auch für sich selbst richtig ein, wie aus einer weiteren Briefnotiz an Körner hervorgeht (Dok. 119).

90. Johann Heinrich Landolt: Besuch bei Wieland (1782)

Abends konnten wir noch Hr. Wieland sprechen; er empfing uns mit vieler Höflichkeit. Da er eben vom Hofe kam, so war er sehr geputzt. Allein ich fand den Mann gar nicht an ihm, den ich erwartet hatte. In seiner Phisiognomie konnte ich nie den Verfasser des Oberon und so vieler schlüpfriger Gedichte erkennen. Seine hohe Stirne kündigt Verstand und Witz an; sein Mund ist ziemlich weit, und die Nase etwas habichtsartig; sein Auge scheint etwas wollüstig. Hie und da haben zwar die allmählich herannahenden mehreren Jahre in seinem Gesicht Furchen zu graben angefangen; indessen blickt noch ein Schimmer von sanfter Röte auf seinen Wangen durch. In Gesellschaft scheint er ziemlich gern das große Wort zu führen. Wir blieben wohl eine halbe Stunde bei ihm; er schwatzte uns eine Menge Zeug von Zürich vor, und gasconnierte mitunter ein wenig.

91. Friedrich Schiller: Besuch bei Wieland (1787)

Ich besuchte also *Wieland*, zu dem ich durch ein Gedränge kleiner und immer kleinerer Kreaturen von lieben Kinderchen gelangte. Unser erstes Zusammentreffen war wie eine vorausgesetzte Bekanntschaft. Ein Augenblick machte alles. Wir wollen langsam anfangen, sagte Wieland, wir wollen uns Zeit nehmen, einander etwas zu werden. Er zeichnete mir gleich bei dieser ersten Zusammenkunft den Gang unsers künftigen Verhältnisses vor und was mich freute, war, dass er es als keine vorübergehende Bekanntschaft behandelte, sondern als ein Verhältnis, das für die Zukunft fortdauern und reifen sollte. Er fand es glücklich, dass wir uns jetzt erst gefunden hätten. Wir wollen dahin kommen, sagte er mir, dass einer zu dem anderen wahr und vertraulich rede, wie man mit seinem Genius redet.

Unsere Unterhaltung verbreitete sich über sehr mancherlei Dinge, wobei er viel Geist zeigte und auch mir dazu Gelegenheit gab. Einige Materien, Religionsgespräche z. Beispiel, legte er besonders auf künftige Tage zurück, hierbei schien er sich sehr wohl zu haben und über diesen Stoff ahnde ich, werden wir warm werden. Auch über politische Philosophie wurde viel gesprochen, etwas über Literatur, Goethe, die Berliner und Wien. Von Klingern sprach er sehr witzig; Stollberg ist seine *Renonce*, wie die unsrige; er ist jetzt ganz in den *Lucian* versunken, den er wie den Horaz übersetzen und kommentieren wird.

Sein Äußeres hat mich überrascht. Was er ist, hätte ich nicht in diesem Gesichte gesucht – doch gewinnt es sehr durch den augenblicklichen Ausdruck seiner Seele, wenn er mit Wärme spricht. Er war sehr bald aufgeweckt, lebhaft, warm. Ich fühlte, dass er sich bei mir gefiel und wusste, dass ich ihm nicht missfallen hatte, ehe ich's nachher erfuhr. Sehr gerne hört er sich sprechen, seine Unterhaltung ist weitläuftig und manchmal fast bis zur Pedanterei vollständig, wie seine Schriften, sein Vortrag nicht fließend, aber seine Ausdrücke bestimmt. Er sagte übrigens viel Alltägliches, hätte mir nicht seine Person, die ich beobachtete, zu tun gegeben, ich hätte oft Langeweile fühlen können. Im Ganzen aber bin ich sehr angenehm bei ihm beschäftigt worden, und was unser Verhältnis betrifft kann ich sehr mit ihm zufrieden sein. Man sagte mir nachher, dass er es nicht gewohnt wäre, so bald in *den* Ton mit einem andern zu entrieren, und unverkennbare Teilnahme, Wohlwollen und Achtung sprach aus ihm. Er wird sich näher an mich anschließen, er verweilte mit Wärme bei meinem Alter und bei der Idee, wie viel Spielraum mir noch übrig wäre. Wir wollen auf einander wirken, sagte er, und ob er gleich für Umänderung zu alt wäre, so wäre er doch nicht unverbesserlich.

Über meine Erwartungen und meine Absichten habe ich, aus guten Gründen, in der ersten Unterredung kein Wort mit ihm verloren. Überhaupt kann ich, da der Herzog doch noch nicht so bald kommt, abwarten, bis er selbst davon anfangen wird. Es sollte mich wundern, wenn er nicht hierüber etwas im Schilde führte. Ich blieb zwei Stunden bei ihm, nach deren Verfluss er in den *Club* musste. Er wollte mich dort gleich einführen, aber ich hatte Charlotten zugesagt, mit ihr spazieren zu gehen. Unterwegs wollte er wegen der Schwan bei mir auf den Busch klopfen, ich war aber kalt wie Eis und höchst einsilbig. Es machte mir Spaß, wie er sich dabei nahm.

Wieland ist hier ziemlich isoliert, wie er mir auch gesagt hat. Er lebt fast nur für seine Schriften und seine Familie.

92. Nikolai Karamsin: Besuch bei Wieland (1789)

Gestern bin ich zweimal bei Wieland gewesen, und beide Male hieß es, er sei nicht zu Hause. Heute ging ich wieder zu ihm, und zwar des Morgens um acht Uhr; und diesmal traf ich ihn. »Der Wunsch, Sie zu sehen, hat mich nach Weimar gebracht«, war meine Anrede. – »Das verlohnt sich nicht der Mühe«, antwortete er mit kaltem Blick und mit einer Zurückhaltung, die ich von Wieland nicht erwartet hatte. Darauf fragte er, wie ich in Moskau so gut Deutsch habe lernen können. Ich erzählte ihm, dass ich genug Gelegenheit gehabt habe, mit Deutschen umzugehen, und zwar mit Leuten, die ihre Sprache vollkommen verstanden. Ich nannte bei dieser Gelegenheit Lenz, und nun lenkte sich das Gespräch auf diesen unglücklichen Mann, den Wieland einst recht gut gekannt hatte. Unterdessen standen wir immer, woraus ich natürlich schließen musste, dass Wieland nicht gesonnen sei, mich lange aufzuhalten. »Wahrscheinlich«, sagte ich, »bin ich zur ungelegenen Zeit gekommen?« – »Ja«, antwortete er, »und überdies arbeiten wir gewöhnlich des Morgens.« – »So erlauben Sie mir, zu einer anderen Zeit zu kommen; bestimmen Sie nur die Stunde. Ich versichere Ihnen nochmals, dass ich bloß nach Weimar gekommen bin, um Sie zu sehen.« – Wieland: »Aber was wollen Sie von mir?« Ich: »Ihre Schriften haben den Wunsch in mir erzeugt, deren Verfasser persönlich kennen zu lernen. Ich verlange weiter nichts von Ihnen als die Erlaubnis, Sie zu sehen.« – Wieland: »Sie setzen mich in Verlegenheit. Soll ich aufrichtig sprechen?« – Ich: »Sie werden mich verbinden.« – Wieland: »Ich bin kein Freund von neuen Bekanntschaften, und am wenigsten von Bekanntschaften mit Leuten, die mir durchaus unbekannt sind. Ich kenne Sie nicht.« – Ich: »Das gestehe ich; aber was fürchten Sie von mir?« – Wieland: »Es ist jetzt in Deutschland Mode geworden, zu reisen und dann seine Reise zu beschreiben. Dergleichen Reisebeschreiber, deren Anzahl nicht gering ist, ziehen von Stadt zu Stadt und versuchen mit berühmten Leuten nur deswegen zu sprechen, um das, was sie von ihnen hören, drucken zu lassen. Was unter vier Augen gesprochen wurde, wird dann vor dem Publikum ausposaunt, und dadurch haben schon manche gelitten. Ich bin meiner nicht ganz gewiss; bisweilen bin ich gar zu offen.« – Ich: »Erinnern Sie sich, dass ich kein Deutscher bin und für das deutsche Publikum unmöglich schreiben kann.« – Wieland: »Was nützt es aber, dass wir bekannt werden? Gesetzt, wir würden einer dem andern interessant, müssen wir uns nicht bald wieder trennen? Denn wahrscheinlich werden Sie hier nicht bleiben.« – Ich: »Um das Vergnügen zu haben, Sie näher kennen zu lernen, könnte ich mich auch mehrere Tage in Weimar aufhalten, und bei unserer Trennung würde ich mich freuen, Sie als Vater im Schoß Ihrer Familie und als Freund unter Freunden gesehen zu haben.« – Wieland: »Sie sind sehr aufrichtig. Ich muss mich also hüten, dass Sie nicht vielleicht von dieser Seite etwas Schlechtes an mir finden.« – Ich: »Sie scherzen.« – Wieland: »Nicht ganz. Auch würde ich mir ein Gewissen daraus machen, wenn Sie bloß meinetwegen hier blieben. Vielleicht würden Sie in andern deutschen Städten, zum Beispiel in Gotha, mehr Vergnügen und Unterhaltung finden.« – Ich: »Sie sind ein Dichter, und ich liebe die Dichtkunst, wie angenehm würde es mir sein, wenn Sie mir erlaubten, auch nur eine Stunde über diese das Leben versüßende Kunst mit Ihnen zu schwatzen.« – Wieland: »Ich weiß kaum, was ich Ihnen antworten soll; vielleicht können Sie mein Lehrer in der Dichtkunst sein.« – Ich: »Oh! Zuviel Ehre! – So muss ich also für immer von Ihnen Abschied nehmen.« – Wieland (indem er mich lächelnd anblickte): »Zwar bin ich kein Physiognomiker, aber Ihre Miene flößt mir ein gewisses Zutrauen ein. Mir gefällt Ihre Aufrichtigkeit, und niemals noch sah ich einen Russen, der Ihnen glich. Ich habe Ihren Sch. gekannt, ein feiner Mann, der mit dem Geist dieses Greises (indem er auf die Büste von Voltaire zeigte) innigst vertraut war; und überhaupt ahmen Ihre Landsleute immer die Franzosen nach, aber Sie …?« – Ich: »Ich danke Ihnen.« Wieland: »Wenn es Ihnen also gefällig ist, einige Stunden mit mir zuzubringen, so kommen Sie heute Nachmittag um halb drei Uhr wieder.« – Ich: »Ich muss befürchten …« – Wieland: »Was?« – Ich: »Dass Ihnen mein Besuch beschwerlich sein wird.« – Wieland: »Ich versichere Ihnen, dass es mir angenehm ist, und ersuche Sie zu glauben, dass Sie nicht der einzige aufrichtige Mensch in der Welt sind.« – Ich: »Leben Sie wohl!« – Wieland: »Um halb drei Uhr erwarte ich Sie.« – Ich: »Ich werde kommen. Leben Sie wohl.«

Um 9 Uhr abends

Zur bestimmten Stunde ging ich zu Wieland. Seine liebenswürdigen Kinder umringten mich auf der Treppe. »Der Vater erwartet Sie«, sagte der eine. »Der Vater erwartet Sie«, rief die andere. »Kommen Sie zu ihm«, sagten zwei auf einmal. »Wir werden Sie führen«, setzte der erste hinzu. Ich küsste sie der Reihe nach, und sie führten mich zum Vater.

»Verzeihen Sie«, redete ich ihn an, »wenn Ihnen mein voriger Besuch nicht ganz angenehm war. Ich hoffe, dass Sie das nicht als Dreistigkeit auslegen, was eine Folge des Enthusiasmus war, den Ihre vortrefflichen Schriften in mir hervorgebracht haben.« – »Sie brauchen nicht um Verzeihung zu bitten«, antwortete er, »ich freue mich, dass die Flamme des Dichtergeistes sich in so fernen Gegenden entzündet, da sie anfängt, in Deutschland zu verlöschen.« – Wir setzten uns darauf, und es entspann sich eine Unterhaltung, die von Minute zu Minute lebhafter und interessanter für mich wurde …

Mit liebenswürdiger Offenheit entdeckte mir Wieland seine Gedanken über einige der wichtigsten Gegenstände für den Menschen. Er verwirft nichts und behauptet nichts; nur macht er einen Unterschied zwischen Vermutung und Überzeugung. Man könnte ihn einen Skeptiker, in der besseren Bedeutung dieses Wortes, nennen.

Es schien ihm angenehm zu hören, dass einige seiner vorzüglichen Werke ins Russische übersetzt seien. »Aber wie sind die Übersetzungen?«, fragte er. – »Sie können dem unmöglich gefallen, der das Original kennt«, war meine Antwort. – »Das ist schon mein Los«, sagte Wieland, »auch die französischen und englischen Übersetzer haben mich verunstaltet.«

Um sechs Uhr stand ich auf. Er drückte mir die Hand und wünschte mir recht herzlich Glück und Zufriedenheit. »Sie haben mich gesehen«, fuhr er fort, »wie ich in der Tat bin. Leben Sie wohl, und mit der Zeit lassen Sie etwas von sich hören. Ich werde Ihnen immer antworten, wo Sie auch sind.« – Er umarmte mich und schien gerührt; dies setzte mich in dieselbe Stimmung. Auf der Treppe drückten wir uns nochmals die Hände und trennten uns – vielleicht auf immer; aber nie, nie werde ich ihn vergessen. Ihr hättet sehen sollen, meine Freunde, mit welcher Offenheit und Wärme dieser fast sechzigjährige Mann spricht und wie sich im Gespräch alle Züge seines Gesichtes beleben. Sein Geist ist noch nicht gealtert, und seine Kraft ist noch nicht erloschen.

93. V. Wölfling: Besuch bei Wieland (1796)

Dieser Mann, den Deutschland verehrt und das Ausland schätzt, lebt hier mit einer Simplizität, welche des großen Mannes würdig ist – ohne Glanz und Geräusche. Ein kleines, einfach gebautes Haus ist seine Wohnung; ein gutes schwäbisches Hausmütterchen seine Gattin; Kleidung und Lebensart einfach und seine Bibliothek der Aufenthalt, in welchem er den größten Teil seines Lebens zubringt. Es hält schwer, ihn zu sehen oder zu sprechen, wenn er sich einmal in das Heiligtum seines Musentempels verschlossen hat. Aber wenn man so glücklich ist, so findet man einen schlichten Deutschen, der wenig spricht, bevor nicht erst eine interessante Materie seine Ideen in Fluss gebracht hat, der ungleich besser schreibt als er spricht und dessen Physiognomie außer einem gewissen Scharfblick im Auge, der erhabenen Stirne und der griechischen Nase wenig Auszeichnendes hat.

Kein Schriftsteller war imstande, die Welt zugleich mit Produkten seines Geistes und seiner Lendenkraft zu beschenken wie Wieland. Die Zahl seiner Kinder wird der Zahl seiner Werke ziemlich gleichkommen.

94. Joseph Rückert: Wieland in Weimar (1799)

Trotz seines äußerst schwächlichen Körpers genießt dieser seltene Mann noch immer die vollkommenste Gesundheit; und die Parze scheint ihrem Günstlinge, unter den heilsamen Einflüssen des ländlichen Himmels, noch manches heitere Lebensjahr gönnen zu wollen. Seine Arbeiten sind für ihn die beste Arzenei und Erquickung. Im Gegenteil können ihm einige müßige Stunden eine Krankheit zuführen. Nichts in der Natur ist ihm verhasster und gefährlicher als der Wind.

Wielands Familie ist zahlreich. An drei Söhne, wovon zwei sich der Ökonomie widmen, der dritte aber studiert, schließen sich sechs Töchter an, unter welchen drei Verheiratete und zwei Witwen sind, welche letztere mit ihren kleinen Familien in dem väterlichen Hause zu Oßmannstedt wohnen. Es gibt ein rührendes Bild, sich den liebenden glücklichen Vater in der Mitte seiner Familie in dem friedlichen Oßmannstedt zu denken, frei und im Genusse eines langersehnten Gutes.

95. Karl August Böttiger: Anekdoten um Wieland (1797)

Wieland ist ein trefflicher Familienvater. Sein ältester Schwiegersohn, der Rat Reinhold, war eben mit seiner Frau und einem lieben Kinderpärchen aus Jena da. Wie wir zuerst ins Zimmer traten, war die ganze Familie beieinander. »Dies ist meine älteste Tochter,« sagte er und präsentierte die Reinhold; »dies meine jüngste«, die kaum fünf Jahre alt sein konnte und von der ältesten Enkeltochter kaum ein Jahr Abstand hatte …

Ein armer Emigrierter in Jena, der mit Frau und Kindern bald verhungern möchte und eine Art von Sprachmeister dort macht, hat Wielanden vor einigen Monaten viel Pein verursacht. Der Mensch hatte sich's durchaus in den Kopf gesetzt, er müsse Clelia und Sinibald von Wielanden in französische Verse übersetzen. Er kam selbst und brachte seine Übersetzung, die außerdem, dass sie alle Grazie des Originals tötet, auch sogar gegen die Prosodie der französischen Alexandriner sündigte. Wieland hatte alle mögliche Mühe, dem zudringlichen Menschen begreiflich zu machen, dass dies nicht einmal französische Verse wären. Endlich versprach ihm Wieland sein ganzes Vermögen, wenn er ihm einen solchen Vers in Boileau oder Voltaire, auf die sich der Franzmann in der Angst berufen hatte, vorzeigen könnte. Nun ging er zwar in sich, hatte aber die eiserne Beharrlichkeit, seine ganze Übersetzung noch einmal auf den Ambos zu legen und sie so umgearbeitet Wielanden zum zweiten Mal mit unendlicher Selbstgefälligkeit zu überreichen. Dies brachte Wielanden wirklich aus aller Fassung. Er wollte doch nicht ganz grob sein und ihm grade heraus sagen: Herr, ihr könnt mich nicht übersetzen. Nun hielt der Franzose Wielands schonendes Abraten für bloße Bescheidenheit und Blödigkeit, versicherte ihn höflich, dass er gar kein Bedenken tragen dürfe, sich auch in der Übersetzung seinen Landsleuten zu zeigen; kurz, er brachte Wieland so weit, dass dieser in eine ungewöhnliche Wut geriet und die Stunde verfluchte, wo er geboren wurde. Der arme Franzose zitterte am ganzen Leibe und schlich sich ganz betreten davon …

Wielands Mutter lebte in den letzten Jahren hier in Weimar bei ihm. Sie hatte pietistische Grundsätze und war daher ganz untröstlich, dass ihr Sohn, den sie übrigens mit zärtlichster Mutterliebe und tiefem Hinanstaunen betrachtet, durch seinen Unglauben zur Hölle fahren sollte. Bei ihrer äußersten Reizbarkeit, die sie auch in reichlichem Maße auf ihren Sohn vererbt hat, konnte es nicht an Gelegenheit fehlen, wo sie denselben an sein Seelenheil erinnerte, und da setzte es denn immer Stürme. Einst war die Geheimerätin v. Schardt zum Wochenbesuch bei seiner Frau und die Mutter äußerte in Wielands Gegenwart ihre andächtigen Himmelsseufzer. Da geriet er in Zorn und sagte ihr harte Worte, warum sie denn jetzt, da sie schon so lange bei ihm gewesen, noch immer so elendes Zeug schwatzen könne. Die Frau *Seniorin* geriet in heftige Bewegung, stotterte eine Entschuldigung, dass sie es ja nicht so gemeint habe, und schlich sich fort zur kranken Enkeltochter, der nachmaligen Reinhold, in ein anderes Zimmer. Wielanden gereuete auf der Stelle seine Hitze und als die Geheimerätin Abschied nahm, bat sie Wieland, ob sie nicht auch seine kranke Tochter auf einen Augenblick besuchen wolle. Er begleitete sie dahin, weil er wusste, dass seine Mutter da sei. Als sie so ans Bette getreten waren, ergriff Wieland auf einmal die Hand seiner Mutter, küsste sie inbrünstig und rief laut zur Geheimerätin v. Schardt: »Sie haben vorhin gesehen, wie unartig ich meiner Mutter begegnete. Werden Sie nun auch Augenzeuge, wie ich es ihr feierlich abbitte.« – Noch jetzt spricht er oft mit Rührung davon, dass er doch seiner guten Mutter manche Kränkung verursacht habe. – Wenn er in der Hitze recht aufgefahren ist und jemand hart angelassen hat, so tut es ihm in wenigen Minuten so weh, dass er selbst kommt und das Unrecht abbittet, und dies sind seine schwächsten

Momente, wo man alles von ihm erhalten kann. Diese benutzt seine *kluge* Gattin meisterhaft und erhält in ihnen alles, was sie sonst nicht errungen haben würde. Er weiß es auch recht wohl und sagt oft laut: Jedermann, der kein Bösewicht sei, stehe in gewissen Stunden unvermeidlich unter dem Pantoffel und müsse sich diese Herkulesschwäche zur Ehre schätzen. Er ist auch oft gegen seine Tochter sehr auffahrend, aber auch der Mann dazu, der der beleidigten Tochter feierlich sein Unrecht abbittet. Sehr pathetische Szenen der Art kamen vor, als Reinhold noch nicht sein Schwiegersohn war, aber im Hause seines nachmaligen Schwiegervaters schon wohnte. Reinhold pflegte seinem damals hier privatisierenden Freunde Fr. Schulz zu erzählen, dass Wieland nach einem heftigen Zwiste einmal noch gegen Mitternacht an sein Bette gekommen sei und ihn weinend um Verzeihung gebeten habe.

96. Karl August Böttiger: Genietreiben in Weimar

Es lassen sich in dem weimarschen Geniewesen mehrere Epochen fixieren. Die erste, wo der Geniedrang am heftigsten und der Herzog selbst am stärksten dafür eingenommen war, fängt sich bald nach Goethes Ankunft in Weimar und Verbrüderung mit dem Herzoge an. Von allen Seiten wallfahrteten Kraft- und Dranggenies hierher, um auf Goethes Flügeln auch mit zur Sonne aufzufliegen, in deren wohltätigen Strahlen sich jener so schön sonnete.

Da kam aus Reval der seiner Anomalien wegen von seinem Vater enterbte *Lenz* (sonst auch Mendoza oder der tolle Lenz genannt). In der größten Sommerhitze trug er einen blauen Samtrock, und als er im Winter auf der Post reiste, zog er sich, während die andern Passagiere für Frost klapperten, barfuß aus, weil es ihm unausstehlich heiß sei. Bei einem Hofballe setzte er einmal die ganze Noblesse in Alarm, als er sich erdreistete, uneingeführt im Ballsaal einzutreten und ein Fräulein zur Menuett aufzuführen. Der Herzog, der innerlich sein Wohlgefallen daran hatte, ließ ihn denn doch auf sein Zimmer rufen und scheuerte ihn tüchtig. Dieser Lenz hat sich in der Folge noch lange in Deutschland herumgetrieben, und solche Anfälle von Tollheit gehabt, dass er hat gebunden werden müssen. In den lichten Intervallen lehrte er Taktik, wer sich ihm als Schüler darin anvertrauen wollen; zuletzt kam er als Lehrer der Kadetten nach Petersburg, und noch jetzt irrt er in den russischen Provinzen unstet umher.

Fast zu gleicher Zeit mit Lenzen wanderte das Kraftgenie *Klinger* ein, ein roher, ungeschlachter Naturmensch. Einst sah er beim Rat Krause zum Fenster heraus auf eine gleich unten befindliche Fleischbude. Auf einmal fing er beim Anblick der schönen Schöpskeulen gewaltig über die Ausartung des Menschengeschlechts zu wehklagen an, und pries das Zeitalter, wo die Menschen das Fleisch noch roh verzehrt hätten. Rat Krause fragte, ob er nicht Lust habe, zur Ehre jener Heroen ein Stück rohes Fleisch auf der Stelle zu verzehren. Warum nicht! sagt Klinger. Man wettet, und Krause lässt augenblicklich durch seinen Bedienten ein Pfund Fleisch in seiner natürlichen Sauce heraufholen. Diesen Ernst hatte Klinger nicht vermutet; er fing an, Ausflüchte zu machen, und sagte endlich, da Krause immer dringender wurde: er habe die Sache gar nicht so gemeint, *es sei bloß eine poetische Phantasie* gewesen.

Nach Klingern hielt *D. Kaufmann* (jetzt in Herrnhut) seinen Einzug. Von dem physiognomen Lavater zum Universalgenie gestempelt (in Lavaters Physiognomik steht unter Kaufmanns Schattenriss: »er kann, was er will«), suchte er sich hier durch auffallende Sonderbarkeiten auszuzeichnen. Im Hause des General-Superintendenten Herder und eines gewissen Herrn v. Lynker in Tennstädt hielt er sich viel auf. In letzterem hatte er besonders mit den Weiblein zu tun. Diese Kunst übte er in der Folge auch bei der gutmütigen Fürstin von Dessau (wo er in Frieshosen und einem Frieswams bei Tafel erschien) und bei dem Grafen von Haugwitz in Schlesien aus.

Friedrich Schulz führte der Legationsrat Bertuch zuerst mit seinem Moritz im deutschen Mercur auf. Er hatte von Dresden aus, wo er sich damals kümmerlich behelfen musste, ein ganzes Paket jugendlicher Versuche an Wielanden für den deutschen Mercur eingeschickt, und sich dafür weiter nichts als ein Exemplar dieser Zeitschrift, die er sich selbst nicht schaffen könne, ausgebeten. Bertuch entdeckte im ersten Buche des Moritz, das unter jenen, zum Teil sehr schwülstigen, zum Teil auch sehr süßlichen Produkten war, gute Anlagen, verbesserte und schrieb Schulzen, er solle in dieser Manier fortarbeiten. Schulz schrieb von Magdeburg, seiner Vaterstadt, aus eine lange Dankepistel, und wurde dann von Bertuch veranlasst, sich nach Weimar selbst zu wenden. Er ist außer dem erstenmal noch zweimal hier gewesen, und ist jetzt zu seinem eignen Erstaunen Professor in Mitau. Er hat viel Phantasie und einen schönen Firnistopf, aber die Grundlage ist seicht …

Auch aus Frankreich kam vor acht Jahren ein schöner Geist hierher, der bekannte Anse de Villoison. Er bewohnte herzogliche Zimmer, überschwemmte jeden mit einer Flut von Worten, lernte in zwei Jahren kein Wort deutsch (worüber Wielanden mehr als einmal gewaltig die Galle überlief), ging aber demohngeachtet in die Kirche und starrte den Prediger an, von dem er kein Wort verstand, und führte im Ganzen eine sehr zynische und unreinliche Lebensart. Da er alle philologischen Bücher, deren er habhaft werden konnte, zusammenkaufte und kistenweise nach Paris schickte, so war er, um im übrigen Ersparnisse zu machen, sehr geizig, vernachlässigte sich durchaus in seiner Kleidung und Wäsche, so dass er wie ein Wiedehopf roch. – Er war übrigens außerordentlich teilnehmend an allem, was seine Freunde betraf, und verschwenderisch im Lobe, wovon seine hier geschriebenen *epistolae Vinarienses* auf jeder Seite Beweise enthalten, z. B. *doctissimus Zinserlingius*. Die jenaische lateinische Gesellschaft beehrte ihn mit ihrer Mitgliedschaft. Er fand sich dadurch so geschmeichelt, dass er sich noch in seinem neuesten Werke, der Ausgabe der Ilias mit den *scholiis ineditis: sodalem societatis Jenensis latinae* unterschrieben hat. – Als Villoison einmal bei der herzoglichen Tafel von einer schönen Dame, die aber nicht französisch sprach, angeredet wurde, und er sich dies verdolmetschen lassen musste: so fragte ihn sein Nachbar, warum er sich denn nicht selbst entschlösse, Deutsch zu lernen. »*Linguam vestram scabiosam discere nolo*« war seine Antwort. Denn mit Gelehrten sprach er eben so fertig Latein als seine Muttersprache.

Lenz studierte in Königsberg. Zwei Herren v. Kleist sollten von dort in französische Dienste kommen. Keiner von den Junkern verstand ein Wort französisch, und keiner konnte recht lesen und schreiben. Sie bereden Lenzen, als ihr Dolmetsch mitzugehen. So kamen sie alle drei nach Straßburg. Aber bald kam der arme Lenz dort in große Not, da beide Kleists bei ihrem Regimente bekannt wurden und ihren Wechsel aufgezehrt hatten. Ein Bruder wies ihn immer an den andern. In dieser Not musste Lenz sich mit Stundengeben erhalten, und in dieser Lage lernte ihn *Goethe* und *Lerse* kennen, die beide damals in Straßburg sich aufhielten. Als Goethe nach Weimar gekommen war, vernahm Lenz seines »Herrn Bruders« Glücksfall, und macht sich nun auch auf den Weg, um diesem Sterne sich zu nahen. Er kam eines Tages sehr zerlumpt und abgerissen in Weimar im Erbprinzen an, und schickt sogleich eine Karte an Goethe, der dem Herzog in einer Unpässlichkeit Unterhaltung leistete, des Inhalts: »Der lahme Kranich ist angekommen. Er sucht, wo er seinen Fuß hinsetze. Lenz.« Goethe lachte laut auf, als er dies Billett erhielt, und weiset es dem Herzog, der sogleich befiehlt, er solle geholt werden. Sein Ansehn war äußerst lächerlich. Eine kleine zusammengedrückte Figur, aber voll Selbstgefühl und Keckheit, die er denn auch gleich den folgenden Abend bewies. Da war Hofball, über welchen damals noch der zeremoniöse Graf Görz seine Hand hielt, so sehr sich auch der Herzog darüber formalisierte. Lenz hörte im Erbprinzen, es sei diesen Abend Hofball *en masque*. Er lässt sich einen roten Domino holen, und erscheint so abends im Saal, wo nur Adlige Tanzrecht und Zutritt haben. Ehe man ihn noch durchbuchstabieren kann, hat er schon ein Fräulein von Lasberg (die sich nachmals mit Werthers Leiden in der Tasche in der Ilm ersäufte, weil sie ihr Liebhaber, ein Liefländer, sitzen ließ) an der Hand und tanzt frischweg. Es wird ruchbar, dass ein bürgerlicher Wolf unter die Herde gekommen sei, alles wird aufrührerisch. Der Hofball desorganisiert sich. Der Kammerherr von Einsiedel kommt atemlos zum Herzog herauf und erzählt ihm die Geschichte. Dieser befiehlt ihm, Lenzen heraufzuholen, und liest ihm ein derbes Kapitel. Nun wird er von Fuß an gekleidet und bei allen Geniestreichen als *plastron* gebraucht. Als man hier nicht länger mit ihm sich stallen konnte, schickte man ihn fort, und so kam er nach Emmendingen zu Goethes Schwager Schlosser. Gegen ein *Klein*sches Produkt verfertigte er noch eine Satire Nielk (Klein), die Lerse noch im Manuskript besitzt, und zwei Tage darauf zeigten sich die ersten Spuren der Tollheit. – Im Belvedere sonnte er sich einmal, nachdem er an der Krippe gewesen war, und rief aus: Ach! mir ist so wohl wie einem Kuhblatter.

Auch *Klinger* kam nach Emmendingen, als er von Weimar verabschiedet war. Lerse fragte ihn, warum er sich nicht lieber in Weimar eine Stelle verschafft habe, wo sein Landsmann (Klinger ist auch ein Frankfurter) für ihn sorgen könne. Da erzählte er, dass Goethe eben ihn fortgebracht habe. Man habe damals im Gange des herzogl. Wohnhauses sich oft im Schießen nach dem Ziele geübt. Dabei sei es Sitte gewesen, statt der Zielscheibe ein Porträt hinzusetzen. Er habe einst Goethes Porträt hingesetzt, wonach wirklich geschossen worden. Dies habe ihm Goethe nie verzeihen können. Indes waren, wie Bertuch bemerkt, eher andere Gründe seiner Ungnade vorhanden. Er hatte allerhand Klatschereien zwischen hohen Damen gemacht und wurde als ein *tracassier* verabschiedet. Als er nach Emmendingen kam, konnte er kaum richtig schreiben und rechnen, und wollte sich doch mit aller Gewalt dem Militär widmen.

Merk, Kriegszahlmeister in Darmstadt, kam zu Pferd mit einem ärmlichen Mantelsack und einem einzigen Frack angezogen, und hatte von Frankfurt bis hierher nicht mehr als einen Dukaten Reiseunkosten gehabt, weil er immer nur in Fuhrmannskneipen eingestellt hatte. Er war es, der in Ettersburg Jacobis Woldemar an einen Baum annagelte und ein Vogelschießen danach veranstaltete.

Durch seine unglückliche Unternehmungssucht verwirrte er seine Geschäfte dermaßen, dass er sich endlich erschoss. Bertuch will ihn noch einmal zum Helden eines Romans im Geschmack des dicken Mannes machen, ein Beispiel, wohin ungeregelte Spekulationssucht den witzigsten Mann bringen kann. Die Geschichte des alten Oheims im deutschen Mercur ist von ihm. Auch hat er eine interessante Schrift über die Physiologie der Pflanzen verfertigt. Er wollte eine artistische, Maler- und Kunstwerk-Reise durch Deutschland machen, und sie so schreiben wie Nicolai. Aber Bertuch wollte nicht entrieren. Er war mit Varrentrapp und Wenner in Frankfurt associiert.

Merk war mit *Goethen* schon früh Compan und Lebebruder gewesen, ohngeachtet er ohngefähr sechs Jahr älter war. Er hatte einst seine Frau in flagranti mit einem Liebhaber ergriffen, und zweifelte daher an der Echtheit seiner Kinder. Weil er sich nun selbst aktäonisiert wusste, bezweifelte er auch die Treue aller übrigen Weiber, und streute überall, wo er Eheglück fand, Samen der Zwietracht aus. Überhaupt fand er eine teuflische Lust darin, Leute, die sich glücklich fühlten, auf die linke Seite aufmerksam zu machen und ihr Glück zu stören.

97. Johann Gottfried Herder: Ankunft in Weimar (1776)

Endlich kamen wir den 1. Oktober 1776 abends um 10 Uhr hier an. Es war eben an dem Tage wenige Stunden vorher ein falscher Feuerschrecken in unsrer Nachbarschaft gewesen, daher die Sprützen noch standen und wir von mehr Leuten empfangen wurden, als wir so spät glaubten. Die Küster aller Kirchen umringten mich mit ihren Küsterformularen, das große leere Haus dicht hinter der Kirche, ein blinder Nachtwächter, der dicht unterm Fenster das Lied »Eins ist not, ach Herr« sang und es aus bloßer Höflichkeit ganz aussingen wollte, und eine Reihe andrer Umstände machten's sehr wüst um uns her … Den Morgen drauf war alles, wornach ich frug, nicht zu Hause: der Präsident des Oberkonsistoriums als mein gewesner Vokationskorrespondent, Herzog, Goethe, meine Herren Kollegen also, und Wieland waren die einzigen, die ich sah, um doch was gesehn zu haben. Von letzterm ging ich sogleich mit dem

Eindruck fort, ihm auf der Welt nichts mehr übel zu nehmen, so ein schwacher, guter Märchenträumer ist er persönlich. Er ist in nichts hassens-, eher mitleidswürdig in seinem Gespinste, das zu seinem Wesen, seiner Haushaltung, seinem schwachen Nervenbau leider so gehört als jetzt die »Merkur«-Fabrik zu seiner Existenz. Er hat eine Reihe von fünf Mädchen, eine schwächliche, sehr gute Frau, seine Mutter, die Seniorin in Biberach gewesen und sehr an mir hängt: alles in seiner Wirtschaft hängt so sonderbar, seiden- und spinnwebenmäßig zusammen als seine Gedichte und Romane. In den ersten Wochen konnte ich mich des Gedankens nicht erwehren, als ob ich einen träumenden Menschen vor mir hörte; noch oft wandelt's mich an. Er ist aber sonst, das Steckenpferd seiner Autorschaft ausgenommen, ein guter Mensch und hat in manchen Dingen bon sense, wo ihn andre nicht haben. – – Es würde Sie und mich ekeln, wenn ich so im Tagbuch meines Hieseins fortführe durch alle die Besuche und Gegenbesuche, Präsentationen und Handschläge der Geistlichen des ganzen Landes etc. Da zehn nach meiner Stelle gestrebt hatten, so war ich dem Pöbel als Atheist, Freigeist, Sozinianer, Schwärmer verschrien, und da ich mich nun hier, wie ich bin, zeigte, predigte und dgl., so ging's mir wie Paulus auf Malta, da er die Otter wegschleuderte. Meine erste Predigt, die ich in aller Ruhe eines Unwissenden aller vorigen Gerüchte hielt, wandte mir hohes und niedres Volk so unglaublich zu, dass ich nun freilich auf ein so leicht gewonnenes Gut nicht rechne, es doch aber zum Anfange als eine sehr gute Schickung und Hilfe ansehen muss. Ich schweige ebenso sehr von einer andern Krümme, da mein Herr Vikar (der's leider 6 oder 7 Jahr gewesen war) es noch vor meiner Ankunft ausgewürkt hatte, dass alle Beichtkinder bei ihm bleiben sollten, was man denn mit Gewissensfreiheit etc. beschönigen wollte. Ich erklärte gleich, dass ich mein Amt nicht anträte und meine schrecklich feierlich angesagte Anzugspredigt gar nicht halten würde, falls meine Vokation, auf die ich allein hergekommen sei, nicht in allen Punkten, geschweige in einem solchen, geltend bliebe, und da war freilich der Kopf auch zertreten, obgleich manche sanfte, heuchlerische Freundschaftsfersenstiche folgten und ohne Zweifel noch folgen werden. Übrigens kam ich sogleich in ein Gewirr von Predigten, Arbeiten, Ausschreiben etc., die die Zeit mit sich brachte, dass ich die meisten Proben durch bin, sie aber nicht ohne Abzugsgeld des alten Jahres schließen musste … Sonst ist hier alles noch recht lutherisch-papistisch dem Äußern nach, wie im Innern kein Schatte von Luther gefühlt wird. Ich freute mich auf diese Gegenden wie ein Kind, glaubte die Grundlage alter Anstalten wenigstens so tüchtig und gut zu finden, dass man mit Freuden darauf stehn und bauen könnte, bin aber sehr betrogen. Ewige Vormundschaften, schwache Tyrannen- und Weiberregierungen haben alles so hinsinken lassen, durcheinander gemengt und geworfen, dass alles weicht, wornach man fasset ... Das alles zusammengenommen, und im ganzen noch immer keine Personen, durch die man würken kann, zusamt allem, was vorgegangen war und unnennbar vor mir, auf mir liegt und drückt, ohne dass man den Alp fassen kann, das alles macht mein Hiesein noch bisher zum Traume, zu einem Traume, wo man nichts absieht und also auch wenig denkt und desto mehr röchelt und fühlet. Die ersten Zeiten habe ich ordentlich nach Luft geschnappt und sie auf den sonderbaren Bergen rings um den Kessel, der Weimar heißt, auch nicht gefunden: selbst des unsäglichen Beifalls, Teilnehmens etc. habe ich noch nicht froh werden können, eben weil er so ungemessen und rasch ist. Meiner Hausehre geht's desgleichen. Unser großes, unbequemes Haus drückt uns ebenfalls und hat uns, als vornehme Leute, zu sehr gesondert, das denn auch nicht gut tut. Kurz, die erste Zeit ist mir mein altlutherscher Chorrock und der Hochwürd. Magnifizenz-Titel ziemlich unbehaglich gewesen, hoffe aber, dass es in der Zukunft besser sein wird, weil im ganzen mir doch Arbeiten und Geschäfte selbst gefallen und für die Adiuncta, die wir nicht ändern können, immer doch ein Höherer sorget. Dies ist eben die Ursache, warum ich vom Hofe nichts schreibe. Ich genieße so viel Zuvorkommenheit und Auszeichnung, als ich nur verlangen kann, schränke mich aber sehr ein, daher Sie keiner Lügensage trauen müssen, die nach der jetzigen Mode über Weimar und also auch über mich ergehet. Der Herzog, ein guter naturvoller Mensch, der manchmal Blicke tut, dass man erstaunet, ist mir gut, besucht mich zuweilen, wir haben aber weiter keine Gemeinschaft zusammen als bei Konzerten oder der Tafel, wenn ich zu ihr geladen werde. Meine Frau ist der jungen Herzogin, zu der sie manchmal gehet, mit Leib und Seele zugetan und ich nicht minder: sonst aber und im ganzen leben wir hier einsamer und zurückgezogener als in Bückeburg selbst, weil ich bei so vielen Menschen, die einem im Anfange durch die Hände gehen, noch nicht den wahren Schatz, einen Freund, habe. Der uns am meisten besucht, ist Wieland; wir berühren uns aber nur am Rande.

98. Caroline Herder: Herders Anfänge in Weimar (1777)

Den 2. Oktober 1776, abends neun Uhr, in einer der dunkelsten Nächte, kamen wir in Weimar an. Mein ältester Bruder, der bereits früher angekommen war, empfing uns.

Herder wurde vom Herzog, den beiden Herzoginnen (der regierenden und der Herzogin-Mutter *Amalia*) ungemein gut und gnädig aufgenommen; von *Goethe* als einem treuen liebenden Freund. Die Herren vom Konseil und Konsistorium empfingen ihn höflich und mit Achtung, die Geistlichkeit – unterwürfig. Diese Unterwürfigkeit war ihm fremd und zuwider. Die übrigen Einwohner, der Adel, die Kollegien und die Bürgerschaft waren voll Erwartung.

Er bestimmte den 20. Oktober zu seiner Antrittspredigt.

Den 15. Okt. wurde er im Oberkonsistorium als Konsistorialrat eingeführt und in Pflicht genommen. Nachdem er den Eid geleistet hatte, las ihm der Präsident ein Reskript vor, nach welchem *der ersten Klasse*, d. h. allen denjenigen Personen, die *seine eigentliche Gemeine* ausmachen sollten, die Erlaubnis gegeben wurde, sich ihren Beichtvater frei, wo sie wollten, zu wählen. Über diesen Inhalt war er sehr betroffen, da man ihm sogleich beim Eintritt das gegebene Wort der Vokation gebrochen, und die Gemeine, zu der man ihn berufen hatte, ohne weitere Veranlassung jetzt von ihm losband. Er äußerte dem Präsidenten seine Empfindung hierüber sogleich vor dem ganzen Kollegium. Der Präsident antwortete ihm: der Ausdruck in der Vokation: »auch höret er die Beichte derjenigen von der ersten Klasse:« sei dahin zu verstehen – *wofern sie nämlich ihm beichten wollen*! Verletzung der ihm schuldigen Achtung in Amt und Geschäften war einer der reizbarsten Punkte an Herder. Er schrieb denselbigen Tag an Se. Durchlaucht und an Goethe: »dass er unter dieser Kränkung, indem man ihm seine Gemeine nehme, sein Amt *nicht antreten werde*.« Zufällig waren der Herzog und Goethe nicht in der Stadt. Der damalige erste geheime Rat, der diese veranstaltet hatte, schien es auf den letzten Augenblick wollen ankommen zu lassen; aber Herder blieb bei seinem Entschluss. Endlich Sonnabendnachmittag um vier Uhr kam die herzogliche Resolution, »dass seine Gemeine bei ihm als ihrem Beichtvater bliebe«.

Nicht ohne ein etwas angegriffenes Gemüt hielt er am folgenden Morgen seine Antrittspredigt. Die Kirche war von Menschen gedrängt voll. Der Eindruck der Predigt war allgemein überraschend bei Stadt und Hof. (Denn man hatte unter andrem unter dem Volk verbreitet: er könne nicht predigen.) Es war nur eine Stimme des herzlichen Gefühls des Sieges der Wahrheit.

Ihm aber schien von jenem Vorfall wenig Gutes zu ahnen. Seine Festigkeit dabei wurde ruchtbar, und erwarb ihm bei einem großen Teil der Einwohner Hochachtung; andere nannten sie *Pfafferei.*

Herder machte sich in dem ersten Winter mit dem ganzen Wirkungskreise seines Amtes bekannt. Fünf Jahr war es vakant gewesen. Diese lange Vakanz brachte die Stelle um ihr altes Ansehn und um einige ihr zukommende Geschäfte und Einkünfte, die er jetzt wieder zum Teil reklamieren musste.

Es war aber damals bei vielen (nicht bloß zu Weimar) Mode, von allem, was *kirchliche oder Schuleinrichtung hieß, äußerst gering zu* halten, und jede Erziehung zu moralischer Bildung und zur Wissenschaft als unnatürlich, als unvernünftige Missbildung zu verwerfen, dagegen zu deklamieren und zu spotten, und nur die physische Ausbildung zu begünstigen. Der geistliche Stand besonders wurde bei jeder Gelegenheit lächerlich gemacht, Parallelen zwischen dem armseligen Landgeistlichen und dem kräftigen, in freier Natur lebenden Soldaten oder Jäger häufig gezogen, wobei dann freilich der stille studierende Prediger in das jämmerlichste Licht kam. Leute von diesem Ton, die sonst Herdern hochschätzten, wünschten nichts mehr, als dass auch er in ihre Ansichten eintreten möchte, und bemühten sich durch feine und grobe Darstellungen öfters dahin. Das konnte nun freilich durchaus nicht gelingen: er blieb seinem Beruf, seinen Grundsätzen über Moralität, Religion, Wissenschaften und die hiefür gegründeten Erziehungsanstalten standhaft treu …

Er veranstaltete schon in dem ersten Jahr seiner Amtsführung eine vorteilhaftere Einrichtung des *Kirchenrechnungswesens* und eine bessere Art der Abnahme derselben: wozu auch dieses gehört, dass der geistliche und weltliche Kirchenkommissarius sämtliche Rechnungen jährlich dem Oberkonsistorium zur Einsicht einsenden und Bericht darüber erstatten musste. So wurde das Anliegen der Kirchen und ihres Vermögenszustandes zur nähern Kenntnis des Konsistoriums gebracht, welches vor seiner Zeit nicht gewesen war. Das Oberkonsistorium hatte zwar die Oberaufsicht über Kirchen- und Schulgüter und fromme Anstalten im Ganzen, aber die so nötige spezielle Kenntnis jedes Einzelnen erzielt es nicht: wodurch doch allein ihre Verwaltung immer wach erhalten wird. Schon durch diese einzige Einrichtung wurde mancher Unordnung oder Nachlässigkeit in ihrer Ökonomie gesteuert, wodurch verschiedene Kirchen vorher verarmet waren. Er selbst war jetzt in seiner Diözese bei vierzig Kirchenrechnungen, nebst seinem weltlichen Konkommissarius, der Erste, den man in diesem Geschäft vonseiten des Oberkonsistoriums monierte. Das wusste er. Aber dass man ihn und seinen Kollegen bisweilen über 1–2 Groschen monieren und schikanieren, und sich bogenlange Berichte darüber würde erstatten lassen, das war ihm unerwartet, und machte in der Folge den Kirchenkommissarien in ihrem neuen besser geführten Geschäft bei dem besten Willen nur Verdruss.

99. Christoph Martin Wieland: Herder als Prediger (1776)

Aber er ist mir zu groß, zu herrlich; ich kann nicht von ihm reden. Und gerade dies, dass sein Geist zu groß ist, ist hier in Weimar eine Art von Unglück für ihn. Außer Goethe, der aber gerade am wenigsten mit ihm leben kann, weil er für den Herzog und seine leidige Ministerschaft leben muss, außer Goethe, wer ist hier ein Mann für Herder? Wer kann nur mit ihm gehen, geschweige im Geist mit ihm ringen, ihn im Atem erhalten? Ich selbst fühle, wie wenig ich ihm sein kann. Fühlen, einsehen, durchschauen, was er ist, und ihn lieben, mehr als ihn noch ein Sterblicher geliebt hat. Das kann ich; aber wie unzulänglich ist das für einen so tiefdenkenden, allumfassenden, mächtigen Genius! Bei alldem ist jetzt mein Haus eine Art von Ressource für ihn und den Engel sein Weib. Alles, was in meiner Familie atmet, ist von Herder und Herderin eingenommen.

Die Einwohner von Weimar waren gegen ihn präokkupiert. Trotzdem hat er gleich durch seine erste Predigt großen Eindruck gemacht und alle Herzen gewonnen. Er predigt, wie noch niemand gepredigt hat, so wahr, so simpel, so fasslich, und doch alles so tief gedacht, so rein gefühlt, so schwer an Inhalt! Und was das Wunderbarste ist, so reinen Menschensinn, so lautere Wahrheit und doch alles so orthodox, so himmelweit von dem Begriffe und der Lehrart unserer Modetheologen unterschieden!

100. Joseph Rückert: Herder als Prediger (1799)

Seine Predigten, die zur Verherrlichung der höchsten Feste des christlichen Jahres zu dienen scheinen, nehmen einen hohen, poetischen Schwung, wodurch sie sich dem Sinn und Verstande des größern Teils gemeiner Zuhörer etwas entziehen. Der gebildete Teil unterhält sich gut dabei; der große Haufen aber steht da mit weitgeöffnetem Munde und Auge, wie vor einer glänzenden Lufterscheinung, die er anstaunt, ohne sie zu begreifen. Dazwischen fällt nun freilich auch ein goldner, verständlicher Spruch auf das Herz des Hörers herab, wie nach dem Aberglauben mancher Leute aus dem Regenbogen ein goldnes Schlüsselchen jederzeit herabfallen soll.

101. Friedrich Schiller: Herder als Prediger (1787)

Am vorigen Sonntag hört ich Herdern zum ersten Mal predigen. Der Text war der ungerechte Haushalter, den er mit sehr viel Verstand und Feinheit auseinander setzte, du kennst das *Equivoque* in diesem Evangelium. Die ganze Predigt glich einem Diskurs, den ein Mensch allein führt, äußerst plan, volksmäßig, natürlich. Es war weniger eine Rede als ein vernünftiges Gespräch. Ein Satz aus der praktischen Philosophie, angewandt auf gewisse Details des bürgerlichen Lebens – Lehren, die man ebenso gut in einer Moschee als in einer christlichen Kirche erwarten könnte. Einfach wie sein Inhalt ist auch der Vortrag, keine Gebärdensprache, kein Spiel mit der Stimme, ein ernster und nüchterner Ausdruck. Es ist nicht zu verkennen, dass er sich seiner Würde bewusst ist. Die Voraussetzung dieses allgemeinen Ansehens gibt ihm Sicherheit und gleichsam Bequemlichkeit, das ist augenscheinlich. Er fühlt sich als einen überlegenen Kopf, von lauter untergeordneten Geschöpfen umgeben. Herders Predigt hat mir besser als jede andre, die ich in meinem Leben zu hören bekommen habe, gefallen – aber ich muss dir aufrichtig gestehen, dass mir überhaupt keine Predigt gefällt. Das Publikum, zu welchem ein Prediger spricht, ist viel zu bunt und zu ungleich, als dass seine Manier eine allgemein befriedigende Einheit haben könnte und er darf den schwächlichen Teil nicht ignorieren wie der Schriftsteller. Was kommt also heraus? Entweder er gibt dem Menschen von Sinn Alltagswahrheiten oder Mystik zu hören, weil er dem Blödsinnigen opfern muss – oder er muss diesen skandalisieren und verwirren, um den ersten zu unterhalten. Eine Predigt ist für den gemeinen Mann – der Mann von Geist, der ihr das Wort spricht ist ein beschränkter Kopf, ein Phantast oder ein Heuchler. Diese Stelle kannst du übrigens beim Vorlesen meines Briefs überschlagen. Die Kirche war gedrängt voll und die Predigt hatte das große Verdienst, nicht lange zu dauern.

102. Friedrich Schiller: Besuch bei Herder (1787)

Ich komme von *Herdern.* Wenn ihr sein Bild bei Graff gesehen habt, so könnt ihr ihn euch recht gut vorstellen, nur dass in dem Gemälde zu viel leichte Freundlichkeit, in seinem Gesicht mehr Ernst ist. Er hat mir sehr behagt. Seine Unterhaltung ist voll Geist, voll Stärke und Feuer, aber seine Empfindungen bestehen in Hass oder Liebe. Goethen liebt er mit Leidenschaft, mit einer Art von Vergötterung. Wir haben erstaunlich viel über diesen gesprochen, was ich euch ein andermal erzählen will. Auch über politische und philosophische Materien einiges, über Weimar und seine Menschen, über Schubart und den Herzog v. Wirtemb, über meine Geschichte mit diesem. Er hasst ihn mit Tyrannenhass. Ich muss ihm erstaunlich fremd sein, denn er fragte mich, ob ich verheiratet wäre. Überhaupt ging er mit mir um, wie mit einem Menschen, von dem er nichts weiter weiß, als dass er für etwas gehalten wird. Ich glaube, er hat selbst nichts von mir gelesen.

Herder ist erstaunlich höflich, man hat sich wohl in seiner Gegenwart. Ich glaube, ich hab ihm gefallen, denn er äußerte mehrmal, dass ich ihn öfters wiedersehen möchte.

Über sein Bild von Graff ist er nicht sehr zufrieden. Er holte mir's her und ließ mich's mit ihm vergleichen. Er sagt dass es einem italienischen *Abbe* gleich sehe.

Goethe, gesteht er, habe viel auf seine Bildung gewirkt.

Er lebt äußerst eingezogen, auch seine Frau, die ich aber noch nicht gesehen habe. In den Club geht er nicht, weil dort nur gespielt oder gegessen oder Toback geraucht würde. Das wäre seine Sache nicht …

Herder und seine Frau leben in einer egoischen Einsamkeit und bilden zusammen eine Art von heiliger Zwei-Einigkeit, von der sie jeden Erdensohn ausschließen. Aber weil beide stolz beide heftig sind, so stößt diese Gottheit zuweilen unter sich selbst aneinander. Wenn sie also in Unfrieden geraten sind, so wohnen beide abgesondert in ihren *Etagen*, und Briefe laufen Treppe auf, Treppe nieder, bis sich endlich die Frau entschließt, in eigner Person in ihres Ehgemahls Zimmer zu treten, wo sie eine Stelle aus seinen Schriften *rezitiert*, mit den Worten: »Wer das gemacht hat, muss ein Gott sein, und auf den kann niemand zürnen.« – Dann fällt ihr der besiegte Herder um den Hals und die Fehde hat ein Ende. Schlechter sind diese Gottheiten bestellt, wo sie wieder an die Sterblichkeit grenzen. So weiß man zum Beispiel, dass Fleischer und Schneider hunderte an sie zu fordern haben, und zwar seit acht und zehen Jahren. Einer Magd, die aus dem Dienst geschickt wurde und welche ihren, sehr hochangelaufenen Lohn forderte, setzte die Frau *Generalsuperintendenten* höchsteigenhändig eine Rechnung von allem zerbrochenen Küchengeschirre auf, dass nur noch 2 oder 3 Taler zu bezahlen übrig blieben.

103. Nikolai Karamsin: Besuch bei Herder (1789)

Herder kam mir im Vorhaus entgegen und empfing mich so freundlich, dass ich den berühmten Schriftsteller und den großen Geist vergaß und nur den liebenswürdigen, höflichen Mann in ihm sah. – Er erkundigte sich nach den politischen Verhältnissen Russlands, doch mit großer Bescheidenheit. Darauf lenkte sich das Gespräch auf Literatur, und da er hörte, wie sehr ich die deutschen Dichter liebe, fragte er mich, welchen von allen deutschen Dichtern ich vorzöge. – Diese Frage setzte mich in Verlegenheit. Endlich antwortete ich stotternd: »Ich halte Klopstock für den erhabensten der deutschen Sänger.« – »Und zwar mit Recht«, sagte Herder. »Doch wird er weniger gelesen als andere Dichter, und ich kenne mehrere, die beim zehnten Gesang der Messiade mit dem Vorsatz aufgehört haben, dies berühmte Gedicht nie wieder anzurühren.« Er lobte Wieland, aber besonders Goethe; er ließ durch seinen kleinen Sohn die neue Ausgabe von den Werken dieses letzteren holen und las mir mit vieler Empfindung einige kleine Gedichte vor, worunter ihm vorzüglich das Lied »Meine Göttin« gefiel. »Das ist wahrhaft griechisch«, sagte er, nachdem er's gelesen hatte, »und welche Sprache! Welche Reinheit und Leichtigkeit!«

104. Johann Georg Müller: In Herders Familienkreis (1780)

Samstag, den 7. Oktober

Morgen um 7 stand ich auf. Kaffee mit Semmel. Der Wirt forderte die Zeche für gestern, 9 Gg. (weil das so der Brauch seie: wahrscheinlich traute er dem Monsieur nicht!). Nun schrieb ich bedächtlich ein Billetgen an *Herder*: »Ich sei ein Schweizer, komme von Göttingen und habe ihm einige Grüße von Z[ürich] zu bringen.« Es war ½9 Uhr. Wie mir das Herz pochte! Wenn er nicht zu Hause wäre, wenn er mich nicht gut aufnähme! u. dgl.

Alles war in mir auf die Antwort gespannt: ich war sonst in der engen Kammer, wo's noch etwas kalt war, bang – endlich kam der Knabe: »Punkt 10 Uhr soll ich kommen!« Die trotzige Antwort machte mich stutzig; doch fragte ich den Knaben um alles.

Noch eine ganze Stunde soll ich warten! (Sie hatten das Billett beim Kaffeetrinken bekommen und sich viele Gedanken drüber gemacht. Sie sagte: »Der dunke sie ein guter Mensch zu sein,« und doch war weiter nichts dran als die Handschrift).

Aber zu Hause konnte ich's nicht aushalten, der Junge musste mich wenigstens zu seinem Haus führen, ob ich ihn vielleicht durchs Gegitter sehe. Wie ich bei Herders Kirche war, auf einem großen Marktplatz, verschwand der Knabe, ich ging also um die ganze Kirche herum, sah jedes Haus an, wie wenn's seines wäre – erriet's aber nicht. Nun ging ich wieder in meinen Elefanten, wie Jonas in den Walfisch (zufolge der neueren wirtschaftlichen Bauchexegetik).

Ich ging wieder nach Hause, saß da an einem Tischchen, stierte und war mir halb bang bei der Sache. Ah, wie saumt's, wie saumt's! Als es einige Minuten *vor* war, ging ich endlich und klopfte noch kräftig am großen Klopfer an.

Den Weg wusst ich alleine. Auf dem großen Marktplatz fragte ich: man wies mich hinter die Kirche. Furcht und Hoffnung lag auf mir: der Gedanken: in einigen Minuten siehst du Herder! war mir unausdenklich.

Hinter der Kirche steht ein großes modernes Haus mit halb erhobnen Säulen bis oben auf; es hat vor den andern etwas antikern Häusern etwas stolzes. Hart dran ist eines Obristen Haus: da stand eine Schildwacht; ich fragte an – »gehen Sie gleich da neben ein!« Ich öffnete eine Tür und stand in einem Unterhaus, das sich gegen einen Hof und Garten öffnete. Das ist *Herders* Haus. Es wälzten sich unbekannte Gefühle in mir herum. Bang ging ich hinauf; »wenn er nur nicht so plötzlich daherkommt!«, war meine dunkle Empfindung. Als ich eine Treppe hoch war, fragte ich die Magd. »Ich sollte nur diese gebrochene Treppe hinaufgehen.«

Ich stand auf einer Laube. Eine so ganz sonderbare Empfindung verspürte ich noch nie. Meine Seele ist ganz wieder darin. Eben jetzt drängt sich mein Blut wieder zum Herzen und mit Heftigkeit an diese Fingerspitzen; ich meinte – das ist gewiss wahr – alles sei ganz anders um mich; es umschwebe mich ein dunkler fremder Geist. Alles ahndete geheimen Sinn und unausgesprochne Worte.

Endlich bopperte ich an der Türe rechter Hand an, eine große hellblaue Türe mit zwei Flügeln – einmal, zweimal; keine Antwort;

so wend ich mich zu den Heiden und ging zur linken, ebenso gestalten Türe, klopfte auch an; vergebens. – »Wie wird's mir gehen? Er wird mich kalt wie ein Theolog empfangen und höflich wie ein Staatsmann wieder gehen lassen! Ich will herunter!«

Das tat ich schleichend; da kommt der Bediente. »Belieben Sie in dies Zimmer, der Herr Generalsuperintendent werden sogleich ihre Aufwartung machen.« So hing ich zwischen Himmel und Erde. Ich ging hinein, linker Hand; ein hübsches Zimmer, fein tapeziert, Kanapee, Kupferstiche, Cleopatra der Angelika Kaufmann, Samma und Benoni, einige von Schmidt u. dgl. Ich stand vor der Cleopatra und mochte wohl gezittret haben. Endlich hörte ich jemand gehen. Zum letzten Mal der Donner auf alle meine Nerven, die Tür auf – da stand *Herder*! Voll Huld und Milde, lächelnd wie ein Frühlingsmorgen. Weg wie ein Blitz alle Silhouetten, Kupferstiche, Beschreibungen u. dgl.

Das Zimmer gegenüber war geöffnet. Er gab mir, glaub' ich, die Hand, führte mich hinein und setzte mich aufs Kanapee, nahm einen Sessel und setzte sich hart an mich bei dem kleinen Tischgen. Ich gab ihm *Häfelys* Brief; er las ihn, wie alles, mit vielem Bedacht; ich war so voll Freuden, dass ich den Mund fast gar nie in seinen gewöhnlichen Falten halten konnte. Ich sah auch gerade aus wie ein Pilger. – Währenddem er las, gaffte ich mit Ruhe umher; ein geschmackvolles Zimmer. Gleich gegen mir über auf einem Schreibtisch stand eine herrliche Büste der Minerva von schwarzem Stein, die ihm die Herzogin *Luise* geschenkt, und wonach *Goethe* ein sehnliches vergebliches Verlangen hat. Zwei Kupferstiche, vielleicht die einzigen Überbleibsel der ehemaligen *Kaufmännischen* Reformen, Mondlicht und Frühlicht, und einige Porträts aus der Physiognomik, Rafael und La Clemence, und ein großer Spiegel: das ist der einzige Schmuck dieses einfachen Zimmers.

Endlich ward er fertig, wir drückten uns stark die Hände und ich bezeugte ihm mehr mit Blicken als mit Worten, wie sehr's mich freue, ihn zu sehen …

Ich konnte frei von der Brust reden …

Ich fühlte mich im geringsten nicht gedruckt. Seine Worte – o, so voll Huld und lächelnder, lieblicher Grazie – flößten mir immer mehr Zutrauen ein.

Nun sagte er, er wolle seine *Frau* rufen. Das war mir recht und doch nicht recht. Ich hatte ihre Silhouette in der Physiognomik gesehen und eben kein gutes Omen d'raus gezogen. Ich hielt sie für sehr gelehrt und ihre Gelehrsamkeit fühlend. Er ging in ein Nebenzimmer und blieb eine gute Weile aus. Endlich kam er wieder, und bald hinter ihm *sie*, – o! das ist nun gar ein herrlicher, freundlicher Engel! Sie schwebte daher, leicht und sanft, und so milde, so freundlich und lieblich, so zart und treu und vertraulich, nahm gleich einen Sessel, setzte sich auf meine linke Seite, fragte mich tausend Dinge aus; ich saß mitten inne, wie einer aus ihnen. Auch mussten ein paar Buben kommen, weiß nicht mehr, welche; die waren auch freundlich und strotzten in ihrer Jugendkraft …

Ich fragte ihn einiges über meine Studien; da gab er mir seine neuen ›Briefe über das Studium der Theologie‹, was mich ungemein freute, denn ein treuer naher Ratgeb ist mir sehr nötig. (Sonderbar, dass er, wie er mir selbst sagte, bloß vor zwei Stunden die Exemplare aus der Buchdruckerei bekommen. Angenehmer Lohn, dass er sogleich einen fand, für den dies Buch so ganz passend war!) Ich bin so ganz dem blinden Rat der Jugend übergeben und kann auch nicht alle Tage in die Schweiz schreiben. Noch mehr. Er sagte: »Haben Sie etwas darüber zu fragen, so schreiben Sie's mir geradezu! Es ist mir nichts liebers, als jungen Studierenden zu helfen etc.«

Nun spazierten wir ganz vertraulich wohl eine Stunde, bis zwölfe, die Stube auf und ab und redten über eine Menge Dinge, die aber meistens ihn und seine Schriften betrafen und mir nur durch Gespräche wieder beifallen können. Alle Bande waren gelöset. Er hatte alles Hohe, Wunderbare für mich verloren, und Höhe und Tiefe waren durch sanfte Bande verbunden worden.

Da es hieß, ich sollte da zu Mittag speisen, schlug ich's gar nicht ab. Man machte alle Anstalten. Ich musste oben am Tisch sitzen, Herder zur Rechten, sie zur Linken, unten am Tisch herum (es war ein ovaler) die vier Buben …

Der eine saß auf ›Semleri Antiquitatibus Graecis‹, der andere auf ›Erasmi Francisci‹ amerikanischem Krautgarten, oder wie das Ding heißt.

Er heißt *Gottfried* und ist geboren 1744 zu *Mohrungen* in Preußen. Sie *Maria Carolina Flachsland*, geboren zu Reichenweiher, nicht weit von Basel. Der älteste Sohn heißt Wilhelm Christian *Gottfried*, etwa 6–7 Jahr alt. Der zweite *August* Wolfgang Sigmund. Der dritte Ludwig *Wilhelm* Ernst. Der vierte Karl Aemil *Adelbert*, und ist etwa ein Jahr alt. Noch kein Kind ist ihnen gestorben.

Wir stellten jedem die Nativität, und sie wird gewiss eintreffen. *Gottfried* hat einen weisen, bescheidenen, stillen Charakter, ruhigen, heitern Blick, er könnte eine Baconsseele sein. Er ist mir besonders lieb.

August gibt ohne anders ein Dichter. Er hat so entschiedene Anlagen dazu, dass sie jedem nur wenig geübten sogleich auffallen. Er wird einer nach Gleims Art, ein empfindsamer, graziöser, verliebter Dichter. Er hat etwas sehr Feines im Gesicht (das alle haben, Nr. 3 ausgenommen), das besonders im Anfang sehr reizt, schmeichelhaft, liebreich und geboren zum gesellschaftlichen Leben.

Wilhelm, ganz verschieden von diesen beiden. Ein dicker, runder Kerl, der sehr handfest werden kann, mit weniger Geist, aber sehr gutem Herzen. Ist, wie alle, sehr aufmerksam, wenn ihnen der Vater Feenmärchen oder so was erzählt. (Er hat zwei Zunamen: der viereckte oder der Löw.)

Adelbert oder *Adel* –, ein exzellentes Pürschgen und wahrscheinlich des Vaters Nachfolger, dem er, wie's mir scheint, auch im Gesicht am ähnlichsten sieht. Er kann noch nicht gehen, aber seine Freude ist, den ganzen Tag auf allen vieren im Boden herumzukrabbeln und wenn man nicht bei Zeiten zusieht, in der Speitruhe zu rumoren. Er hat gewiss viel Geist, Leben und Tätigkeit. Es ist mir, er fühle schon itzt etwas von seiner Übermacht über die andern; was jene zerstreut haben, ist in ihm verbunden …

Um zwölf Uhr gingen wir also zum Essen. Wir hatten Eiersuppe, Rübli, Braten, Fleisch, Karpfen, Wein, Trauben, Nüsse. Die Buben »brötschten« [plauderten] immer.

Eine fröhliche Mahlzeit für Geist und Leib, alles mit Salz gewürzt. Ich musste ihnen von Häfelys Hausregiment erzählen, das sie sehr delektierte, und von einem jeden seiner Zürcher Freunde besonders. Man horchte sehr aufmerksam, und am Ende wurde für allerseitiges Wohlsein ein Glas Wein ausgestürzt. Der hiesige Wein will mir aber nicht behagen. Es ist ein ganz anderes Getränk als unser Heerebergier, nicht so mild und bisweilen wohl etwas mit Gebranntem tingiert, dazu übermäßig teuer. Nach dem Essen spazierte ich eine Weile mit Frau Herderin die Stube auf und ab, sie erzählte mir viele Partikularien von ihrem Mann, wie fast gar nichts sie zu einander gebracht und doch immer fröhlich und gut durch die Welt gekommen. Er habe sonst nicht immer gern Fremde, aber ich sollte nur glauben, ich sei ihm recht.

Nun tranken wir Kaffee. S. Hochwürden schmauchten dabei ein halbes Pfeifgen Toback; denn Sie sagen, sobald's über die Hälfte sei, tauge er nicht mehr. Herder raucht des Tages, wie ich glaube, nur zwei- höchstens dreimal, macht aber dann ein sehr süffisantes Mündchen dazu.

Das Manuskript von dem künftige Ostern herauszukommenden *Andreae* hat Herder seiner Frau geschenkt. Sie korrespondiert und traktiert mit den Buchdruckern. Hartknoch in Riga soll ein ehrlicher treuer Freund sein, der ihnen auf den ersten Wink 3–400 Thlr. verehrte, sich aber nie dazu verstehen würde, ein Buch um einen Taler billiger zu drucken, als er's andern tut.

Herder marktet mit keinem Buchhändler, sondern nimmt, was sie ihm geben und wird eigentlich grimmig, wenn ihn jemand um den Buchhändlerlohn frägt. Sieht also auch den unchristlichen teuflischen Gewinn und Gewerb unserer Schriftsteller mit der Wahrheit als etwas entsetzliches an.

105. Joseph Rückert: Jean Paul in Weimar (1799)

Jean Paul Richter, dieser berühmte Dichter mit zweien Köpfen, deren einer eine Cherubs-, der andere eine Satyrs-Physiognomie hat, wandelt erst seit kurzer Zeit auf Weimars fruchtbaren poetischen Auen. Das Äußere dieses merkwürdigen Mannes ist der reine Abdruck seines Geistes. Die höchste geistige Heiterkeit mit einer Miene, die das Lächerliche bemerkt, malen sich vermischt in seinem ausdrucksvollen Gesichte. In seinem immerbewegten Auge regt sich und glüht jenes hohe, idealische Feuer und Leben, jene geistige Trunkenheit, die uns in seinen Schriften ergreift. Sein ganzes Wesen ist Seele. Seine Reden fließen über von Witz und Laune, wie seine Werke. Von ihm kann man sagen, was von Voltaire erzählt wurde: er tue den Mund nicht auf, ohne etwas Witziges zu sagen. Nur wechseln bei unserm Dichter mit dem strengen Witze noch seine sanften Freundinnen, die gute Laune und das Schöne ab. Sein Ruhm bahnte ihm den Weg zu dem Hof der Herzogin-Mutter und zu noch manchem andern geweihten Kreise, dessen Freude er wurde. – Seine Arbeiten sind für ihn Wollust, geistige Schwelgerei, von denen er sich nur mit Gewalt losreißen kann. Sein wissbegieriger Geist hat jede Wissenschaft methodisch studieret; und Jean Paul lieset noch täglich, was ihm unter die Hände kömmt, von Goethe an, seinem Idole, bis zu dem Leipziger Adresskalender herab mit großer Aufmerksamkeit und zieht sich Exzerpte heraus, deren er schon von früher Jugend auf ganze Stöße verfertiget hat. – Nichts in der Welt hasst er so sehr als die Kantianer, weil sie ihm die Liebe aus der Menschheit vertreiben zu wollen scheinen. Er rät in seinen Schriften sogar, Mäusegift gegen diese Sekte zu gebrauchen.

Nach Goethe sind ihm Herder und Jacobi die liebsten Geister. Herder schätzet ihn eben so sehr; und beide führet eine freundschaftliche Muse oft zusammen. Nicht ganz so vollkommen harmonieret Wieland mit unserm Dichter. Die unordentliche Phantasie des letztern beleidiget jenes Geistes feines, griechisches Ebenmaß. Doch lässt Wieland dem Genie Jean Pauls Gerechtigkeit widerfahren. Vorzüglich bewundert er die schöne und hohe Idealität der Charaktere im Hesperus und behauptet, dass ein so reiner und himmlischer Charakter, als *Chlotildens*, noch aus keiner Dichterseele geflossen sei. – Neben den Büchern studieret Richter auch fleißig und mit großem Interesse den Menschen. Er sucht oft den Lärm des Lebens auf, erscheint an öffentlichen Orten, bei fröhlichen Gelagen, mischt sich unter das Volk und betrachtet ihr Tun und Wesen stumm, mit scharfem, aufmerksamen Auge. – Er wird sich nächstens mit einem Fräulein in Hildburghausen vermählen, deren Seele der seinigen verwandt sein soll.

106. Friedrich Wilhelm Riemer: Johann Daniel Falk

Falks brillianteste Zeit fiel in die Jahre von 1806 bis 1814, wo er ein öffentliches für Stadt und Land ersprießliches Leben führte, sich auch persönlich zu einer ansehnlichen, früher ihm ganz und gar abgehenden Erscheinung herausgebildet hatte, und für eine der literarischen Notabilitäten Weimars gelten konnte. In dunkelblauem Frack und gleichen Pantalons, einem französischen Kommissär nicht unähnlich, mit schwarz befiedertem Dreimaster und goldner Agraffe, ein ostindisches Taschentuch vor dem Mund haltend, und mit schlausatirischen Falkenaugen umherblickend, sah man den neuen *Legationsrat* stolz durch die Straßen wandeln, dreist und frei in die Zimmer seiner Gönner, Freunde und Bekannten treten.

Seine schriftstellerische Tätigkeit wollte seitdem nicht mehr viel besagen; er widmete sich der Erziehung der durch die Kriegsläufte verwaisten und verwahrlosten Kinder aus den untersten Klassen und stiftete hier ungemein viel Gutes, so dass sein Name unter den Wohltätern Weimars eine rühmliche Stelle einnimmt. Dies darf jedoch nicht hindern, ihn von seiner genialen, geselligen und schriftstellerischen Seite mit andern Augen anzusehen, und zumal in bezug auf Goethe an seiner Kompetenz, eine ganz reine, unverfälschte Schilderung von diesem zu entwerfen, aus tatsächlichen Gründen zu zweifeln …

Falk war ein unerträglicher Schwätzer und selbst Frau *von Staël* gab ihm den Namen *bavard*, nur dass sie – gleich jener Burgkastellanin zu Nürnberg, welche, wenn man auf *die Schmeichler* schalt, sie in Schutz nehmend zu sagen pflegte: »Ach, was hab ich die Schmeichler so lieb« – ihrerseits versicherte: »*die Schwätzer* gefielen ihr.« Nicht so gefiel er in Weimar. Jedermann, der ihn näher kannte, floh ihn deswegen in Gesellschaft wie auf der Straße: denn er hielt wie ein Polizeidiener die Leute fest, sprach in sie hinein und nötigte sie, nachrückend, ihm standzuhalten, oft noch zwischen Tür und Angel; ja von der Stubentür bis zur Haustür wurde man von ihm eskortiert und musste geduldig anhören. Zwischen den Fluss seiner Rede war es nicht möglich, eine Stecknadel einzuschieben; und nur etwa der Moment, wo er sich eines gewissen allzu reichlichen Zuflusses zu entledigen hatte, – wozu er es aber selten kommen ließ, da er inzwischen schon immer durch Nebenwege ihn beseitigte, – musste abgepasst werden, um nur ein Wort zu erwidern, oder lieber durch ein »ich empfehle mich«, das aber überhört wurde, sich um einige Schritte weiter zu fördern …

Er hielt nunmehr Bet- und Singstunden, erklärte seinen Knaben die Bibel, verachtete den gelehrten Schulunterricht und äußerte ganz laut, allen Professoren und Gymnasiallehrern zum Angehör: »die gelehrten Schulen zögen und bildeten nur griechische und lateinische Spitzbuben.« Sein Wort in Ehren! so waren sie doch immer noch als Pflanz- und Vorschulen für sein Institut anzusehen, das unter andern solche Subjekte verlangte und aufnahm, um seine Besserungskünste daran spielen zu lassen.

Im übrigen ahmte er dabei nur den barmherzigen Schuster in Rom nach, wie ihn Goethe beschreibt, und wahrscheinlich nach dessen mündlicher Tradition: denn Goethe erzählte öfters die Geschichte dieses eben so weltklugen als frommen Waisenvaters lange zuvor ehe er sie weiter ausgeführt seiner italienischen Reise einverleibte.

Alle Jahre am 30. Januar zog Falk mit seinen Eleven in Prozession auf den Schlosshof, stellte sich und sie, unter Absingung geistlicher Lieder, den fürstlichen Personen und deren Umgebung dar, und erreichte, gerade wie jener römische Altreiß, durch den Anblick der ungleich ausgestatteten Schar, dass für die minder gut bekleideten reichliche Kollekten zusammenflossen.

107. Joseph Rückert: Karl August Böttiger (1799)

Böttiger, Oberkonsistorialrat und Direktor der Schule in Weimar. Dieser große und berühmte Gelehrte besitzet die seltene Gabe, eine

Menge von Geschäften in kurzer Zeit zu verrichten. Er besorget an einem Tage seine Schularbeiten, das Modejournal, den Deutschen Merkur, die Zeitschrift von London und Paris, seine weitläufigen Korrespondenzen, arbeitet an den Noten zu den Vasengemälden, an der Herausgabe der alten Klassiker usw. und besucht nebenbei zur rechten Zeit die Komödie und den Zirkel seiner Freunde mit aller Munterkeit des Geistes, die wie sein äußeres Ansehen nicht durch eine lästige Anstrengung gebückt erscheint, sondern die Verbindung des großen Talents, der Leichtigkeit zu arbeiten mit dem größern der Gründlichkeit und Besonnenheit zeigt. Kömmt noch ein bekannter fremder Gelehrte in Weimar an, so bleibt ihm noch immer so viele Zeit übrig, diesem vor Untergang der Sonne alle großen und kleinen Merkwürdigkeiten der Stadt, so wie uns allen jene in Griechenland, zu zeigen.

108. Ludwig Christian von Oertel: Karl August Böttiger (1800)

Böttiger habe ich nun näher kennen gelernt. Er sagte mir sogleich bei der ersten Unterhaltung, dass er den Tag, an dem er meine Bekanntschaft zu machen die Ehre gehabt hätte, unter die glücklichsten seines Lebens zähle. Welch Kompliment! So soll er sich aber überall benehmen, jedem Artigkeiten und Süßigkeiten sagen, und sich unentbehrlich zu machen suchen. Ich weiß nicht, ob ein solches Verhältnis, aller Welt Freund zu sein, im bürgerlichen Leben statt haben kann, ohne bald den einen bald den andern zu kompromittieren. Er muss eine ganz eigne sonderbare Erziehung gehabt haben, die ein solches Betragen bewirken konnte, oder er muss stets unter Menschen gelebt haben, die nicht fein genug waren, solche Schmeicheleien nicht zu verlangen. Auch besitzt er die Kunst, alle Menschen zu seinem Vorteil zu nutzen. – Was seine Gelehrsamkeit – besonders Philologie betrifft – so habe ich nicht leicht einen Mann gesehn, der sie in einem so hohen Grade besitzt. Ein wahrer Polyhistor, der jeden Schlupfwinkel im alten Rom und Griechenland, jede zerbrochene Vase im neuen kennt. Ja ich glaube, dass er unter den jetztlebenden Philologen Deutschlands der vielwissendste ist. Er besitzt zugleich scharfsinnige Kritik und viel Liebe für die Künste. Ob er aber auch der geistigste Philolog Deutschlands sei, ob er bei seinen Kenntnissen der Kunst und des Schönen auch seinen richtigen Geschmack besitze, das ist eine andre Frage. Wenigstens hat er in seinen Programmen und Abhandlungen noch keine großen Beweise davon gegeben. Ich wünschte sehr, dass er es täte, denn wären ihm wirklich richtiges Urteil und Geschmack eigen, so könnten wir mit Recht viele treffliche Sachen von ihm erwarten. Sein Geburtsort ist problematisch wie sein Genie, doch glaubt man zu Elsterberg im Voigtlande den Punkt zu erblicken, wo er zuerst den Äther getrunken, und seine Biegsamkeit des Rückens scheint von dem festen geraden derben Wesen der Voigtländer, welches letztere ich besonders an den Postmeistern bemerkt, eine Ausnahme zu machen.

109. August von Kotzebue: Johann Karl August Musäus

Noch sehe ich ihn, wie er täglich mit dem Buche unter dem Arm aus seinem Hause ins Gymnasium ging, wie rechts und links die Bürger ihn so freundlich grüßten und er so höflich, immer mit dem Hute in der Hand, seinen »schönen Dank« ihnen zulächelte. Und wenn er spazieren ging, vor das Tor, an den Krautländern herunter, und die Bürger arbeiten sah, so unterhielt er sich mit einem jeden, und immer sprach er so, dass er den interessierte, mit welchem er sprach: von Wirtschaft und Hauswesen, von Rüben und Kartoffeln. Gern ließ dann der fleißige Landmann Hacke und Spaten ruhn, hielt seine Mütze in der Hand und wurde geschwätzig. Aber auch er hielt seinen Hut in der Hand und bedeckte sich nicht eher, bis der andere seine Mütze aufsetzte. So stahl er sich in alle Herzen, und man durfte nur den Professor Musäus nennen, wenn man ein freundliches Gesicht sehen wollte …

Es liegt manchem Narren so viel daran, im Gespräch seinen Titel zu hören. Musäus ermangelte nie, denselben alle Augenblicke einfließen zu lassen, und wenn er z. B. nicht recht gewiss wusste, ob der, mit dem er sprach, Rat oder Hofrat sei, so nannte er ihn lieber »Herr Hofrat«, um auf keinen Fall zu verstoßen. Ein Edelmann, war er gleich nur Fähndrich, war bei ihm immer »Ew. Gnaden«. »Das«, sagte er oft ganz trocken, »kostet mich nichts«. Niemand verstand besser als er, die Ansprüche jedes Narren in Gottes Namen gelten zu lassen. Jedem nachzugeben, dem viel daran gelegen war, Recht zu behalten, keine Torheit anzutasten, außer mit der Feder in der Hand, und keine Schwachheiten aufzudecken, seine eigenen ausgenommen. Ja, seine eigenen kleinen Launen und Sonderbarkeiten waren oft das Ziel seines Witzes. Stundenlang erschütterte er das Zwerchfell seiner Freunde, wenn er mit der gutmütigsten und trockensten Laune von der Welt anfing, sich über sich selbst oder über seine Frau lustig zu machen.

110. Heinrich Schmidt: Mein Lehrer Musäus

Der unbefangene, natürliche Humor, der in seinen Schriften lebt und webt, war zum Vergnügen des ausgewählten Publikums auch auf dem Privattheater der Frau Herzogin Amalie in komischen Rollen sehr beliebt und wirksam, und trotzdem, dass er neben Goethe, Einsiedel und Bertuch einen harten Stand hatte, trat er stets mit allgemeinem Beifall auf. Besonders aber auch im Umgang und Lebensverkehr, wo es nicht eingelernte fremde Ideen und Redensarten, wie auf dem Theater, sondern seine eigenen launigen und muntern Einfälle galt, war sein gutmütiger Humor und Witz von bester, ausgiebigster Würze. Die Volksmärchen, die durch geniale Einkleidung die seinigen wurden, ließ er sich von einem kleinen Kerl, gewesenem Tambour, Rüppler mit Namen, bei einer Pfeife Tabak und einem Glas Schnaps, die den geschwätzigen Kleinen in die geeignete Stimmung und die rechte Begeisterung versetzten, erzählen. Wie oft sah ich den drolligen kleinen Soldaten, wie er mit seinem kurzen Pfeifenstummel im Munde mehr über die Straße taumelte als ging, von den Gassenjungen mit dem Geschrei: »Rüppler, Rüppler, Rau Rau Rau!« verfolgt und dabei unter fröhlichem Lachen ein lustiges Soldatenlied anstimmend. Auch in großen Gesellschaften war Musäus überaus jovial. So hatte er die Gewohnheit, wenn er in eine Gesellschaft eintrat und die Frau vom Hause vom rechten Schlag ihren gewöhnlichen Wortfaden ohne Unterbrechung fortspann, mit: »Wie unendlich bin ich erfreut, dass uns der Herr Professor auch einmal die Ehre geben, uns zu besuchen; wie oft haben wir schon davon gesprochen, ich und mein Mann, dass wir aber auch gar zu wenig das Glück haben, den Herrn Professor und die Frau Professorin mit der werten Familie bei uns zu sehen! Es ist doch alles recht wohl zu Hause? Den lieben Kindern haben wir neulich begegnet, ich und mein Mann, und Gottlob, das liebe Aussehen war recht gut, sowie auch der Herr Professor und die Frau Professorin wie's liebe Leben aussehen; nun Gottlob, auch uns …«, – so fing er zugleich mit ihr zu zählen an: »Eins, zwei drei« usw., und so immer fort, bis das andere Uhrwerk abgelaufen war, wobei er's, wie er versicherte, oft über die 100 brachte.

Als Lehrer von uns im Gymnasium (wir waren acht Brüder) wurde er öfters auch von unsern Eltern zu Tische geladen; so auch einmal nach einer längern Krankheit, die er überstanden hatte. Alles freute sich über sein gutes Aussehen, als er eintrat. Gegen Ende der Mahlzeit konnte es jedoch seine Frau nicht länger über sich gewinnen, zu verschweigen, dass er nur darum so gut aussehe, weil er sich geschminkt habe, als er in die Gesellschaft gegangen sei. »Hast du's nun endlich vom Herzen herunter«, sagte er darauf, »ist dir nun leichter? Nun ja, ich habe mich rot angestrichen, um dem Bedauern wegen meiner Krankheit auszuweichen und lieber wegen meiner Gesundheit beneidet zu werden.«

111. Joseph Rückert: August von Kotzebue (1799)

Kotzebue, Präsident, hielt sich vor kurzem wieder in Weimar, seiner Geburtsstadt auf. Dieser sonderbare Mann hat durch seine häufigen Selbstbekenntnisse in seinen Schriften seinem künftigen Biographen nur wenig zu tun übrig gelassen. Ein ewiges Spiel des Glückes, seiner eignen Laune und Eitelkeit, verwandelt er sich beständig vor unsern Augen. Seine neuern Vorfälle sind aus öffentlichen Blättern bekannt. – Seine noch lebende Mutter in Weimar nimmt den lebhaftesten Anteil an dem theatralischen Ruhme ihres Sohns. Bei Aufführung eines Stückes von demselben bewachet sie die öffentliche Aufmerksamkeit und antwortet der daher oder dorther lispelnden Kritik. Einmal, bei Gelegenheit der Vorstellung von Menschenhass und Reue, als mir diese Nemesis unbekannt im Rücken saß, ergriff mich ihr rächerischer Arm, da ich eben meinen Nachbar leise nach der Uhr fragen wollte, und riss mich Erstaunten mit Gewalt von dem Ohre desselben. Herrn Böttiger schrieb sie auf eine tadelnde Anzeige eines Kotzebueschen Dramas im Modejournale ein Billett voll beißenden Witzes.

112. Henriette von Egloffstein: Abneigung gegen Kotzebue (um 1800)

Was Kotzebue anlangt, der damals nur auf kurze Zeit wie ein Zugvogel in seiner Vaterstadt sich niedergelassen, so *begriff* ich nicht allein, sondern ich *teilte* auch den Widerwillen, den seine unerträgliche Eitelkeit und boshaften Ausfälle jedem rechtlichen Menschen einflößen mussten. Zwar konnte man ihm weder Talent, noch Witz und Kenntnisse absprechen; ebenso wenig ließ sich leugnen, dass er ein guter Sohn und Gatte, und ein angenehmer Gesellschafter sei, – letzteres jedoch nur so lange, als seine Eigenliebe durch nichts verletzt ward, was bei der hohen Meinung, die er von sich selbst hegte, nur zu oft sich ereignete. Hinsichtlich seines Charakters glich Kotzebue einem schwankenden Rohre, das in stiller Luft stolz das Haupt erhebt, sich aber bei jedem Windstoße demütig niederbeugt. Dieser Mangel an Festigkeit gab seinen Handlungen, wie seiner politischen Meinung jene zweideutige Färbung, die sich in allen Epochen des abenteuerlichen Lebens dieses Mannes deutlich offenbarte und ihn zu einem gefährlichen Menschen machte, der, ohne eigentlich bös zu sein, viel böses stiftete, da sein unruhiger Kopf stets mit dem guten Herzen davon rannte, und überall, wohin er sich wenden mochte, die unseligsten Streitigkeiten erregte, was er leider! durch einen schmählichen Tod büßen musste.

Bei seinem damaligen Aufenthalte in Weimar ging Kotzebues eifriges Bestreben nur dahin, hier, wo man ihn früher wenig oder gar nicht beachtet hatte, eine glänzende Rolle zu spielen. Dies war mit Geld, woran es ihm nie fehlte, leicht zu bewerkstelligen, da Reichtum keineswegs zu den Vorzügen der Weimaraner gehörte und viele derselben es sich gern gefallen ließen, von dem splendiden Glückspilze fêtiert zu werden. Man schmauste behaglich an seiner wohlbesetzten Tafel und ergötzte sich an den mannigfachen Zeitvertreiben, die der erfindungsreiche Wirt zur Unterhaltung seiner Gäste ersann, ohne an die Folgen zu denken, die der Umgang mit einem Manne von Kotzebues Charakter nach sich ziehen konnte.

Eine innere Stimme, die mich allzeit richtig leitete, wenn ich ihr Gehör gab, warnte mich vor jeder nähern Beziehung zu ihm, und wäre diese nicht übertäubt worden von dem Zureden einzelner Freunde, vorzüglich aber durch die Zuvorkommenheit und den liebenswürdigen Eifer, womit seine Gattin zweiter Ehe sich um meine Freundschaft bewarb, so hätte ich mir vielen Ärger und Verdruss ersparen können. Da dies aber nicht der Fall war, so geriet ich ganz gegen meine Überzeugung mitten in das rege Treiben, das in ihrem Hause herrschte, und konnte, ohne die holde Frau zu beleidigen, mich nicht mehr daraus zurückziehen.

113. Heinrich Döring: Friedrich Johann Justin Bertuch

Selten war Unternehmungsgeist und poetisches Talent so innig in einem Individuum vereinigt wie es bei Bertuch der Fall war. Seine eignen literarischen Arbeiten fallen zwar in eine Zeit, die sich mit der unsrigen nicht mehr messen kann, aber dies tut Bertuchs Genius durchaus keinen Eintrag. Wir wollen zwar nicht in Abrede stellen, dass er eigentlich mehr durch Aufregung anderer als durch eigne Produktion gewirkt hat, aber selten war jemand geeigneter zum Auffinden irgendeiner glücklichen Idee, zur Förderung so manchen Wissenswerten, zur geistreichen Kompilation interessanter Gegenstände des In- und Auslandes.

Dass Bertuch, der bei seiner ausgebreiteten Tätigkeit in vielfache Beziehungen mit anderen kommen musste, mitunter missverstanden wurde, ließ sich nicht anders erwarten. In einer treuen Charakterisierung dürfen auch über den Verdiensten die Schwächen nicht ungeschildert bleiben, und so sei hier offen zugestanden, dass Bertuch an jenen Irrungen nicht selten insofern schuld war, als er bei der durch ihn erregten Tätigkeit anderer auch einen Teil ihres Ruhmes sich anzueignen pflegte, wodurch jene sich natürlich benachteiligt fühlten; er ging dabei von der durchaus falschen Idee aus, dass er um den Erfolg eines literarischen Unternehmens, bloß weil es durch seine Hände gegangen war, gleiche Verdienste mit dem dabei interessierten Schriftsteller habe. Dies gab zu manchen Kränkungen und Zwistigkeiten mit Gelehrten und Schriftstellern Anlass. Von dieser Schwäche, zu der noch mitunter eine kleinliche Genauigkeit in pekuniärer Hinsicht sich gesellte, hat u. a. der treffliche Ludwig Wieland bei seiner Redaktion des Oppositionsblattes in einem Grade zu leiden gehabt, der ihn bald nötigte, von der Herausgabe zurückzutreten …

114. Friedrich Johann Justin Bertuch: Meine Blumenfabrik

Es ist die Entreprise meiner Frau, die nach und nach dem größten Teile unserer leider unbeschäftigten Mädchen der mittleren Klassen sehr heilsam sein wird. Ihre Arbeiten haben sich, seit dem Sie nichts davon gesehen, unendlich verbessert und ich hoffe, sie sollen endlich den besten Pariser Arbeiten von dieser Art zur Seite stehen. – Vorjetzt arbeiten nur, wegen Mangel des Raumes, erst zehn Mädchen vier Tage in der Woche in meinem Hause; sobald aber meine Mansarde im Sommerhause, welches ich jetzt ausbaue, fertig ist, hoffentlich zu Johannistag, so ist der Zuschnitt auf 50 gemacht. Sie werden sich freuen, mein Lieber, wenn Sie wieder einmal einen Flug zu uns tun und diesen tätigen Ameisenhaufen sehen.

115. Friedrich Johann Justin Bertuch: Arbeit als Verleger (1800)

Hierzu gehört notwendig auch eine eigne Buchdruckerei von einigen Pressen, auf deren Anlegung sowie auch auf die einer Kupfer-Druckerei von wenigstens 6 Pressen ich gleich bei der Disposition bei meinem neuen Bau mit Rücksicht genommen habe. Wie unentbehrlich mir eine solche Offizin sei, erhellt sogleich aus folgenden Gründen:

Ich lasse schon seit mehreren Jahren in 6 Druckereien an verschiedenen Orten, nämlich hier, in Jena, in Leipzig, in Halle, in Dessau und in Schnepfenthal drucken, welchen sämtlichen Druckereien das Papier muss von hier in natura geliefert werden und dann die fertige Ware von ihnen hergeholt werden muss. Dies verursacht nicht allein mancherlei Nachteil, Unbequemlichkeit, unnütze Kosten und Verteuerung der Fabrikation, sondern es geht auch dadurch eine ziemliche Summe Geldes außer dem Lande, womit ich hier noch manchen nützlichen Arbeiter ernähren könnte. Da nun die hiesige Stadt bekanntlich zu keiner anderen Art von Landesindustrie als zur artistischen und literarischen geeignet ist, und ich dieser durch mein Comptoir die möglichste Wirksamkeit und Ausbreitung geben möchte, so wage ich es, Ew. Durchlaucht um … die Konzession zur Anlegung einer Buchdruckerei … zu bitten.

116. Karl August Böttiger: Die Anfänge der ›Allgemeinen Literaturzeitung‹ (1785)

Durch die Streitigkeiten, welche Bertuch mit den Buchhändlern Fritzsch und Reich in Leipzig über das Verlagsrecht der Autoren gehabt hatte (Fritzsch behauptete, als Bertuch seine Übersetzung des ›Don Quixote‹ ankündigte, dies könne Bertuch nur in seinem – Fritzsches – Verlag unternehmen, weil er eine frühere, höchst unlesbare Übersetzung eben dieses Schriftstellers veranstaltet hatte, Bertuch behauptete aber sein Recht und stärkte auch Wielanden in seinem Unternehmen, den Merkur auf eigenen Verlag fortzusetzen) – fand sich Bertuch bewogen, im Jahre 1780 durch den Hofrat Behrisch (vormals Hofmeister des Erbprinzen) in Dessau die bekannte Buchhandlung der Gelehrten aus allen Kräften zu unterstützen. Allein diese ging durch ihres Direktors *Herrmann* (eines guten Kopfs, der sich aber dem Trunk ergeben hatte) und des Magister Reichs Liederlichkeit im Jahre 1784 völlig zu Grunde und Bertuch selbst verlor dabei eine ansehnliche Summe. Missvergnügt über diese Fehlschlagung und den Gang der deutschen Literatur überhaupt, wo damals die Nachdruckerzunft schrecklich grassierte und die gelehrten Zeitungen zur tiefsten Verächtlichkeit herabgesunken waren, blätterte Bertuch, als er von der Leipziger Ostermesse zurückfuhr, im Messkataloge und beherzigte den verlassenen Zustand der Literatur. Zwischen Rippach und Lesnig[?] kam ihm die erste Idee eines allgemeinen Journals ein, das mit dem Ansehn der Literaturbriefe die höchste Unparteilichkeit und jährliche Vollständigkeit verbände. Er teilte diese Idee bei seiner Rückkunft sogleich Wielanden mit, der sie sehr goutierte und das damals sehr elegant redigierte und meisterhafte Bücheranzeigen enthaltende ›Journal de Paris‹ zum Muster aufstellte, übrigens aber an der Ausführbarkeit noch große Zweifel hatte. Um den Geist des deutschen Publikums zu prüfen, ließ Bertuch im Auguststück des Merkurs (1784) einen Aufsatz voll bitterer Satire: ›Vorschlag einer allgemeinen Nachdruckbibliothek mit einem kritischen Nebenblatte‹ (eine Nachahmung von *Swift's* Satire, Vorschlag ein Armenhaus in Dublin zu errichten) einrücken. Bald kamen von allen Seiten Beifallsbezeigungen solcher, die die Persiflage für baren Ernst genommen hatten. *Gerle* in Prag, der Erzschelm unter der Schelmenzunft der Nachdrucker, schrieb sogar einen langen Brief an die Expedition des Merkur, worin er seine Prioritätsrechte auf den allgemeinen Nachdruck weitläufig deduzierte. Bertuch lachte, Wieland schimpfte über diese Schöpfigkeit des Publikums. Bertuch aber leitete daraus einen neuen Beweis her, wie begierig jetzt das Publikum ein allgemeines kritisches Blatt aufnehmen müsse, da es grade über die, für die große Lesewelt kalkulierten Bücher in keiner gelehrten Zeitung etwas Befriedigendes fand. Auf Wielands Verlangen machte nun Bertuch wirklich einen Entwurf, wo er aber das Honorar pro Bogen bis auf 20 Tlr. ansetzte, und selbst bei diesem Anschlage bewies er die Ausführbarkeit des Unternehmens, wenn nur 200 Karolins zusammengeschossen würden. Auf *Schütz* in Jena wurde dabei sehr stark gerechnet, der sich des Vorschlags unendlich freuete und Rat und Tat willig beitrug. So erging nun gegen Ende des Jahres die berühmte Ankündigung durch ganz Deutschland, an der Bertuch, Schütz und Wieland gemeinschaftlich gearbeitet hatten. Wieland und Bertuch wurden die beiden Aktionärs und jeder schoss 200 Karolins. Schütz trat als dritter dazu, konnte aber freilich kein Geld, aber desto mehr seinen Kopf und seine Feder beitragen. Als die Ankündigung erging, war noch kein einziger Mitarbeiter angeworben. Aber in vier

Wochen waren schon vierzig der vorzüglichsten Männer zusammengetreten. Der Überschlag war gemacht, dass 1200 Exemplare alle Unkosten decken könnten. Schütz erhielt 300 Tlr. Gehalt und bei jedem steigenden hundert Exemplare wieder 50 Tlr. (Jetzt steht die Literaturzeitung auf 2400 Exemplare, woraus Schützes Gehalt abzunehmen ist). – Das eigentliche Personal in Jena in Schützens Logis in einem alten Hause hinter der Kirche bestand aus Schütz, dem jetzigen Rat Lenz, und Fiedler, einem verdorbenen Advokaten aber trefflichen Geschäftskopf.

Nun begann endlich die Zeitung. Herders Ideen zur Philosophie der Geschichte der Menschheit von *Kant* rezensiert eröffneten das Schauspiel sehr unglücklich. Herders Unwille war sogleich aufs Äußerste gereizt. Damals konvertierte der Mönch Reinhold bei Herder, war fast täglich in dessen Hause, und durch ihn influierte Herder auf den schwachen Wieland bald dermaßen, dass dieser laut auf das ganze Institut, den Schulfuchs in Jena, der die Sache nicht verstünde, und auf die Stunde schimpfte, wo er zu einer solchen Sache die Hand geboten habe. In Weimar selbst erklärte sich also sehr bald eine starke Partei dagegen. Besonders war Reinhold, dessen Stil damals noch keine Rundung und Fülle hatte, in seinen anfänglich gelieferten Rezensionen so eigen, dass Schütz manches streichen musste. Darüber ergrimmte Reinhold und reizte Wielanden, der in ihm immer deutlicher seinen Tochtermann erblickte und ihn am Merkur großen Anteil nehmen ließ, immer mehr. Zugleich drückte anfänglich der oft eintretende Mangel an Manuskript zum täglichen Bogen. Bertuch und Schütz mussten daher oft vor dem Riss stehen, und Bertuchs Rezensentennummer 2 steht im ersten Jahrgange sehr häufig. Wie Wieland immer unfreundlicher wurde, entschloss sich endlich Bertuch, nach einem fehlgeschlagenen Versuch, Griesbachen zum Mitaktionär anzuwerben, ganz allein das Spiel zu wagen. Er hielt mit Schütz in Ketschau eine sehr warme Zusammenkunft, empfing von diesem neue feierliche Versprechungen, alle Kräfte anzustrengen, und löste nun Wielanden zu dessen unsäglicher Freude von aller Verbindlichkeit. Doch musste Wieland einen Revers ausstellen, nichts gegen die Literaturzeitung selbst zu schreiben, oder auch nur im ›Mercur‹ einrücken zu lassen, was wegen Reinhold sehr nötig war. Schon nach den ersten sechs Monaten waren 600, und nach Ablauf des Jahres 1100 Exemplare bestellt, und die Abnehmer vermehrten sich dermaßen, dass vom ersten Jahrgang 85 schon im folgenden Jahre eine neue Auflage gemacht werden konnte (mehr jedoch um an Ansehn dadurch zu gewinnen, als um des Gewinnstes willen). Wieland ist seitdem oft auf sich unwillig gewesen, dass er sich von einem Unternehmen losgesagt habe, dabei so großer Vorteil zu erwerben gewesen. Er sagte Bertuchen: er wisse ja wohl, dass man ihm nicht allezeit seinen Willen tun und den ersten Eingebungen seiner Laune nicht nachgeben müsse. Bertuch erntet nun auch ganz allein die Früchte seiner Beharrlichkeit, weil er der einzige Aktionär und Fondshalter des Unternehmens ist.

Zu Ende des Jahres 1786 wurde Hufeland, der damals von einer Reise nach Paris und in die Schweiz zurückkam und Lust zum akademischen Leben bezeugte, zuerst als Assistent und Sekretär der Redaktion angestellt. Bertuch kaufte den Platz und erbauete das Haus, worin jetzt das ganze Unternehmen wohnt. Der erste Direktor bewohnt das obere Stockwerk, der zweite, so lange er unbeweibt ist, wohnt Parterre.

Das gegenwärtige Personal der allgemeinen Literaturzeitung ist folgendes: *Bertuch* Direktor und Kommissarius; *Schütz und Hufeland* Redakteure, *Schleußner* Assistent, Sekretär und Redakteur des Intelligenzblattes, *Hagen* Revisor (kommt von Weimar, erhält 50 Tlr. und Auslösung), Hofkommissär *Fiedler* Buchhalter, ein Schreiber und der Literaturbediente Matthesius. – In schwierigen Fällen ist der Geheimerat Voigt in Weimar den Redakteurs vom Herzog zugeordnet. Sonst hat sie gar keine Zensur.

117. Christoph Martin Wieland: Kritik an Bertuch (1796)

Den 6. März 1796

»Bertuchen habe ich durch den Einfluss von Görz zum geheimen Sekretär des Herzogs gemacht. Er hatte viel auszustehen, als die goethesche Genieperiode anging, wo er immer nur der Philister hieß. Dafür warf man ihm aber zuweilen auch etwas zu. Dahin gehörte die Bewilligung, den *alten* fürstlichen Garten für einen sehr leichten Kanon zu besitzen. Hier erbaute er mit den 2000 Talern, die er durch seine ›Don Quixote‹ gewonnen hatte, durch die Erleichterungsmittel, die ihm als Sekretär des Herzogs zu Gebote standen, sein Haus. Sonderbar ist's, dass der ehrliche Cervantes, der in seinem undankbaren Vaterlande fast Hungers starb, einem Deutschen, einer Thüringer Heringsnase, ein Haus erbauen musste. Zur Abonnententrommel bediente sich Bertuch des Mercurs, der ihm überhaupt treffliche Dienste leistete, um seine Bekanntschaften zu erweitern. Übrigens weiß ich wohl, wie weit Bertuchs Freundschaft gilt. Er hat mir statt

Dukaten schön glänzende Souverainsd'or aufgeschwatzt, wobei er das Agio trefflich zu benutzen wusste. Ich war Kind genug, um die blanken Goldstücke lieb zu haben. Da gab er mir die Puppe. Er hat mich beschwatzt, an der Dessauer gelehrten Buchhandlung Teil zu nehmen, und ich habe bare 1000 Taler dabei verloren, worüber er mir nie eine Rechnung vorgelegt hat. Die Idee zur ›Allg. Lit.-Zeit.‹ ist eigentlich die meinige. Ich hatte damals von meiner Schwiegermutter einiges geerbt; das sollte wuchern, und so kauften wir Mauken die Pressen. Zwei Billetts, die ich und Schütz einander gleich in der ersten Woche übel nahmen, brachte die Trennung hervor. Auch wollte ich nicht *umsonst* an dem Gewinn teilnehmen. Bertuch machte grade nur so viel Gegenvorstellungen, als die Höflichkeit forderte.

118. Friedrich Schiller: »Die Bertuchs müssen doch Glück haben!« (1787)

Bertuchen habe ich kürzlich besucht. Er wohnt vor dem Tore und hat ohnstreitig in ganz Weimar das schönste Haus. Es ist mit Geschmack gebaut und recht vortrefflich möbliert, hat zugleich, weil es doch eigentlich nur ein Landhaus sein soll, einen recht geschmackvollen Anstrich von Ländlichkeit. Nebenan ist ein Garten, nicht viel größer als der Japanische, der unter 75 Pächter verteilt ist, welche 1–2 Taler jährlich für ihr Plätzchen erlegen. Die Idee ist recht artig, und das ökonomische ist auch dabei nicht vergessen. Auf diese Art ist ewiges Gewimmel arbeitender Menschen zu sehen, welches einen fröhlichen Anblick gibt. Besäße es einer, so wäre der Garten oft leer. An dem Ende des Gartens ist eine Anlage zum Vergnügen, die Bertuchs Geschmack wirklich Ehre macht. Durch ein wildes buschreiches Wäldchen, das vielleicht nicht größer als der Raum ist, den das Japanische *Palais* einnimmt, ist ein Spazierweg angelegt, der 8 bis 10 Minuten dauert, weil er sich in Labyrinthen um sich herumschlingt. Man wird wirklich getäuscht, als ob man in einer weitläufigen Partie wäre, und einige gut gewählte Anlagen und Abwechselungen machen diesen Schattengang äußerst angenehm. Eine Grotte, die ihm zufälligerweise das Gewölb einer Brücke über einen jetzt vertrockneten Bach dargeboten hat, ist sehr benutzt. Hier hat er einen großen Teil seines ›D. Quixote‹ diktiert. Die Bertuchs müssen in der Welt doch überall Glück haben. Dieser Garten, gestand er mir selbst, verinteressiert sich ihm zu *6 pro Cent* und dabei hat er das reine Vermögen umsonst! Wie hoch musst du dieses anschlagen!

119. Friedrich Schiller: Zu Gast bei Bertuch (1787)

Beim vorigen Club musste ich Bertuchs Gast sein. Ich machte mir die Lust ihn auf sein Steckenpferd zu setzen und verbreitete mich ganz erstaunlicherweise und mit einer Art Begeisterung über *Commercespekulationen.* Er wurde warm und machte mir große *Confidencen*, unter anderen auch die Idee eines deutschen Bücherhandels nach Paris, Amsterdam und England, den er gar sehr in *Affektion* genommen hat. Ich sprach mit soviel Achtung von dem Handel, dass ich ihn bald ganz weg hatte und er mir am Ende einfiel, ob ich, stelle Dir vor!, ich!, nicht Lust hätte mich in eine solche *Karriere* einzulassen. Als wir auseinander gingen, drückte er mir die Hand und sagte: Es freue ihn, dass wir einander nun hätten kennen lernen! Der Mann bildet sich ein, dass wir Berührungspunkte hätten und denkt mich auf einer neuen Seite betreten zu haben. Übrigens aber gestehe ich dir, werde ich Bertuchs Bekanntschaft nie ganz aufgeben.

VI. Schiller in Weimar

Das bekannte Denkmal Rietschels vor dem Weimarer Theater zeigt Goethe und Schiller in stolzer, einträchtiger Haltung, ein Symbol des Freundschaftsbundes der beiden Dichter, der elf Jahre von 1794 bis 1805 dauerte. Mit Weimar war Schiller nie so eng verbunden wie Goethe, wenn er auch in unserem Bewusstsein heute ebenso selbstverständlich zur Stadt gehört wie dieser.

Im Sommer 1780 – Goethe weilte damals gerade in Italien – kam Schiller erstmals nach Weimar, wo er am Frauenplan neben dem Gasthof »Zum Schwan« wohnte und bald Anschluss an die literarischen Kreise der Stadt fand. Seine Schwägerin Caroline von Wolzogen erzählt von der Ankunft (Dok. 120), seine eigenen Schilderungen der Besuche bei Herder und Wieland haben wir im vorigen Kapitel kennen gelernt. Ebenfalls aus seiner Feder stammt die heitere Episode von der Begegnung mit Vulpius, dem späteren Schwager Goethes (Dok. 121). Eine junge unbekannte Augenzeugin überliefert eine in ihrem Wahrheitsgehalt etwas zweifelhafte, aber doch reizvolle Geschichte, aus der die Verehrung spricht, die Schiller in dieser Zeit (1788) schon bei der Jugend genoss (Dok. 122).

Nach einem mehrjährigen Aufenthalt in Jena übersiedelte Schiller 1799 ein zweites Mal, und nun für immer, nach Weimar. Sein Sohn Karl, der sich später an diese Zeit erinnert (Dok. 123), war damals ein siebenjähriger Knabe (geb. 1793). Eine Beschreibung von Schillers Aussehen im Jahr 1804 gibt Johann Heinrich Voß (Dok. 124). Die finanzielle Lage des Dichters war in dieser Zeit sehr schlecht, wie Goethe Eckermann gegenüber feststellt (Dok. 125).

Schiller führte zwar kein so großes Haus wie Goethe, doch empfing er gern Gäste. Johann Stephan Schütze schildert einen Besuch bei ihm im September 1804 (Dok. 126). Dass der Dichter recht gesellig sein konnte, wird verschiedentlich von Augenzeugen überliefert, so von Friedrich Wilhelm Gubitz 1803 (Dok. 127) und ein Jahr später von Voß (Dok. 128). Von seiner Arbeit als Theaterregisseur haben wir in Kapitel IV gehört. Zwei Augenzeugen schildern ihn, wie er seine Werke vorlas. So erlebte ihn Cäcilie von Voigt 1800 beim Vorlesen der ›Maria Stuart‹ (Dok. 129) und Heinrich Schmidt ein Jahr später mit der ›Jungfrau von Orleans‹ (Dok. 130).

Dass manche neidische Leute die enge Freundschaft zwischen Schiller und Goethe störte, verwundert nicht weiter. So suchte sich Kotzebue wegen einer angeblichen Missachtung seiner Person an Goethe zu rächen, indem er 1802 Schiller mit einer »Dichterkrönung« hervorheben wollte. Das geplante Schauspiel entwickelte sich unversehens zu einer typischen Kleinstadtkomödie, die Kotzebue als Vorbild für eines seiner Lustspiele hätte verwenden können. Ausgangspunkt für die Intrige war der Salon des Fräuleins von Göchhausen, die wohl gar nicht richtig merkte, wie Kotzebue sie für seine Pläne einspannte. Einen Augenzeugenbericht dazu gibt die Gräfin Egloffstein (Dok. 131), eine weitere ausführliche Darstellung bietet Johannes Falk als eifriger Chronist (Dok. 132), und auch Goethe selbst äußert sich mit vorsichtiger Rechtfertigung (Dok. 133).

Knapp drei Jahre später erkrankte Schiller an seinem alten Leiden. Voß weilte als treuer Freund am Krankenbett. Die von ihm beschriebene Genesung (Dok. 134) war nur von kurzer Dauer. Am 9. Mai 1805 starb der Dichter, erst fünfundvierzig Jahre alt. Über seine Beerdigung in der Nacht vom 11. zum 12. Mai liegen verschiedene Augenzeugenaussagen vor, so von Karl Leberecht Schwabe, dem späteren Bürgermeister (Dok. 135), und von Anton Genast, der die Ereignisse seinem Sohn schilderte (Dok. 136). In dem sogenannten Kassengewölbe auf dem St. Jakobsfriedhof wurden mehrere Tote übereinander beigesetzt. Waren die Särge verrottet, schufen die Totengräber Platz für neue. 1826, also einundzwanzig Jahre nach Schillers Tod, wurden seine Gebeine in dem Gewölbe gesucht. Das war kein leichtes Unternehmen, wie der Bericht Schwabes beweist (Dok. 137). Den aufgefundenen Schädel nahm Goethe für kurze Zeit an sich; bei ihm sah ihn auch Wilhelm von Humboldt im Dezember 1826 (Dok. 138). Er wurde dann mit den Gebeinen am 16. Dezember 1827 in die neue Fürstengruft überführt. Die Frage nach der Echtheit der aufgefundenen Gebeine, vor allem des Schädels, blieb trotz mehrerer Untersuchungen offen. Ein letztes Wort in dem schwelenden wissenschaftlichen Streit darüber dürfte möglicherweise der sowjetrussische Professor Gerassimow gesprochen haben, der den Schädel 1963 nach seiner auch von der Fachwelt anerkannten neuen Methode untersuchte (Dok. 139).

120. Caroline von Wolzogen: Schiller in Weimar (1787)

Schiller begab sich im Frühling 1787 nach Weimar, wohin ihn seine Freundin F. v. K[alb] längst eingeladen hatte. Wielands Anträge, Mitarbeiter am deutschen Merkur zu werden, kamen ihm freundlich entgegen, und den Ort, wo dieser, Goethe und Herder lebten, wo die größten Geister Deutschlands begünstigt, in schöner Freiheit wirkten, musste er in jedem Sinn kennen lernen.

Goethe war damals in Italien; von Wieland und Herder wurde Schiller mit Wohlwollen aufgenommen. Herder war für ihn äußerst anziehend; aber die väterliche Zuneigung, mit der ihm Wieland zuvorkam, wirkte in einem noch höhern Grade auf seine Empfänglichkeit. Er schrieb damals an einen Freund:

»Wir werden schöne Stunden haben; Wieland ist jung, wenn er liebt.«

Dieses traulichere Verhältnis gab Anlass, dass Schiller zu einer dauernden Teilnahme am deutschen Merkur aufgefordert wurde; wie denn die Idee, dieser Zeitschrift durch ihn eine frischere und jugendlichere Gestalt zu geben, für Wieland sehr erfreulich war. Schiller ließ es nicht an Tätigkeit fehlen; er lieferte ›Die Götter Griechenlands‹, ›Die Künstler‹, ein Fragment der niederländischen Geschichte, die ›Briefe über Don Carlos‹ und einige andere prosaische Aufsätze, für die Jahrgänge des Merkur von 1788 und 1789, die überhaupt zu den reichhaltigsten gehören, und zugleich durch Beiträge von Goethe, Kant, Herder und Reinhold sich auszeichnen.

Die weimarische Welt wirkte im Ganzen mehr bildend als belebend auf Schiller. Der Ton der Gesellschaft war kritisierend, mehr abweichend als entgegenkommend. Von rheinländischer Liberalität und schwäbischer Herzlichkeit war wenig zu finden. Im Hause der Herzogin Amalia, wo man sonst jede neue Erscheinung freundlich begrüßte, war man mit Studien und Zurüstungen zur italienischen Reise beschäftigt. Der Herzog, viel abwesend, scheint damals keinen besondern Anteil an Schiller bezeigt zu haben, und der eigentliche Hofzirkel war abgeschlossen. Die vorzüglichsten Geister übten so großen Einfluss, dass überall Literatur Gegenstand der Unterhaltung war; aber im Grunde ward mehr darüber geschwatzt als gedacht, und das eigentliche Leben, dessen Schiller bedurfte, um sich heiter zu entfalten, fehlte.

Seine Stimmung war trübe, und vielleicht aus eigner Schuld, oder weil kein glücklich mitwirkender Zufall eintrat, fühlte er sich sehr isoliert; nur bei Wieland und F. von K. war ihm wohl, und mit Riedel, dem Erzieher des Erbprinzen, und Schulz, dem Verfasser einiger Romane und Reisebeschreibungen, hatte er zuweilen einen heitern Abend. Ein Club, der sich wöchentlich versammelte, erhielt ihn in Verbindung mit der guten Gesellschaft; Bode, Bertuch, Corona Schröder und mehrere gebildete Familien fanden sich da zusammen. Schiller unterhielt sich mit einer Partie Whist.

121. Friedrich Schiller: Seltsamer Besuch (1787)

Eben hatte ich eine gar liebliche Unterbrechung, welche so kurz war, dass ich sie Euch ganz hersetzen kann.

Es wird an meiner Tür geklopft.

»Herein.«

Und hereintritt eine kleine dürre Figur in weißem Frack und grüngelber Weste, krumm und sehr gebückt.

»Habe ich nicht das Glück«, sagte die Figur, »den Herrn Rat Schiller vor mir zu sehen?«

»Der bin ich. Ja.«

»Ich habe gehört, dass Sie hier wären und konnte nicht umhin, den Mann zu sehen, von dessen Don Carlos ich eben komme.«

»Gehorsamer Diener. Mit wem hab ich die Ehre?«

»Ich werde nicht das Glück haben, Ihnen bekannt zu sein. Mein Name ist Vulpius.«

»Ich bin Ihnen für diese Höflichkeit sehr verbunden – bedauere nur, dass ich mich in diesem Augenblick versagt habe und eben (zum Glück war ich angezogen) im Begriff war auszugehen.«

»Ich bitte sehr um Verzeihung. Ich bin zufrieden, dass ich Sie gesehen habe.«

Damit empfahl sich die Figur – und ich schreibe fort.

122. Unbekannte Augenzeugin: Verehrung für Schiller (1788)

Unser Lieblingsort … war der Park. – Ich war dazumal ein Mädchen von kaum 16 Jahren. – So harmlos und kindisch froh ich und meine Gespielinnen uns herumtummelten, so geschah dies nichtsdestoweniger nie ohne dem unvermeidlichen Gefühl einer gewissen Scheu und Ehrfurcht, wie es uns etwa an großen erhabenen Stellen der Natur nicht selten zu überkommen pflegt. Was Wunder, war dies auch der Lieblingsort Goethes und Schillers. Zu diesem, der einen würdevollen, doch durch etwas unbeschreiblich Sanftes gemilderten Ernst besessen, sahen wir mit Ehrfurcht hinan, namentlich wenn er mit freundlicher Miene uns immer nur »Kinder« anzusprechen pflegte. Goethe, die Seele der Gesellschaft, war uns Mädchen minder anziehend, obzwar er nicht ohne einer ihm eigenen vornehm stolzen Herablassung der geringfügigsten Dinge halber uns seiner Ansprache gewürdigt.

Schon am frühen Morgen erging sich Schiller in den Gängen des Parks, entweder lesend, oder in langsamem Gehen zeitweise schreibend.

Es waren das Spaziergänge, wo er jeder Begegnung ängstlich auswich, ja sobald ihm jemand gefolgt war, den behäbigen langsamen Schritt alsbald verschärfte, auch wohl in einen Seitenpfad einlenkte oder wohl gar in der ihm lieben Felsengrotte – der Wiege seiner meisten Dichtungen – für lange verschwand. Oft sahen wir ihn den Weg die Ilm entlang hinanwandeln, wo er auch nach einem nur Wenigen bekannten Vorgange seinen ›Spaziergang‹ gedichtet.

In einem schattigen Gange, nicht fern von dem Gartenhaus des »Herzogshaus« pflegte er zu kurzer Rast sich niederzusetzen, wobei er nicht selten einschlief.

Es war etwa um das Jahr 1780 – Goethe zur Zeit noch in Italien – als ich und meine Freundinnen diesen Umstand zu eigener freudiger Genugtuung und zu Schillers Überraschung zu benützen gedachten. – Es war zur Rosenzeit. Der Himmel tief blau und klar, die Strahlen der Sonne brachen durch das Laubgitter vom Baum und Busch und glitzerten in zahllosen farbigen Reflexen auf den sanft grünen Blattflächen. – Die Blumenkörbchen mit frisch gepflückten Rosen vollgefüllt, lauschten wir im Gebüsch tief verborgen und harren reglos der Ankunft des Dichters. – Es rauschten die Blätter, aus den überhängenden Zweigen klangen der Vöglein lustige Weisen. – Da knisterts im Sand des Laubganges – wieder rings so still wie vor – nur das eintönige Plätschern der nahen Fontaine trifft unser Ohr. – Schiller schläft. – Die Schatten des Strauchwerkes hüpften mit den flimmernden Sonnenlichtern auf des Dichters bleichen Zügen. Wir nähern uns ihm, ein weites Gewinde still überhängend, und er schläft ungestört und träumt unter – Rosen.

Durch das grüne Geäst lugten wir ängstlich hervor, gewärtig der Verwunderung des bekränzt Erwachten. Kaum hören wir die flüsternden Worte: »Das haben mir die Kinder getan«, so eilen wir, ungesehen, wie wir gekommen aus dem Parke, überglücklich und wonneselig über das Gelingen unserer Blumenspende.

123. Karl von Schiller: Der Vater in Weimar (1801/02)

Im Monat Dezember siedelten meine Eltern nach Weimar über. Wir wohnten in der sog. Windischen Gasse in dem Hause des alten Geheimrat Müller, im zweiten und dritten Stock.

1800 bis 1802. Wir beiden Knaben kamen sehr viel mit Goethes Sohn August und unserm Vetter Adolph von Wolzogen zusammen. Letzter war der Sohn Wilhelm von Wolzogens, der die Schwester meiner Mutter, Caroline geb. v. Lengefeld zur Gattin hatte.

August v. Goethe, mein Vetter Wolzogen und ich nahmen uns vor, jeder ein Schauspiel zu dichten. Ich hatte aber durchaus keine dichterische Ader; während ich in dem Unterricht war, fand mein Vater die erste Szene des von mir begonnenen Schauspiels, was natürlich sehr einfältig war. Als ich zu Tisch kam, redete mein Vater mich in der Art an, wie ich meine Ritter u. Knappen in meinem Schauspiel reden ließ, ich sahe daraus, dass der Vater mein Machwerk gelesen hatte, schämte mich u. vernichtete es. Oft sagte ich später wenn man mich fragte, ob ich nicht eine poetische Ader vom Vater habe, im Spaß, dass mein Vater, dadurch dass er mich über mein Schauspiel auslachte, mir allen Mut benommen habe mich als Dichter zu versuchen.

Einmal waren mein Bruder, Schwester u. ich zur Mittagszeit in unserem Zimmer wo auch gegessen ward, wir waren hungrig, allein der Vater schlief noch. Wir wohnten über seinem Schlafzimmer und um uns den Hunger zu vertreiben, sprangen wir in der Stube um den runden Tisch herum; hiedurch wurde mein Vater aufgeweckt, u. schellte seinen Diener; ich in der Freude, dass der Vater erwacht war, eilte hinunter, um ihm einen guten Morgen zu sagen, seine Zimmertür war noch verschlossen, ich klopfte, worauf er fragte »wer ist da?« Ich antwortete »Ich!« »Wer ist der Ich?«, fragte er, worauf ich sagte »der Karl!« Hierauf öffnete er die Tür. Statt mir aber einen freundlichen guten Morgen zu sagen, sagte er, in dem er mich am Kragen packte u. mir einige leichte Schläge gab: »Wart ich will Euch den Lärmen vertreiben, wodurch ihr mich geweckt habt.«

Dieser Empfang frappierte mich dergestalt, dass ich schnell die Treppe hinauf gerade in das Schlafzimmer lief und mich aus Scham, Schläge bekommen zu haben, unter das Bett meiner Mutter mich verkroch und bald einschlief. Denn erst Abends 8 Uhr zog man mich unter dem Bette vor, um uns in unsere Betten zu bringen, dies ist das zweite u. letzte Mal, dass mich der Vater strafte. In diesen Jahren hatte ich Unterricht bei einem Herrn *Collaborator* Eisert, wo auch Goethes Sohn Unterricht hatte. Dieser Lehrer war aber auch der Mann, der einem Freude an dem Lernen bei brachte.

Der Vater war immer sehr freundlich gegen uns, wir sahen ihn zwar wenig am Tage, da er spät aufstand, und wir den Tag über Unterricht hatten. Manchmal ging er mit uns spazieren, was uns jedes

Mal freute. Die Abende brachten wir, wenn nicht Freunde zugegen waren, auf des Vaters Arbeitszimmer zu, während er aß (da er selten zu Mittag wegen des späten Aufstehens aß, verband er das Mittags- und Abendessen gewöhnlich).

124. Johann Heinrich Voß d. J.: Das Aussehen Schillers (1804)

Denke dir einen Mann, von wirklich majestätischem Wuchs, einem schönen, freien, aber etwas eingefallenen und bleichen Antlitz, der, so lange man ihn ruhig sieht, finster und ernst scheint, dessen Gesicht aber, durch eine freundliche Rede in Tätigkeit gesetzt, durchaus herzlich und liebevoll ist. O! der Mann ist freundlich und gut, wie wenige. Seit er gesund ist, sieht er im Leben nichts als Heiterkeit. Er ist glücklich verheiratet und hängt an seinen Kindern mit der zärtlichsten Vaterliebe. Er spricht gern über ernsthafte Gegenstände; aber auch Kleinigkeiten, wenn nur im geringsten Seele in ihnen ist, hört er mit Teilnahme an. Wenige Menschen haben mich so enthusiastisch eingenommen wie Schiller. Er weiß es und ist mir deshalb gut geworden. »Es sei so selten«, hat er sich geäußert, »dass junge Leute in reiner Absicht zu ihm kämen und mehr wollten als einen berühmten Mann anstaunen.« Sein Gespräch ist ungemein belehrend und gibt oft in wenigen Worten vielen Stoff zum Nachdenken. Diesen Mann als Schriftsteller zu sehen und seine Miene und Gestalt mit allen seinen Werken in Verbindung zu denken, ist groß und schön; aber größer und schöner ist, diesen Mann im Kreise seiner Familie zu sehen. Wie angenehm die Gattin! Wie allerliebst die Kinder! – Ich darf nun zu ihm kommen, so oft ich will. Ich bin vorläufig zum Lehrer des Spanischen bei der Schillern ernannt.

125. Johann Wolfgang von Goethe: Schillers finanzielle Lage (um 1802)

Der Großherzog bestimmte Schillern bei seiner Hieherkunft einen Gehalt von jährlich *tausend* Talern und erbot sich, ihm das Doppelte zu geben, im Fall er durch Krankheit verhindert sein sollte zu arbeiten. Schiller lehnte dieses letzte Anerbieten ab und machte nie davon Gebrauch. »Ich habe das Talent«, sagte er, »und muss mir selber helfen können.« Nun aber, bei seiner vergrößerten Familie in den letzten Jahren, musste er der Existenz wegen jährlich zwei Stücke schreiben, und um dieses zu vollbringen, trieb er sich, auch an solchen Tagen und Wochen zu arbeiten, in denen er nicht wohl war; sein Talent sollte ihm zu jeder Stunde gehorchen und zu Gebote stehen.

Schiller hat nie viel getrunken, er war sehr mäßig; aber in solchen Augenblicken körperlicher Schwäche suchte er seine Kräfte durch etwas Likör oder ähnliches Spirituoses zu steigern. Dies aber zehrte an seiner Gesundheit und war auch den Produktionen selbst schädlich.

126. Johann Stephan Schütze: Besuch bei Schiller (1804)

Bei Schillern bin ich gewesen. Große Männer verlieren gewöhnlich, wenn man sie persönlich sieht; dies kann ich aber von Schillern nicht sagen. Er hat mir so sehr gefallen, dass meine Vorliebe für ihn nur noch mehr zugenommen hat. Das helle, blaue Auge, die sanfte Sprache dabei, die feine äußere Bildung, die Größe des Körpers und das Erhabene im Anstande – alles dies flößte mir Achtung und Liebe für ihn zugleich ein. Sein rotes Haar störte mich nicht. – Ob er gleich erst von einer schweren Krankheit, der roten Ruhr, hergestellt war, so fand ich sein Ansehen doch ganz munter, und sein fester Körperbau verspricht ihm noch viele Jahre. Ich schätze ihn jetzt etwa 48 Jahr alt. – Als ich den Brief abgab, hieß es, er wäre noch unpässlich, ich bat also, dass er die Zeit bestimmen möchte, wenn ich meine Aufwartung machen dürfte. Es währte mehrere Tage, endlich ließ er sagen, dass ich mich des Nachmittags einmal hinbemühen möchte. Damit säumte ich denn nicht. Der Empfang war freundlich, aber mit Hofmanier. Er trat aus dem offenen Nebenzimmer (wo den Stimmen nach eine weibliche Visite, vielleicht ein Wochenbesuch, zu sein schien). Mitten in der Stube stehend, tat er ein paar Fragen nach Dresden, äußerte sich nur ganz allgemein und war immer früh wieder fertig, so dass ich nach einer Minute hätte wieder gehen können; indes da ich von diesem Poussieren schon im voraus durch Boden unterrichtet war, so ließ ich mich nicht sogleich zurückschrecken, sondern machte, wie bei einer Belagerung, immer wieder aufs Neue meinen Angriff und versuchte nach allen Seiten den Eingang. Ich sagte, ich wäre sehr begierig, welchen Weg die neuere Poesie gehen würde; er antwortete: freilich wäre jetzt die Krisis.

Wieder äußerte ich etwas von der Vereinigung der alten und neuen Poesie, und er sagte, dass das freilich mit Behutsamkeit geschehen müsse. Ferner sagte ich, dass ein junger Dichter wegen der flachen Rezensionen usw. übel dran sei; darauf antwortete er: jene wären die Richtschnur nicht, und bei Erwähnung des »Freimütigen« und der »Eleganten«: diese wären parteiisch, sie schreiben ja ums Brot. Das eigene Gefühl müsse einen leiten, und nach den guten Mustern müsse man sich bilden. Ich äußerte etwas über das unpoetische Zeitalter; da sagte er: die Welt oder das Volk möchte sein, wie es wollte, man müsste nur *in sich* einen kindlichen Sinn bewahren. Diese Äußerung passte am besten zu seinem Ton und sanften Wesen. »Die Naturmenschen«, fügte er hinzu, »und die ganz gebildeten Menschen, beide sind empfänglich für die Poesie, nur die halbgebildeten nicht.« – Er sagte ferner: ich wollte hier wohl die schönen Künste studieren. Dies fiel mir auf, weil dies gerade im Pass steht; ich gab zur Antwort, dass ich mich vorzüglich für Poesie interessiere. Darauf sprach ich auch etwas von Magdeburg und von Kloster Berge und dachte, ich wollte ihm Gelegenheit zu mancherlei Fragen geben, aber er fragte nichts und lächelte nur zuweilen über eine freie Äußerung. Als ich sagte, dass ein poetischer Sinn das Land und die Natur liebe, lobte er Weimar und den Park; und beifallend fügte ich hinzu, es wäre mir auch ganz, als ob ich hier auf dem Lande wohne, wozu er wohlgefällig lächelte. Noch sagte ich, ich wäre begierig, seinen ›Wilhelm Tell‹ zu sehen, worauf er sich ein wenig verneigte und von der Beschränktheit des hiesigen Theaters sprach, dass indes die Darstellung selbst doch die Hauptsache wäre. – Nun schien es mir endlich zu untunlich, noch fernere Angriffe zu machen; ich empfahl mich also, und äußerte noch: wenn ich doch das Glück haben könnte, ihn nur zuweilen zu sprechen etc., worauf er erwiderte: »Nun – wenn ich Ihnen damit dienen kann, wird es mir sehr angenehm sein.« Damit ging ich, und mit einem Aufwand von Freundlichkeit entließ er mich. – Bei der Menge von Fremden, die, wie ich höre, Goethen und Schillern besuchen, ist es leicht begreiflich, warum diese Männer in ihren Äußerungen so allgemein, so einsilbig sind. Diese Art des Empfangs macht es ihm allein möglich, so viele Fremde vor sich zu lassen; denn ein paar Minuten sind schon hinreichend, den andern stillschweigend in Verlegenheit zu setzen und ihn zum Rückzuge zu nötigen. Indes soll Schiller noch weit zugänglicher sein als Goethe, bei dem ich deshalb einen Schildknappen mitnehmen will.

127. Friedrich Wilhelm Gubitz: Abendgesellschaft mit Schiller (1803)

Durch Vermittlung des Herrn von Lynker war ich in einer Abendgesellschaft von etwa fünfzehn Personen, Männer und Frauen, mit Schiller beisammen. Er trat verspätet ein, man hatte auf ihn gewartet und rechtfertigte ihn damit, dass er ganz in sein neues Werk ›Tell‹ vertieft sei. Seine Erscheinung trug auffallender noch als vor nicht vollen acht Monaten Spuren abzehrender Krankheit zur Schau; mir wurde schmerzlich bei dem Anblick. Ihm vorgestellt, wagte ich eine Hindeutung auf die Begegnis in Lauchstädt, mit dem Bekennen meiner Mitschuld an dem Überfall. »Ei«, erwiderte Schiller, »mein Schwabengemüt hat mir auch da einen üblen Streich gespielt, und hinterdrein ist's abzubüßen.« – Er blieb ernst und gedankenschwer, antwortete zerstreut; man musste glauben, er sei mit seiner Unsichtlichkeit anderswo als hier, wo er sichtlich war. – Nun begab es sich, dass ein alter Herr bei einer Fischspeise von dem Leberreim sprach, den Gellert einem Vornehmen, der ihn unablässig mit dem ehemals sehr gebräuchlichen »Er« angeredet hatte, hingeworfen haben soll, nämlich:

> Die Leber ist vom Hecht und nicht von einem Bär,
> Den nenn ich Grobian, der stets mich nennet Er.

Darauf hingelenkt, machte man den im Anfange des jetzigen Jahrhunderts auch noch beliebten Spaß höflichst nach, und er ging fleißig ringsum von den Lippen. Als die Reihe an Schiller kam, sah er sich mutmaßlich, kaum wissend, was man von ihm wolle, wie verlegen um, setzte an und – plötzlich schwieg er kopfschüttelnd, nach meiner späteren Ansicht die Zumutung mit Recht missbilligend. Das war mir – auch in augenblicklich anderer Auffassung – von dem großen Dichter so begreiflich, dass ich mein gefüllt vor mir stehendes Glas ergriff, freudig zu Schiller lief, in Natürlichkeit darüber jubelnd, dass während wir anderen flott gereimt hatten, wie uns der Schnabel gewachsen, ein so berühmter Meister sich nicht habe zu dem losen Spiel bequemen wollen. Diese mich selber überraschende und dann mitteninne erschreckende Dreistigkeit soll ich drollig vollbracht haben; mit der ganzen Gesellschaft stimmte Schiller herzlich in das Lachen ein, und dies wurden dann die einzigen Minuten, in denen ich ihn an diesem Abend erheitert fand.

128. Johann Heinrich Voß d. J.: Mit Schiller auf der Redoute (1804)

Heute vor drei Wochen [Freitag 16. November] war Maskerade. Schon acht Tage vorher hatte ich mich mit Schiller verabredet, dass wir uns dort treffen und recht lustig sein wollten. Als ich auf die Maskerade kam, war Schiller schon da – es war bald halb zehn Uhr abends. Wie freute ich mich. Aber die Freude dauerte nicht lange. Denn wie Schiller die herrschaftliche Loge vorbeispazierte, ward er angehalten und hineingerufen. – Nun schlich ich traurig im Saal umher, sah in die Loge hinein, wie der Fuchs nach den hohen Trauben, und sehnte mich und sehnte mich. Aber ich musste wohl eine Stunde lang vergebens harren. Endlich nahmen die Fürstlichen ihre Shawls und Pelze und rüsteten sich zur Abreise. Und ehe ich's gewahr werden konnte, wie?, war Schiller wieder aus der Loge verschwunden. Da klopfte mir einer auf die Schulter; ich sah mich um und Schiller war's. »Kommen Sie«, sagte er, »ich habe Sie schon gesucht; bestellen Sie Champagner, und ich denke, wir suchen uns ein Plätzchen aus, wo es gemütlich ist.« Nun führte ich ihn an einen Tisch, wo Riemer, Stoll, Hain und der Schauspieler Becker saßen. Wir beiden füllten nun die beiden übrigen Plätze aus, und auf der Stelle war der Tisch mit neun Champagnerflaschen, rotem und weißem, bepflanzt. Unterdessen war die Schillern es überdrüssig geworden, länger dazubleiben. Sie schickte nach einander drei Abgesandte an Schiller, um ihn zu bitten, sie nach Hause zu begleiten. Das stand aber dem Schiller gar nicht an; er sagte bei der letzten Botschaft: »Man will mich durchaus fort haben, aber man soll durchaus seinen Willen nicht haben.« Da haben wir zusammengesessen bis gegen drei Uhr, um unsern Trinkkönig herum, den herrlichen Schiller. Du glaubst nicht und kannst es auch gar nicht begreifen, wie liebenswürdig der Mann war, wie ein Jüngling von zwanzig Jahren, so ausgelassen fröhlich, so unbefangen in seiner Freude, so offen, teilnehmend. Der Champagner setzte ihn gerade in die Stimmung, in der er das Lied an die Freude muss gemacht haben. Ein solches Wohlwollen und inniges Freundschaftsgefühl, eine solche Treuherzigkeit kannst du dir gar nicht vorstellen. Nun versteh ich erst recht, was er damit sagen will: »Diesen Kuss der ganzen Welt!« und »Unser teurer und geliebter Schiller soll leben!«, riefen wir, wie einstimmig, aus; das machte den Mann nicht wenig froh. Er wusste gar nicht, wie er's danken und erwidern wollte: Kuss, Händedruck, Miene voll Herz und Seele, alles schien ihm versagen zu wollen, oder vielmehr nicht in dem Grade ausdrücken zu können, wie er's wünschte, denn er häufte eins auf das andere. Denke dir, wir tranken unsre neun Flaschen richtig aus, schwelgten in Wonne. Ich wollte, dass ich dir eine gewisse Miene von Schiller beschreiben könnte, die ihm in herzlichen Augenblicken eigentümlich ist und den Abend gar nicht verließ. Ein eignes Gemisch von Schalkhaftigkeit, Wohlwollen, und das mit unendlicher Anmut verbunden. Doch wer beschreibt so etwas. Um drei Uhr gingen wir zu Hause, und ich war Schillers, oder, wenn du willst, Er mein Führer. Denn, als die kalte Luft uns anblies, hatten wir beide einen nötig. Ich habe noch den folgenden Morgen über all die Schwindeleien lachen müssen, die wir unterwegs mit der größten Ernsthaftigkeit gegen einander fabelten. Vor seiner Haustüre nahmen wir den zärtlichsten Abschied. »Leben Sie wohl«, sagte der Spitz aus mir, »mein unendlich teurer Herr Hofrat«, und dabei haben wir uns wohl zwölfmal geküsst. Zugleich gestand ich ihm, dass ich einen kleinen Rausch hätte und den nun ausschlafen wollte. »Auch ich«, gestand er dagegen, »habe ein wenig viel getrunken.« Noch jedes Mal, wenn ich Schiller spreche, erinnert er sich mit Freude an den Abend, der ihn ganz in seine Jugendjahre versetzt habe.

129. Cäcilie von Voigt: Schiller liest seine ›Maria Stuart‹ (1800)

Die vier ersten Akte der ›Maria Stuart‹ waren fertig. Ehe Schiller noch an den fünften ging, wollte er sich einer ihm genügenden Elisabeth versichern, indem ihm für die Darstellung dieser Rolle mehr bangte, als für die der Maria. Er lud daher eine kleine Gesellschaft, unter der sich Demoiselle Jagemann befand, oder vielmehr diejenige war, auf die er es abgesehen, zu sich ein, die fertigen vier Aufzüge vorlesen zu hören. Er hatte damals schon, auf dringende Vorstellung von Ärzten und Freunden, der schädlichen Gewohnheit entsagt, erst nach Sonnenaufgang sich zur Ruhe zu legen und die Nächte der Arbeit zu widmen; aber es ging ihm damit wie vielen anderen, die ungern eine Lieblingsneigung aufgeben; er ergriff begierig jede Veranlassung, die ihm einen Vorwand lieh, zu der alten Sitte zurückzukehren und sich deshalb doch bei sich selbst rechtfertigen zu können. Die Vorlesung sollte zeitig beginnen, um fünf Uhr war auch die ganze Gesellschaft bis auf ein einziges Glied beisammen; Schiller aber bestand darauf, zu warten, unterhielt so angenehm und geistreich und war so herzlich vergnügt, dass man wohl gestehen musste, für das

Harren mehr als entschädigt zu sein. Endlich erschien der Zögernde, man bestürmte ihn mit Vorwürfen, er verantwortete sich aber dadurch, dass er die Schuld auf Schillern wälzte, der ihn erst zum Abendessen eingeladen habe, und wirklich konnte dieser sich nicht ganz von dem Vorwurf reinigen, als habe er mit Vorbedacht die Einladung so zweideutig gestellt, um das Vorlesen erst spät zu beginnen. Bis zum Essen sei die Zeit nun offenbar zu kurz, meinte Schiller; nach Tische gäbe es keine Unterbrechung mehr, und so wäre es ratsamer, erst dann anzufangen. Als man einstweilen doch etwas Näheres über die Anlage des Stückes wissen wollte, verweigerte er es lächelnd, um den Eindruck nicht zu schwächen; bloß so viel gestand er ein, dass er seine Maria nicht schuldlos genommen, weil eine ganz engelreine Heldin ihm untragisch vorkomme. Später, bei dem Lesen selbst, sagte er, es habe ihm der Sache angemessener geschienen, gleich zu Anfange die Schuld, welche auf Marien laste, kundzumachen; im Verfolg des Stückes verringere sich dann immer mehr und mehr ihr Vergehen und zuletzt stehe sie fast makellos da, statt dass es eine unziemliche Wirkung tun würde, wenn erst nach und nach ihr Vergehen an den Tag komme; man dürfe nicht lange in Ungewissheit bleiben, was in den Beschuldigungen ihrer Feinde Verleumdung, was Wahrheit sei.

Ein fröhliches Gespräch, das Schiller trefflich zu beleben und zu leiten wusste, verlängerte das Verweilen bei Tische. Einige Fläschchen Konstanzia-Wein (die Gabe eines Buchhändlers, der Lust hatte, Schillers Verleger zu werden) wurden auf das Gelingen des Trauerspiels geleert, besonders auf das des fünften Aktes, vor dem sich Schiller ein wenig scheute. Unmittelbar nach dem Essen wollte er nicht lesen, und so nahete elf Uhr heran, ehe die Vorlesung begann. Rechnet man, dass die vier Aufzüge, ohne alle Weglassung (und es ist wahrscheinlich, dass im Druck noch hier und da etwas wegblieb) vorgelesen wurden, und dass Unterbrechungen durch die Zwischenreden des kleinen Publikums, das seinem Entzücken über die herrlichen Dinge, die es vernahm, doch auch Worte geben wollte, nicht ausblieben, so wird man sich nicht wundern, dass die Mainacht noch während des Lesens zum Maimorgen wurde, und die Gesellschaft erst beim Beginn der Morgenröte auseinander ging.

Schiller las stehend, zuweilen auf einem Stuhle kniend, nicht, was man eigentlich schön oder kunstgerecht nennt, woran ihn auch sein etwas hohles Organ hinderte, aber mit Begeisterung, mit Feuer, ohne Manier und Übertreibung, so dass er auch als Vorleser genügte, und seine Begeisterung die Zuhörer hinriss. Demoiselle Jagemann weigerte sich im geringsten nicht, die Elisabeth darzustellen, zumal auch Schiller und die Übrigen es anschaulich machten, welche ungleich größere Kunstleistung es sei, die Elisabeth darzustellen, als die Maria, indem diese sich gewissermaßen von selbst spiele.

Damals wollte der Dichter die beiden Repräsentantinnen der Elisabeth und Maria miteinander in den Rollen wechseln lassen, bis er späterhin von der Unstatthaftigkeit dieses Planes überzeugt wurde, doch aber ungern davon abging. – Im fünften Akte sollten zwei Gräfinnen Douglas vorkommen, von denen er die eine dieser Verwandtinnen der Maria für eine sehr junge angehende Schauspielerin bestimmte, von der er die günstigsten Hoffnungen hegte, und gewiss würde Fanny Caspers dereinst unter den leuchtenden Gestirnen des Theaterhimmels mit geglänzt haben, zumal auf der Bahn des Naiven und Schalkhaften, wenn sie nicht so zeitig, kaum über die Kinderjahre hinaus, das Theater verlassen hätte. Wäre jene Szene noch hinzugekommen, so würde Maria zweifelsohne sich auch als besorgte Mutter, was jetzt mancher Kunstrichter vermisst, gezeigt haben.

130. Heinrich Schmidt: Schiller liest seine ›Jungfrau von Orleans‹ (1801)

Später folgte ich noch einer andern Einladung Schillers, die mir das Glück verschaffte, der ersten Vorlesung der Jungfrau von Orleans‹ mit mehren Professoren und einigen andern Studenten aus Jena in Schillers Wohnung mit beiwohnen zu können. Schiller war bekanntlich kein guter Vorleser. Seine Worte kamen aus hohler Brust, auch hatte sich die dem Schwaben angeborene Aussprache noch nicht ganz verloren und abgeschliffen. So machte besonders die Aussprache des in diesem Stücke oft einfließenden Wortes »Mädchen«, das er nicht Mädchen, sondern Mädd-chen aussprach, einen üblen Effekt. Zugleich hatte die große Länge des ersten Akts, der bei dieser Vorlesung fast anderthalb Stunden dauerte, etwas Lastendes, das sich bei der Darstellung wohl einigermaßen mindert. Schiller las fort bis zum Schluss der Szene der Jungfrau mit dem Schwarzen Ritter und forderte dann die Gesellschaft auf, das Abendbrot einzunehmen, das in einem Nebenzimmer bereit stand. Halb Sieben hatte die Vorlesung ungefähr begonnen; es war bald halb Zehn, als wir aufstanden. Schiller schien etwas verlegen über die stille Aufnahme des bereits Gelesenen, denn wie mir ein Schauspieler versicherte, der mit zugegen war und früher auch der ersten Vorlesung der ›Maria Stuart‹ mit beigewohnt hatte, stand sie in der Wirkung der ersten Aufnahme der ›Maria Stuart‹ bei weitem nach. War es die auffallende Neuheit des Stoffs, oder die kühne, ganz eigentümliche Behandlung desselben, oder die Art des Vortrags: das Auditorium war überrascht und äußerte sich nicht sehr laut und enthusiastisch. Als wir uns um die Tafel, wo das Abendbrot serviert war, gestellt hatten, sagte Schiller zu der Gesellschaft: »Sie werden wohl leicht erkannt haben, dass ich mir erlaubt habe, in dem Schwarzen Ritter, bei dem ich nichts einzuwenden hätte, wenn man sich auch den eben abgeschiedenen Ritter Talbot darunter denken will, einen Geist heraufzuführen, wie es ja Shakespeare und Voltaire auch getan haben.« … Die Vorlesung begann nun ungefähr nach einer Stunde wieder und dauerte unausgesetzt bis spät in die Nacht hinein, wo von einer eigentlichen Wirkung wenig mehr die Rede sein konnte, zumal da auch der in Fülle genossene gute Wein bei Vielen seine narkotische Wirkung nicht verfehlte.

131. Henriette Gräfin von Egloffstein: Der Plan für eine Schiller-Ehrung (1802)

Der Plan zu einem neuen Feldzug gegen Goethe war demnach bald entworfen, es kam nur noch darauf an, die nötigen Hilfstruppen zu werben, und, um recht sicher zu gehen, das Interesse derselben mit ins Spiel zu ziehen. Da er nur die Besucher seines Salons hierzu ausersehen, so fing er [Kotzebue] an, sich jetzt als Schillers eifrigster Verehrer zu zeigen, die glänzendsten Lobreden auf die Verdienste desselben zu halten, und über die Gleichgültigkeit der Zeitgenossen zu deklamieren, welche Schuld daran sei, dass dem großen Dichter von keiner Seite die ihm gebührende Auszeichnung zu Teil werde. Billiger Weise hätten wir, an die seine heftigen Demonstrationen gerichtet waren, die Frage aufwerfen können, was so plötzlich seinen Enthusiasmus für Schiller entflammt habe? Allein, alles was er sagte, enthielt ja die reinste Wahrheit, und entsprach unseren eigenen Empfindungen.

So trug er uns denn, bei der nächsten Versammlung in seinem Salon, ganz einfach die Bitte vor, wir möchten ihn bei einem Feste unterstützen, das er am 5. März, Schiller zu ehren, veranstalten wolle, da ohne unsere Beihilfe der Glanzpunkt jener Feier, der in Darstellung einzelner Szenen aus den vorzüglichsten dramatischen Werken des verehrten Dichters bestehen sollte, nicht erreicht werden könnte.

Wie ungern auch mehrere unter uns, namentlich ich selbst, diese Bitte gewährten, so konnte sie doch nicht zurückgewiesen werden, weil es darauf ankam, dem Manne, dessen keuscher Muse wir so manchen hohen Genuss verdankten, einen Beweis unserer Anerkennung zu geben. Wir sollten erst späterhin erfahren, welchen nachteiligen Einfluss jede auch noch so flüchtige Gemeinschaft mit einem Menschen von Kotzebues Charakter für diejenigen habe, die sich vom Scheine blenden lassen, wie es bei uns sämtlich der Fall war, indem wir an die uns vorgespiegelte gute Absicht glaubten und ohne Widerstreben die für uns bestimmten Rollen übernahmen. Mir ward die Johanna von Orleans zugeteilt, weil Schiller bei der ersten Vorlesung des Stücks erklärt hatte, dass ihm während des Entwurfs seiner Heldin meine Persönlichkeit stets vor Augen geschwebt, und weil auch Goethe sich dahin zu äußern beliebte, ich sei ganz für diese Rolle geschaffen. Letzterer hatte mir sogar öfters Vorwürfe darüber gemacht, dass ich mich durch ein törichtes Vorurteil abhalten ließe, ihm und dem Publikum den hohen Genuss zu gewähren, öffentlich als Johanna aufzutreten. Ich ergriff demnach die erste Gelegenheit, ihm zu berichten, dass zufälligerweise sein Wunsch erfüllt werden und er mich als Mädchen von Orleans auf dem Theater erblicken würde.

Er schien auch in der Tat aufs Angenehmste von dieser Nachricht überrascht zu sein, und zeigte sich sehr teilnehmend gespannt auf die Details des projektierten Festes, denn er erkundigte sich nach den geringsten Dingen, ließ sich mein Kostüm beschreiben, und erteilte mir hierbei nicht nur seinen Rat, sondern erbot sich auch am Ende unserer langen Unterredung, mir das Modell zu dem Helme senden zu wollen, der mich als Johanna schmücken sollte, und den ich auch wirklich am andern Tage erhielt. In meiner treuherzigen Unbefangenheit nahm ich die Äußerungen seiner Teilnahme für bare Münze, und selbst wenn ich weniger einfältig gewesen wäre, würde ich Goethe eine solche Verstellung und die Absicht mich vollständig mystifizieren zu wollen, nicht zugetraut haben. Im Gegenteil fühlte ich mich durch sein lebhaft ausgesprochenes Interesse und die erhaltenen Ratschläge so sehr ermutigt, dass ich mich mit regem Eifer und Selbstvertrauen dem Studium meiner Rolle und den Beschäftigungen, die sie notwendig machten, hingeben konnte.

Während der vielseitigen Vorbereitungen zu dem Feste, das die allgemeinste Teilnahme erregte, war bereits der 4te März herbeigekommen und ich eben im Begriff, der letzten Probe unsers theatralischen Beginnens beizuwohnen, als plötzlich Herr und Frau Kotzebue in mein Zimmer stürzten, so dass ich befürchten musste, es sei ihnen ein

Unglück zugestoßen. Erst nachdem sich beide etwas erholt, vernahm ich was sich zugetragen.

Die Handwerksleute, die dazu beordert waren, das für uns bestimmte Theater im großen Stadthaussaale zu errichten, hatten sich am frühen Morgen des Tages dort eingefunden, allein zu ihrem nicht geringen Erstaunen den Bescheid erhalten, der Herr Bürgermeister Schulze habe den Befehl erteilt, niemanden den Zutritt zu gestatten. Dies war um so unbegreiflicher, da Letzterer schon längst die von ihm erbetene Erlaubnis mit der größten Bereitwilligkeit gegeben und sich zu jeder Dienstleistung erboten hatte, die zur Unterstützung des Ganzen nötig sein möchte. Als nun Kotzebue von dem Vorgange unterrichtet, zu Schulze eilte, um ihn an sein Versprechen zu erinnern, flüchtete sich der wortbrüchige Mann hinter die Ausrede: er sei erst späterhin durch Sachkundige darauf aufmerksam gemacht worden, dass der neu dekorierte Saal allzu sehr durch das Aufschlagen einer Bühne leiden könne, daher gestatte ihm seine Amtspflicht nicht, solches zu dulden. – Mit der größten Ruhe und Gleichgültigkeit nahm er die Vorwürfe hin, welche Kotzebue ihm über sein bisheriges Stillschweigen machte und erwiderte auf dessen Drohung, sich direkt an den Herzog wenden zu wollen: Se. Durchlaucht würden sich gewiss nicht in eine Angelegenheit mischen, bei welcher ihm, als Vorsteher der Bürgerschaft, einzig und allein die Entscheidung zukomme.

132. Johannes Falk: Die missglückte Schiller-Feier (1802)

Mit derselben Gewandtheit, womit Kotzebue ein neues Lustspiel oder Trauerspiel in acht Tagen verfasste und zugleich auf die Szene versetzte, wurde nun auch von ihm der Plan zum Krönungsfeste Friedrich Schillers, zwar nicht auf dem Kapitol, doch auf dem neuen weimarischen Stadthause entworfen. Szenen aus den Haupttragödien des originellen und großen Dichters, aus seinem ›Don Karlos‹, aus der ›Jungfrau von Orleans‹ usw., sollten vorangehen. Im Kostüm der handelnden Personen gesprochen, sollten sie nicht nur dem Ganzen zur Einleitung dienen, sondern auch die Gemüter auf den Hauptschlag, der sie erwartete, gehörig stimmen und vorbereiten. Die liebenswürdige Gräfin v. E., jene ritterlich gesinnte Dame, die Goethe in so manchem geistreichen Abendzirkel als die seinige erkor und feierte, die aber nun, auch ihrerseits etwas gereizt, die von *dem Schäfer auf jenem Berge* an ihr verübte Untreue wieder vergelten wollte, übernahm freiwillig die Rolle der Jungfrau von Orleans. Das Fräulein v. Imhoff, die berühmte Verfasserin der ›Schwestern von Lesbos,‹ konnte sich dem Antrage, die unglückliche schottische Königin, Maria Stuart, bei diesem Aufzuge darzustellen, unmöglich entziehen. Der freundlichen Sophia Mereau, ebenfalls einer aus dem schillerschen Almanache rühmlich bekannten, recht lieblichen Dichterin, war, wofern ich nicht irre, die Rezitierung des Gedichts: ›Die Glocke‹, bei dieser Gelegenheit zugefallen. Kotzebue selbst erschien zweimal, zuerst als Vater Thibaut in der Jungfrau, und sodann als Meister Glockengießer. In der letzten Rolle lag es ihm insonderheit ob, die aus Pappe verfertigte Form der Glocke mit seinem Hammer mächtig entzweizuschlagen. Alsdann erst gelangte der Zuschauer, wie dort zur Anschauung des blanken Kerns, der den ganzen Metallguss in sich schloss, so hier zur Anschauung des Hauptmoments, worauf das Ganze klüglich berechnet war. Sobald nämlich der Meister Glockengießer den letzten Streich an seiner Glocke getan, sollte die Form plötzlich zerspringen und alsdann überraschend Schillers Büste zum Vorschein kommen, zugleich aber, wo sie sich den Augen darstellte, der anwesende Schiller selbst, versteht sich von zarten Händen, gekrönt werden. Was die künstlerische Anordnung des Ganzen betraf, so leitete diese Herr Krause, ein dem verwitweten Hofe zunächst angehöriger, nicht ungeschickter Landschafter, der zugleich Direktor der herzoglich weimarischen Zeichenakademie war. Nach allen diesen so glücklich getroffenen Anstalten konnte niemand an dem glänzenden Erfolge zweifeln. Ich hätte mein Leben darauf verwettet und mir eher des Himmels Einfall, als die plötzliche Vereitelung eines in seiner Art so einzigen Kunstfestes träumen lassen. Und so ging es jedem. Auch herrschte in den ersten Häusern die lobenswürdigste Tätigkeit. Kleider und Rollen, Besätze und Sittensprüche aus Schiller wurden auf das Artigste so lange zusammengesucht, eingepasst und zugeschnitten, bis ein zierliches und von allen Seiten wohlgerundetes Ganzes daraus erwuchs. Inmittelst rückte auch der zur Aufführung bestimmte Tag immer näher. Der in solchen Stücken äußerst gefällige Wieland war bereits eingeladen und hatte zugesagt. Von der höchst liebenswürdigen, viel zu früh verewigten Prinzessin Caroline, nachherigen Erbprinzessin von Mecklenburg, die Goethe außerordentlich verehrte, hatte man sich das Wort, bei diesem Feste zu erscheinen, ebenfalls zu verschaffen gewusst. Auch Friedrich Schiller wurde auf das Verbindlichste angegangen, sagte jedoch wenige Tage zuvor in Goethes Hause: »Ich werde mich wohl krank schreiben.« Goethe schwieg und sagte damals kein Wort. Es fehlte aber nicht an besonnenen Freunden, die, zu ihrem größten Leidwesen, aus allen diesen Umständen eine Spannung zwischen beiden so ausgezeichneten Geistern weissagten. Das Ende davon ließ sich kaum absehen, besonders in dem Falle, wenn Schiller in die seiner edeln, höchst unbefangenen Persönlichkeit gelegten Schlingen eingehen sollte. Die Vorbereitungen zum Feste waren nun soweit gediehen, dass man förmlich zu einer brieflichen Verhandlung mit der Bibliothek und ihren Vorstehern über Schillers Büste schreiten konnte; denn diese von Dannecker gearbeitete, der Bibliothek, wenn ich nicht irre, von Goethe geschenkte und noch daselbst befindliche Marmorbüste, war zu jenem Knalleffekte auserkoren worden. Jene Verhandlung wurde denn auch wirklich zwischen den damaligen beiden Professoren und Malern, Meyer und Krause, eingeleitet. Hier aber ergab sich als böses Vorzeichen sogleich ein unvermuteter Rechnungsfehler, den der gute Krause seinerseits wenigstens durchaus nicht beseitigen konnte. Meyer bemerkte nämlich in seiner Antwort auf das Gesuch des erstern ganz kurz: »Die jedermann bekannten Vorschriften der Bibliothek erlaubten es durchaus nicht, ein Kunstwerk von solchem Werte an Orten und Tagen, wo es in der Regel immer etwas tumultuarisch zuzugehen pflege, der Gefahr einer Beschädigung auszusetzen. Zudem entstehe, was den guten Geschmack anbelange, noch die Frage, ob sich Schiller durch eine Darstellung seiner Idee von der Glocke in Pappe auch wirklich so geehrt fühlen dürfte, wie man zu erwarten scheine.« – Ein Stück brennenden Schwammes, in eine Pulvermine geworfen, kann schwerlich eine größere Verwirrung hervorbringen, als der Inhalt dieses Billetts unter den Herren und Damen, die einer günstigen Antwort auf ihr Bittgesuch sehnsüchtigst entgegensahen. Meyer, als vieljähriger Hausfreund Goethes bekannt, konnte – so glaubte man wenigstens allgemein – nicht anders, als in Auftrag desselben in dieser Angelegenheit so geschrieben und gehandelt haben. Das war so klar und so einleuchtend, dass ein halbwegs gescheites Kind auf diese Vermutung kommen musste, selbst wenn man es auch nicht etwa noch besonders in Anschlag brachte, dass Goethe zugleich einer der ersten Vorstände der weimarischen Bibliothek war. Wie dem auch sei, so trat hier wenigstens der besondere Fall ein, dass es vielleicht mit geringern Schwierigkeiten verknüpft gewesen wäre, an dem genannten feierlichen Tage, des Dichters selbst, als seiner Büste habhaft zu werden. So heftig nun schon dieser erste Schlag die Gemüter traf, so war doch der zweite, der sie erwartete, noch weit bedeutender. Es begab sich nämlich, als man den Tag vor der Aufführung an den ersten regierenden Bürgermeister Schulze schrieb und diesen höflich um die Schlüssel zum Saale des neuen Stadthauses ersuchte, wo das ganze Prunkspiel sich erst entfalten sollte, dass dieser seinerseits im Namen des Magistrats die zwar amtliche, aber keineswegs erfreuliche Antwort gab: »Das Aufschlagen des Theaters im neuen Saale des Stadthauses sei schlechterdings nicht zulässig; Wände, Decken und der neugelegte Fußboden würden gar zu sehr darunter leiden; man bedauere darum recht sehr, in diesem Falle nicht dienen zu können.« Alle Gegenvorstellungen, alle Zusicherungen von Schonung, ja sogar von Schadenersatz bei etwa eintretenden Unglücksfällen waren vergeblich und vermochten nicht, die Hartnäckigkeit und den Starrsinn des regierenden Bürgermeisters zu beugen. Den rührendsten Bitten setzte er die strenge Erfüllung seiner Pflichten mit der größten Fassung entgegen; kurz, das Herz dieser ersten Magistratsperson, so verschiedene Stürme auch auf dasselbe versucht wurden, blieb so unzugänglich und so fest in sich verschlossen wie die Türe des neuen Stadthauses, dessen Schlüssel sich ebenfalls in seinen Händen befand.

Schwerlich hat es je einen trostlosem Tag als diesen für die schöne Welt zu Weimar gegeben. So die schönsten, glänzendsten Hoffnungen nah am Ziele gleichsam mit einem Schlage vereitelt zu sehen, was heißt es wohl anders, als mitten im Hafen noch Schiffbruch leiden? Man denke sich nur einmal den nun völlig unnütz gewordenen Aufwand von Krepp, Flor, Band, Spitzen, Gaze, Perlen, den die schönen Kinder gemacht; die Pappen zur Glocke, die Farben, die Pinsel zu den Kulissen, die Wachslichter zur Erleuchtung gar nicht einmal in Anschlag zu bringen. Man erwäge den noch größern Aufwand von Zeit und Mühe, der zur Einlernung so vieler und so verschiedener Rollen erforderlich war; man zaubere sich eine reizende Maria Stuart vor, eine erhabene Jungfrau von Orleans, eine anmutige Agnes, die so plötzlich, so ganz unerwartet von den höchsten Ehrenstaffeln herabsteigen und Kron und Zepter, Helm und Fahne, Perlen und Schmuck in einer einzigen unglücklichen Stunde niederlegen sollen – und man wird keineswegs die Stimmung unwahrscheinlich finden, wie sie in dem weiter unten mitgeteilten Gedichte aus der Feder einer von jenen reizenden Teilnehmerinnen selbst ausführlicher geschildert wird. Wie konnte es anders sein? Es musste in diesen Tagen der allgemeinen Trauer zu Weimar gar manches artige Köpfchen, auf beide Hände gestützt, in seinem Kabinette gefunden werden, das die düstersten Betrachtungen über diese arge Welt, über die Heimtücke des Schicksals und den verkehrten Lauf aller menschlichen Dinge anstellte.

133. Johann Wolfgang von Goethe: Missglückte Intrigen (1802)

Die Sachen standen so, dass es früher oder später dazu kommen musste, warum gerade gedachter Tag erwählt war, ist mir nicht erinnerlich, genug an demselben sollte zu Ehren Schillers eine große Exhibition von mancherlei auf ihn und seine Werke bezüglichen Darstellungen in dem großen, von der Gemeine ganz neu dekorierten Stadthaussaale Platz finden. Die Absicht war offenbar, Aufsehen zu erregen, die Gesellschaft zu unterhalten, den Teilnehmenden zu schmeicheln, sich dem Theater entgegenzustellen, der öffentlichen Bühne eine geschlossene entgegen zu setzen, Schillers Wohlwollen zu erschleichen, mich durch ihn zu gewinnen, oder, wenn das nicht gelingen sollte, ihn von mir abzuziehen.

Schillern war nicht wohl zu Mute bei der Sache; die Rolle die man ihn spielen ließ, war immer verfänglich, unerträglich für einen Mann von seiner Art, wie für jeden Wohldenkenden, so als eine Zielscheibe fratzenhafter Verehrungen in Person vor großer Gesellschaft dazustehn. Er hatte Lust, sich krank zu melden, doch war er, geselliger als ich, durch Frauen- und Familienverhältnisse mehr in die Sozietät verflochten, fast genötigt, diesen bittern Kelch auszuschlürfen. Wir setzten voraus, dass es vor sich gehen würde, und scherzten manchen Abend darüber; er hätte krank werden mögen, wenn er an solche Zudringlichkeiten gedachte.

So viel man vernehmen konnte, sollten manche Gestalten der schillerschen Stücke vortreten; von einer Jungfrau von Orleans war man's gewiss. Helm und Fahne, durch Bildschnitzer und Vergulder behaglich über die Straßen in ein gewisses Haus getragen, hatte großes Aufsehen erregt und das Geheimnis voreilig ausgesprengt. Die schönste Rolle aber hatte sich der Chorführer selbst vorbehalten; eine gemauerte Form sollte vorgebildet werden, der edle Meister im Schurzfell daneben stehen, nach gesprochenem geheimnisvollen Gruße, nach geflossener glühender Masse sollte endlich aus der zerschlagenen Form Schillers Büste hervortreten. Wir belustigten uns an diesem nach und nach sich verbreiteten Geheimnis, und sahen den Handel gelassen vorwärts gehen.

Nur hielt man uns für allzu gutmütig, als man uns selbst zur Mitwirkung aufforderte. Schillers einzige Original-Büste, auf der weimarischen Bibliothek befindlich, eine frühere herzliche Gabe Danneckers, wurde zu jenem Zwecke verlangt und aus dem ganz natürlichen Grunde abgeschlagen, weil man noch nie eine Gipsbüste unbeschädigt von einem Feste zurückerhalten habe. Noch einige andere, von andern Seiten her zufällig eintretende Verweigerungen erregten jene Verbündeten aufs Höchste; sie bemerkten nicht, dass mit einigen diplomatischklugen Schritten alles zu beseitigen sei, und so glich nichts dem Erstaunen, dem Befremden, dem Ingrimm, als die Zimmerleute, die mit Stollen, Latten und Brettern angezogen kamen, um das dramatische Gerüst aufzuschlagen, den Saal verschlossen fanden, und die Erklärung vernehmen mussten: er sei erst ganz neu eingerichtet und dekoriert, man könne daher ihn zu solchem tumultuarischen Beginnen nicht einräumen, da sich niemand des zu befürchtenden Schadens verbürgen könne.

Das erste Finale des unterbrochenen Opferfestes macht nicht einen so entsetzlichen Spektakel als diese Störung, ja Vernichtung des löblichsten Vorsatzes, zuerst in der oberen Sozietät und sodann stufenweise durch alle Grade der sämtlichen Population anrichtete. Da nun der Zufall unterschiedliche, jenem Vorhaben in den Weg tretende Hindernisse dergestalt geschickt kombiniert hatte, dass man darin die Leitung eines einzigen feindlichen Prinzips zu erkennen glaubte; so war ich es, auf den der heftigste Grimm sich richtete, ohne dass ich es jemand verargen mochte. Man hätte aber bedenken sollen, dass ein Mann wie Kotzebue, der durch vielfache Anlässe nach manchen Seiten hin Misswollen erregt, sich gelegentlich feindselige Wirkungen schneller da- und dorther zuzieht, als einer verabredeten Verschwörung zu veranlassen jemals gelingen würde.

War nun eine bedeutende höhere Gesellschaft auf der Seite des Widersachers, so zeigte die mittlere Klasse sich ihm abgeneigt, und brachte alles zur Sprache, was gegen dessen erste jugendliche Unfertigkeiten zu sagen war, und so wogten die Gesinnungen gewaltsam wider einander.

Unsere höchsten Herrschaften hatten von ihrem erhabenen Standort, bei großartigem freiem Umblick, diesen Privathändeln keine Aufmerksamkeit zugewendet; der Zufall aber, der, wie Schiller sagt, oft naiv ist, sollte dem ganzen Ereignis die Krone aufsetzen, indem gerade in dem Moment der verschließende Burgemeister, als verdienter Geschäftsmann, durch ein Dekret die Auszeichnung als Rat erhielt. Die Weimaraner, denen es an geistreichen, das Theater mit dem Leben verknüpfenden Einfällen nie gefehlt hat, gaben ihm daher den Namen des Fürsten Piccolomini, ein Prädikat, das ihm auch ziemlich lange in heiterer Gesellschaft verblieben ist.

134. Johann Heinrich Voß d. J.: Schiller auf dem Krankenbett (1805)

Den folgenden Abend [Mittwoch 13. Februar] wollte ich wieder bei ihm wachen; aber er wollte es nicht zugeben, und erlaubte mir nur nach dringendem Zureden, ihm die zweite Nacht wieder Gesellschaft leisten zu dürfen. Am folgenden Tage [Donnerstag 14. Februar] war ich, während er zu Mittag nach seiner Art speiste, bei ihm, und ging um vier Uhr fort mit den Worten: »Um neun Uhr werde ich mich einstellen.« Nun wollte er's zu meinem großen Befremden nicht zugeben. Ich erinnerte ihn an seine gestrige Erlaubnis, aber vergebens. Denke dir, der gute Mann hatte gehört, es sei eine große Redoute den Abend, und wollte mir, »dem Redoutenfreunde«, meine Freude nicht rauben. Nach langer Überredung und Beteurung, ich könnte ohne ihn auf keiner Redoute Freude haben, ließ er es sich gefallen, reichte mir freundlich die Hand, und ich durfte bleiben. Nun sprach er von früheren Redouten, wo wir zusammen pokuliert hatten, und sagte äußerst froher Laune: »Auch heute wäre ich in Ihren Kreis auf der Redoute getreten«, fügte aber nach einer kleinen Pause lächelnd hinzu: »da hätten Sie doch wohl sich entsetzt, und geglaubt, es sei nicht ich, sondern mein eben abgeschiedener Geist, der Sie heimsuchte!« Ich musste die Nacht durchaus meine Pfeife bei ihm rauchen und mich so stellen, dass er wenigstens den Dampf davon kostete und so den Vorschmack zu seiner Gesundheit einatmete. – Einsmals, wie ich bei ihm wachte, fiel es ihm ein, dass ich keine Pfeife hätte. »Sie müssen rauchen«, sagte er so treuherzig, »mir schadet das gar nichts.« Da hatte ich nur Mühe, dieses abzulehnen. Ich sagte ihm einmal, ich hätte nur Eins an ihm auszusetzen, dass er zu wenig Egoist wäre; er denkt auch wahrlich nur an die Personen um ihn her und an das, wofür er lebt, an sich aber gar nicht.

Mein Talent, Schokolade zu kochen, habe ich bei Schillern noch einmal benutzt. Ich habe ihm in einer von jenen Nächten Schokolade im Ofen gekocht, und erzählte ihm, während ich bei diesem Geschäfte kniete und den Topf rührte. – Einmal in dieser Zeit komme ich abends halb fünf Uhr zu ihm; ich fand ihn schlafend, setzte mich zu ihm, und las, bis er aufwachte. Endlich geschah dies, nach einer Stunde etwa. Er blickte erstaunt umher und fing nun recht herzlich zu lachen an: »Ich wollte Ihnen eben guten Morgen sagen und merke, dass es Abend ist.« – Und nun erzählte er, dass er von vier Uhr morgens an »wie ein Eisbär« geschlafen habe.

Zum letzten Mal habe ich bei ihm gewacht am Geburtstage meines Vaters vom [Mittwoch] 20. auf den 21. Februar. Da trank er meines Vaters Gesundheit in einem viertel Glase Tokayer und aß auch ein Stückchen Kuchen. Wie schön er aber die Nacht schlief, glaubst du nicht. Ich wünschte nichts sehnlicher, als dass er sich selbst betrachten und sich über sich freuen könnte, so ruhig und gesund atmete er. Da legte ich mich auch hin, und zwar zu seinen Füßen, indem ich mir zwei Stühle an sein Sofa rückte und den Kopf auf seine Bettdecke legte. Da habe ich ein paar schöne Stunden geschlafen, und als ich wieder aufwachte, lag er noch in der selbigen Stellung, ohne sich auch nur geregt zu haben.

Als er nun nach sechs Tagen genas, wie kindlich fröhlich war der Mann! Wie zählte er die Bissen, die er aß, und freute sich, dass er wieder so kräftig speisen konnte! Wie spielte der liebenswürdige Hausvater mit seinen Kindern! Er erlaubte der kleinen Karoline, sie dürfe in der Kaffeestunde bei ihm »schmarotzen«. Die kleine sechsmonatlige Emilie nahm er auf den Arm, küsste sie und sah sie mit einem Blick von verschlingender Innigkeit an, recht als wenn er sein unendliches Glück im Besitz dieses holden Kindes zu Ende denken wollte. Oft hat er mir während seiner Krankheit gesagt, was er so gern gesteht, dass er nur seiner Kinder wegen, die nicht vaterlos sein dürften, zu leben wünsche.

135. Karl Leberecht Schwabe: Schillers Beerdigung (1805)

Als ich am 11. Mai 1805 nachmittags von einer mehrtägigen Geschäftsreise nach Weimar zurückkehrte, war mein erster Weg zu meiner Verlobten, meiner jetzigen Frau, die auch jetzt noch, wo ich dieses schreibe, nach vierzigjähriger Ehe das Glück meines Lebens ist und schon damals eine eifrige Verehrerin der schillerschen Dichtungen war. Nur von ihr begrüßt, sagte sie mir sogleich, dass Schiller gestorben, und, was mir unglaublich erscheinen würde, was empörend sei, er solle diese Nacht ganz in der Stille von Handwerkern zu Grabe getragen werden, von den Schneidern oder den Tischlern, und möge ich doch alles aufbieten, um letzteres zu verhindern. Es hätte solcher Aufforderung aus geliebtem Munde wahrlich nicht bedurft, um mein Inneres über das eben Vernommene zu empören, aber es befeuerte mich nur um so mehr, auch das Äußerste daranzusetzen, dass jenes Vorhaben nicht ins Werk gesetzt oder doch wenigstens gemildert werde. Ich ging sofort zur Frau

v. Schiller, sie ließ mich aber nicht vor, und auf mein weiteres, zweites Anmelden mit dem Zusatz, dass ich wegen dem heutigen Begräbnis ihres Gatten, das doch schon noch diesen Abend erfolgen solle, sie nur einen Augenblick zu sprechen dringend bitten lasse, ließ sie mir durch den Bedienten Rudolph sagen: sie sei so sehr in ihren Schmerz versunken, dass sie mich nicht sprechen könne, und betreffe mein Wunsch das Begräbnis ihres seligen Mannes, so möge ich mich an den Oberkonsistorialrat Günther wenden, der alles deshalb Nötige zu besorgen übernommen habe. Was dieser anordne, werde die schillersche Familie gutheißen.

Ich eilte sogleich zu dem nahe wohnenden Oberkonsistorialrat Günther, sagte ihm, dass ich erst vor wenigen Minuten das Ableben Schillers und dass er diese Nacht ganz in der Stille von Handwerkern zu Grabe getragen werden solle, erfahren habe, dass mich dieses auf das Empfindlichste schmerze und dass ich, von Frau v. Schiller an ihn gewiesen, ihn dringend bitte, zu gestatten, dass doch wenigstens Männer, die den Wert und das Verdienst Schillers zu achten wüssten, die lebendig fühlten, was durch seinen Tod die ganze gebildete Welt verloren habe, ihm die letzte irdische Ehre erweisen und ihn zu Grabe tragen dürften. Ich erhielt die trockne Antwort: »Ja, lieber Freund, es ist schon alles geordnet, und es soll alles in der Stille geschehen; auch sind schon die Träger bestellt.« Als mein Bitten dringender wurde, als ich erklärte, dass ich für die Bezahlung der bestellten Träger einstehen wolle, und zuletzt unverhohlen äußerte, es würde eine Schande für Weimar, ja für Deutschland sein, wenn die Leiche des edelsten und geliebtesten Dichters von bezahlten, teilnahmslosen Menschen zu Grabe getragen würde, von denen man ja gar nicht voraussetzen dürfe, zu wissen, was Schiller für die deutsche Nation gewesen sei, da schien es, als ob, weil er bisher sich unabbittlich streng an die ihm gewordene Instruktion festhielt, die eisige Rinde um das Herz des für die schillersche Beerdigung Beauftragten zu schmelzen anfange, und er frug mich: wer die Verehrer des Verstorbenen seien, die ihn heute noch zu Grabe tragen wollten.

Noch konnte ich niemanden namentlich aufführen; ich konnte nur die lebendige und gewisse Versicherung abgeben, dass meine zahlreichen Freunde gleiche Gesinnungen mit mir teilten und dass ich dem Herrn Oberkonsistorialrat innerhalb einiger Stunden ein Namensverzeichnis derselben vorlegen würde.

Auf diese Versicherung hin ward für mich und meine Freunde das Versprechen erteilt, dass wir Schillers Leiche zur Totengruft tragen dürften, und die Handwerker wurden abbestellt. Wiederholt aber und sehr ans Herz gelegt ward mir der Wille der schillerschen Familie, die höchste Stille bei der Beerdigung zu beobachten und dafür besorgt zu sein.

Ich eilte nun in der Stadt herum zu Freunden und Bekannten, erhielt von keinem, den ich zu Hause traf, abfälligen Bescheid und setzte noch gegen 7 Uhr abends, teils für die, welche ich nicht angetroffen hatte, teils um das Nähere über meine Wohnung und [die] Kleidung anzuzeigen, das nachstehende Zirkular auf, dessen Original zu jedermanns Einsicht bei meiner Familie aufbewahrt sein soll. … Alle … fanden sich um die bestimmte Stunde in meiner Wohnung ein, außer ihnen aber noch Rat und Kammersekretär *Lungershausen*, der Professor *Jagemann*, der Maler, nachherige *Hofrat Westermeyer*, Bildhauer *Weißer*, Kupferstecher *Stark* und einige wenige, deren Namen ich nicht mehr angeben kann, so dass unserer etwa 20 waren. Ich konnte sie noch spät des Abends dem Oberkonsistorialrat Günther nennen, und gern gab er jetzt seine Einwilligung.

Still und ernst begaben wir uns in das schillersche Haus in der Esplanade bald nach ½1 Uhr des Nachts. Es war eine mondhelle Mainacht; nur einzelne Wolken verhüllten mitunter, unter dem Mond wegziehend, denselben. Still war das Totenhaus; Weinen und Schluchzen tönte nur dumpf aus einem der dem Sarg, worinnen der geliebte Tote lag, nahen Zimmer. Er wurde, indem wir, seine Verehrer, die Treppe herab vorangingen, vor der Haustür von uns aufgenommen. Kein Mensch war vor dem Hause oder in den Straßen zu erblicken; die tiefste, lautlose Stille herrschte in der Stadt; aber warme Herzen schlugen für den Entschlafenen, den wir trugen, und die Pause, die den Tragenden von Zeit zu Zeit bis zum entfernten Kirchhof zum kurzen Ausruhen oder zum Wechseln der Plätze unter der Totenbahre; auf welcher der Sarg stand, vergönnt war, wurde zum Trocknen des tränenvollen Antlitzes verwendet. So ging unser Zug durch die Esplanade, über den Markt, durch die Jakobsgasse auf den alten Kirchhof vor der St.-Jakobs-Kirche, nach dem auf ersterm befindlichen Kassengewölbe, vor welchem wir den Sarg niedersetzten. Das Gewölbe wurde geöffnet, und der Totengräber mit dreien seiner Gehilfen trugen ihn hinein, öffneten hier eine Falltür, und der teure Tote wurde in die unterirdische, dunkle, von keinem Lichtstrahl erhellte Gruft an Seilen hinabgesenkt, so den hier schon Begrabenen beigesellt, die Falltür wieder niedergelassen und dann das äußere Tor des Gewölbes verschlossen. Kein

Trauergesang, kein Wort, dem Andenken des eben Begrabenen aus priesterlichem Munde geweiht, unterbrach die Stille der Mitternacht, und still wollten wir uns entfernen, als eine hohe, in einen weiten Mantel tief verhüllte Männergestalt, die zwischen den dem Gewölbe nahen Grabhügeln gespensterartig herumirrte und ihre innigste Teilnahme an dem, was eben vollbracht worden war, durch ihre lebendigen Bewegungen und lautes Schluchzen zu erkennen gab, unser aller Aufmerksamkeit auf sich zog. Es war dieses, wie wir nachher im Fortgehen erst entdeckten, der Geheime Rat v. Wolzogen, der Schwager Schillers, welcher, eben von einer Reise zurückgekommen, sich dem Leichenzug angeschlossen hatte oder, was wahrscheinlicher ist, demselben auf den Totenacker vorausgeeilt war …

Am Nachmittag des 12. Mai war in der St.-Jakobs-Kirche die kirchliche Feierlichkeit, wo der Generalsuperintendent Vogt die Gedächtnisrede hielt und den Segen über den Verblichenen sprach. Die herzogliche Kapelle vollführte vor und nach dieser Rede die Trauermusik aus Mozarts ›Requiem‹. Die Kirche fasste die Zuhörer nicht; viele derselben standen vor den Eingängen.

136. Franz Eduard Genast: Schillers Beerdigung (1805)

[Schwabes Bericht] enthält eine getreue Darlegung des Tatbestandes und stimmt ganz mit dem überein, was mir mein Vater darüber mitgeteilt, nur dass nicht bloß, wie dort ausgesprochen ist, Gelehrte und herzogliche Beamte den Sarg des großen Toten trugen und bestatteten, sondern auch die Mitglieder des Hoftheaters: die beiden Regisseure Genast und Becker, mit denen Schiller fast in täglichem Verkehr gestanden, die Schauspieler Malkolmi, Graff, Haide, Unzelmann, Oels und Wolff, die ihm mit inniger Liebe ergeben waren, weil er ihnen stets ein wohlwollender Lehrer und Leiter bei ihren Aufgaben gewesen, folgten seiner Bahre und nahmen teil an dem Trauerzug. Dem älteren Schwabe kommt das Verdienst zu, dass Schillers Begräbnis nicht so einfach wurde, wie es die Witwe selbst gewünscht und wie sie den damaligen Oberkonsistorialrat Günther damit beauftragt hatte; er ging mit Genehmigung der Frau von Schiller zu Günther und sagte ihm: »Ich bin von Frau von Schiller an Sie gewiesen und bitte Sie dringend, zu gestatten, dass nicht Handwerker, sondern Männer, welche Schillers Genius zu würdigen wissen und es lebhaft empfinden, was die ganze gebildete Welt an ihm verloren hat, ihm die letzte irdische Ehre erweisen und ihn zu Grabe tragen dürfen.« Schwabe erhielt die trockene Antwort von Günther: »Ja, lieber Freund, das geht nun nicht mehr, es ist schon alles angeordnet; alles soll in der Stille geschehen, auch sind bereits die Träger bestellt.« Nach langem Bitten und erst als Schwabe das Versprechen gegeben, die Träger zu bezahlen, wenn sie auch nicht den Sarg trügen, wurden diese abbestellt und von dem geistlichen Herrn Schwabe die Erlaubnis zu seinem Vorhaben erteilt. Nachts um 12 Uhr fand die Beerdigung statt. Vor dem Sarge gingen die Schüler der ersten Klasse mit Laternen; diesen folgten die oben genannten Herren vom Theater, außer Graff und Haide, die den Sarg mit trugen. Die ferneren Träger waren Karl und Wilhelm Schwabe, Professor Voß, Gebrüder Träuter, St. Schütze, Klauer, Helbig, Irrgang, Brehme, Kannegießer, Oettelt, Lungershausen, Jagemann, Westermeyer, Weißer und Stark, alle teils Staatsbeamte, teils Maler, Bildhauer und Literaten. Hinter dem Sarge ging ein großer Mann in einen Mantel gehüllt, der fast das Gesicht bedeckte, der Sage nach Goethe; dem war aber nicht so, denn dieser war krank und wusste nichts von Schillers Tod, noch weniger von dessen Beerdigung. Schillers Schwager, Herr von Wolzogen, war von Naumburg zu diesem Akt der Trauer herübergekommen.

Ein Schrei der Entrüstung erscholl in der ganzen literarischen Welt über den Wandalismus, dass Schillers Leiche von Schneidern getragen worden wäre, und besonders schrie Herr von Archenholtz Zeter über Weimar. Es war dem guten Manne nicht bekannt, dass die Toten, die im Leben einen hohen Rang eingenommen, von den Innungen, welche man allerdings dafür bezahlte, zu ihrer letzten Ruhestätte gebracht wurden; dies war der damalige Brauch, und niemand konnte sich ohne spezielle Erlaubnis der Behörde dem entziehen. Wenn aber auch der Sarg von Schneidern getragen worden wäre, so wäre Schillers Leiche dadurch doch nicht entehrt gewesen, selbst nicht was die Würdigung seiner Größe betrifft, denn mancher dieser Handwerker war vielleicht vertrauter mit Schillers Werken als viele der Schreier.

137. Karl Leberecht Schwabe: Die Suche nach Schillers Gebeinen (1826)

Nachdem ich unter Beirat des Oberbaudirektors Coudray aus dem Souterrain des Kassengewölbes am 15. März 1826 sechs noch ziemlich erhaltene Särge hatte herauswinden und an der Seite der Eingangstür sowie dieser gegenüber aufstellen lassen (*vide* mein Protokoll vom 15. März 1826 [Nr. 47]) und dem Totengräber Bielke untersagt hatte, durchaus nichts zur Aufräumung der Gruft zu tun, unternahm ich einige Tage in der Sache durchaus nichts, weil mir durch zuverlässige Personen die sichere Nachricht wurde, dass man über das, was seither wegen Aufsuchung von Schillers Gebeinen im Kassengewölbe geschehen, in hohem Grad missbillige; denn man störe die Ruhe der Toten, und der künftig Sterbende könne nicht versichert sein, auch noch im Grabe Ruhe zu behalten, und was dergleichen Geschwätz mehr war, doch aber insofern von mir Beachtung erhielt, als einzelne Verwandte von im Kassengewölbe beigesetzten Personen gleiche oder ähnliche Gesinnungen laut werden ließen. Allein ich ließ mich, mein Ziel verfolgend, dadurch nicht weiter irremachen, als dass ich mit mehr Vorsicht zu Werke ging und mir die höchste Beschleunigung angelegen sein ließ. Darum verpflichtete ich den Totengräber Bielke und drei Taglöhner zum höchsten Stillschweigen und ging mit einem treuen Diener den 17. März 1826 erst nachts 12 Uhr in größter Stille auf den Gottesacker in das Kassengewölbe, wo auch der Totengräber mit den drei Taglöhnern erscheinen mussten, die nach strengem Befehl einzeln und ohne Laternen dahin kommen mussten. Auf einer Leiter in den untern Kellerraum herabgestiegen, wurden erst einige Laternen angezündet, deren Licht von außen nicht bemerkt werden konnte, wenn ja es sich getroffen hätte, dass eine Person noch des Nachts den Weg über den Gottesacker genommen hätte. Ich ließ nun zuerst die halb verfaulten Trümmer von Särgen in einer Ecke des Gewölbes aufschichten, dann die einzelnen Totengebeine auf einem Haufen sammeln und die einzeln und nach und nach sich zeigenden Schädel zusammenstellen; dabei wurde alle Aufmerksamkeit angewendet, irgendein Sargschild zu finden. So wurde einige Nächte hindurch immer von 12 bis 3 Uhr früh gearbeitet, und es wurden dreiundzwanzig Schädel im ganzen Gewölbe gefunden. In der letzten Nacht [19. März] und nachdem ich die Überzeugung gewonnen, dass kein Schädel weiter an dieser Todesstätte vorhanden sei, ließ ich alle dreiundzwanzig Schädel in einen großen Sack tun und in meine Wohnung tragen. Das Scheußliche des Aufenthalts in dieser lang nicht geöffneten, nur mit dem heftigsten Modergeruch angefüllten Totengruft unter herumliegenden Schädeln und Totengebeinen lässt sich nicht beschreiben, und nur das eifrigste Tabaksrauchen gab mir einige Erleichterung. – Nachts 3 Uhr in meiner

Behausung angekommen, stellte ich alle dreiundzwanzig Schädel auf einer Tafel auf. Unter ihnen zeichnete sich einer vor allen andern durch seine Größe aus und dass er mit schönen, wohl erhaltenen Zähnen versehen war.

Im Besitz des in Ton abgeformten Schädels von Schiller, den ich durch die Güte des Kaufmanns Friedrich Martini geschenkt erhalten hatte, stellte ich sogleich mit diesem und dem größten der dreiundzwanzig Schädel Messungen an und erlangte die unendlich freudige Überzeugung, dass ich Schillers Schädel wirklich aufgefunden habe. – Aber die untere Kinnlade fehlte dem Schädel. Darum begab ich mich, des regsten Eifers voll, gleich die nächste Nacht mit dem Schädel wieder in das Kassengewölbe, suchte unter dem Haufen der einzelnen Gebeine nach Kinnladen um, passte gefundene dem Schädel an und fand endlich die in die Pfannen des Schädels genau passende, die, in meine Wohnung zurückgekehrt, an keinen der übrigen zweiundzwanzig Schädel anpasste. Schon des folgenden Tages legte ich den schillerschen Schädel und die Tonform des schillerschen Kopfs dem Herrn Geh. Hofrat und Leibarzt Dr. Huschke und meinem Bruder, dem Hofrat und Leibarzt Dr. Schwabe, und Obermedizinalrat v. Froriep vor. Sie verglichen durch Messungen mit Zirkel und Bändern beide und erklärten bald unumwunden, dass der eigentliche ihnen vorliegende Schädel mit dem in Ton abgeformten einer und derselben Person angehört haben müsste. Und da die Tonform unbezweifelt über Schillers Leiche gemacht worden sei, müsste auch der von mir im Kassengewölbe aufgefundene Schädel der Kopf von Schillern sein. Die Messungen, die die beiden Herren Arzte vornahmen, betrafen vorzüglich die Höhe und Breite der Stirn, die Entfernung der Augenhöhlen voneinander und die Weite derselben bis an den äußern Knochenrand jedes Auges, dann die Entfernung der Öffnung der Ohren, die Höhe des Gesichtes von der Nasenwurzel bis zum Kinn herab, die Größe des Nasenbeins, die Entfernung der Backenknochen voneinander, die Weite der beiden Pfannen, worin sich die untere Kinnlade bewegt. Auch jedem Laien, deren vielen ich die Tonform und den wahren schillerschen Schädel vorlegte, überzeugten sich in den ersten Augenblicken gleich, dass Schillers Schädel vor ihnen stehe. – Außer diesem schlagenden Beweis, der nur durch den Besitz der tönernen Maske möglich wurde, kamen aber auch folgende Umstände hinzu, die jenen Beweis unterstützten und bekräftigten:

a. Ich war im Besitz der Akten des Großherzoglichen Landschafts-*Collegii*, worinnen mittelst einzelner Registraturen für jeden Fall die Personen genannt waren, die man seit der letzten Aufräumung des Kassengewölbes in demselben beigesetzt hatte, und eine Registratur bemerkte, dass Schillers Leiche darin beigesetzt worden sei. Nach dem Jahr 1805 war keine Aufräumung dieses Gewölbes geschehen; Schillers Gebeine mussten sich also im Jahr 1826 noch darin befinden.

b. Schillers Schädel war unter den von mir gefundenen Schädeln der größte. Aus den gedachten Akten des Großherzoglichen Landschaftskollegiums ersah ich aber alle Personen, die im Kassengewölbe seit der letzten Aufräumung desselben beigesetzt worden waren; ich selbst hatte sie persönlich gekannt, und ich wusste, dass keine derselben Schillern an Größe der Gestalt gleich kam.

c. Der gefundene Schädel Schillers hatte *alle* Zähne bis auf einen, der vielleicht erst beim Aufsuchen des Schädels herausgefallen war. Es war dies um so auffallender, als bei keinem einzigen der übrigen zweiundzwanzig Schädel dies der Fall war. Allen ermangelten die Zähne bis auf einzelne Stifte entweder ganz, oder sie waren doch höchst unvollständig. Um auch hierüber mir einen Nachweis oder Beweis zu verschaffen, frug ich den Bedienten Schillers, der bis an dessen Tod bei ihm in Dienst gewesen war, den Registrator Rudolph, ob Schiller bisweilen an Zahnweh gelitten habe, ohne dass ich ihm auch nur entfernt vermuten ließ, warum ich diese Frage an ihn stelle. Er erwiderte: »Ach Gott bewahre! Schiller hat niemals, solange ich bei ihm war, an Zahnweh gelitten; er hat seine Zähne ganz vollständig mit ins Grab genommen.«

138. Wilhelm von Humboldt: Goethe und Schillers Schädel (1826)

Weimar, 29. Dezember 1826

Heute Nachmittag habe ich bei Goethe Schillers Schädel gesehen. Goethe und ich – Riemer war noch dabei – haben lange davor gesessen, und der Anblick bewegt einen gar wunderlich … Goethe hat den Kopf in seiner Verwahrung und zeigt ihn niemand. Ich bin der einzige, der ihn bisher gesehen, und er hat mich sehr gebeten, es hier nicht zu erzählen.

Zuerst musst du wissen, dass man den Kopf nicht absichtlich vom Rumpf getrennt hat. Die oberen Särge hatten in dem Gewölbe, wo Schiller vorläufig hingestellt war, die unteren zerbrochen. Das Gewölbe war außerdem feucht gewesen. So waren die Gebeine der einzelnen Begrabenen auseinandergegangen und lagen entblößt. Man suchte nach den schillerschen und fand das ganze Skelett bis auf einige Teile. Goethe nahm nur den Schädel und ließ die übrigen Gebeine in der Bibliothek in einen Kasten niederlegen. Da sollen diese ruhen, bis er selbst stirbt. Dann hat er auf dem neuen Kirchhof, wo sich auch der Großherzog eine Familiengruft errichtet hat, eine Gruft neben dieser zurichten lassen. In dieser will er dann mit Schiller begraben sein …

Dass man bei der Niederlegung des Kopfes Reden gehalten, dass Schillers Sohn [Ernst] dabei tätig gewesen ist, alles das ist gegen Goethes Absicht geschehen, der auch keinen Teil daran genommen. Er ist vielmehr den Tag verreist. Goethes Absicht ist allein gewesen, die Gebeine und besonders den Schädel herauszufinden, hervorzusondern von den übrigen, die durch eine Art Nachlässigkeit im Gewölbe vermischt lagen, und sie schicklich und anständig aufzubewahren, bis man sie der Erde auf eine angemessene Weise zurückgeben könnte.

So, liebe Li, wirst du auch nichts hierin finden, das irgendeine Zartheit verletzte. Vielmehr liegt in der Vereinigung zweier großer Männer, die sich so nahe im Leben standen, auch im Grabe etwas Schönes und edel Empfundenes.

139. Michail Michailowitsch Gerassimow: Untersuchungen an Schillers Schädel (1961)

Die Deutsche Akademie der Wissenschaften zu Berlin lud mich 1961 nach Weimar ein; ich sollte versuchen, mittels der Methode der plastischen Rekonstruktion den Schiller-Schädel zu identifizieren. Für dieses Zeichen größten Vertrauens bin ich der Akademie überaus dankbar.

Die Reise nach Weimar versetzte mich natürlich in große Aufregung. Ich kannte die Arbeiten *Welckers* gut, und er galt für mich als unfehlbare Autorität. Der 1826 gefundene Schädel konnte also nicht Schiller gehören. *Froriep* hatte den 1911 von ihm entdeckten Schädel mit der Terrakottamaske des Dichters verglichen. Ich aber weiß von Kind auf, dass Terrakotta beim Brennen um etwa ein Siebentel einschrumpft. Wenn die Abmessungen des Schädels mit der Terrakottamaske übereinstimmten, konnte dieser Schädel nicht von Schiller stammen. Folglich würde ich wohl die alte, nun völlig zerstörte Gruft zum drittenmal freilegen müssen, ohne allerdings die

Gewissheit zu haben, dass ich den echten Schiller-Schädel finden würde.

Wie immer, sollte es aber auch hier wiederum nicht an Überraschungen fehlen. Als der rote Sarkophag mit dem 1826 entdeckten Skelett geöffnet wurde, war ich sofort beruhigt. Das Skelett eines sehr hoch gewachsenen Menschen lag in anatomischer Anordnung vor mir. Sogar ein flüchtiger Blick ließ keinen Zweifel daran, dass der Schädel, sein Unterkiefer und die übrigen Gebeine eindeutig einer Person angehörten. Der Schädel war überaus markant, ja, ich möchte sogar sagen, schön: eine herrliche Stirn, große Augenhöhlen, stark vortretende Nasenbeine, schöne, gleichmäßige Zahnreihen. Das alles entsprach dermaßen dem Äußeren des Dichters, dass ich den Gedanken nicht los wurde: *Welcker* musste sich geirrt haben. Aber wie war das möglich? Ja, mehr noch, war es überhaupt denkbar?

Geöffnet wurde auch das zweite Grab mit den Gebeinen des 1911 ausgegrabenen Skelettes. Mir fiel sofort auf, dass die Knochen in Größe, Alter und Geschlecht nicht miteinander übereinstimmten. Sie gehörten ohne Zweifel verschiedenen Menschen an. Besonders deutlich war die Divergenz zwischen Schädel und Unterkiefer. Letzterer war sehr groß, massiv und musste einer Person von mindestens 60–65 Jahren zugehören; das Gebiss war gänzlich abgenützt. Der Schädel selbst war klein und unverkennbar weiblicher Herkunft, hatte eine schwach vortretende Nase und eine unregelmäßige Reihe prognather Zähne. Die Frau war offensichtlich noch sehr jung, etwa im Alter von knapp 20 Jahren, gestorben.

Wie war es möglich, dass der Anatom *Froriep* einen so krass ausgeprägten weiblichen Schädel für einen männlichen ansehen konnte? Wie war es möglich, dass er einen Altersunterschied von mehr als 20 Jahren nicht bemerkte? Wie war es möglich, dass er die Verschiedenheiten in der äußeren Form der Maske und des Schädels nicht richtig beurteilte? Das wird mir immer ein Rätsel sein. Unverständlich bleibt mir, dass *Froriep* auch dann noch fest und steif behauptete, seine Diagnose sei richtig, als man ihn schon auf seine Fehler aufmerksam gemacht hatte. Dabei war seine ganze Beweisführung falsch. Das Kontrollobjekt, die Terrakottamaske Schillers, war kleiner als das Naturmodell. Der Schädel war weiblichen und nicht männlichen Geschlechts. Das Alter des Individuums betrug etwa 20 und nicht 46 Jahre. In dem einen Fall war es das Skelett eines Menschen von sehr hohem Wuchs mit Spuren einer schweren Krankheit, von Tuberkulose. In dem anderen Fall handelte es sich um Knochen verschiedener Individuen, und zwar passten die Gebeine weder in ihrer absoluten Größe noch in ihrem Alter zueinander.

Mit der Bestimmung des Geschlechts schien der 1911 aufgefundene Schädel von selbst aus der Diskussion auszuscheiden. Nichtsdestoweniger beschloss ich, um nie wieder zu dieser Frage Stellung nehmen zu müssen, nach dem Schädel das Profil der unbekannten jungen Frau anzufertigen. Ich skizzierte den Schädel auf einem Dioptrographen und rekonstruierte danach das graphische Gesichtsschema. Wie zu erwarten war, hatte die Zeichnung nichts mit dem charakteristischen Profil Schillers gemein. Das dargestellte Gesicht war unverkennbar weiblich, hatte eine kleine, leicht angehobene Nase und eine vorspringende Oberlippe. Damit glaube ich, alles getan zu haben, was zum Nachweis nötig war, dass der Schädelfund von 1911 nicht Schiller zugeschrieben werden konnte. Nun galt es noch zu ermitteln, ob der von *Schwabe* 1826 gefundene Schädel wirklich von Schiller stammte und, falls dies zutraf, wieso *Welcker* sich geirrt haben konnte.

Um den Schädel zu identifizieren, musste ich eine Kopfhälfte nachbilden. Das genügte auch, um den Schädel mit der Totenmaske aus Gips vergleichen und die Objektivität der Gesichtsrekonstruktion nachprüfen zu können.

Bei der ganzen Arbeit standen mir mein Schüler und Kollege Dr. *H. Ullrich* und der Dolmetscher *Stephan* unterstützend zur Seite. Ich hatte keine Porträts von Schiller bei mir. Die Totenmaske sollte als Kontrollvorlage dienen; ich kannte sie nicht und hatte sie auch nie gesehen. Dagegen könnte man allerdings einwenden: »Aber hören Sie mal, es geht doch um Schiller! Wie kann man sein Gesicht nicht kennen?« Ganz richtig. Eine Skulptur nach der bekannten Gestalt des Dichters zu schaffen, war nicht allzu schwer. Aber ich hatte ja eine ganz andere Aufgabe: Ich sollte auf dem gegebenen Schädel ganz bestimmte, von vornherein abgeschätzte Weichteildicken auftragen und gemäß der Schädelform konkrete morphologische Gesichtsdetails nachbilden. Das alles musste auf einer Schädelhälfte so ausgeführt werden, dass das Wesen des Prozesses verfolgt werden konnte, wodurch eine objektive Kontrolle möglich war. Stammte der Schädel von einem anderen Menschen, so mussten gemäß dem Aufbau seiner Details auch andere Gesichtszüge entstehen. Jeder Versuch, die Größenwerte, die Weichteildicken oder die Formen der Gesichtsdetails eigenwillig zu gestalten, würde sich sofort in einer Inkongruenz des Schädels und der

Form des rekonstruierten Gesichtes niederschlagen. Nur der authentische Schädel des Dichters konnte die Porträtrekonstruktion des Schillerschen Antlitzes gewährleisten.

Außerdem mussten bei der Gegenüberstellung der Maske und der Rekonstruktion die Besonderheiten des Gesichtes berücksichtigt werden, von denen ich natürlich keine Ahnung haben konnte (Asymmetrie, Form, Abmessungen, Proportionen der Gesichtsdetails usw.). Meine Arbeit sollte ja keinen abstrakten Typ, sondern ein ganz konkretes Antlitz schaffen. Insbesondere sollten auch die Maße übereinstimmen; das aber ist mit Phantasie allein nicht zu erzielen.

Kaum hatte ich den Mediankamm auf dem Schädel aufgetragen, da erkannten meine Kollegen auch schon das Profil des Dichters. Bei der Arbeit an der Rekonstruktion erlebte ich noch eine Überraschung. Der Schädel wies eine beträchtliche horizontale Profilierung, ein jähes Vortreten der Nasenbeine, eine bedeutende vertikale Profilierung der Orbitae und der Jochbeine auf. Üblicherweise setzt ein solcher Schädelbau eine kräftig ausgeprägte Nasenlippenfalte voraus. Im gegebenen Fall aber erschien dieser Komplex in einer solchen Kombination, dass mir die morphologischen Details als Anhaltspunkte für die Darstellung dieser meist großen Gesichtsfalte fehlten. Nach der Form des Schädels schien sie durch eine geringe Wölbung unmittelbar hinter dem Nasenloch kaum angedeutet, gewissermaßen verwaschen, ihre üblichen Umrisse einbüßen zu wollen, so dass sie praktisch nicht in Erscheinung treten sollte. In meiner langjährigen Praxis war es das erste Mal, dass ich bei der Nachbildung des Gesichtes eines Mannes von über vierzig Jahren keinen Anhaltspunkt für die Konstruktion dieser derart charakteristischen, wenn auch immer individuellen Gesichtsfalte vorfand. Eine solche Wangenform ist sogar bei Kindern eine große Seltenheit. Nach mehrfacher Überprüfung unterließ ich es, die Nasenlippenfalte darzustellen, obwohl ich stark befürchtete, einen Fehler zu begehen. Ich sagte meinen Kollegen sogar: »Die morphologischen Besonderheiten des Schädels bieten mir keine Handhabe für die Darstellung einer Nasenlippenfalte. Entweder ist das eine außerordentlich selten vorkommende individuelle Besonderheit, oder aber ich übersehe etwas und mache einen großen Fehler.«

Als die Rekonstruktion fertig war, galt es, sie mit der Maske zu vergleichen. Es geschah in einem offiziellen Festakt. Im Beisein von Mitarbeitern des Museums für Ur- und Frühgeschichte in Weimar, seines Direktors Prof. Dr. *Behm-Blancke* und Dr. *Ullrichs*, wurden die Gipsmaske und die Rekonstruktion einander gegenübergestellt.

Die nachgebildete Gesichtshälfte sah der Totenmaske zweifellos ähnlich. Der Schädel stammte also wirklich von Schiller! Die gleichen Details der Nase und des Mundes, sogar die gleiche Form der Wangen ohne Nasenlippenfalte! Erstaunlich übereinstimmend war die asymmetrische Form des Mundes. Der Unterschied bestand nur darin, dass ich ein lebendes Gesicht modelliert hatte. Das bewiesen nicht nur die offenen Augen, sondern auch die im Gesicht erkennbaren, lebenden Muskeln, die ihren Tonus nicht eingebüßt zu haben schienen. Die Originalmaske hingegen spiegelte den ganzen Komplex eines toten, durch grobe Formung stark entstellten Antlitzes wider.

Ich machte die Anwesenden auf die vorhandenen Mängel der Totenmaske aufmerksam. Sie war offensichtlich von keinem sehr erfahrenen Fachmann angefertigt worden und wies viele technische Fehler auf. Dabei erkannte ich auch die Ursache des Irrtums von *Welcker*. Der Bildhauer hatte nämlich bei der Herstellung der Gipsform auf dem Kopf Schillers dessen Haar mit einem Stück Stoff umwickelt, um es nicht zu beschädigen. Eine Spur des Gewebes und der Knoten waren am Hinterkopf des Maskenabgusses noch deutlich zu sehen. Als die Maske fertig war, beseitigte der Bildhauer die Gewebespuren, indem er den Gips abschabte. Dadurch wurde die Kopfwölbung verformt.

Welcker war bei der Identifizierung der Maske und des Schädels bemüht gewesen, die grundsätzlich einander sehr nahekommenden Umrisse der Wölbungen des Kopfes und der Kalotte ineinander zu konturieren. Da die Wölbung der Maske verzerrt war, konnten sich die Umrisse natürlich nicht decken. Der Forscher, mit der Technik der Maskenmodellierung offenbar nicht vertraut, konnte nicht ahnen, dass sie verformt war. Der Schiller-Schädel war somit identifiziert und die langjährige Diskussion erschöpft.

Die rekonstruierte Kopfhälfte war absolut porträtgetreu und wies auch die feinsten Nuancen des Schillerschen Antlitzes auf. Später, als ich bereits wieder in Moskau war, wiederholte ich den Prozess der Rekonstruktion noch einmal auf einem vorzüglichen Abguss des Schiller-Schädels, den man mir im Museum für Ur- und Frühgeschichte angefertigt hatte. Ich wollte das authentische Antlitz des Dichters als Gegenstück zu der unvollkommenen Totenmaske nachbilden. Deshalb modellierte ich den Kopf Schillers mit geschlossenen Augen als gleichsam auf dem Totenbett liegend. Es kam mir darauf an, die auffallende, harmonische Schönheit seines Antlitzes im Zustand völliger Ruhe wiederzugeben.

Das so geschaffene Antlitz präsentierte sich voll innerer Bedeutsamkeit. Die leichte Asymmetrie des Mundes mit dem Anflug eines Lächelns verlieh dem Gesicht eine gewisse Milde. Es war wahrhaftig das Antlitz eines Dichters und Humanisten.

Das im Mai 1963 auf dem Schädel nachgebildete Porträt wurde von der Akademie der Wissenschaften der UdSSR an die Deutsche Demokratische Republik übergeben und ist nun im Schillerhaus in Weimar zu sehen.

VII. Die Kriegsjahre 1806 und 1807

Am 9. Oktober 1806 erklärte Preußen Frankreich den Krieg. Zu den wenigen Fürsten, die sich diesem gewagten Unternehmen gegen Napoleon anschlossen, gehörte der Herzog Carl August von Sachsen-Weimar. Napoleon, der seine Truppen seit dem letzten Krieg noch in Süddeutschland stehen hatte, rückte sogleich nach Thüringen vor. Noch am 9. Oktober kam es bei Schleiz zu einem ersten Zusammenstoß, einen Tag später fiel der preußische Prinz Louis Ferdinand bei Saalfeld, und schon am 14. Oktober stieß die preußische Hauptarmee bei Auerstedt auf den französischen Marschall Davout, und Napoleon selbst griff die 2. preußische Heeresgruppe bei Jena an. In beiden Schlachten siegten die Franzosen. Auch die weimarischen Truppen wurden mit in den allgemeinen Zusammenbruch hineingezogen. Jena und Weimar waren schutzlos den Siegern preisgegeben.

Weimar, das seit Jahrhunderten weder Kriege noch Plünderungen erlebt hatte, litt besonders unter der Katastrophe. Wir verfügen über einige Augenzeugenberichte dieser dramatischen Tage. Eduard Genast hat sie als Neunjähriger miterlebt und erzählt später in seinen Erinnerungen davon (Dok. 140). Seine Aussagen werden ergänzt durch eine Reihe weiterer Berichte von Johannes Falk (Dok. 141), Johanna Schopenhauer (Dok. 142) und Karl Ludwig Fernow (Dok. 143). Farbig spiegeln sich die entscheidenden Tage auch in den Aufzeichnungen des dänischen Archäologen Johann Heinrich Carl Koes, der sich damals gerade in Weimar aufhielt (Dok. 144). In seinen Tagebuchnotizen wird der krasse Übergang vom Frieden zum Krieg besonders deutlich. Den in diesen Texten schon mehrfach erwähnten Einzug Napoleons in Weimar am 15. Oktober schildert ein unbekannter Augenzeuge (Dok. 145).

Auch das Haus Goethes am Frauenplan hatte dramatische Stunden erlebt, über die Goethes Sekretär Friedrich Wilhelm Riemer aus eigenem Erleben genau berichtet (Dok. 146). Das mutige Eintreten Christianes an diesem Tag mag ein entscheidender Grund dafür gewesen sein, dass Goethe nach achtzehn Jahren das Verhältnis zu ihr endlich legalisierte und sie heiratete.

Franz Kirms von der weimarischen Theaterintendanz fasst Ende November die Ereignisse noch einmal zusammen und informiert auch über die Schicksale des Herzogs und seiner Truppen (Dok. 147). Einzelheiten zu der Begegnung zwischen Napoleon und der Gattin Carl Augusts, die in Weimar ausgehalten hatte, überliefert der Kanzler Müller in seinen Kriegserinnerungen (Dok. 148). Er gibt auch einen anschaulichen Bericht vom zweiten Besuch des Kaisers 1807 in Stadt und Herzogtum und von dessen Begegnung mit Goethe und Wieland (Dok. 149).

140. Franz Eduard Genast: Ein Junge erlebt den Krieg

In Weimar war eine Menge preußisches Militär eingezogen, so dass Stadt und Umgegend davon wimmelten. Am 13. Oktober 1806 hörte man unbestimmte Nachrichten von einer Schlacht bei Saalfeld. Es hieß, der König von Preußen und seine Gemahlin wären in der Stadt; gegen Mittag wurde Generalmarsch geschlagen; die Regimenter der Stadt und Umgegend brachen auf und nahmen den Weg nach Jena, die Durchmärsche wollten gar kein Ende nehmen. Wir Jungen liefen von einem Ort zum andern, wo es was zu sehen gab. Endlich hieß es: »Der Generalstab bricht auf!«, und natürlich waren wir die ersten vor dem Hause des Kommandierenden. Viele Pferde standen davor und eine Menge Offiziere kam heraus, zuletzt der Kommandierende selbst, ein ganz alter Mann, der mit Hilfe zweier Begleiter und mittels eines Fußbänkchens aufs Pferd hinaufgehoben werden musste. Die ganze Kavalkade nahm den Weg nach Jena. Bis auf die Reserve war nun alles fort, und auch diese rückte später nach.

Es war am 14. Oktober; ich ging früh mit der Mutter aus, um Einkäufe zu machen, da der Vater befohlen hatte, so viel Lebensmittel als irgend möglich herbeizuschaffen. Da hörten wir ein dumpfes Donnern. »Mutter!«, rief ich, »was ist denn das?« »Das ist Kanonendonner, mein Söhnchen«, sagte ein Bürger, der vor seiner Tür stand. Die Schlacht hatte begonnen, und ich bat die Mutter, doch schnell zu gehen, damit wir bald nach Hause kämen. In banger Besorgnis wurde der Vormittag verbracht, zumal da das Schießen hier und da näher zu kommen schien. Die ganze Nachbarschaft war an den Fenstern und jeder Vorübergehende wurde angerufen und befragt; einer sagte: »Die Preußen siegen«, ein anderer schrie: »Die Preußen sind geschlagen! Die Franzosen sollen schon das Mühltal haben; Jena brennt an allen Ecken!« Endlich ging mein Vater aus, um nähere Nachrichten einzuholen; dieselben lauteten schlimm genug; es bestätigte sich, dass die Franzosen bereits in dem Besitz der Höhen des Mühltals wären. Er war mehreren Wagen mit Verwundeten begegnet, die in der schnell zum Spital eingerichteten Stadtkirche untergebracht wurden. Alles sprach nur von Jena; von der grimmigeren Schlacht bei Auerstädt wusste man gar nichts, und doch war es hier, wo die weimarschen Schützen sich mit solcher Bravour geschlagen hatten, dass Napoleon gesagt haben soll: »Wenn ihm sechs Regimenter solch tapferer Soldaten gegenüber gestanden hätten, wäre ihm der Sieg sauer gemacht worden.« So war es leider nur ein Bataillon, aber es tat seine Schuldigkeit, denn die meisten französischen Offiziere sind auf diesem Kampfplatz gefallen.

Nach Tische wurde der Kanonendonner immer heftiger und kam näher. Ich wich nicht von unseren Fenstern, die, nach dem Graben gelegen, den Überblick über die breiteste Straße, welche nach Erfurt führte, gewährten. Gegen drei Uhr kamen schon mehrere Bagagewagen und auch einzelne Flüchtige in vollem Galopp daher; unter ihnen zwei Kürassiere, die einen verwundeten Franzosen zwischen ihren Pferden schleppten. Vor unserm Hause hielten sie still, und der Arme fiel wie tot auf das Pflaster; da sprangen sie ab und zogen ihn bis auf das Hemd aus. Mein Vater rief ihnen ganz empört zu: »Pfui! seid ihr preußische Soldaten?« Die Kerle aber lachten, schwangen sich auf die Pferde und jagten mit ihrem Raube davon. Mein Vater eilte auf die Straße, ich mit einem Glase Branntwein, das mir die Mutter gegeben hatte, hinterdrein. Der Franzose hatte sich während der Zeit aufgerafft und lehnte an der Mauer. Die Nachbarn schafften Kleider herbei und wollten ihn in die Stadtkirche bringen; dem widersetzte sich aber mein Vater wegen der allzu großen Schwäche des Verwundeten, und da niemand von den Nachbarn den Franzosen aufnehmen wollte, ließ ihn mein Vater in unser Haus bringen, schickte mich nach dem Feldscher, den ich auch glücklicherweise fand, und so wurde der Arme in einem warmen Hinterstübchen verbunden und zu Bett gebracht.

Ich lief wieder in die Vorderstube an das Fenster, vor welchem sich die Szene furchtbar verändert hatte. Nicht mehr einzelne Flüchtlinge, sondern ein Gewühl aller Waffengattungen, Munitions- und Bagagewagen, auf denen Verwundete lagen, rasten vorüber; Marketenderinnen und Musketiere jagten auf Pferden vorbei, die wahrscheinlich von den Geschützen abgeschnitten waren; jedes Pferd hatte zwei Menschen zu tragen, und wer keinen solchen Platz hatte gewinnen können, der hing an den Strängen, um nur schneller fortzukommen; dabei erfüllte Geschrei und Wehklagen fortwährend die Luft. Es war die wildeste, sinnloseste Flucht. Nachdem der ganze Tross vorüber war, wurde es in unserer Straße auf kurze Zeit totenstill.

Etwa zwanzig Schritte von unserm Hause entfernt lag der alte Stadtgraben, der nach der Ilm führte und bis dahin von einem schützenden Geländer begrenzt war. Von unserm geöffneten Fenster aus konnten wir das ganze Terrain übersehen. Da kamen etwa zwanzig Mann sächsischer Dragoner mit einem jungen Offizier an der Spitze die Straße herauf geritten; ich sehe die roten Kolletts, weißen Bandeliere und dreieckigen Hüte noch vor mir. An dem Stadtgraben hielten sie auf Kommando still und der junge Anführer rief: »Wer seinem Fürsten und Vaterland treu ist, der halte stand!« Die alten bärtigen Kerle standen; wieder einige Minuten vergingen, da kamen französische Chasseurs, ihren Obristen an der Spitze, ebenfalls die Straße herauf. Mit Zittern sah ich die stolzen Reiter herangesprengt kommen; wie sie etwa noch hundert Schritt von den Dragonern entfernt waren, machten diese links um und jagten davon; nur das junge Offizierchen ließ den Feind ganz nahe herankommen, feuerte seine beiden Pistolen gegen denselben ab und sprengte dann erst den andern nach. Der Obrist hielt einige Chasseurs, die ihm nachwollten, mit vorgehaltenem Degen zurück und lächelte dem jungen Bürschchen recht wohlgefällig nach.

Als es anfing, dunkel zu werden, hörten wir Trommeln und Pickelflöten immer näher kommen, und endlich stellte sich in unserer Straße ein Corps auf, welches mir wahres Grauen einflößte: wilde, bärtige Kerle mit langen, schmutzigen Leinwandkitteln und Hosen, dreieckigen Hüten mit einem Löffel darauf. Der Vater erkannte sie als die sogenannten Löffelgardisten und meinte: »Wenn denen freier Spielraum gegeben wird, so sei uns Gott gnädig!« Diese Worte waren das Signal für mich und meine Schwester, dass wir laut zu weinen anfingen, und auch die Mutter vergoss in ihrer Angst Tränen. Der Vater beruhigte uns jedoch und sagte: »Unsere Herzogin Louise ist ja hier geblieben, und diese hochherzige Frau wird gewiss alles anwenden, um von Napoleon Schonung der Stadt und ihrer Einwohner zu erlangen.« Das gräuliche Corps der Löffelmänner blieb stehen, bis es völlig dunkel wurde; nun schrieen sie nach Licht. Einige Nachbarn kamen dieser Forderung nach und stellten Lichter in die Fenster, uns aber verbot der Vater, überhaupt Licht anzuzünden. Endlich gingen die schauerlichen Kerle auseinander und zerstreuten sich truppweis in den nächsten Querstraßen; einige gingen auch auf die Häuser neben uns zu; andere schlugen in einem uns gegenüberliegenden Bäckerhaus mit ihren Gewehrkolben Laden und Fenster ein und stiegen hinein. In größtem Schrecken schrie meine Mutter auf: »Ach, Vater, sie plündern!« Ich verstand die Bedeutung dieses Wortes nicht, sollte aber nur zu bald darüber aufgeklärt werden, denn eben ging das Jammergeschrei und Hilferufen in der ganzen Straße los; der Lärm und das Türeinschlagen nahmen mit jedem Augenblicke zu.

Unser Haus war auf die alte Stadtmauer gebaut, hatte nur drei Fenster Front und war unter einem Dach mit dem des Nachbars; dessen Eingang mündete auf die Straße, unserer hingegen in eine kleine Sackgasse, sodass unser Haus kaum als getrennt von dem des Nachbars zu unterscheiden war; das schützte uns vorläufig.

Plötzlich beleuchtete ein greller Schein die unteren Häuser an der Ilm und durch die Straßen erscholl der Ruf: »Feuer!« Mein Vater lief mit mir auf den Boden des Hauses, um zu sehen, wo es brannte. Nach den brennenden, fliegenden Kohlen, die sich nach allen Richtungen verteilten und das Dach der Kirche, worin die armen Verwundeten lagen, mit einem wahren Feuerregen überschütteten, glaubte mein Vater, dass die Schmiede zunächst dem Schloss brennen müsse.

Wir gingen wieder hinab und setzten uns an einen Tisch auf dem kleinen Vorplatz, der an der Treppe lag und von wo aus der Schein des Lichtes nicht nach außen fallen konnte. Trotz ihrer Angst hatte die Mutter den armen Kranken nicht vergessen und gab ihm von Zeit zu Zeit etwas ein, um das Wundfieber zu stillen. Nach und nach wurde es ruhiger auf den Straßen; das Jammergeschrei und Hilferufen hatte aufgehört und nur das Feuer nahm zu.

Bis jetzt war kein Soldat bei uns eingedrungen; wir glaubten uns schon sicher und saßen eben wieder auf unserem Vorplätzchen still beisammen, als ein furchtbarer Schlag an unsere Haustür geschah. Mein Vater stand auf und rief: »*Qui vive?*« – »*Bon ami!*« war die Antwort und mein Vater öffnete. Meine Mutter stand zitternd am Tisch; meine Schwester und ich verbargen uns in eine Ecke, als wir in den Eintretenden zwei Löffelmänner erkannten. Der Vater führte sie, als er die Türe wieder verschlossen hatte, herauf, setzte sich mit ihnen an den Tisch und die Mutter musste das wenige Essen, das wir noch hatten, nebst Branntwein herbeischaffen. Sie aßen und tranken, während der Vater mit ihnen sprach und ihnen wahrscheinlich die Geschichte von unserm Verwundeten erzählte, denn sie standen plötzlich auf und ließen sich in dessen Stube führen; als sie zurückkamen, drückten sie Vater und Mutter die Hand und gingen; der Vater wollte ihnen in seiner Freude noch Geld mitgeben, sie nahmen es aber nicht an.

Bei Tagesanbruch wurde abermals an die Haustür gedonnert; der Vater ging hinunter, machte auf und wurde von einigen zwanzig Mann von diesen Löffelgardisten, welche hereinstürmten, gleich an die Wand geworfen. Er war aber ein beherzter Mann, raffte sich schnell auf, sprang die Treppe hinauf und stellte sich schützend vor die Mutter und uns Kinder; dann sprach er den Leuten zu und wies auf die Tür, wo der Verwundete lag; die Kerle aber lachten, stürmten an uns vorüber und verteilten sich in die oberen und unteren Räume.

In dieser grenzenlosen Not rasselte es abermals zur Treppe herauf; aber diesmal zu unserer Hilfe, es war rechtmäßige Einquartierung: ein Wachtmeister mit zwei Chasseurs, die mit den plündernden Kerls kurzen Prozess machten und sie zum Hause hinausjagten. So waren wir der Plünderung glücklich entgangen.

Der Vater führte nun auch unsere Chasseurs in die Stube des Kranken. Da war der Jubel unbeschreiblich, als sie in ihm einen Kameraden erkannten; auch der Kranke schien sehr erfreut, aber das Wundfieber hatte ihn so gewaltig erfasst, dass er der Ruhe bedurfte. Nun ging das Händedrücken zwischen dem Vater und den Soldaten wieder los, und der Wachtmeister, der aus dem Elsass war und deutsch sprach, sagte: »Sie sind ein braver Mann!« Alle Reste von Fleisch, Butter, Brot und Branntwein wurden aufgetragen und das Verhältnis zwischen uns und unsern Gästen wurde bald ein ganz gemütliches.

Nach dem Frühstück wagten sich Mutter und Schwester unter dem Schutze eines Chasseurs hinaus, um womöglich einige Einkäufe für den Mittag zu machen und auch der Wachtmeister ging kurze Zeit darauf aus und nahm mich mit; wäre die Mutter zu Hause gewesen, so hätte sie dies gewiss nicht zugegeben.

Wie hatte sich die Stadt seit gestern verändert! Die zerschlagenen Türen und Fenster, die zerbrochenen Möbel, die zerhauenen Betten, die zertrümmerten Kochgeschirre, das Stroh, welches auf der Straße umherlag – es war schrecklich anzusehen. Ich entsetzte mich auch gehörig darüber, aber mein Wachtmeister ging gänzlich teilnahmlos an dieser Zerstörung vorüber, weil er wahrscheinlich ähnliches gewohnt war.

Nach mehrstündiger Abwesenheit kehrte ich mit meinem Wachtmeister wieder heim, und meine Mutter, die große Angst um mich ausgestanden hatte, empfing mich mit einem wahren Freudengeschrei; sie hatte wohl gar gefürchtet, die Franzosen hätten ihr Eduardchen mitgenommen.

Bei Tische ging es munter her. Der Vater erzählte, wie er gehört habe, hätte die Herzogin Louise eine lange Unterredung mit Napoleon gehabt, nach welcher das Plündern bei Todesstrafe verboten worden sei.

Unser Wachtmeister blieb noch einige Tage bei uns, da er eine leichte Wunde im Kampf davongetragen hatte, dann rückte er seinem Regimente nach. Dasselbe tat auch unser Kranker, sobald er wieder vollkommen hergestellt war.

141. Johannes Falk: Die Franzosen in Weimar

Es war den 14. Oktober des Jahres 1806, Morgens um halb sieben Uhr, als der Donner des groben Geschützes die Einwohner von Weimar plötzlich aus ihrem Schlafe weckte. Der Schall brach sich im Winde; alle Fenster in den Häusern klirrten und schütterten, und eine allgemeine Bestürzung verbreitete sich durch die ganze Stadt. Jung und Alt lief in die Straßen, auf die Anhöhen, auf die Türme, vor die Tore, und wo immer sonst das Rollen des Kanonendonners, der von Zeit zu Zeit näher kam, der Furcht sowie der Hoffnung günstige oder ungünstige Mutmaßungen erlaubte. Schnell wechselten die Ereignisse. Bald sprengten verirrte Reiterhaufen durch die Stadt und versicherten im Fluge, dass der Sieg unser sei. Ein andermal erschien ein Trupp französischer Gefangener, den das Volk und die zurückgebliebenen Soldaten, wofern nicht von ihren einsichtsvollem Vorgesetzten daran verhindert, in ihrem erträumten Siegestaumel gar zu gern gemisshandelt hätten. Aber ein edler preußischer Offizier litt es nicht. Er zog vielmehr einen Taler aus der Tasche und gab ihn einem verwundeten und blutenden französischen Jäger mit den Worten: »*Buvez, à la santé de votre Empereur!*« (Trink eins auf die Gesundheit deines Kaisers!) Den französischen Gefangenen folgten nur allzubald quer über ihre Pferde hangende, tödlich verwundete preußische Reiter. Noch war die Menge mit diesen traurigen Eindrücken beschäftigt, so stürzten, von Pulverrauch rußig und blutig zugleich von der Schlacht, mit so schwarzen Gesichtern, als ob sie mit Trauerflor verhangen wären, mehrere Artilleristen truppweise durch das Kegeltor in die Stadt und verbreiteten überall, wo sie hinkamen, Furcht und Entsetzen durch ihren grausenerregenden Anblick; denn ängstlich, wie sie sich mit ganz verstörten Gesichtszügen von Zeit zu Zeit umsahen, und grausam zugerichtet von Säbelhieben und Lanzenstichen, wie sie bereits waren, sah man es ihnen wohl an, dass der Tod ihnen dicht auf der Ferse nachfolgte. Er war auch wirklich nicht weit. Das Webicht, die Alleen, die dahinführen, sowie die große Heerstraße von Jena nach Weimar erfüllte ein tausendstimmiges Kriegsgeschrei, aus dem man zuweilen das Getös von Reisigen und Rossen, das Trommeln, den Drommetenruf, den Hufschlag und das Wiehern der Pferde unterscheiden konnte. Das Schießen hörte zuletzt gänzlich auf, und jene furchtbare Pause trat ein, wo die dem Feinde nachsetzende Reiterei seine Reihen durchbricht und in denselben ein stillverderbliches Gemetzel anrichtet. Erst in der Nähe von Weimar pflanzten die Franzosen, um die Stadt zu beschießen, wieder einige Stücke auf unsern Anhöhen auf. Es war ein still heiterer Oktobertag. Auf den Straßen von Weimar schien alles ausgestorben. Die Einwohner zogen sich in die Häuser zurück. Dazwischen rollten die einzelnen Schläge des bei Oberweimar aufgestellten Geschützes. Die Kugeln sausten durch die Luft und schlugen nicht selten in die Häuser ein. In den Zwischenräumen hörte man z. B. auf der Esplanade die Vögel auf das Lieblichste singen, und dieser tiefe Friede der Natur bildete mit jenen Schreckensszenen einen erschütternd grausenden Kontrast. Doch ich muss hier abbrechen und gedenke den Pinsel zu diesem dunkeln Gemälde an einem andern Orte wieder aufzunehmen. Französische Chasseurs waren es, die zuerst den Markt von Weimar besetzten; diesen folgte das Fußvolk in Menge nach. An keine Ordnung war nun weiter zu denken. Die Plünderung nahm förmlich ihren Anfang. Der Schall von eingeschlagenen Türen, das Geschrei der Einwohner war in allen Straßen zu hören. Hier bemerke ich nur, dass zu Abend um sieben Uhr, wo die dem Schlosse gegenüberstehenden Häuser in Feuer aufgingen, der Widerschein davon so hell war, dass man auf dem Schlosshofe sowohl als auf dem Markte Geschriebenes dabei lesen konnte. Jedermann konnte nicht anders glauben, als die Franzosen wollten ihre Drohungen erfüllen und die ganze Stadt einäschern.

142. Johanna Schopenhauer: Das Elend in der Stadt

In der Stadt war entsetzliches Elend und in den Vorstädten. Die Esplanade liegt zwar nahe, aber doch nicht im Mittelpunkte der Stadt; dies, und Sophiens und Contas Gegenwart des Geistes haben uns gerettet. Die Stadt ist förmlich der Plünderung preisgegeben; die Offiziere und die Kavallerie blieben frei von den Gräueln, und taten, was sie konnten, um zu schützen und zu helfen. Aber was konnten sie gegen 50 000 wütende Menschen, die diese Nacht hier frei schalten und walten durften, da die ersten Anführer es, wenigstens negativ, erlaubten! Viele Häuser sind rein ausgeplündert; zuerst natürlich alle Laden; Wäsche, Silberzeug, Geld ward fortgebracht, die Möbeln, und was sich nicht transportieren ließ, verdorben; dazu der grässliche Witz dieser Nation, ihre wilden Lieder: *Mangeons, buvons, jouons, brûlons toutes les maisons!* hörte man an allen Ecken. Überall liefen sie mit brennenden Lichtern umher, die sie dann in den ersten besten Winkel schleuderten. Es ist unbegreiflich, dass nicht Feuer an allen Ecken ausgekommen ist. Auf dem Markte hatten sie große Wachtfeuer angebrannt, um welche sie schwärmten, und Hühner, Gänse, Ochsen brateten und kochten. Im obern Teil des Parks bis an Ober-Weimar und das Webicht hin war ihr Lager, das heißt, die nicht einquartiert waren, biwakierten ohne Zelte bei großen Feuern. Der Park ist sehr verwüstet, die schönsten Bäume zum Feuer umgehauen, alle Gebäude darin bis auf die kleinen Behältnisse, wo das Gartengerät aufbewahrt wurde, sogar erbrochen und beschädigt worden. Die wenigsten im Lager wussten, dass unten eine Stadt wäre; denn kamen die aus der Stadt mit Beute beladen ins Lager und erzählten, dass es unten eine ansehnliche Stadt gäbe, die ihnen preisgegeben wäre, so liefen fast alle hinunter. Die Offiziere waren außer sich darüber; aber sie durften sie nicht halten. Prinz Murat und viele Generale waren in der Stadt, der Kaiser kam erst den folgenden Morgen. Viele Einwohner flüchteten aus den Häusern in Wald und Feld und sind zum Teil noch nicht wieder da, hunderte hatten sich ins Schloss gerettet; auch in diesem ist man in die Silber- und Wäschekammer gedrungen, und hat manches daraus geraubt. Auch des Herzogs Gewehrkammer ist geplündert worden. Die Herzogin hat unbegreiflich vielen Mut gezeigt und uns alle gerettet. Auch hat der Kaiser fast zwei Stunden mit ihr gesprochen, was noch keiner Fürstin widerfahren sein soll. Sie allein ist geblieben, während alle die Ihrigen entflohen. Wäre sie auch fortgegangen, so stände Weimar nicht mehr. Alles was ins Schloss geflüchtet war, nahm sie auf und teilte mit ihnen, dadurch kam es denn, dass sie und alle einen ganzen Tag nur Kartoffeln zu essen hatten. Alle, die um sie waren, versicherten mir, dass die großherzige Frau sich immer ganz gleich blieb, und in ihrem ganzen Wesen fast kein Unterschied gegen sonst zu bemerken war. Alle, die ihre Häuser verließen, haben fast alles verloren. Einige sind so glücklich gewesen, gleich Offiziere ins Quartier zu bekommen, die ihnen etwas Schutz, oft mit eigener Lebensgefahr, gewährten. Am besten kamen diejenigen weg, die, wie wir, Mut genug hatten, keine Angst zu zeigen, der Sprache und der französischen Sitte mächtig waren, darunter gehört Goethe, der die ganze Nacht in seinem Hause die Rolle spielen musste, die bei mir

Sophie und Conta spielten. Falk hat sich auch gut durchgeholfen, obgleich er schlecht französisch spricht, und so noch einige andere. Dem Bergrat Kirsten, der bei uns im Vorderhause wohnt, haben wir durchgeholfen, denn bei ihm kann niemand Französisch. Wieland hat, als Mitglied des National-Instituts, gleich vom General *Denon* eine *Sauvegarde* bekommen. Die Witwe Herder, deren Logis ich jetzt bewohne, musste ins Schloss flüchten; bei ihr ist alles zerstört, und, was unersetzlich ist, alle nachgelassenen Manuskripte des großen Herder, die sie mitzunehmen vergaß, sind zerrissen und zerstreut. Riedels haben nichts als die Möbel behalten; Silberzeug, Gold, Wäsche, Kleider sind fort. Sie hatten auf meinen Rat die Sachen auf dem Boden versteckt. Wie das Feuer ausbrach, glaubten sie es sich sehr nahe, was es nicht war, und trugen sie in den Keller, der gleich zuerst erbrochen wurde. Die silberne Teemaschine haben sie behalten, weil man sie nicht für Silber hielt, und einen Leuchter, den ein Soldat aus Dankbarkeit für ein geschenktes Hemde dem andern wieder abnahm. Kuhns ist es fürchterlich ergangen. Ihr Haus liegt, wie du weißt, in der Vorstadt, – wohl mir, dass ich es nicht kaufte! – Dort haben die Barbaren am tollsten gewirtschaftet. Kühn reiste am Montag nach Hamburg, musste aber wieder umkehren. Dienstag machte er sich doch, trotz der ganz nahen Gefahr, davon, und was aus ihm ward, weiß ich nicht. Frau und Kinder versteckten sich, noch ehe die Feinde hereindrangen, im Garten, in einem Loch unter der Erde, der Hauslehrer, ein Franzose, Perrin, blieb im Hause, machte sich aber, wie die Plünderung anging, und ihm blanke Säbel und Bajonette drohten, davon, nun ward alles geraubt und die Möbel in Stücke zerschlagen. Gegen Morgen wurden die Unglücklichen in ihrem Zufluchtsorte entdeckt, man wollte hineinschießen; sie kauften sich mit allem, was sie an Geld und Kostbarkeiten bei sich hatten, los. Gegen Mittag kamen wieder andere, die ihnen den Tod drohten. Endlich gegen Abend, nachdem sie 24 Stunden Todesangst ausgestanden hatten, sind sie herausgegangen, und jetzt im Hause des Kaufmanns Desport am Markte. So höre ich noch alle Tage neue Gräuel erzählen. Professor Meyer wollte in seinem Hause bleiben, aber die fliehenden Preußen ließen drei Pulverwagen dicht vor seinem Hause stehen, wovon einer ganz zerbrochen war, dass das Pulver umher lag. Meyer konnte also nicht bleiben; er eilte zu seinen Schwiegereltern, die nicht weit von Kuhns wohnen. Auch hierher drangen die Unholde, raubten alles, trieben zuletzt mit Gewalt die unglückliche Familie zum Hause hinaus, welche zusehen musste, wie man ihre Habseligkeiten ordentlich auf Wagen lud und fortfuhr.

Meyers Schwiegervater ist ein alter kränklicher, hypochondrischer Mann, der eine Kasse zu verwalten hat und ängstlich Ordnung liebt. Goethe sagte mir nachher, er hätte nie ein größeres Bild des Jammers gesehen, als diesen Mann im leeren Zimmer, rund um ihn alle Papiere zerrissen und zerstreut. Er selbst saß auf der Erde, kalt und wie versteinert. Goethe sagte, er sah aus, wie König Lear, nur dass Lear toll war, und hier war die Welt toll. Ich habe Meyern und einigen andern mit den Hemden und anderer Wäsche deines Vaters ausgeholfen, bis sie sich wieder welche anschaffen können; auch mit unserm Weine habe ich schon manches traurige Herz erquickt. Den Verwundeten habe ich Erquickung ins Lazarett geschickt, die andern Einwohner der Stadt können noch nicht daran denken, weil sie zuviel verloren haben; aber ich kann es, denn mir ist alles geblieben. Sterbende haben mich gesegnet, das gibt mir wieder Freudigkeit, und der Segen wird auf uns ruhen. Des Abends sammeln sich meine Bekannte um mich her; ich gebe ihnen nur Tee, aber mein heiterer Sinn ist mir geblieben, und mancher, der traurig kam, geht erheitert fort; die gute Ludekus steht mir immer bei.

143. Karl Ludwig Fernow: Die Auswirkungen der Schlacht von Jena (1806)

Weimar, 6. Nov. 1806

Da die erste Taube, die ich nach überstandenem Gewitter zu Ihnen ausfliegen lassen, nicht allein glücklich an Ort und Stelle gelangt ist, sondern mir auch, wenngleich keinen Ölzweig im Schnabel, doch einen lieben Brief und freundlichen Händedruck von Ihnen zurückgebracht hat: so will ich, da Sie es wünschen und in Ermangelung Ihrer anderen hiesigen Freunde, die wahrscheinlich noch zu viel mit sich zu tun haben, um an andere zu denken, Ihnen heute noch ein kleines Supplement zu meinem vorigen Briefe nachliefern. Fürs erste noch einige Details vom Tage der Schlacht, dann noch einige Particularia von Personen, die Ihnen wert sind. Die Preußische Armee war gegen den 8. oder 9. ganz in die Gegend von Erfurt gezogen; es schien uns daher gleich eine üble Vorbedeutung, dass dieselbe in größter Eile den 11. oder 12. wieder hierher zurückkam, durchzog und sich auf dem Felde eine Stunde vor der Stadt gegen Jena zu lagerte. Indessen fielen die Affären bei Saalfeld und zwischen Jena und Kahla vor, von denen wir nur im Ganzen so viel erfuhren, dass die Franzosen immer näher kamen, obgleich die Preußen, ihrem Vorgeben nach, immer gesiegt hatten. Mir, der nie an den glücklichen Stern dieser letztern glauben konnte, war daher die ganze Sache schon sehr verdächtig. Übrigens lagen hier in W. die sämtlichen preußischen Garden, prächtige, aus dem Ei geschälte Leute, wert die schönste Königin zu bewachen, aber nicht tapfer und kriegserfahren genug, um einen guten König zu schützen und den Siegern von Marengo und Austerlitz die Stirne zu bieten. Sie gaben uns hier treffliche Paraden und das unabsehliche Lager auf dem weiten Felde gab einen imponierenden Anblick. Aber mein Vertrauen wollte immer noch nicht wachsen, selbst auch da nicht, als am Abend vor der Schlacht auf dem Felde neben dem Webicht die ganze Garde des Königs aufmarschiert war, Rüchel die Fronte auf und ab ritt, die Leute harangierte und von ihnen mit einem gewaltigen Freudengeschrei empfangen wurde, das die ganze Reihe hinablief. Es war ein herrlicher Herbstabend, die Sonne ging eben über Erfurt unter, als die Truppen nun endlich vom Lager vorwärts und gegen Jena und Auerstädt zu zogen. – Unnennbare Empfindungen durchströmten mich, und der Gedanke: Wie vielen tausenden unter euch, die ihr jetzt so freudig jubelt, geht heute die Sonne zum letzten Mal unter! stimmte mich zu einer Wehmut, der gleich, als ich Rom an einem schönen Abende zu letzten Mal von der Höhe des Capitolturmes übersah. Alle diese Schlachtopfer sah ich fröhlich und gedankenlos dem schwarzen Verhängnisse entgegenziehen, und ich hatte nicht geirrt: Tausende sahen am folgenden Abende die Sonne nicht mehr untergehen.

Am folgenden Morgen frühe mit dem Tage hörte man schon den fernen Kanonendonner. Seit 5 Uhr hatte die Schlacht begonnen. Napoleon war von Jena aus mit einem Teile seines Heeres und von seinen unüberwindlichen Garden umgeben, den Steiger nach Apolda hinaufgezogen, dort biwakierte er einen Teil der Nacht. Seine Wachfeuer waren wie ein schrecklicher Komet in einer ossianschen Epopoe. Um 3 Uhr brach er auf; ein gewisser General Denzel, ein Elsasser, der in früheren Jahren in Jena studiert hatte, nachher Superintendent gewesen war und in der Revolution die Bibel mit dem Säbel vertauscht hatte, schon ein Mann über 50 Jahre, war eigens dazu von Napoleon entboten worden, der von seiner genauen Kunde der Gegend gehört hatte; er musste die Kolonnen auf unwegsamen Steigen durchs Rauhtal hinaufführen, wo die Preußen keinen Feind erwarteten; er näherte sich ihnen auf 300 Schritte, ehe sie ihn gewahr wurden, und sobald Napoleon mit vieler Mühe 6 Kanonen hinaufgebracht hatte, so begann er den Angriff. Die Preußen erwarteten indessen, dass die Franzosen ihnen den Gefallen tun würden, die

Schnecke herauf zu ziehen, um sich von ihnen mit Steinen todwerfen zu lassen. Nur eine Kolonne kam durchs Mühltal, um den Hauptangriff zu decken. Aber können Sie glauben, was ich nicht glauben würde, wenn ich es nicht einem sichern Augenzeugen glauben müsste. Die Schlacht oder vielmehr der Angriff begann Morgens um 5 Uhr, und um 9 Uhr saß der Prinz von Hohenlohe, der diesen Flügel der Armee, den Napoleon selbst angriff, anführte, noch in Capellendorf und frühstückte in Gesellschaft des Prinzen B. und seiner Adjutanten unter dem Donner der Kanonen, der immer näher rückte. Dies habe ich von dem Manne in Capellendorf selbst, bei dem der Prinz gefrühstückt hatte, und der dadurch noch sein Silberzeug, das bei dem Frühstücke gedient hatte, verlor; denn, sich sicher glaubend durch die Gegenwart der preußischen Armee, hatte er es noch nicht wieder verwahrt, als schon die Franzosen in Capellendorf eindrangen. Das ist der Geist des alten Friedrichs!! Bonaparte, der seit 3 Uhr auf dem Platze war und marschiert hatte, frühstückte erst, als die Preußen aus ihrer ersten Position vertrieben waren, hinter der Fronte, aus freier Hand, während die Kartätschenkugeln über ihn hinpfiffen; das habe ich von einem Adjutanten oder Ingenieur-Geographen, der immer in der Nähe des Kaisers war. Schon aus diesen verschiedenen Arten zu frühstücken, lässt sich der Ausgang der Schlacht mit moralischer Gewissheit voraussagen. Auch der König, der sein Corps nach Auerstedt geführt hatte, das er mit dem Herzog von Braunschweig und Rüchel anführte, statt noch eine Stunde weiter zu rücken und sich der Berghöhen von Kösen zu versichern, bleibt ruhig in Auerstedt und schickt nicht einmal Patrouillen bis dahin, so dass die Franzosen fast ungestört die fast unüberwindliche Position in der Nacht behaupten und bereits oben sind, als die Preußen dort ankommen.

Indes rückte der Kanonendonner immer näher; seit 10 Uhr Vormittag fing die ungeheure Bagage an zu retirieren auf allen Straßen, die nur nach der Gegend von Erfurt führen; wenigstens 10 000 Mann schlenderten zur Bedeckung dieses gewaltigen Heerwurms, dessen Schwanz sich noch um 4 Uhr nicht ganz durch Weimar gewunden hatte, nebenher, statt in Reih' und Glied zu fechten. Blessierte kamen auch gegen den Nachmittag immer häufiger; des ungeachtet sprengten noch immer preußische Offiziers mit Siegesnachrichten in die Stadt, aber auch sogleich zum andern Tore hinaus, wahrscheinlich um sie auch nach Erfurt zu bringen. Endlich um 4 Uhr kam der Donner der Kanonen bis ans Webicht und bald darauf pfiffen auch mehrere Kugeln über die Stadt weg und verschiedene derselben schlugen ein; eine Haubitze ging durch das Komödienhaus und zerplatzte in einem Garten hinter demselben. Eine 6-pfündige Kugel schlug in das neue kleine Haus, das Kleinstäuber nahe am Palais der Herzogin und dem Reussischen Hause gebauet hat, und fiel in das Zimmer des Major von Eglofstein, der daselbst zur Miete wohnt; einige andere sind noch sonst in der Vorstadt gefallen. Unsere Häuser zitterten und ihre Bewohner noch mehr; einige derselben flüchteten in die Keller; indes dauerte dies Schießen in der Nähe der Stadt, das eigentlich der fliehenden Bagage und den fliehenden Preußen galt, nicht lange. Es sprengten Chasseurs in vollem Galopp durch das Kegeltor in die Stadt und nach dem Schlosse und hieben noch einige Preußen in den ersten Gassen nieder. Prinz Joachim war einer der ersten mit den Chasseurs in der Stadt. Er hatte einen Offizier vorausgesandt und sich erkundigen lassen, ob eine fürstliche Person im Schlosse sei, der ihn zugleich bei der Herzogin anmeldete. Er ist sehr artig gewesen und hat der Herzogin versichert, dass ihr Schloss unverletzlich sein würde. Diese letzte war mit ihren Hofdamen und was sich sonst ins Schloss geflüchtet hatte, versammelt und hat sich in dieser ganzen Zeit mit einer Standhaftigkeit und Weisheit betragen, die einem Manne zur größten Ehre gereichen würde. Eine Stunde vor dem Einzug der Franzosen kam der Prinz Bernhard und Hinzenstern hereingesprengt zum Schlosse; Ersterer war eine Viertelstunde bei seiner Mutter, und H. hatte nur Zeit gehabt, auf der Treppe zu sagen: Kinder, es ist alles verloren! Der arme Bernhard ist fast von Müdigkeit erschöpft gewesen, indes musste er wieder fort zum Prinzen Hohenlohe und jetzt befindet er sich mit Hinzenstern in Mecklenburg oder Schwedisch-Pommern auf dem Gute des Letztern. – Etwa um 6 Uhr kamen die Plünderer in die Stadt; das Feuer, in der Gegend des Schlosses, doch wahrscheinlich von ihnen angezündet, brach aus, und nun ergossen sich die Schalen des Schreckens und der Not durch alle Familien Weimars. Wenig Häuser, vielleicht nicht 20, sind durch ein sonderbares Glück unberührt geblieben. Viele haben fast alles, andere nur wenig verloren, Alle aber während zwei Tagen große Angst und Unruhe ausgestanden. Die allgemeine Plünderung, wo jedes Einwohners Gut und Leben in den Händen einer zügellosen Horde war, hat ungefähr 24 Stunden gedauert; nachher, als am folgenden Tage der Kaiser kam, ward Generalmarsch geschlagen und das Gesindel musste aus der Stadt; es kamen reguläre Truppen herein; indessen blieben doch noch viele, oder schlichen sich mit der Nacht wieder ein, und auch in der folgenden Nacht und am folgenden Tage wurden einzeln noch manche Gewalttätigkeiten verübt, welches um so leichter war, da nicht nur alle Haustüren erbrochen und die Fenster eingeschlagen, sondern auch die Türen im Innern der Häuser größtenteils eingeschlagen oder aufgesprengt waren, also nicht verschlossen werden konnten. Ich und meine sämtlichen Hausgenossen mussten deshalb gleichfalls die Nacht außer dem Bette zubringen, weil unser Haus nicht zu verschließen war. Die Schlosser haben dadurch so viele Arbeit bekommen, dass es schwer hielt, einen zu finden, der das Beschädigte wieder in Ordnung brächte. Die meisten angesehenen Häuser haben, wenn auch nicht in der ersten Nacht, doch am folgenden Tage, Offiziere ins Haus genommen, wodurch sie freilich gesichert, aber doch darum nicht der Unruhe und Sorge überhoben waren; denn die Leute wollten bewirtet sein, und es war nichts, nicht einmal Brot zu finden; Fleisch ebenso wenig; Wein besonders war in den ersten 8 Tagen nicht zu bekommen, und grade Wein wollten alle, selbst die Soldaten, haben. Dem Weinhändler Kirchner ist für 8000 Thlr. Wein zerstört; den man nicht trinken konnte, hat man in den Keller laufen lassen. Die Weinkeller der Gastwirte und anderer Verkäufer waren für die Marschälle von Frankreich in Beschlag genommen. Der Rat *Kraus* hat fast alles verloren und ist überdies noch gemisshandelt worden, so dass er den andern Tag mehr tot als lebendig war; er hatte sich aufs Schloss gerettet und wohnt jetzt bei Bertuch. Der alte *Gore* und seine Tochter hatten sich ins Schloss geflüchtet; in ihrem Hause ist alles zerstört. Der Geheimerat Vogt hat, wie ich aus seinem eignen Munde bei unserer Herzogin gehört habe, fast gar nichts gelitten; bloß in seinen Weinkeller ist man eingedrungen und hat ihm ein Fässchen oder Kistchen ungarischen Weins ausgeleert, das er kurz vorher bekommen hatte. Die hiesigen Juden sind besonders gut weggekommen, denn der Herr war mit ihnen! Unsere vortreffliche Herzogin Amalia ist zu meiner und aller andern Freude nach einer 16-tägigen Abwesenheit glücklich zurückgekehrt, samt der Prinzessin Karoline; sie hat unterwegs viel Beschwerden ausgestanden. Obgleich sie schon den Morgen der Schlacht abreiseten, so fanden sie sich doch bald mitten unter dem immer wachsenden Haufen der Flüchtlinge; sie mussten zwei Nächte unterweges im Wagen zubringen. Auf dem Wege bis Erfurt brach ein Rad an einem der Wagen. Der Wagen, voll Kammerfrauen der Prinzessin, nebst den Koffers der letztern mussten also in Erfurt zurückbleiben, wo sie zum Teil geplündert wurden und die Prinzessin ihre Wäsche verlor. Die Herzogin ist bis Göttingen fast immer in Gesellschaft von

Flüchtlingen gereist; dort hat sie einige Tage vergnügt in Blumenbachs und einiger anderer Gesellschaft zugebracht; dort erhielt sie eine Stafette vom Herzoge, der ihr nach Kassel zu gehen riet, wo sie auch vier Tage lang gewesen ist und manche angenehme Zerstreuung gehabt hat. Von da kehrte sie nach Eisenach zurück, wo sie gleichfalls einige Tage sich aufhielt und wo der französische Kommandant, ein alter würdiger Offizier, sie mit der größten Aufmerksamkeit behandelt hat. Seit etwa sechs Tagen ist sie wieder hier und äußerst wohl, sowie sie auch auf der ganzen Reise äußerst wohl gewesen ist, wie mir Einsiedel sagte. Das Palais hat gar nicht gelitten. Die Sauvegarden, oder wie man sie wohl nennen könnte, die Saufgarden und die Einquartierung haben ihren Keller brav mitgenommen; auch *Einsiedel* hat von seiner schönen Sammlung alter Weine nicht die Probe wiedergefunden, sonst hat er nichts verloren. In Tiefurt ist es desto ärger hergegangen; in dem dortigen Wohnhause der Herzogin ist alles geplündert und zerschlagen; die Zeichnungen im Speisesaal hat man aus dem Rahmen weggenommen. In dem neuen artigen Salon ist alles ruiniert; eine Kanonenkugel ist über dem Kamin durch die Wand und den daran befestigten großen Spiegel gefahren. Der Gärtner Klinger hat alles verloren. – Mit einem Worte, wenn man das Elend im Ganzen betrachtet, so ist es so groß nicht, aber im Einzelnen ist es mitunter ungeheuer.

144. Johann Heinrich Carl Koes: Von der Komödie zum Krieg (1806)

[1806] 8. Oktober

Über Jena nach Weimar, da noch abends in der Komödie: ›Reue und Ersatz‹, von Vogel; vortrefflich gespielt, recht eine harmonische, ruhige Darstellung eines Stücks. Mamsell Silie (eigentlich Petersilie), Hr. Lortzing und besonders Madame Beck. – Der ›Dom Carlos‹ wurde am 11. bei weitem nicht so gut gegeben, Dom Carlos und Marquis Posa wurden schlecht von Oels und Haide gegeben und besonders der letztere raste wie ein tolles Vieh.

Den 9ten. Schlossgarten; sehr schön, dieser Garten hat mir unter allen, die ich bis jetzt gesehen, am besten gefallen. Die herrliche Brücke, der schöne Fluss, der den Garten ganz durchläuft, alles zeigt den edelsten Geschmack.

Den 10ten. Besuch bei Voss. Er wird den Shakespeare nicht fort übersetzen, da er A. W. Schlegel für seinen Meister erkennt, sondern sich ganz mit der Übersetzung des Aeschylos beschäftigen. Die Rezension in der ›Jenaer Literatur Zeitung‹ über Danz's Übersetzung des Aeschylos, Fähses Sophokles und A. W. Schlegels Rom sind von ihm. – Riemer ist der Verfasser der strengen Beurteilung von Aukmann in derselben Zeitung und Schäffer soll diese Grammatik in der ›Leipziger Literaturzeitung‹ rezensiert haben. Das Theater ist sehr geschmackvoll und schön. Man sitzt überall. Die Logen sind durch Pfeiler abgetrennt; vorn eine Galerie, so dass man die ganze Figur des Sitzenden erblickt. Es ist nur eine Hauptreihe von Logen und darüber eine kleine Galerie, man räucherte im Schauspielhause vor dem Anfang des Stücks.

Den 11ten. Besuch bei der Schillern, eine gutmütige Frau, herrliche Kinder. Kotzebue schrieb einmal an Schiller, er möchte doch Goethen in dem ›Freimütigen‹ angreifen, worauf Schiller nicht antwortete. Goethes Faust ist fertig in 5 Akten. – Heute wurde plötzlich alles sehr kriegerisch, Regimenter auf Regimenter marschierten durch. Der König und die Königin kamen an und das Hauptquartier des Königs hierher verlegt, denn am 10ten griffen die Franzosen an, hieben mehrere Regimenter Sachsen und Preußen bei Saalfeld zusammen und Prinz Louis fiel. Ich habe mehrere Flüchtlinge gesprochen. Das Regiment Clemens verlor beinahe alle seine Offiziere.

Den 12ten. Das kriegerische Getümmel dauert fort; nicht weit von der Stadt ist und wird ein großes Lager geschlagen. Es ist ein höchst interessantes Schauspiel. Die ganze Stadt voll von Militär; unaufhörlich ziehen Truppen, Pulver- Viktualienwagen pp. durch. Verwundete gehen in den Straßen umher. Einer umarmt und herzt den andern, den er schon tot vermutet. Flüchtlinge von verschiedenen Corps kommen an und formen sich wieder. Ihre Kameraden fragen sie aus, hunzen sie zum Teil auch herunter. Der Ausgang ist uns beinahe versperrt, keine Extrapost ist zu haben. Die fahrende Post nach Leipzig, welche künftigen Dienstag fortgeht, ist noch nicht festgehalten und jetzt unsere einzige Hoffnung.

Den 13ten. Ein Verwundeter, der eine Kugel im rechten Bein hatte, noch von Saalfeld her, erzählte, die Baiern wären immer voran gewesen und hätten gerufen: Ihr dummen Hunde! Kanonen, alles sei verloren gegangen. – Spaziergang mit Goethe und dem Major Hinrich neben dem großen Lager. Der König steht jetzt hier mit 95 000 Mann; die Großfürstin ist fort nach Altstädt, gestern schlugen die Sachsen bei Jena ein Lager auf. So weit wir über die Berge umher sehen konnten, standen Zelte; die Soldaten kochend Kohl und Kartoffeln, andere Holz umhauend aus den Alleen, andere Ochsen oder

Kühe schlachtend, die nachher stückweise auf Pfählen ins Lager getragen wurden. Marhketenderinnen mit Branntwein und Kaffee, Feldwachen, Hauptwache, Kavallerieregimenter defilierten vorbei, ringsherum stieg Rauch aus dem Lager herauf. Es war ein schöner Herbsttag. Goethe ist ein ansehnlicher Mann, herrliche Augen; doch schien sein Gemüt niedergedrückt durch die kritischen Umstände. Gestern zerschlugen ihm die Soldaten die Fenster und Möbel in seinem Gartenhause. Heute hießt es, seien bei dem Bäcker die Laden eingeschlagen, weil nicht Brot genug da war. An Butter fehlte es schon gestern, auch heute Morgen. Nachmittags brach das ganze Lager auf, man trommelte auf den Straßen, und in einer Viertelstunde waren die Soldaten, die hier in Garnison liegen, auf dem Markt versammelt und nach noch einer Viertelstunde ging's fort. Der König mit der ganzen Suite war eine Stunde vorher abgereist. Abends sah ich schon zwei Pferde, die gestürzt waren, auch rückten wieder Soldaten ein. Großes Getümmel auf dem Markte die Nacht durch. – Fanchon oder das Leiermädchen wurde im Schauspielhause gegeben; Dirzka als Abbe, Wolf als Husaroffizier und Unzelmann als Savoyarde und Genast als Tapezier zeichneten sich durch ihr braves Spiel recht sehr aus. Die Silie war wieder allerliebst. Das Stück scheint mir indessen zu französisch, d. h. zu sehr auf den französischen Charakter gestützt zu sein, als dass es in Deutschland befriedigend könnte dargestellt werden.

Den 14ten. Der schrecklichste Tag meines Lebens. Vormittags eine Schlacht einige Stunden von hier. Man hörte die Kanonade sehr deutlich – bum! bum! So ging's unaufhörlich. Im Garten hörte ich auch das Musketenfeuer, das ich vernahm wie ein starkes Trommeln. Verwundete wurden eingebracht, einzelne kamen geritten. Einzelne Kürassiers und Soldaten brachten auch französische Pferde und Gefangene mit ein, doch sah ich höchstens 16 von ihnen. Die Gerüchte wechselten beständig. Zuerst hieß es, die Franzosen wären total geschlagen, doch etwa um 1 Uhr änderten sich die Aspekten. Das Gerücht, dass 6000 französische Gefangene eingebracht würden, veränderte sich plötzlich in die Nachricht, die Franzosen kommen hierher. Alles retirierte, erst einige Husaren, dann die Bagagewagen, zuletzt noch die übrigen Kavalleristen und einige Infanteristen, Verwundete jagten fort. Gegen 4 Uhr näherte sich der Kanonendonner, zwischen 4 und 5 Uhr war er auf einmal ganz nahe, die Kugeln pfiffen heulend über uns weg. Oehlenschläger und ich retirierten in den Keller, Bröndstedt nur eine kleine Weile – doch war es bald vorbei. Um 6 Uhr rückten französische Husaren in die Stadt. Sie waren sehr artig. Ein junger preußischer Offizier lag schwer verwundet in der Gaststube, die linke Hand war ihm gequetscht, er stirbt sicher, nur 20 Jahr alt, von Breslau, von reichen Eltern, namens Hautcharmoix. Kaum waren wir wieder etwas beruhigt, so setzte uns gegen 8 Uhr eine starke Feuersbrunst in der Stadt in einen nicht geringen Schrecken. Bonaparte wird morgen früh erwartet. Der Wirt im Elephanten war beinahe außer sich vor Angst; wenn ich nur dich behalte, sagte er zu seinem Söhnchen.

Den 15ten. Bonaparte ist hier, Murat soll zuerst in die Stadt gedrungen sein. Seit 9 bis 10 Uhr bis gegen 3 Uhr war ein unaufhörlicher Durchmarsch, besonders von Kavallerie, welche sehr schön oder vielmehr schreckenerregend aussah. Lannes, Augereau sind hier, Berthiers Equipage kam um 4 Uhr an. Das Feuer brannte bis zu diesem Mittage; es soll beinahe eine ganze Straße abgebrannt sein. Ein sächsischer Flüchtling fragte heute nach dem Wege ins Gebirge, man antwortete, man wisse es nicht; nun, fuhr er fort, dann den Weg dahin, wo keine Franzosen sind. Bei der letzten heftigen Kanonade flogen 3 Kugeln in die Esplanade, eine in das Dach des Hauses neben der Schillern, sie kommen von den Preußen, die noch einen Versuch machten sich zu halten. Ihre Armee soll gesprengt sein.

Den 16ten. Hin und her noch Plünderung, Exekution deshalb. Der Schwiegervater des Wirts auf 6000 Rchstlr. Schon den 15ten kamen einige hundert preußische Gefangene hier an, so in der Kirche einquartiert, heute gewiss an etwa 1500 oder 2000. Die Nacht zwischen dem 14ten und 15ten war das Plündern am schlimmsten. Marodeurs bei Goethe, setzten ihm eine Bajonette vor die Brust. Wieland kriegte gleich eine *Sauvegare*. Uns retteten in der ersten Nacht unsere Husaren. Am 2ten Tage logierte hier schon Augereau und in der 2ten Nacht Berthier. Heute wurde die Ruhe endlich völlig wiederhergestellt; es ist ein Major de place ernannt und die Polizei wieder organisiert. Ich habe nun denn auch das Biwakieren gesehen; sie zündeten Feuer auf dem Markte, im Park etc. an und lagern da herum. Mit einer solchen Schnelligkeit, Ausdauer in Strapazen und Glauben an Napoleon sind sie unüberwindlich. Die Armee soll 180 000 Mann stark sein und doch kam ein großer Teil davon hier durch ohne Bagage. Diese war erst beim Generalstabe und ist geradezu nichts gegen die der Preußen und Sachsen. Nach den Berichten der Flüchtlinge und Gefangenen ist die Schlacht am Jenaer Schneckenberge, nicht weit von Iserstedt angegangen und hat sich bis nach den Höhen bei Weimar ausgedehnt. – Hier unten an der Mühle lagen heute noch ein paar erschossene Preußen, und eine von den in die Stadt geschossenen Kugeln hat man hier heute gefunden, etwas größer als eine halbe Hand. – Es ist in diesen Tagen göttliches Wetter, aber sehr kalt.

145. Unbekannter Augenzeuge: Napoleon in Weimar

Es war Donnerstag früh den 16. Oktober zwischen acht und neun Uhr, als sich das Gerücht verbreitete, Napoleon wolle die Umgebungen Weimars besehen und würde deshalb mit seiner Suite ausreiten. Eine Anzahl Einwohner, worunter ich mich befand, verfügten sich an die Barrieren des Schlosshofes, um den noch nie gesehenen Kaiser Napoleon in der Nähe zu beschauen. Es dauerte auch nicht lange, als die Musik der Alten Kaisergarte, wovon eine Abteilung die Wache mit der Garde-Elite zu Pferde auf dem Schlosshof bezogen hatte, zu spielen anfing und die Wache unter das Gewehr trat. Der Ruf »*Vive l'Empereur!*« meldete uns die Erscheinung des Kaisers. Er war wie gewöhnlich simpel und einfach, ohne Prunk, gekleidet. Ein hellgraubrauner Oberrock mit Zobelpelz verbrämt war sein Anzug, und nur das kleine Hütchen mit der dreifarbigen Kokarde und das blasse, fahle Gesicht nebst der kleinen Korpulenz bezeichneten uns den Monarchen. Er ritt ein arabisches Pferd, einen Goldfuchs, mit rotsamtner und mit Goldfransen reich verzierten Schabracke. Zu seiner Rechten ritt der Marschall Ney und zur Linken der Großherzog von Berg, Joachim Murat, in seinem phantastischen Anzuge. Dicht hinter Napoleon ritt der Leibmamelucke Rustan, dann folgten noch die übrigen zur Suite des Kaisers gehörigen Großen nebst einer starken Bedeckung; alle im höchsten Glanz ihrer Uniformen. An der Spitze selbst ritt der damalige Oberforstmeister von Stein, als Führer und Wegweiser des Kaisers. Als der Kaiser an den Ausgang der Barriere kam, die mit doppelten Wachen, als der der Alten Kaisergarde und der der Garde-Elite zu Pferde, besetzt war, drängte sich ein Bürger mit entblößtem Haupt durch die Menge der daselbst befindlichen Menschen, beugte ein Knie vor dem Kaiser und hielt eine Anrede an denselben. Napoleon hielt sogleich sein Pferd an und befahl dem Großherzog von Berg, der gut deutsch sprechen konnte, den Mann um sein Anliegen zu befragen.

Dieser Mann war kein anderer als der schlichte Bürger und Schuhmachermeister Petri, welcher damals Viertelsmeister beim Stadtrat und der mit zugegen war, als vonseiten des Stadtrats der Wunsch und die Bitte der Bürger abschläglich beschieden worden war. Petri hatte ebenfalls von dem Ausritt des Kaisers gehört, und rasch fasste solcher den Entschluss, den Kaiser in Person mündlich um Schonung der Stadt zu bitten und darum, dass dem Plündern und Wüsten der Soldaten, die noch immer zügellos verfuhren, Einhalt getan werden möchte.

Neben dem vor dem Kaiser knienden Petri hielt der Großherzog von Berg und vernahm als Dolmetscher des Kaisers das Anbringen des Erstgenannten.

Als der Kaiser die Bitte Petris vernommen hatte, winkte er solchem freundlich mit der Hand und gab ihm zu verstehen, seine Bitte sei gewährt. Hierauf sprach er mit dem Prinzen Murat, der auf der Stelle einen Flügeladjutanten des Kaisers auf den Schlosshof an die daselbst befindliche Grenadierwache sendete, worauf sofort mehrere Abteilungen derselben, jede mit einem Tambour, durch die Straßen der Stadt marschierten und überall den Willen und Befehl des Kaisers bei Trommelschlag bekannt machten, dass jedem Soldaten bei Todesstrafe das fernere Plündern untersagt sei. Auch waren die Kommandeure der Regimenter angewiesen, alle zu ihren Regimentern gehörigen Soldaten, welche sich aus dem Lager in der Stadt befanden, aus solcher sofort ins Lager kommandieren zu lassen, auch mussten die mit Beute Beladenen ihre Effekten an die Eigentümer zurückgeben. Reitende Gendarmen mussten überall Ruhe und Ordnung wiederherstellen. Es fanden Fälle statt, wo die gemeinen Soldaten subordinationswidrig gegen die Offiziere handelten, zumal wenn die Offiziere von anderen Regimentern waren. Solche Widersetzlichkeiten wurden ohne weiteres und auf der Stelle mit dem Tode bestraft.

So wurde auch desselben Tages bei Trommelschlag bekannt gemacht, dass, da die Truppen die Lager verließen, jedermann ohne Gefahr in das verlassene Lager gehen und nach seinen vielleicht noch vorhandenen Sachen, welche bei der Plünderung hinausgeschleppt worden waren, als Betten, Wäsche, Möbel, Küchengerätschaften u. dgl., suchen und dieselben wieder mitnehmen könne.

146. Friedrich Wilhelm Riemer: Der 14. Oktober in Goethes Haus (1806)

Dienstag, den 14. Oktober 1806, des Morgens um 7 Uhr hörte man in Weimar ganz deutlich die Kanonade der Schlacht bei Jena. In Goethes Hausgarten vernahmen wir diesen Donner pelotonweise, weil die Morgenluft den Schall in gerader Richtung dahin brachte, der, wie der Tag zunahm, sich verminderte und endlich ganz aufzuhören schien. Wir setzten uns daher ohne weitere Beunruhigung zu Tische, wie gewöhnlich um 3 Uhr etwa, aber wir hatten kaum angefangen, von den Speisen zu genießen, als wir Kanonenschüsse erst einzeln, darnach mehrere hintereinander ganz in der Nähe vernahmen. Wir standen sogleich auf, der Tisch wurde schleunigst abgeräumt; Goethe entfernte sich durch die vorderen Zimmer, ich eilte von der andern Seite durch den Hof in den Hausgarten und fand ihn bereits darin auf und ab gehend. Währenddessen pfiffen Kanonenkugeln über das Haus hin. Es war von der Altenburg her, und eine der Kugeln hatte in das alte Theater eingeschlagen.

Ich eilte durch den Hof ins Haus zurück, mich in den untern Räumen aufzuhalten. Währenddessen ging die preußische Retirade hinter dem Garten dicht an der Ackerwand weg, in der grässlichsten Verwirrung.

Ich sah sie nicht, sondern hörte nur das Geschrei und bemerkte die Spitzen der Gewehre und sonstigen Waffen über der Gartenmauer hinschwankend.

Unter Angst und Erwartung der Dinge, die da kommen sollten, unter Hin- und Widerrennen der Hausleute und Wegschaffen von zurückgelassenen Effekten der bisherigen preußischen Einquartierung, war vielleicht eine Stunde vergangen, als eine furchtbare Stille die Straßen und den Platz vor Goethes Hause erfüllte.

Da kamen einzelne französische Husaren ans nahe Frauentor gesprengt, spähend, ob Feinde in der Stadt wären. Einer wagte sich etwas weiter herein; wir eilten, Goethes Sohn und ich, mit Bouteillen Weins und Biers auf sie zu und reichten ihnen diese Erfrischungen, die sie aber nicht eher annahmen, als bis wir ihnen versicherten, dass keine Preußen mehr in der Stadt wären. Hierauf ritt jener erste und einige mit ihm weiter in die Stadt herein, bis etwa an die Wohnung des Kaufmanns Martini, von wo aus man die ganze Straße, die nach dem Markt führt, absehen kann, und als er alles leer sah, galoppierte er und mehrere ihm nach in die Stadt hinein.

Zu gleicher Zeit oder bald darauf bemerkte ich, dass Goethe zu Fuße an der Seite eines Husarenoffiziers nach dem Markte zu, also vermutlich auf das Schloss ging. Erst lange nachher erfuhr ich, dieser Offizier, der mir als ein Bekannter Goethes bezeichnet wurde, habe sich sehr geheimnisvoll nach ihm erkundigt; es war ein Baron v. Türkheim, Sohn der unter dem Namen *Lili* als Goethes frühere Geliebte berühmt gewordenen Frau v. Türkheim geb. Schönemann.

Goethe ließ uns vom Schloss ins Haus sagen, wir würden zur Einquartierung den Marschall Ney bekommen und außerdem noch einige Kavalleristen, sollten aber sonst niemand hereinlassen.

Es lagerten sich auch bald sechzehn derselben, meist Elsasser, in das Bedientenzimmer, waren aber so ermüdet von dem sechzehnstündigen Ritt aus Franken bis nach Jena zur Schlacht, wie sie sagten, dass sie nach nichts als Streu verlangten und das angebotene Essen und Trinken beinahe ablehnten und sich rasch nur an einigen Bouteillen Weins und Biers erquickten.

Mittlerweile war Feuer in der Stadt ausgekommen; es brannten mehrere Häuser in der Nähe des Schlosses, höchst wahrscheinlich, ja gewiss durch die Franzosen selbst angezündet, welche dadurch Signale ihres Einzugs in Weimar gaben und daher auch zur Löschung selbst wieder beitrugen.

Währenddessen herrschte die größte Verwirrung in der Stadt durch das Hereinströmen immer neuer zahlreicher Truppen, die auf den Plätzen der Stadt biwakierten, Läden und Keller erbrachen, in die Häuser drangen, um zu plündern und Misshandlungen zu verüben.

Goethe war indes zurückgekommen, allein der Marschall erschien immer noch nicht, ohngeachtet die Tafel für ihn und seine Begleiter schon lange bereit war. Die Elsasser schliefen indessen fest. Das Haus war verriegelt. Ich hielt mich auf der Hausflur hin und wider gehend auf, um gleich zur Hand zu sein, wenn der Marschall komme, indessen aber andres Volk, das sich eindrängen wolle, abzuhalten und im Notfall die Hülfe der schlafenden Reiter anzurufen.

Während ich so allein auf der Diele des Hauses auf und ab gehend verweilte, ohne Licht und nur von den hochaufleuchtenden Flammen der in der Ferne brennenden Häuser die nötige Hellung empfangend, waren in einem der Zimmer des Hinterhauses eine Menge Personen aus der Stadt zusammengedrängt, die geflüchtet vor der Wut und den Misshandlungen der Plünderer hier Schutz und Verborgenheit zu finden hofften. Einige derselben waren der Wirtin in Bereitung der Speisen und der Heraufschaffung des nötigen Kellervorrates für den erwarteten Marschall und sein Gefolge behülflich; andere jammerten über das wie ein Blitz hereingebrochene, noch nie erfahrene Unglück und Elend und vermehrten so die Bestürzung und Unruhe der Hausgenossen, die den Kopf zusammenzunehmen hatten, um das Nötigste und Geeignetste in dieser Bedrängnis nicht zu verfehlen.

Es war schon tief in der Nacht, der Lärm auf den Straßen dauerte immer fort; ich hatte bisher meinen Posten unangefochten behauptet, als plötzlich fürchterliche Kolbenstöße an die Haustür donnerten und auf mein endliches Wer da! rufen Einlass verlangt wurde. Ich schlug ihn ab, mit der Bedeutung, das Quartier sei schon für den Marschall in Beschlag genommen, dessen Ankunft man jeden Augenblick entgegensehe, und außerdem mit sechzehn Reitern belegt. Mein Einwenden wollte nichts verfangen; ich weckte daher einen der Reiter, einen Elsasser, eben den, der gleich bei seinem Eintritt ins Haus so viel Gutmütigkeit hatte blicken lassen, dass ich mit Vertrauen, er würde über diese Störung im Schlafe nicht unwillig werden, ihn bat, seine Kriegskameraden zu bedeuten, dass hier für sie keine Aufnahme zu verlangen noch zu hoffen sei. Er stand auch auf, ohne ungehalten zu sein, öffnete das Fenster, schalt sie aus und verwies sie wieder an ihr Biwak zurück, wo sie eben herkommen mochten, um sich eine bessere Lagerstatt auszumitteln. Es half auch für den Augenblick. Schimpfend und brummend gingen sie fort, und ich glaubte mich und das Haus schon geborgen. Es dauerte aber nicht lange, so pochte es wieder an die Tür, diesmal höflicher, und verlangte mit sanfter Bitte Einlass. Es waren die vorigen. Sie wollten sich nur unter Dach befinden und etwas ausruhen, und was sie sonst noch Mitleiderweckendes vorbringen mochten. Ich wies sie dennoch ab, zwar mit Bedauern, aber doch mit der geschärften Bemerkung, der Marschall sei bereits da, und es fände sich nirgends Platz für sie mehr. Nun wurden sie heftiger, drohten die Tür einzuschlagen; und da sie vollends die niedrigen Fenster nebenan gewahrten und durch diese bemerken konnten, dass ich mich in einem beinahe zimmerähnlichen Raum befände, so machten sie Anstalten, das Fenster einzuschlagen und sich mit Gewalt in das verweigerte Asyl zu setzen. Nun hielt ich es nicht für geraten, den Widerstand weiter zu treiben; ich schob daher den Riegel zurück und ließ sie ein. Es waren zwei kleine Kerls, von der damals spottweis sogenannten Löffelgarde, eigentlich Tirailleurs in voller Bewaffnung. Als sie eintraten, wiederholte ich nochmals meine Vorstellung und öffnete zum Beweis die Türe des Zimmers, wo die Reiter schliefen. Sie überzeugten sich durch Einblick und schienen gelassener, indem sie nichts weiter verlangten, als hier im Schauer zu verweilen und einiges zu genießen. Ich holte Licht aus der nahen Küche und einiges Getränk und Speise, und setzte es auf einem bereitstehenden Tisch ihnen vor. Schemel waren auch zur Hand, und so nahmen sie bald Besitz von dem allen und sprachen der Flasche weidlich zu. Der Wein schien ihnen zu munden, sie wurden heiter und gesprächig, fragten nach diesem und jenem, auch nach dem Hausherrn. Ich entschuldigte seine Abwesenheit, und mochte ihnen scheinen die Wahrheit zu verhehlen. Sie wurden immer dringender, ihn zu sehen; ich musste befürchten, sie möchten sich selber den Weg zu seinem Zimmer suchen und es ihm dann empfindlicher entgelten lassen. Ich eilte zu Goethe hinauf, erzählte mit kurzen Worten den Hergang, und wie ich mir nicht weiter zu helfen wüsste und ihn bäte herunterzukommen, sich den Leuten zu zeigen und sie mit mehr Gewicht abzuweisen, als ich haben könne.

Er tat es auch, ohne betroffen zu sein oder zu scheinen. In Erinnerung ähnlicher Auftritte der deutschen Krieger in der Champagne mochte er wohl denken, dass jetzt die Reihe an die Deutschen komme, und wie er sich in alles zu finden und zu fügen wusste, so auch in dieses. Obgleich schon ausgekleidet und nur im weiten Nachtrock – der sonst scherzhaft Prophetenmantel von ihm genannt wurde – schritt er die Treppe herab auf sie zu, fragte, was sie von ihm wollten, und ob sie nicht alles erhalten, was sie billigerweise verlangen könnten, da das Haus bereits Einquartierung habe und noch einen Marschall mit Begleitung erwarte. Seine würdige, Ehrfurcht gebietende Gestalt, seine geistvolle Miene schien auch ihnen Respekt einzuflößen, sie waren auf einmal wieder die höflichen Franzosen, schenkten ein Glas ein und ersuchten ihn, mit ihnen anzustoßen. Es geschah auf eine Weise, die jeder Unbefangene den Umständen gemäß und seiner nicht unwürdig erkannt haben würde. Nach einigen gewechselten Reden entfernte er sich wieder; sie schienen zufrieden und beruhigt und sprachen den Flaschen von neuem zu; bald aber schienen sie schläfrig sich nach einer Ruhestatt umzusehen, und da ihnen die bloßen Dielen nicht genügen mochten, verfolgten sie die nahe Treppe, auf der sie den Hausherrn hatten kommen und gehen sehen. Ich eilte ihnen nach, sie nahten dem Zimmer, worin die Betten für die Begleitung des Marschalls standen, und drangen hinein. Widerrede half nichts, Widerstand war so unmöglich wie töricht, ich musste es geschehen lassen, in der einzigen Hoffnung, dass einer der auf jeden Fall angekündigten Adjutanten wenigstens und mit erfolgreicheren Mitteln sie vertreiben werde.

Er kam auch, aber als bereits der Tag angebrochen war; mein erstes Wort bei seinem Eintritt ins Haus war die Meldung, dass sein Zimmer und Bett bereits von zwei Marodeurs eingenommen worden sei, die sich auf keine Weise davon hätten abhalten lassen. Wütend stürzte er die Treppe hinauf, und in das Zimmer dringend fuchtelte er mit flacher Klinge die Kerls aus den Betten heraus, die nicht eilig genug

Zimmer und Haus verlassen konnten. Ich sehe sie noch vorübereilen und war damals nicht ohne Besorgnis, sie möchten noch etwas von Silbergeschirr und dergleichen haben mitgehen heißen.

Es war nun völlig Tag geworden, der Marschall, der die Nacht anderswo geblieben, kam an; augenblicklich trat Sauvegarde vor das Haus, größere Ruhe und Ordnung stellten sich ein, und ich erfuhr in der ersten Unterredung mit den übrigen Hausgenossen: dass, während ich die beiden Marodeurs in den Betten glaubte, sie dem Hausherren auf das Zimmer gerückt wären und sein Leben bedroht hätten. Da habe seine Frau einen der mit ins Haus Geflüchteten zu Hilfe gerufen, dieser habe Goethe von den Wütenden befreit, sie hinausgejagt, die Türen seines Zimmers und Vorgemachs verschlossen und verriegelt.

147. Franz Kirms: Nach der Schlacht

Der Kaiser hat sich indessen bei der 2ten *Entrevue* artig gegen die Herzogin betragen, nachdem frühe das *Conseil* ihm manches auseinander gesetzt hatte. Im Ganzen hat sich die zeither ganz im Schatten gestandene Herzogin als ein Held benommen. Sie sagte nachher: ich hoffe und ich fürchte nichts. Heute sagte sie, von der Zusammenkunft des Herzogs mit dem Kaiser erwarte ich viel Gutes. Vielleicht wird uns die über 500 Tausend Taler zu Teil gewordene Kontribution auch, oder doch zum Teil erlassen! Gotha gibt nun nichts, weil es ein Regiment in holländischen Sold hat. Meiningen, Hildburghausen und Coburg aber müssen kontribuieren. – Gott stehe uns und den armen Leuten bei. Wir sind in 3 Tagen ausgeplündert worden, Gotha, Eisenach und besonders Erfurt wird es nach und nach durch die entsetzlichen Durchmärsche, die wir nicht haben, weil die militärische Straße über Buttelstedt geht.

Der Herzog ist am 13. Novbr., nachdem er mit vielen Ehren, die ihm auch die Franzosen zugestehen, sein Corps bis zur Elbe retiriert, und dann am 29. Oktober übergesetzt hatte; nachdem er gleichfalls am 30. sein Kommando abgegeben und sich über Güstrow nach Eutin begeben hatte, mit Berliner französischen Pässen von Schleswig nach Berlin zum Kaiser abgereiset. Herr von Spiegel hatte sie gebracht. Seine *Suite*, von welcher vor der Hand nur ein Mann fehlt, ist gleichfalls mit französischen Pässen unterwegs. Sie wird mit französischem Militär eskortiert. Prinz Bernhard befindet sich bei dieser *Suite*.

Es waren nichts als zwei Reitpferde; zwei braune Wagenpferde vom Erbprinz und die 6 großen Rappen von der Frau Herzogin-Mutter zurück geblieben, welche alle der Armee haben folgen müssen. Ein Teil der Marstalls Pferde, auch 7 Hermelin sind im Holsteinischen angekommen; wie es aber den Beschälern und dem besten Teil des Gestütes ergangen ist, weiß ich noch nicht. Was in Th. geblieben – freilich es ist das Beste – ist unberührt.

Aus den Wagen, welche zurückgeblieben, ist alles Tuch herausgeschnitten worden. Achtzehn Postpferde, welche ich der Fr. Herzogin-Mutter mit gegeben hatte, ingl. zwei Erbprinzliche braune wurden gerettet.

Die Herzogin behielte wirklich nicht zwei Pferde aus dem Marstalle, mit welchen sie hätte fahren können. Jetzt fährt man mit den zwei gedachten Braunen, und es sind andere unterwegs, die ihr der Herzog mitschickt.

Vor ungefähr 14 Tagen brachte ein Kurier von Berlin ein Schreiben an die Herzogin, als eine Antwort auf das, welches sie nach der Abreise an den Kaiser nach Naumburg gesendet hatte, in welchem sie ihm meldete, dass man Emissäre fortgesendet habe, dem Herzog den Willen des Kaisers, das preußische Kommando niederzulegen und das *Bataillon* aus dem Sold zurückzunehmen, bekannt zu machen, man habe aber nirgends durchgekonnt, mithin ihn vor der Hand noch nicht angetroffen, man werde aber seine Bemühungen fortsetzen! Worauf der Kaiser mündlich gesagt habe: *C'est bon.* …

Unseren Schauspielern hatte ich am Tage vor der Schlacht auf 6 Wochen Gage vorausbezahlen lassen; seit jener Zeit ist aber keine Vorstellung gewesen. Einmal ist Weimar jetzt wie ausgestorben und niemand hat Herz und Mut dazu; und hernach mussten das *Parterre* und die Zimmer, anfangs zu momentaner Aufbewahrung der Blessierten und dann der Gefangenen dienen. Man hat noch nicht spielen lassen, bis unsere *Souveraineté* ausgesprochen sein wird. Einige gingen sehr auf die Verabschiedung des Theaters aus, weil des Herzogs Einkünfte stocken, und die Einkünfte des Theaters vom *Publico* klein sein würden, allein wir haben Kontrakte, die ohne die Aufhebung unserer Existenz, wenigstens nicht über das Knie abgebrochen werden können. Die Herzogin wünscht die Erhaltung des Theaters, wenn es möglich sein will. Der Herzog und unsere künftigen Verhältnisse müssen entscheiden, wie es künftig werden wird. Gehet es auseinander, so wird kein Theater so leicht wieder zustande kommen, wenigstens werden Herr von Goethe und ich sich in unserm Alter mit einem neuen nicht wieder befassen. …

Unser *Bataillon* ist gestern zurückgekommen. Die *Officiers* hatten ihre Pferde, die Gemeinen aber ihr Seitengewehr und ihre Büchsen. Das Gepäck war gleich nach der Schlacht verloren gegangen. Viele waren nach der Schlacht zersprengt nach und nach in die Heimat zurückgekehrt. Der Obrist *Lieutenant* von Hönning ist in Magdeburg gestorben. Der Hauptmann *von Lynker* ist noch nicht zurück und soll noch irgendwo krank liegen.

Es hat viele gräuliche Szenen, wie man denken kann, gegeben; mitunter auch viele *noble* und gutmütige vonseiten der Franzosen; endlich aber auch viel lächerliche! Ich füge, weil mir eben noch ein wenig Zeit überbleibt, eine von letztern bei. Der buckelige, arme Revisor Ackermann hatte mit seiner Frau, der Magd und den 6 Kindern aus seinem Quartier in die niedere Hütte eines Laternen-Ansteckers vor dem Jacobs-Tore sich geflüchtet. Die Frau und die Magd wurden unterm Bette platziert, die 6 Kinder aber alle in das Bette dieses Mannes gepfropft. So erwarten sie in großer Angst ihre Todesstunde! Es dauert nicht lange und es erscheinen einige Soldaten, welche Geld und Essen und Trinken verlangen. Ackermann kniet nieder, macht ein Schächer-Gesicht, beteuert dass er weder Brot noch Geld, wohl aber die im Bette steckenden 6 Kinder habe, welche verhungern wollten, weil die Preußen vorher in Quantität alle Lebensmittel aufgezehrt hätten. Die Soldaten geben dieser Familie gleich etwas Brot, sagen, sie würden für Essen sorgen und gehen fort. Bald erscheinen sie wieder, bringen Kraut und Kartoffeln, welche Ackermann kochen, und einen Ziegenbock, welchen er schlachten und braten soll, alles aber binnen mindestens einer Stunde, und gehen wieder fort. Jetzt weiß Ackermann und der Laternen-Anstecker nicht, wie sie den Bock schlachten und behandeln sollen und sind in nicht geringer Verlegenheit, welche aber auf das Äußerste steigt, als während der *Deliberation* der Bock seinen Vorteil erzielt und zum Fenster hinausspringt. Sie sind in der gewissen Überzeugung, es werde nun die Reihe an sie kommen. Sie fallen beide auf die Knie bei der Zurückkunft der Soldaten, zeigen ihnen, auf was für Art der Bock das *Praevenire* gespielt habe, und bitten kläglich um Schonung. Die Soldaten lachen, bringen Wein und kaltes Essen, lassen die beiden Schächer daran mit teilnehmen, und füttern auch die 6 Kinder, welche wie junge Vögel das Maul aufgesperrt haben. Als sie lustig werden, machen sie sich einen Spaß mit den Schächern, geben ihnen Schuld, sie hätten den Bock weggebracht, nehmen eine Schrotsäge und tun, als wenn sie den Kerlen den Kopf absägen wollen, sind aber mit Lachen weiter gegangen.

148. Kanzler Müller: Die Begegnung zwischen Napoleon und der Herzogin

Der Kaiser hatte die Herzogin, die ihn in bescheidener Würde oben an der Schlosstreppe empfing, auffallend kalt behandelt und war sogleich, ohne ihr Rede zu stehen, in seine Zimmer geeilt. Gleichwohl, und wie schwer es ihr auch fiel, entschloss sich die Fürstin am 16. Oktober vormittags, eine Audienz zu verlangen, die ihr alsbald gewährt wurde. Unerschüttert durch Napoleons Vorwürfe und Drohungen, führte sie mit Würde und Nachdruck die Verteidigung ihres Gemahls, schilderte lebhaft ihre und des Landes verzweiflungsvolle Lage und drang auf Einstellung der Plünderung. Ihr standhaftes Ausharren in Weimar, mitten unter den Schrecknissen der nahen Schlacht, ihre ernste, großartige Haltung und die ruhige Gediegenheit ihrer Worte imponierten dem Kaiser und gewannen ihm endlich die Versicherung ab, dass, wenn der Herzog binnen 24 Stunden die preußische Armee verlassen, nach Weimar heimkehren und sein Kontingent zurückrufen würde, ihm verziehen und seine Souveränität nicht vernichtet werden sollte, was außerdem unwiderruflich beschlossen sei.

Wie war es aber möglich, diese Bedingungen zu erfüllen, da man weder wusste, wo der Herzog sich dermalen befinde, noch irgendein sicheres Mittel zu Gebote stand, ihm Nachricht zuzubringen!

Da traf plötzlich der Oberstleutnant und Flügeladjutant des Königs von Preußen, Graf Dönhof, als Parlamentär in Weimar ein, und der Geheime Rat und Oberhofmeister von Wolzogen benutzte sein Erscheinen, um ihm einige flüchtige Zeilen an des Königs Majestät mitzugeben, die des Kaisers Forderungen bezüglich auf den Herzog berichteten und den König beschworen, ihn seiner Dienste zu entbinden und das weimarische Kontingent zurückzusenden.

Kurz nachher ließ Napoleon sich bei der Herzogin zu einem Gegenbesuch anmelden. Er begab sich zu ihr unter feierlichem Vortritt seines ganzen Gefolges und begann sogleich nach den ersten Höflichkeitsbezeigungen über die allgemeine Lage der politischen Verhältnisse und über die ihm unwillkürlich – wie er versicherte – aufgedrungene Notwendigkeit seines jetzigen Kriegszugs zu sprechen: »*Croyez moi, Madame*« – sagte er unter anderm – »*il y a une providence, qui dirige tout et dont je ne suis que l'instrument.*« Dann auf die Schwester der Herzogin, auf die verwitwete Frau Markgräfin von Baden, übergehend, sprach er seine hohe Achtung für diese Fürstin lebhaft aus und verließ endlich die Herzogin unter den verbindlichsten

Äußerungen, jedoch ohne auf die traurigen weimarischen Zustände des Augenblicks näher einzugehen. Der General Rapp hat mir nachmals erzählt, Napoleon habe, als er auf sein Zimmer zurückgekommen, gesagt: »*Voilà une femme à laquelle pas même nos deux cent canons ont pu faire peur.*«

149. Kanzler Müller: Der Besuch Napoleons 1807

Die Monarchen, an der Landesgrenze von dem Herzog und der ganzen Jägerei zu Pferde empfangen, langten mit ihrem Gefolge unter dem Schalle der Jagdfanfaren gegen 1 Uhr mittags an. Nun wurde in einzelnen Abteilungen das Wild aus dem umzäunten Walde heraus und so getrieben, dass es am großen Pavillon in Schussweite vorübermusste. Napoleon ergötzte sich ungemein an diesem Schauspiel und schien überhaupt sehr vergnügt. Um vier Uhr endigte die Jagd; nicht der geringste Unfall hatte sie getrübt. Ich war in Erfurt zurückgeblieben und beauftragt, dem Kaiser Napoleon noch vor seiner Abfahrt aufzuwarten, worauf ich mich eiligst nach Weimar verfügen sollte. Es war fünf Uhr, als die Monarchen unter dem Geläute aller Glocken in Weimar einzogen. Wie Napoleon sich in die für ihn bereiteten Zimmer begab, war ich zufällig der erste, auf den seine Blicke im Vorzimmer trafen. Er ging sehr freundlich auf mich zu, tat mir mehrere Fragen, und ich musste ihm einige umstehende, ihm noch nicht bekannte Personen vorstellen. Eine Stunde darauf ging es zur kaiserlichen Tafel. Unfern davon war in einer großen Galerie die Marschallstafel von mehr als 150 Personen bereitet. Ich hatte dem Ministerstaatssekretär Maret und dem Marschall Soult die Honneurs zu machen, bei denen ich saß. Aber wir waren noch kaum bis zur Hälfte des Diners gekommen, als gemeldet wurde, dass die Monarchen im Begriff seien, sich von ihrer Tafel zu erheben. Nun strömte alles dahin. Napoleon liebte bekanntlich sehr rasch zu speisen, doch hatte er sich dabei sehr lebhaft mit seiner Nachbarin, der Herzogin von Weimar, unterhalten. Nach kurzer Pause fuhr man in das Theater, wohin der Wagen der beiden Kaiser von weimarischen Husaren eskortiert wurde.

Vor dem Schlosse stand ein 60 Fuß hoher Obelisk, geschmackvoll erleuchtet, auf dessen Spitze eine helle Flamme loderte. Das ganze Schloss und seine Umgebungen sowie alle Straßen bis zum Schauspielhause waren illuminiert, die innere Einrichtung und Verteilung der Sitze im Theater ganz wie die zu Erfurt.

Die französischen Schauspieler führten, wie ich schon oben erwähnt, ›La mort de César‹ von Voltaire auf.

Unbeschreiblich war der Eindruck. Talma als Brutus übertraf sich selbst. Bei der Stelle am Schlusse des ersten Aktes, wo Cäsar dem Antonius, der ihn vor den Senatoren warnt, antwortet:

Je les aurais punis, si je les pouvais craindre;
Ne me conseillez point de me faire haïr.
Je sais combattre, vaincre et ne sais point punir,
Allons, n'écoutons point ni soupçons ni vengeance,
Sur l'univers soumis régnons sans violence.

war es, als ob ein elektrischer Funke mächtig alle Zuschauer durchzucke. Niemand vermochte unerschüttert zu bleiben. Gleich nach dem Schlusse des Theaters begann der festliche Hofball im großen Saale des Schlosses. Dieser war reich geschmückt, am reichsten durch die große Zahl juwelenstrahlender Fürstinnen und anderer ausgezeichneter Damen. Alles aber überragte die edle hohe Gestalt des Kaisers Alexander, der, wie der gute Genius des Festes, durch sein liebenswürdiges Benehmen alle Zuschauer bezauberte.

Napoleon trug die einfache Uniform seiner Gardejäger. Er bemühte sich, jeder Dame, die in seine Nähe kam, durch einige Worte seine Aufmerksamkeit zu bezeigen; doch gelang es ihm nicht sonderlich, ja manche seiner Fragen und Äußerungen konnten schroff und wenig freundlich erscheinen. Eine einzige Dame machte Ausnahme hiervon; als er hörte, dass sie von Erfurt sei, sagte er ihr: »Ich hätte nicht geglaubt, dass es in Erfurt so schöne Frauen gäbe. Aber sind Sie denn auch eine geborene Erfurterin?«

»Nein, Sire, ich bin zu Stettin geboren!«

»Also Preußin?«

»Ja, Sire, und Preußin von Herz und Seele!«

»Gut, man muss seinem Vaterlande anhängen«, womit er sich mit einem verbindlichen Gruße von Frau von der Recke – denn sie war es – entfernte. Nachdem er sich hierauf eine Zeitlang mit Goethe unterhalten hatte, kam er plötzlich auf mich zu und fragte: »Wo ist denn Wieland? Warum führt man mir ihn nicht zu?« Ich erwiderte, dass sein hohes Alter ihn von Bällen zurückhalte; ich würde aber sogleich veranlassen, dass er erscheine. Der Herzog ließ ihn alsbald durch einen Wagen abholen. Wieland war sehr überrascht, doch währte es nicht lange, so konnte ich ihn zu Napoleon führen. Dieser stand gerade an einer der hinteren Säulen, die den Durchgang zu den offenen Nebenzimmern bilden.

Ich hielt mich einige Schritte zurück, so jedoch, dass ich das ganze Gespräch Wort für Wort hören konnte. Nach einigen freundlichen Eingangsworten fragte ihn der Kaiser, welches seiner Werke er wohl für das vorzüglichste halte. »Sire!«, erwiderte der ehrwürdige Greis, »ich lege auf keines derselben einen großen Wert. Ich habe geschrieben, wie mir es ums Herz war.«

»Welches aber« – fuhr der Kaiser fort – »ist doch dasjenige Ihrer Werke, welches Sie mit der meisten Vorliebe geschaffen haben?« Worauf Wieland ›Agathon‹ und ›Oberon‹ nannte.

Nun ging der Kaiser auf Gegenstände der Weltgeschichte über und stellte die nämliche Frage, die er schon vor zwei Jahren nach der Schlacht bei Jena an Johannes Müller zu Berlin gestellt hatte: »Welches Zeitalter er (Wieland) wohl für das glücklichste der Menschheit halte?« Johannes Müller hatte bekanntlich die Regierung der Antonine dafür erklärt; Wieland aber antwortete: »Das ist schwer entscheidend zu bestimmen. Die Griechen hatten oft glückliche Zeiten, wenn man nur auf Bildung und bürgerliche Freiheit sieht. Rom hatte, neben vielen schlechten Kaisern, auch mehrere vortreffliche, die es wohl verdienen, Genien der Menschheit genannt zu werden. Auch andere Völker und Staaten können sich mitunter weiser und milder Herrscher rühmen; aber im ganzen scheint mir die Weltgeschichte sich in einem großen Kreislaufe zu bewegen. Das Gute und das Schlechte, Tugend und Laster wechseln immerfort ab, und es ist die Aufgabe der Philosophie, überall das Beste hervorzusuchen und durch Hervorhebung des Guten das Üble erträglich zu machen.«

»Schön« – sagte der Kaiser – »aber es ist nicht recht, alles ins Schwarze zu malen, wie Tacitus getan hat. Wohl ist er ein geschickter Maler, ein kühner und verführerischer Kolorist, doch es war ihm nur um Effekt zu tun. Die Geschichte will keine Illusionen; sie soll aufklären und belehren, nicht bloß eindrucksvolle Gemälde entwerfen. Tacitus hat die Ursachen und die inneren Motive der Begebenheiten nicht genugsam entwickelt. Er hat das Mysterium der Handlungen und Gesinnungen, ihre wechselseitige Verkettung nicht tief genug erforscht, um ein gerechtes und unbefangenes Urteil der Nachwelt zu begründen. Ein solches Urteil muss die Menschen und die Völker nur so nehmen, wie sie inmitten ihrer Zeit und aller der Umstände, die ihre Handlungsweise bedingten, sein konnten. Man muss klar sehen können, wie jede Handlungsweise sich unter den gegebenen Umständen entwickelte und bedingte. Die römischen Kaiser waren lange nicht so schlecht, als Tacitus sie uns schildert. In dieser Hinsicht ziehe ich den Montesquieu bei weitem vor. Er ist billiger und der Wahrheit getreuer.« Hierauf ging der Kaiser auf die christliche Religion und ihre Geschichte über, vorzüglich auf die Gründe ihrer schnellen Verbreitung. »Ich finde«, äußerte er, »darin zunächst eine bewundernswürdige Reaktion des griechischen Geistes gegen den römischen.

Griechenland, durch physische Stärke überwunden, eroberte sich die geistige Herrschaft wieder, indem es jenen wohltätigen Keim in sich aufnahm und pflegte, den jenseits des Meeres die Vorsehung zum Glück der Menschheit ausgestreut hatte. Übrigens« – und hier trat er ganz nah an Wieland heran und hielt die Hand vor, so dass niemand als ich es hören konnte – »übrigens ist es noch eine große Frage, ob Jesus Christus jemals gelebt hat!«

Wieland, der bisher bloß aufmerksam zugehört hatte, erwiderte rasch und lebhaft: »Ich weiß wohl, Sire, dass es einige Unsinnige gab, die daran zweifelten, aber es kommt mir ebenso töricht vor, als wollte man bezweifeln, dass Julius Cäsar gelebt und Ew. Majestät leben«, worauf der Kaiser Wieland auf die Schulter klopfte und »wohl, wohl,« sagte. Darauf fuhr er fort: »Die Philosophen quälen sich ab, Systeme aufzubauen, aber sie suchen vergeblich ein besseres als das Christentum, durch welches der Mensch mit sich selbst versöhnt und zugleich die öffentliche Ordnung und die Ruhe der Staaten gleichstark verbürgt wird wie das Glück und die Hoffnung der Individuen.« Napoleon schien die größte Lust zu haben, noch länger fortzusprechen, allein Wieland ließ deutlich merken, dass ihm das lange Stehen allzu beschwerlich werde, daher er denn freundlichst beurlaubt wurde.

Ob es dem Kaiser mit jener merkwürdigen Frage wirklich Ernst gewesen, oder ob er Wieland, den er oft den deutschen Voltaire hatte nennen hören, nur auf die Probe habe stellen wollen, muss ich unentschieden lassen, doch ist mir das letztere wahrscheinlicher. Deutlich bemerkt aber habe ich, dass ihn Wielands Antwort sehr frappierte und wohl gefiel.

VIII. Das Haus am Frauenplan und seine Bewohner

Am 7. November 1775 war Goethe in Weimar angelangt und hatte für ein paar Wochen als Gast im Haus des Kammerpräsidenten Kalb Quartier genommen. Am 18. März bezog er für ein Dreivierteljahr ein altes Ritterhaus gegenüber dem Gelben Schloss. Die dritte Station bildete bis zum Frühjahr 1782 das reizvolle Gartenhaus, das er für 600 Taler gekauft hatte. Als dieses aber für seine Bedürfnisse doch zu klein wurde, mietete er eine Wohnung im Haus des Konsistorialrats Helmershausen am Frauenplan. Danach überließ ihm der Herzog von 1789 bis 1792 ein Quartier im sogenannten Jägerhaus, in dem bisher nur Forstbeamte gewohnt hatten, und kaufte ihm dann schließlich das helmershausensche Haus am Frauenplan. Während Goethe am Feldzug in Frankreich teilnahm, wurde es für seine Bedürfnisse umgebaut. Am 17. Dezember 1792 bezog der Dichter sein neues Heim, in dem er bis zu seinem Tode wohnte.

Das »Haus am Frauenplan« wurde bald zu einem geistigen Mittelpunkt Weimars. Hier lebte Goethe mit seiner Familie, zuerst mit Christiane und dem Sohn August, nach deren Tod mit der Schwiegertochter Ottilie und den Enkeln. Hier arbeitete er, hier hielt er geradezu Hof wie ein Fürst und empfing die zahlreichen Gäste, die oft nur um seinetwillen nach Weimar kamen.

Die schönste Beschreibung dieses Hauses gibt wohl Karl Lebrecht Immermann, der es fünf Jahre nach Goethes Tod besuchte (Dok. 150). Mit der gleichen Liebe wie an dem Haus hing der Dichter nach wie vor an dem Gartenhaus und dem Garten jenseits der Ilm. Eckermann beschreibt einen Besuch in diesem Garten am 22. März 1824 (Dok. 151). Das war die kleine häusliche Welt Goethes, dessen Bild uns David Veit 1793 in einem Brief an Rahel Levin überliefert hat (Dok. 152). In diesem Schreiben wird auch Christiane Vulpius kurz erwähnt. Goethe hatte sie 1788 als Lebensgefährtin in sein Haus aufgenommen und nach den dramatischen Kriegsereignissen, von denen im letzten Kapitel ausführlich die Rede war, am 19. Oktober 1806 geheiratet. Karoline Jagemann charakterisiert Christiane kurz in ihren Erinnerungen (Dok. 153). Bernhard Rudolf Abeken und die Frau des Bonner Professors Augusti ergänzen ihre Aussage in vorteilhafter Weise (Dok. 154, 155).

1789 wurde Goethes einziger Sohn Julius August Walter geboren. Der Vater ließ ihn durch Hauslehrer erziehen und sorgte dafür, dass er die Stelle eines Kammerherrn bei Hofe erhielt. In Karl von Holteis Erinnerungen wird die ganze Tragik des jungen Mannes deutlich, der darunter litt, der Sohn eines berühmten Vaters zu sein (Dok. 156). 1817 heiratete August Ottilie von Pogwisch, die nun an Stelle der 1816 verstorbenen Christiane die Rolle der Hausfrau am Frauenplan übernahm. Sie blieb auch nach dem Tode Augusts (1830) und umsorgte Goethe bis zu seiner letzten Minute. Frédéric-Jean Soret stellt sie 1824 in einem Brief vor (Dok. 157). Er gehörte zusammen mit Eckermann zur Redaktion der kleinen Zeitschrift ›Chaos‹, die Ottilie und ihr Freundeskreis seit 1829 herausbrachten. Amalie Winter schildert Entstehung und gesellschaftlichen Hintergrund dieses Blättchens (Dok. 158). Ottilie betreute das Haus ihres Schwiegervaters auch nach dessen Tod. An ihre letzten Lebensjahre in Weimar erinnert sich Jenny von Gerstenbergk (Dok. 159).

Zum engen Kreis des Hauses gehörte auch Johann Peter Eckermann, den Goethe von 1823 an als seinen literarischen Gehilfen geholt hatte. Holtei lernte ihn näher kennen und berichtet darüber (Dok. 160).

In diesem Haus und diesem Kreis verlief Goethes Alltag, wie ihn Eduard Genast beschreibt (Dok. 161). Der von ihm erwähnte Franz Karl Adalbert Eberwein erzählt auch von der Hausmusik am Abend (Dok. 162). Über die Abendgesellschaften erfahren wir aus erster Hand von Johann Heinrich Voß (Dok. 163) und von Eckermann (Dok. 164). Um diese möglichst abwechslungsreich und fruchtbar zu gestalten, entwickelte Goethe immer neue Ideen, wie Kanzler Müller im Herbst 1823 in seinen Aufzeichnungen notiert (Dok. 165). Von ihm hören wir aber auch, dass Besuche gelegentlich lästig werden konnten (Dok. 166). Selbst für größere Festlichkeiten bot das Haus am Frauenplan den geeigneten Rahmen. So beschreibt Heinrich Karl Friedrich Peucer im November 1825 die Feiern des 50. Jahrestages von Goethes Ankunft in Weimar (Dok. 167). Sieben Jahre nach diesem festlichen Tag, am 22. März 1832, entschlief der Dichter sanft in den Armen der Schwiegertochter. Wir hören von seiner Beisetzung am 26. März durch Amalie von Stein (Dok. 168) und Friedrich Johannes Frommann (Dok. 169).

150. Karl Lebrecht Immermann: Das Goethehaus am Frauenplan (1837)

An einem freien Platze, den ein Brunnen lebendig macht, zeigt sich in graurötlicher Tünche, die Fenster mit schwarzen Einfassungen umgeben, ein zweistöckiges Haus, geräumig dem Ansehen nach, aber durch nichts über das Maß der Wohnung eines wohlhabenden Bürgers hinausgestellt. Wir treten über die Schwelle und befinden uns in einem Hausflur, den eine gelbliche Steinfarbe hell und heiter erscheinen lässt. Wir steigen die mit massiv gemauerten Wangen versehene Treppe hinan, die sich mit breiten Stufen in der sachtesten Hebung emporschwingt. Ihre Größe muss uns überraschen, sie steht in keinem Verhältnis zu den übrigen Dimensionen des Gebäudes und nimmt das Unterhaus zumeist für sich weg …

Im oberen Vestibüle blicken uns aus Mauernischen die Gestalten des Schlafs und des Todes und das kolossale Haupt der Juno entgegen. Auch römische Prospekte, die über die Treppe hangen, erinnern an jenes Land, nach dessen Verlassen er, wie er zu sagen pflegte, nie wieder ganz glücklich geworden ist.

Ein längliches, gelbes Sälchen tut sich auf. Darin speiste er mit seinen Gästen. Meyersche Zeichnungen antiker oder poussinscher Gegenstände bedecken die Wände; hinter einem grünen Vorhange verwahrte er die Aquarellkopie der aldobrandinischen Hochzeit von Meyer, die er für seinen köstlichsten Schatz hielt. Auch die Nebenräume rechts und links zeigen nur Dinge, die dieser Richtung und Periode der Kunst angehören. …

Rechts von diesem Sälchen sehen wir das sogenannte Deckenzimmer; warum Goethe dasselbe vorzugsweise so benannte, weiß man nicht, da alle Zimmer mit Stuck verzierte Decken haben. Links liegt sein blaues Empfangszimmer und dahinter das sogenannte Urbinozimmer, nach dem Bilde eines Herzogs von Urbino, welches er aus Italien mitbrachte, getauft. Jetzt ist es daraus hinweggenommen. Auf der Schwelle des Empfangszimmers begrüßte uns sein freundliches: Salve! Goethe kam, wenn er Menschen empfing, nie auf dem Wege von der Treppe aus, den wir gewandert sind; er ging vielmehr von seinem Arbeitszimmer durch einen Kommunikationsgang in das Urbinozimmer, und aus diesem trat er dann, vorbereitet und gefasst, den Fremden entgegen. Er liebte es nicht: … dass ihn der Augenblick blindwütend, finsterherrschend mit sich führe.

Diese sind nun die Räume, welche andern bei seinen Lebzeiten zugänglich waren. In sein Arbeitszimmer ließ er, mit Ausnahme der Intimsten: Coudray, Müller, Riemer, Eckermann, niemand. Als ihm der König von Bayern den bekannten Geburtstagsbesuch abstattete, ersuchte er Goethe, ihm doch nun auch den Einblick in die Werkstätte seines Geistes zu verstatten. Goethe machte ein verlegenes Gesicht und meinte, dass sein Arbeitszimmer nicht würdig genug für die Blicke der Majestät ausgestattet sei. Der König schien von seinem

Verlangen abzustehen, fingierte aber nach einiger Zeit Nasenbluten, verbat, dass ihm irgend jemand folge, und sagte zu dem Bedienten Goethes, er solle ihn zu einem Lavoir führen. Der Mensch brachte ihn, überrascht und bestürzt, in Goethes Schlafzimmer, welches hinter dem Arbeitszimmer liegt, und ließ den König auf dessen Befehl dort allein. Er blieb lange aus. Goethe ging endlich selbst, ihn suchen, und fand ihn in seinem Arbeitszimmer, in die Betrachtung der dortigen Dinge vertieft.

Die Beschreibungen, welche sich in Memoiren und Reiseblättern von diesen Gemächern finden, hatten alle ein unrichtiges Bild mir von ihnen gegeben. Ich erwartete eine gewisse Pracht, wie sie wohl jetzt in den Häusern derer gefunden wird, welche, ihre Umgebungen zu schmücken, Talent und Mittel besitzen. Zu dieser Annahme hatten mich die schimmernden Worte der Besucher verleitet. Sie sahen den Zeus, und darum erweiterten sich die Wände um ihn zu Tempelhallen, welche von seinem Abglanze strahlten. Vermutlich wäre es mir auch so gegangen. Nun man aber durch die verlassenen Räume geht, verschwindet die Illusion und macht einer bescheidenen Wahrheit Platz. Es ist eine Wohnung, bequem, heiter, anständig, aber durchaus einfach, im Stile früherer Einrichtungsart, hin und wieder selbst etwas vernutzt; es ist die Wohnung eines Altvaters, dessen beste Erinnerungen sich an Möbel, Leisten und Farben knüpfen, die von langer Zeit herrühren und die er daher um sich erhalten wissen mag, wenn sie auch unscheinbar zu werden und abzubleichen begonnen haben.

Der Tod hat den vom Meister gesetzten Bann gebrochen; frei gingen wir durch kleine Kommunikationsgemächer quer durch das Haus, dem Studier- und Arbeitszimmer zu. In einem der kleinen Gemächer machten wir auf einen Augenblick Halt; es ist das, in welchem er speiste, wenn er mit seinen Kindern allein war. Ein Laubdach vor diesem Zimmerchen wirft einen grünen Schein hinein, mit *einem* Schritte ist man im Garten, in welchem Goethe zu freien Stunden jeden hellen Sonnenblick zu genießen pflegte. In der Ecke steht ein Gartenhäuschen, worin er seinen physikalischen Apparat aufbewahrte.

Im Vorzimmer des Museums sah ich in Schränkchen und unter Glaskasten an den Wänden umher Stufen, Steine, Konchylien, Petrefakten, überhaupt alles, was Gegenstand seiner naturwissenschaftlichen Betrachtungen geworden war. Alles fand ich sehr sauber gehalten und mit einer gewissen Eleganz arrangiert. Eine Türe rechts war geöffnet, da blickte ich in die Bibliothek. Sie konnte für solche

Mittel, wie sie hier zu Gebote gestanden hatten, klein erscheinen. Goethe sammelte absichtlich nicht viel Bücher, da ihm die Bibliotheken von Weimar und Jena zu Disposition standen, ja, um alles Anhäufen derartiger Schätze, die ihm unnötig vorkommen mochten, zu verhindern, schenkte er das meiste, was ihm von nah und fern verehrt wurde, nach der Lesung wieder weg.

Jetzt tat der Bibliotheksekretär Kräuter, der frühere Schreiber Goethes, bevor er John zum Kopisten annahm, der treue Wächter dieses Allerheiligsten, die Tür des Arbeitszimmers auf, und da wurde mir ein rührender Anblick. Ich erinnerte mich aus Eckermanns Gesprächen der angelegentlichen Äußerungen Goethes, die mich hohe Simplizität hier erwarten ließen, aber wieder war die Wirklichkeit anders. Dieses kleine, niedrige, schmucklose, grüne Zimmerchen mit den dunkeln Rouleaus von Rasch, den abgeschabten Fensterbrettern, den zum Teil morsch gewordenen Rahmen war also der Ort, von dem aus sich eine solche Fülle des glänzendsten Lichtes ergossen hatte! Ich fühlte mich tief bewegt, ich musste mich zusammennehmen, um nicht in eine Weichheit zu geraten, die mir die Kraft zur Anschauung geraubt hätte.

Nichts ist von seiner Stelle gerückt; Kräuter hält mit frommer Strenge darauf, dass jedes Blättchen, jeder Federschnitzel am Orte bleibe, wo er lag, da der Meister entschlief. Noch zeigt die Uhr die Todesstunde, halb zwölf, sie stockte damals, der Zufall schuf ein Wunder-Ähnliches. Neben ihr steht am Fenster rechts das kleine Schreibtischchen, welches der Großvater für die Enkel machen ließ, die er nach dem Tode des Vaters wieder unter die eigene Obhut und in seine nächste Nähe nahm. Das Wölfchen war sein Liebling; Walther weniger; Alma musste, um stillsitzen zu lernen, an dem Schreibtischchen neben den Brüdern Seidenläppchen zupfen. Da liegen sie noch in einem Briefkuverte.

Hier ist jeder Fleck heiliger Boden, und tausend Gegenstände, von denen das Zimmerchen erfüllt ist, reden von dem Wesen und Weben des Geistes. Rings umher an den Wänden laufen niedrige Schränke mit Schiebfächern, in denen Skripturen aufbewahrt wurden, darüber befinden sich Repositorien, worein Goethe die Sachen stellte, mit denen er sich eben beschäftigte. Das Holzwerk ist alterbraun, ein Schrank von poliertem und glänzendem Kirschbaum sticht dagegen ab; die Schwiegertochter redete ihm denselben auf, Goethe mochte lange das gleißende Möbel nicht leiden, »das ihn zerstreue«. – Darum ist auch kein Kunstwerk im Zimmer, wie man auch vergeblich sich nach einem Spiegel und Sofa umsieht. Letzteres bedurfte er schon deshalb nicht, weil er den ganzen Tag über ging oder stand. Er las stehend, er schrieb stehend, er verzehrte selbst sein Frühstück an einem hohen Tische stehend. Ein gleiches Verhalten empfahl er jedem, für den er sich interessierte, als lebenserhaltend angelegentlich sowie, dass die Hände auf den Rücken gehalten würden, wodurch, wie er sagte, die Brust vor jeder Verengung und Zusammenpressung bewahrt werde.

Sehen wir uns in dieser ehrwürdigen Werkstatt noch etwas genauer um! Da hängt an der Türe links eine Art von historischem Konduitenzettel. Goethe ließ für das eine Jahr in der ersten Kolumne die Weltcharaktere und Korporationen verzeichnen, welche nach seiner Meinung politischen Ertrag verhießen, und in den folgenden Kolumnen bemerken, ob und inwiefern sie in den Jahren darauf die erwartete Ausbeute gewährten. Von Jackson hatte er sich viel versprochen, sein Benehmen gegen die Indianer aber war in der Folge schwarz markiert worden.

Ein Triangel von Pappe, welchen er selbst verfertigt hat und der im Repositorio zunächst steht, ist als Denkmal eines psychologischen Gedankenspiels merkwürdig. Goethe wollte sich das Verhältnis der Seelenkräfte verdeutlichen. Sinnlichkeit erschien ihm als die Grundlage alles übrigen, er wies ihr daher die Grundfläche des Dreiecks an und färbte dieselbe grün. Phantasie erhielt eine dunkelrote, Vernunft eine gelbe, Verstand eine blaue Seitenfläche eingeräumt.

Daneben liegt eine schwarzgefärbte Halbkugel aus Pappe, auf welcher Goethe mittels einer gläsernen Kugel voll Wasser bei hellem Sonnenschein alle Regenbogenfarben zu entzünden liebte. Damit hat er sich stundenlang, besonders nach dem Tode seines Sohnes, beschäftigen können, und seine größte Freude ist gewesen, wenn der bunte Schein sich so recht energisch hervorlocken ließ.

Wie er denn überhaupt glückselig war, wenn ihm ein Naturphänomen begegnete! Dort steht die kleine Büste Napoleons aus Opalfluss, die ihm Eckermann aus der Schweiz mitbrachte, die ihm Sachen der Farbenlehre bestätigte und ihm zum wahren Entzücken gereichte! Über jene Flasche, die uns da auf dem andern Tisch gezeigt wird, jauchzte er wie ein Kind. Es war roter Wein darin gewesen, sie hatte auf der einen Seite umgelegen, und als Goethe sie zufällig gegen das Licht hielt, so sah er darin die allerschönsten Kristallisationen des Weinsteins in Blätter- und Blumenform abgesetzt. Begeistert rief er seine Nächsten zusammen, zeigte ihnen dieses Schauspiel, ließ eine brennende Kerze bringen und drückte mit Feierlichkeit sein Wappen in Siegellack auf den Pfropfen, damit kein

Zufall diese Erscheinung zerstören möge. Die Flasche ist nachmals immer in seinem Zimmer geblieben …

Reinlich war er über alle Maßen. Es verdross ihn, dass der kleine Kontorkalender, den er zu gebrauchen pflegte, sich das Jahr hindurch nicht sauber halten wollte. Da machte er eigenhändig ein pappnes Futteral dazu.

In der Mitte des Zimmers steht ein großer runder Tisch. Daran saß der Kopist, dem Goethe diktierte, während er den Tisch unaufhörlich umwandelte. Die Arbeit begann um acht Uhr morgens und dauerte oft bis zwei Uhr nachmittags, ohne Unterbrechung.

Abends, wenn Goethe sich wieder, wie er in den letzten Jahren immer tat, in dieses stille Zimmer zurückgezogen hatte, sah ihm der Bediente nach den Augen, ob diese freundlich und aufgeweckt waren. Ließ sich darin ein Begehren nach Mitteilung und Gesellschaft verspüren, so rückte er stillschweigend den Lehnsessel zum Tisch, breitete ihm ein Polster auf denselben, setzte einen Korb zur Seite, in dem Goethe sein Tuch legte, und dann nahm Goethe Platz, harrend, ob ihn ein Freund besuchen möge. Den Nächsten war unterdessen Nachricht gegeben worden, und wer wäre nicht gern, wenn er konnte, gekommen? – Dann saß er mit seinem kleinen Zirkel bis gegen elf in traulicher Unterhaltung, ließ ihnen Wein und kalte Küche geben, er selbst genoss schon seit Jahren am Abend nichts mehr.

Nun sollte ich auch noch seine letzte Lagerstatt sehen! Zwar ist er nicht liegend gestorben, sondern, wenn auch nicht, wie dem Imperator ziemt, stehend, doch wenigstens sitzend. Links an das Arbeitszimmer stößt das Schlafzimmer. Es ist auch ganz klein, schmucklos, noch abgenutzter als das Arbeitszimmer. Nur in seinen höheren Jahren sorgte Goethe in *der* Art für sich und sein Lager, dass er zwischen dem Bette und den daran stoßenden Wänden eine wollene Decke an Ringen aufziehen ließ, um die Kälte der Wand von sich abzuhalten. Außer dieser Vorrichtung und einem schmalen Karpet vor dem Bette ist auch nichts von Weichlichkeit oder bequemem Wesen hier sichtbar. Das Bette selbst ist niedrig, mit einer alten rotseidenen Decke überlegt, so schmal, dass ich nicht begreife, wie sein großer Körper darin Platz haben konnte.

Bis in diese Kleinigkeiten hin prägt sich uns das Bild eines Weisen, eines großen Mannes aus, der Schmuck und Zier an ihrem Orte gelten lässt, aber um sich her in seiner unmittelbarsten Nähe nur das Einfachste sehen will, weil er sich selbst die größte Zierde ist.

151. Johann Peter Eckermann: Goethes Garten (1824)

Montag, den 22. März 1824

Mit Goethe vor Tisch nach seinem Garten gefahren. Die Lage dieses Gartens, jenseits der Ilm, in der Nähe des Parks, an dem westlichen Abhange eines Hügelzuges, hat etwas sehr Trauliches. Vor Nord- und Ostwinden geschützt, ist er den erwärmenden und belebenden Einwirkungen des südlichen und westlichen Himmels offen, welches ihn, besonders im Herbst und Frühling, zu einem höchst angenehmen Aufenthalte macht.

Der in nordwestlicher Richtung liegenden Stadt ist man so nahe, dass man in wenigen Minuten dort sein kann, und doch, wenn man umherblickt, sieht man nirgend ein Gebäude oder eine Turmspitze ragen, die an eine solche städtische Nähe erinnern könnte; die hohen dichten Bäume des Parks verhüllen alle Aussicht nach jener Seite. Sie ziehen sich links, nach Norden zu, unter dem Namen des Sternes, ganz nahe an den Fahrweg heran, der unmittelbar vor dem Garten vorüberführt.

Gegen Westen und Südwesten blickt man frei über eine geräumige Wiese hin, durch welche, in der Entfernung eines guten Pfeilschusses, die Ilm in stillen Windungen vorbeigeht. Jenseits des Flusses erhebt sich das Ufer gleichfalls hügelartig, an dessen Abhängen und auf dessen Höhen, in den mannigfaltigen Laub-Schattierungen hoher Erlen, Eschen, Pappelweiden und Birken, der sich breit hinziehende Park grünet, indem er den Horizont gegen Mittag und Abend in erfreulicher Entfernung begrenzet.

Diese Ansicht des Parkes über die Wiese hin, besonders im Sommer, gewährt den Eindruck, als sei man in der Nähe eines Waldes, der sich stundenweit ausdehnt. Man denkt, es müsse jeden Augenblick ein Hirsch, ein Reh auf die Wiesenfläche hervorkommen. Man fühlt sich in den Frieden tiefer Natureinsamkeit versetzt, denn die große Stille ist oft durch nichts unterbrochen, als durch die einsamen Töne der Amsel oder durch den pausenweise abwechselnden Gesang einer Walddrossel.

Aus solchen Träumen gänzlicher Abgeschiedenheit erwecket uns jedoch das gelegentliche Schlagen der Turmuhr, das Geschrei der Pfauen von der Höhe des Parks herüber, oder das Trommeln und Hörnerblasen des Militärs der Kaserne. Und zwar nicht unangenehm; denn es erwacht mit solchen Tönen das behagliche Nähegefühl der heimatlichen Stadt, von der man sich meilenweit versetzt glaubte.

Zu gewissen Tages- und Jahreszeiten sind diese Wiesenflächen nichts weniger als einsam. Bald sieht man Landleute, die nach Weimar zu Markt oder in Arbeit gehen und von dort zurückkommen; bald Spaziergänger aller Art längs den Krümmungen der Ilm, besonders in der Richtung nach Oberweimar, das zu gewissen Tagen ein sehr besuchter Ort ist. Sodann die Zeit der Heuernte belebt diese Räume auf das Heiterste. Hinterdrein sieht man weidende Schafherden, auch wohl die stattlichen Schweizerkühe der nahen Ökonomie.

Heute jedoch war von allen diesen die Sinne erquickenden Sommer-Erscheinungen noch keine Spur. Auf den Wiesen waren kaum einige grünende Stellen sichtbar, die Bäume des Parks standen noch in braunen Zweigen und Knospen; doch verkündigte der Schlag der Finken, so wie der hin und wieder vernehmbare Gesang der Amsel und Drossel das Herannahen des Frühlings.

Die Luft war sommerartig, angenehm; es wehte ein sehr linder Südwestwind. Einzelne kleine Gewitterwolken zogen am heitern Himmel herüber; sehr hoch bemerkte man sich auflösende Cirrus-Streifen. Wir betrachteten die Wolken genau und sahen, dass sich die ziehenden geballten der untern Region gleichfalls auflösten, woraus Goethe schloss, dass das Barometer im Steigen begriffen sein müsse.

Goethe sprach darauf sehr viel über das Steigen und Fallen des Barometers, welches er die Wasserbejahung und Wasserverneinung nannte. Er sprach über das Ein- und Ausatmen der Erde nach ewigen Gesetzen; über eine mögliche Sündflut bei fortwährender Wasserbejahung. Ferner: dass jeder Ort seine eigene Atmosphäre habe, dass jedoch in den Barometerständen von Europa eine große Gleichheit stattfinde. Die Natur sei inkommensurabel, und bei den großen Irregularitäten sei es sehr schwer, das Gesetzliche zu finden.

Während er mich so über höhere Dinge belehrte, gingen wir in dem breiten Sandwege des Gartens auf und ab. Wir traten in die Nähe des Hauses, da er seinem Diener aufzuschließen befahl, um mir später das Innere zu zeigen. Die weißabgetünchten Außenseiten sah ich ganz mit Rosenstöcken umgeben, die, von Spalieren gehalten, sich bis zum Dach hinauf gerankt hatten. Ich ging um das Haus herum und bemerkte zu meinem besonderen Interesse an den Wänden in den Zweigen des Rosengebüsches eine große Zahl mannigfaltiger Vogelnester, die sich von vorigem Sommer her erhalten hatten und jetzt bei mangelndem Laube den Blicken frei standen. Besonders Nester der Hänflinge und verschiedener Art Grasemücken, wie sie höher oder niedriger zu bauen Neigung haben.

Goethe führte mich darauf in das Innere des Hauses, das ich vorigen Sommer zu sehen versäumt hatte. Unten fand ich nur *ein* wohnbares Zimmer, an dessen Wänden einige Karten und Kupferstiche hingen; desgleichen ein farbiges Porträt Goethes in Lebensgröße und zwar von *Meyer* gemalt bald nach der Zurückkunft beider Freunde aus Italien. Goethe erscheint hier im kräftigen mittleren Mannesalter, sehr braun und etwas stark. Der Ausdruck des wenig belebten Gesichtes ist sehr ernst; man glaubt einen Mann zu sehen, dem die Last künftiger Taten auf der Seele liegt.

Wir gingen die Treppe hinauf in die oberen Zimmer; ich fand deren drei und ein Kabinettchen, aber alle sehr klein und ohne eigentliche Bequemlichkeit. Goethe sagte, dass er in früheren Jahren hier eine ganze Zeit mit Freuden gewohnt und sehr ruhig gearbeitet habe.

Die Temperatur dieser Zimmer war etwas kühl und wir trachteten wieder nach der milden Wärme im Freien. In dem Hauptwege in der Mittagsonne auf- und abgehend, kam das Gespräch auf die neueste Literatur, auf Schelling, und unter andern auch auf einige neue Schauspiele von Platen.

Bald jedoch kehrte unsere Aufmerksamkeit auf die uns umgebende nächste Natur zurück. Die Kaiserkronen und Lilien sprossten schon mächtig, auch kamen die Malven zu beiden Seiten des Weges schon grünend hervor.

Der obere Teil des Gartens, am Abhange des Hügels, liegt als Wiese mit einzelnen zerstreut stehenden Obstbäumen. Wege schlängeln sich hinauf, längs der Höhe hin und wieder herunter, welches einige Neigung in mir erregte, mich oben umzusehen. Goethe schritt, diese Wege hinansteigend, mir rasch voran und ich freute mich über seine Rüstigkeit.

Oben an der Hecke fanden wir eine Pfauhenne, die vom fürstlichen Park herübergekommen zu sein schien; wobei Goethe mir sagte, dass er in Sommertagen die Pfauen durch ein beliebtes Futter herüberzulocken und herzugewöhnen pflege.

An der anderen Seite den sich schlängelnden Weg herabkommend, fand ich von Gebüsch umgeben einen Stein mit den eingehauenen Versen des bekannten Gedichtes:

»Hier im Stillen gedachte der Liebende seiner Geliebten«

und ich hatte das Gefühl, dass ich mich an einer klassischen Stelle befinde.

Ganz nahe dabei kamen wir auf eine Baumgruppe halbwüchsiger Eichen, Tannen, Birken und Buchen. Unter den Tannen fand ich ein herabgeworfenes Gewölle eines Raubvogels; ich zeigte es Goethen, der mir erwiderte, dass er dergleichen an dieser Stelle häufig gefunden, woraus ich schloss, dass diese Tannen ein beliebter Aufenthalt einiger Eulen sein mögen, die in dieser Gegend häufig gefunden werden.

Wir traten um die Baumgruppe herum und befanden uns wieder an dem Hauptwege in der Nähe des Hauses. Die soeben umschrittenen Eichen, Tannen, Birken und Buchen, wie sie untermischt stehen, bilden hier einen Halbkreis, den innern Raum grottenartig überwölbend, worin wir uns auf kleinen Stühlen setzten, die einen runden Tisch umgaben. Die Sonne war so mächtig, dass der geringe Schatten dieser blätterlosen Bäume bereits als eine Wohltat empfunden ward. »Bei großer Sommerhitze«, sagte Goethe, »weiß ich keine bessere Zuflucht als diese Stelle. Ich habe die Bäume vor vierzig Jahren alle eigenhändig gepflanzt, ich habe die Freude gehabt, sie heranwachsen zu sehen und genieße nun schon seit geraumer Zeit die Erquickung ihres Schattens. Das Laub dieser Eichen und Buchen ist der mächtigsten Sonne undurchdringlich; ich sitze hier gerne an warmen Sommertagen nach Tische, wo denn auf diesen Wiesen und auf dem ganzen Park umher oft eine Stille herrscht, von der die Alten sagen würden: *dass der Pan schlafe.*«

Indessen hörten wir es in der Stadt zwei Uhr schlagen und fuhren zurück.

152. David Veit: Goethes Aussehen (1793)

Er ist von weit mehr als gewöhnlicher Größe, und dieser Größe proportioniert dick, breitschulterig … Die Stirn ist außerordentlich schön, schöner, als ich sie je gesehen; die Augenbraunen im Gemälde [von Lips] vollkommen getroffen, aber die *völlig braunen* Augen mehr nach unten zugeschnitten als dort. In seinen Augen ist viel Geist, aber nicht das verzehrende Feuer, wovon man soviel spricht. Unter den Augen hat er schon Falten und ziemlich beträchtliche Säcke; überhaupt sieht man ihm das Alter von 44 bis 45 recht eigentlich an, und das Gemälde ist in der Tat zu jugendlich; es müsste denn wahr sein, was man in Weimar allgemein behauptet, dass er während seinem Aufenthalt in Italien merklich gealtert habe. Die Nase ist eine recht eigentliche Habichtnase, nur dass die Krümmung in der Mitte sich recht sanft verliert … Der Mund ist sehr schön, klein und außerordentlicher Biegungen fähig; nur entstellen ihn, wenn er lächelt, seine gelben, äußerst krummen Zähne. Wenn er schweigt, sieht er recht ernsthaft, aber wahrhaftig nicht mürrisch, und kein Gedanke, keine Spur von Aufgeblasenheit. Auch dem Dümmsten müsste Aufgeblasenheit an einem Menschen missfallen, der in Sprache und Manier so ganz simpel wie jeder Geschäftsmann ist. Das Gesicht ist voll, mit ziemlich herabhängenden Backen. Im ganzen ist das Gemälde wohl getroffen; aber es macht doch einen sehr falschen Begriff von ihm. Sie würden ihn gewiss nicht erkennen. Er hat eine männliche, sehr braune Gesichtsfarbe. Die Farbe der Haare ist etwas heller. Er trägt das Vorderhaar ratzenkahl abgeschoren, an den Seiten ausgekämmt und völlig anliegend, einen langen Zopf, weiß gepudert. Die Binde im Porträt verstehe ich gar nicht. Lips muss ihn haben putzen wollen. Seine Binde ist eine von den unter gesetzten Männern ganz gewöhnlichen, hinten zugeschnallt, vorne glatt und dünn und wegen dem übergelegten Hemdkragen wenig zu sehen. Die Wäsche fein, mit wenig vorstehendem Jabot. Kleidung: ein blauer Überrock mit gesponnenen Knöpfen, doppeltem Kragen (der eine über die Schultern, der stehende nicht recht hoch), eine schmalgestreifte Weste von Manchester oder ähnlichem Zeuge und – vermutlich Beinkleider; der Überrock bedeckte sie; kalblederne, ordinäre Stiefel. Alles zusammengenommen, kann er ein Minister, ein Kriegsrat, ein Geheimrat, allenfalls ein Amtmann sein, nur kein Gelehrter und gewiss kein Virtuose. In Berlin würde ihn jeder einheimisch glauben. Er hat uns ungemein höflich aufgenommen. Als er auf uns zukam, sah er uns recht freundlich an (sein Blick ist gewöhnlich ernsthaft, aber ohne alle Arroganz, wie es scheint; wenn er sich nicht an einen wendet, so sieht er gesenkt zur Erde, mit den Händen auf dem Rücken, und spricht so fort) …

Goethe ist hier unter vielen Volksklassen (ich habe in den sechs Stunden viel Leute gesprochen) als sehr freundlich, gutmütig bekannt und hat die allgemeine Achtung und Liebe. Die mittlern Stände nennen ihn den Genius des Orts …

Die Vulpius ist 26 bis 27 Jahre alt, nicht hübsch (ich selbst habe sie nicht gesehen), ihm zur Linken angetraut, kommt nie in sein Haus. Er besucht sie nicht täglich, indessen soll sie noch viel Einfluss auf ihn haben. Länger als zwei bis drei Stunden ist er nie bei ihr. Das Antrauen war die Folge des jungen Goethe, der jetzt im dritten Jahre sein soll. Er unterstützt die ganze Familie, schafft dem Bruder, der Schriftsteller ist, Verleger usw.

Zur Cour kommt Goethe freilich. Aber wenn der hohe Adel bei dem Herzog speist, kann er nicht zur Tafel gezogen werden. Diesen hohen Adel habe ich gestern bei der Herzogin in einem Saale speisen sehen, über welchem eine Galerie für die Zuschauer erbaut ist.

In den herzoglichen Park hat Goethe unter andern sehr viele ausländische Pflanzen hingesetzt, damit ihm das Studium der Botanik nicht allzu kostbar werde. Seine nähere Bekanntschaft erhält man sehr schwer. Die Menschen, welche ich gesprochen, wissen alle keinen, mit dem er sehr genau umgehet.

153. Karoline Jagemann: Christiane Vulpius

In meiner Kindheit wohnte sie neben uns und war ein sehr hübsches, freundliches, fleißiges Mädchen; aus ihrem apfelrunden, frischen Gesicht blickten ein paar brennend schwarze Augen, ihr etwas aufgeworfener kirschroter Mund zeigte, da sie gern lachte, eine Reihe schöner weißer Zähne, und dunkelbraune volle Locken fielen ihr um Stirn und Nacken. Sie ernährte ihren pensionierten Vater und eine alte Tante durch ihre Geschicklichkeit im Verfertigen künstlicher Blumen, und Goethe lernte sie in dieser Dürftigkeit kennen; in den Überfluss versetzt und zu neuen Lebensgenüssen ermuntert, holte sie nicht nur das Vermisste nach, sondern aß und trank dermaßen, dass ihre kindlich naiven Züge den Ausdruck einer Bacchantin annahmen und ihre Gestalt zur Überfülle drängte. Sie war stets umgeben von dem obskuren Teil der weiblichen Talente, aus denen auch Goethe vorzugsweise seine Lieblinge wählte, Schauspieler schlossen sich ihr an, um gut zu leben und dankbare Rollen zu bekommen, und die Zusammenkünfte waren meist lärmender Natur. Der Mann, den sie so tief verehrte, sanktionierte diese Lebensweise, hatte ein Wohlgefallen daran, wenn sie sich rücksichtslos ihren Vergnügungen überließ, und erlaubte ihr, selbst als sie schon seine Gattin war, nach Lauchstädt und Jena zu fahren, um dort zu tanzen und sich von den jungen Herren verspotten zu lassen, wenn sie dem Punschglas so eifrig zugesprochen hatte, dass ihre Zunge lallte und ihr Angesicht wie Feuer glühte. Goethe dachte nicht daran, ein Wesen, das er sich so nahe gestellt hatte, als es noch bildungsfähig war, zum Hohen zu erheben, sondern überließ es seinen niederen Neigungen.

Als ich von Mannheim kam, war das Verhältnis öffentlich etabliert, und dass die Vulpius bei Goethe wohnte, für die kleine Stadt etwas Unerhörtes. Er war der erste und einzige, der es wagte, die öffentliche Meinung ohne Scheu zu verachten, und man fand das um so verletzender, als man darin einen Missbrauch des Vorrechts erkannte, das ihm die fürstliche Freundschaft in mancherlei Hinsicht gewährte.

154. Bernhard Rudolf Abeken: Goethes Frau (1808)

Als ich nach Weimar kam, lebte Goethe bereits anderthalb Jahre in kirchlich geweiheter Ehe; ein achtzehnjähriger Sohn, schön und liebenswürdig, war, unterrichtet von dem gelehrten und vielseitig gebildeten Riemer, die Freude des Vaters. Die Mutter machte natürlich die Hauswirtin, wie sie es lange vor der kirchlichen Einsegnung gewesen war; Hausehre nach dem alten, schönen, echt deutschen Ausdruck, konnte man sie nicht nennen; denn das war in diesem Falle Goethe selbst. Ich war, wenn ich ihn besuchte, freundlich von ihm aufgenommen, war an seinen Tisch geladen; da war es nicht mehr als schicklich, dass ich dann und wann der Hausfrau einen Höflichkeitsbesuch machte. Du wirst fragen, wie ich von andern oft gefragt bin, welchen Eindruck sie auf mich gemacht? Als Goethen ebenbürtig konnt ich natürlich sie nicht ansehen, weder wenn ich sie bei Tisch noch sonst sah. Sie war munter, vergnügungssüchtig, das erkannte man leicht; und Goethe hatte gern fröhliche Leute um sich. Die früher angenehme Gestalt war dahin, einer ziemlichen Korpulenz gewichen; von ihrer früheren Erziehung und Umgebung klebte ihr manches an; die Gesellschaft, die ihr behagte, war nicht eben die, welche man für Goethes Haus passend gefunden hätte; es waren vorzüglich Schauspieler, auch Studenten von Jena. Doch war es natürlich, dass Goethe jene öfters in seinem Hause und an seinem Tische sah, da er sie zu bilden sich bemühte. Die Frau allerdings fand auch sonst Geschmack an dem Umgang mit ihnen; die Studenten, mit denen sie verkehrte, gehörten wohl nicht zu den geistvollsten und gebildetsten. Die sogenannte bessere Gesellschaft Weimars hielt sich von ihr fern, dies tat dem Gatten weh …

Und er fand in Christianen eine andre Eigenschaft, die ihm sehr zustatten kam. Riemer sagt, Goethes Haus habe recht eigentlich die *honneurs* von Weimar gemacht. Das tat es; und um das zu können, bedurfte der Hausherr einer tüchtigen Hausverwalterin, die in seinen gastlichen Sinn einzugehen wusste. Und was mehr ist: häusliches Behagen für den immer wiederkehrenden Tag, was doch der zur Besonnenheit gelangte Mensch nicht entbehren mag, konnte ihm durch die hochverehrte und gefeierte Freundin nicht werden. Er fand in

Christianen das weibliche Wesen, dessen er bedurfte, um dieses Behagens froh zu werden.

155. Frau Augusti: Goethes Ehe

Goethes Verheiratung mit der Vulpius, die so plötzlich nach der ganz natürlichen Frage Napoleons: »*Vous êtes marié:*« in gehöriger Form zum Abschlusse kam, erlaubte der Frau Geheimenrätin von Goethe nun auch, als solche ins Leben zu treten. Auf einem der Universitätsbälle, zu denen Goethe mitunter sein Kommen refüsierte und die Geheimrätin gewöhnlich in Begleitung von Fräulein U. [Ullrich], nachheriger Professorin R. [Riemer] eines schönen, liebenswürdigen Mädchens, erschien, machte ich ihre Bekanntschaft. Frau von Goethe war eine nicht große, etwas gedrungene Gestalt mit starken Zügen, etwas gerötetem Teint und gutmütigem Ausdrucke. Obgleich unbedeutend, nicht mit den Geistesgaben ausgerüstet, ihres Mannes gewaltigem Gedankengange folgen zu können, war sie jedoch weit entfernt davon, missstimmend auf ihn zu wirken. Im Gegenteil war ihr heiterer, lebensfroher Sinn eine Erfrischung für ihn geworden, und allmählich hatte sie ihr äußeres Wesen so zu bilden verstanden, dass sie mit allem Anstande die Honneurs ihres Hauses machen konnte. Die Ehe war eine zufriedene. Keiner störte den Andern; Goethe setzte etwas darein, seine Frau auch öffentlich zu ehren und seine Zuneigung zu ihr einzugestehen. Oft sah ich sie, von seinem Arme geführt; es lag dann eine stolze Zufriedenheit in ihren Mienen, und stets hegte sie einen an Furcht grenzenden Respekt vor ihrem Manne, der sich oft unverhohlen, äußerst komisch aussprach. Wenn sie in Jena war, besuchte sie mich oft; sie wusste dann immer eine Menge Neuigkeiten und plauderte so heiter in einem fort, dass es amüsant war, ihr zuzuhören. Mitunter brach sie dann plötzlich auf, um fortzueilen, und wenn ich sie zu bleiben bat, sagte sie: »Ich kann nicht, der *Geheimerat* zankt sonst, wenn ich länger bleibe.«

156. Karl von Holtei: August von Goethe (1828)

Der Name Goethe war Augusts Fluch. Und wie der Vater im einzigen Sohne seinen Namen und sich selbst liebte, so hatte er um dieser Liebe willen den Grund zu des Sohnes düsterer Zukunft gelegt. Äußerte er doch aufrichtig genug einst zu einem erprobten Freunde, als von August und dessen wunderlichem Zustande die Rede war: »Es ist meines Sohnes Unglück, dass er niemals den kategorischen Imperativ vernommen!«

August Goethe war kein gewöhnlicher Mensch, auch in seinen Ausschweifungen lag etwas Energisches. Wenn er sich ihnen hingab, schien es weniger aus Schwäche, als vielmehr aus Trotz gegen die ihn umgebenden Formen zu geschehen. Stirn, Auge, Nase waren schön und bedeutend, machten seinen Kopf dem des Vaters ähnlich. Der Mund mit seinen sinnlich aufgeworfenen Lippen hatte dagegen etwas Gemeines und soll an die Abstammung von mütterlicher Seite erinnert haben. Er hielt sich, ging, stand, saß, gebärdete sich wie ein feiner Hofmann. Seine graziöse Haltung blieb stets unverändert, und auch wenn er berauscht war, wenn er tobte, fiel er nie aus dem Maße äußerer Schicklichkeit. Er wusste viel und mancherlei, nicht nur, dass er, wenn er einmal ins Arbeiten kam, ein ganz tüchtiger Rat an fürstlicher Kammer sein konnte, trieb er auch Naturwissenschaften in vielfacher Richtung und hielt namentlich die vom Vater angelegten Sammlungen jeder Gattung in bester Ordnung. Das Münzkabinett hatte er gleichfalls in seinem Verschluss und wusste genügende historische Auskunft zu geben. Die Poesie, der abhold zu scheinen bisweilen seine Laune war, liebte mein armer Freund eben so innig, wie er ihr aufs Innigste vertraut war. Neben Goethe stand ihm Schiller, – ja, vielleicht über jenem! Wehe dem, der sich in Goethes Hause beikommen lassen wollte, den Lebenden auf Kosten des Toten zu erheben. Seine Pietät für Schiller war so innerlich tief, dass man davon wahrhaft ergriffen werden musste. Ich hatte, als über ›Egmont‹ gesprochen wurde, einst die Bearbeitung, die Schiller für das Theater unternommen, zu tadeln gewagt und mein Erstaunen geäußert, dass sie noch immer auf der weimarischen Bühne gelte. Den Blick des Alten werde ich nie vergessen, mit dem er mich anblitzte und fast grimmig sagte: »Was wisst ihr, Kinder! Das hat unser großer Freund besser verstanden als wir!«

Dabei war August in ihm selbst und für sich ein Dichter. Ja, er würde es auch für andere geworden sein, wenn er die Fähigkeit besessen hätte, das Mechanische des Metrums zu beherrschen. Er wusste seinen Gedanken und Gefühlen selten eine entsprechende Form zu geben, und wenn er Verse irgendeines ihm teueren Dichters zitierte, mahnte er mich an Jean Paul, der auch niemals imstande war, einen Vers auszuführen, ohne gegen den Rhythmus zu sündigen. Nichtsdestoweniger sind einige seiner kleinen Gedichte sehr lieblich, wenn schon immer wunderlich.

Nie habe ich einen Freund gehabt, der so sichtlich und so zur Freude des Beschauers Ordnung und Sauberkeit in allem, was ihn umgab, in Papieren, Briefsammlungen, Kunstschätzen zu halten wusste. Während Vettern und Basen ihn für einen unordentlichen, liederlichen Menschen ausschrien, war in seinen Gemächern eine wahrhaft strahlende Reinlichkeit, über jeden Schrank und Kasten der wohltuende Friede heimatlichen und behaglichen Sinnes verbreitet. Mit seiner Familie bewohnte August das zweite Stockwerk des väterlichen Hauses, auf Deutsch gesagt: Dachstuben. Der Alte hatte mit Beziehung auf die kajütenartige Benutzung aller, auch der kleinsten Räume und den Glanz gutgepflegter Ausschmückung einmal nach einer oben besuchten Abendgesellschaft geäußert: »Nun, in eurem Schiffchen war es ja gestern ganz brav.« Seitdem hieß Augusts Appartement kurzweg: das Schiff. Ach, welche schönen Nachtstunden haben wir in diesem Schiffe durchlebt! Wie viel gelacht! Wie ernst und erschöpfend über manches geredet! August war voll Humor und ging auf alles ein, was dahin schlug, besaß ein seltenes Geschick, das Ergötzliche und Possierliche aufzufinden, wenn erst die Rinde um sein krankes Herz geschmolzen war. Er hat es mir gesagt, er hat es mir geschrieben, seine Nächsten haben es mir berichtet, und der gebeugte Vater hat es mir dann nach des Sohnes Tode bestätigt, dass im Umgange mit mir die finsteren Dämonen, denen er unterlag, gewichen sind und dass er am frohesten war, wenn ich mich in Weimar befand, dass er in den Briefen an mich sein Innerstes aufschließen mochte. Leider kann ich von diesen Briefen wenig oder nichts mitteilen. (Der Alte drückte sich gegen mich über jene Briefe, die er trotz ihrer fast unglaublichen Tollheit und zynischen Raserei sämtlich gelesen, mit den Worten aus: »Nun, Ihr evakuiert euch denn recht gehörig!«) Aber mitten durch die lustigsten Briefe, durch die jubelndsten Gespräche zuckten fortdauernd Blitze des Unmuts, des Verzweifelns an sich selbst, des Lebensüberdrusses, die den traurigen Zustand des Unseligen beleuchteten. Nach meinen Beobachtungen – begreiflicherweise nicht bloß auf den diesmaligen, in diesen Zeiten geschilderten Umgang, sondern auch auf späteres, wiederholtes Zusammentreffen sich gründend – haben drei feindliche Mächte sich vereinigt, diese sonst so hoch begabte Persönlichkeit zu zerstören.

Zuerst der Hang zum übertriebenen Genuss des Weines. Unleugbar ist dieser gesteigert worden durch das traurige Bedürfnis, sich in erkünstelter Anspannung über den Druck der Gegenwart und eines lästigen Daseins zu erheben. Aber auch körperliche Anlage trieb ihn zum Trinken. In Volkes Mund lebt das bezeichnende Wort: Er hat eine zu große Leber! Bei Augusts Leichenschau haben die Ärzte erklärt, seine Leber sei fünfmal größer als die eines gesunden Menschen. Es war nicht anders möglich: dies unwiderstehliche Bedürfnis, oft am frühen Morgen schon massenweise Wein zu trinken, konnte nur krankhaft sein.

Worin bestand denn nun aber der Jammer, der Gram, den er vertrinken wollte? Ich habe es schon gesagt, ihn drückte es nieder, Goethes Sohn zu sein. Doch nicht nur im Vergleich mit dem Ruhme des Einzigen fühlte er, der Ruhmlose, sich gedrückt. Auch die Liebe des Vaters, die zur Tyrannei wurde, hatte ihn gebeugt. Ein Bürgermädchen, von ihm mit der Feuerglut des Jünglings geliebt, musste ihm entsagen und er ihr, weil dies Bündnis dem Geheimrat, der seinem Sohne eine Stellung in der Gesellschaft hinterlassen und diese durch die Verbindung mit einem alten Geschlechte befestigen wollte, zu gering erschien. Als Minister, als Mann im Staate, ja, als Vater, nach den herkömmlichen Begriffen von Leben und Welt, hatte Goethe gewiss vollkommen Recht, handelte er gewiss aus voller, anerkannter Überzeugung. Nur verstand das arme, geliebte Mädchen die Sache nicht von diesem richtigen Gesichtspunkte aufzufassen und machte – so sagt man in Weimar – ihrem Leben ein Ende.

Welchen Einfluss mag dies Ereignis, dessen tragische Einzelheiten, wie sie mir vielfach erzählt wurden, ich nicht auszuführen wage, aus Furcht, leere Klatschereien nachzusagen, welchen Einfluss mag dies auf den Zurückgebliebenen und auf sein später geschlossenes Eheband gehabt haben?

Den Hauptschlag aber, das weiß ich aus seinem eigenen Munde, der es mir nie mit klaren Worten und dennoch verständlich kundgetan, hat ihm ein anderes Machtwort des Vaters gegeben. Als im Frühling 1813 das deutsche Vaterland sich erhob, als Karl August, stets edel und deutsch gesinnt, auch seine Weimaraner zu den Waffen rief, da wollte sich auch August an die Reihen der Freiwilligen stellen –, doch die väterliche Gewalt hielt ihn zurück. Damals hatte Goethe noch keine Enkel. Der Gedanke, den einen, der seinen Namen führen und fortpflanzen solle, durch eine feindliche Kugel verlieren zu können, sagt man, wäre ihm unerträglich gewesen, und er habe Himmel und Erde in Bewegung gesetzt, um den höheren Befehl zu erlangen, der den Kampflustigen zurückzwang. Als nun nach glorreichen Taten die Sieger, von ihrem Fürsten geführt, heimkehrten, als Eltern, Schwestern und Kinder sie jubelnd empfingen, da zog auch unser August ihnen entgegen –, er musste, wo er begrüßen wollte,

Äußerungen des Hohnes, des Spottes hören. Nun, wem da nicht das Herz bricht, wer da nicht verzweifeln möchte!

Und so bereitete sich denn in ihm nach allen Kämpfen und Krämpfen eine verbissene Wut, ein bohrender Groll, ein mächtiger Trotz gegen die Verhältnisse, gegen sein Geschick, ja, gegen sein Glück vor, und um dieser – *contenance* der Verzweiflung, dass ich es so nenne – eine Farbe zu geben, warf er sich mit kindischer Vorliebe auf – die Vergötterung Napoleons! Hinter dieser bemühte er sich, die Schmach zu verbergen, die des Vaters verletzende Fürsorge ihm bereitet hatte. Deshalb hingen seine Wände voll von allen Abbildungen des Kaisers zu Fuß und zu Pferde, von Abbildungen seiner Hüte und Waffen. Deshalb war jedes Petschaft, jedes Flakon, jede Bronze ein Napoleon. Deshalb spielte er mit dem glühendsten Napoleonismus und wähnte in diesen Spielereien Trost zu finden.

Neben dieser Schwärmerei für Napoleon zog der Wunsch, Weimar, seine amtliche Stellung, sein Haus verlassen und eine große Reise antreten zu dürfen. Hundertmal war dazu gerüstet worden. Immer ging es wieder, wahrscheinlich doch durch des Alten Gegenrede, zurück. In diesem lag von je die bange Ahnung, dass er den Sohn, wenn er einmal in der weiten Welt sei, nicht wiedersehen werde.

Man glaube aber ja nicht, dass deshalb das Verhältnis zwischen Vater und Sohn ein gespanntes gewesen sei. Dazu kam es nie. Ich habe zu deutliche Beweise, dass August kein Geheimnis vor dem Vater hatte. Der Alte selbst deutete mir nach Augusts Tode durch vielfache Anspielungen an, wie er von all und jedem unterrichtet gewesen sei, wovon ich gemeint, es wäre zwischen uns zweien, dem Verstorbenen und mir, geblieben. Diese kindliche Anhänglichkeit betreffend, bleibt mir die Nacht vor meiner Abreise von Weimar unvergesslich. Hofrat Soret, der Erzieher des Erbprinzen, hatte in seiner freundlichen Gesinnung für mich alle meine Gönner zu einem letzten Abendessen, was man die Henkersmahlzeit nennt, zusammen gebeten. Als wir spät, eigentlich früh, auseinander gingen, begleiteten mich die Herren bis an das Elefanten-Tor, und es wurde unter freiem Himmel bei Sternlicht Abschied genommen. Einer nach dem andern drückte mir die Hand, und nachdem ich die Reihe durchgemacht und der Haushalter die Türe hinter mir geschlossen hatte, fiel mir erst auf, dass August spurlos verschwunden war. Früh um vier Uhr waren meine Pferde bestellt. Ich hatte noch zwei Stunden Zeit zum Einpacken. Es mochte drei sein, als mit gewaltigen Schlägen an das Haustor gepocht wurde. Mein Diener meinte, es kämen Reisende an. Eine Minute nachher stand August glühend von Wein und Aufregung vor mir und gab dem Diener ein Zeichen, uns zu verlassen. »Sie haben«, sprach er zu mir, »gewünscht, ich solle Ihre Aufträge an Ihre Freundin übernehmen, während Sie von Weimar abwesend sind, und haben es mir dabei zur Bedingung gemacht, gegen jedermann das tiefste Geheimnis zu bewahren. Ich bin auf diese Bedingung stillschweigend eingegangen. Aber doch kann ich Sie nicht reisen lassen, ohne vorher zu fragen, ob unter ›Jedermann‹ auch mein Vater mit einbegriffen ist?«

»Natürlich«, erwiderte ich, »der vor allen!«

»Dann«, sagte August mit großer Entschiedenheit, »muss ich mein Versprechen zurücknehmen und darf Ihr Vertrauen nicht empfangen. Vor meinem Vater kann und darf ich kein Geheimnis haben. Seitdem ich reden kann, ist kein Tag vergangen, wo ich nicht, wenn wir an einem Orte lebten, jeden Morgen zu meinem Vater getreten bin und ihm alles erzählt habe, was mir am vorigen Tage begegnet ist, was ich getan, was ich gedacht habe! Mein Vater ist mein Beichtiger. Sie wissen, wie lieb ich Sie habe. Über meinen Vater geht mir nichts.« Er umarmte mich, sagte Lebewohl und schied. An der Zimmertür kehrte er noch einmal um, sah mich mit starren Augen lange durchdringend an und sprach: »Sie glauben, ich wäre betrunken? Ich bin's nie, wenn ich es nicht scheinen will! Ihr haltet mich für einen wilden, oberflächlichen Gesellen!? Aber hier – (und dabei schlug er sich mit der geballten Faust auf seine hochgewölbte Brust, dass sie dumpf und hohl widerklang!) – hier ist es so tief! Wenn Sie einen Stein hinabwürfen, Sie könnten lange lauschen, bis Sie ihn fallen hörten!« – Dann verließ er mich.

157. Frédéric-Jean Soret: Ottilie von Goethe (1824)

Es lässt sich mit ihr ebenso ungezwungen verkehren wie mit meiner alten Freundin, und sie gleicht ihr in vielen Stücken; klein, braun, mit feurigen, geistblitzenden Augen, lebhaft, originell, empfindsam, kokett (in allen Ehren, versteht sich), voll Phantasie, ab und zu auch launenhaft; sie verdreht den Männern ein wenig die Köpfe, liebt Gesellschaft, Bälle, Toiletten und noch mehr geistreiche Leute und Literatur. Der Unterschied zwischen beiden ist ihre Nationalität, die eine war ein wenig Pariser Philosophin, die andere ist ebensoviel deutsche Enthusiastin. Unsere Freundin Nina entsetzte sich nicht vor Bentham; Frau von Goethe würde bei seinem Anblick davonlaufen und in die Arme Byrons flüchten, ihres Lieblingspoeten. Wenn sie einmal über die Jahre der Begeisterung für einen Walzer oder einen preußischen Leutnant hinaus ist, wenn sie sich, in zwölf Jahren etwa, den Vierzigen nähert, werden sich alle ihre Fähigkeiten auf das Geistige werfen, das nicht so schnell altert, und ihre Gesellschaft unschätzbar machen. Sie dichtet und schriftstellert, und ihre Versuche sind keineswegs ohne Wert, wenn auch von allzu jugendlichem Sturm und Drang, aber das mag hingehen. Klüger als die Mehrzahl ihrer Landsmänninnen, hat sie, soviel ich weiß, bisher nichts veröffentlicht, aber im Lauf der Zeit wird sie zu literarischem Ansehen kommen.

158. Amalie Winter: Ottilie von Goethe und die Zeitschrift ›Chaos‹ (1829)

Das goethesche Haus bot dieser muntern Jugend ein willkommenes Asyl, und in der von Goethes geistreicher, liebenswürdiger Schwiegertochter bewohnten Mansarde pflegte man sich oft zur Teestunde zusammenzufinden, um vergangene Lustpartien zu besprechen, neue zu verabreden. – Hier lustwandelten bald die Gedanken eines jugendlichen Paares am Ganges auf und nieder; nur der junge Mann war persönlich in Indien gewesen, die Dame aber dort eben so zu Hause, wie in den weimarischen Landen. – An einer andern Stelle im Zimmer erglühten zwei im Mitgefühl für das arme blutende, leidende, misshandelte Irland, und das sanfte Frauenherz hegte die kühnsten Rebellengefühle. – Wieder in einer andern Ecke bemühte sich eine junge Dame, den Teufelsglauben der englischen Kirche zu bekämpfen oder zu mildern – während ein seit der Karbonari-Revolution geächteter Italiener seine Sehnsucht nach dem Vaterlande gegen eine teilnehmende Seele aussprach. Wieder ein anderer Kreis schwärmte in Byrons Poesien – und ganz im Hintergrunde stand ein ernstes Paar, und schöne Augen füllten sich mit Tränen bei dem Gedanken an den nahen Abschied. Dazu ertönte im Nebenzimmer ein Klavier, und ein eben angekommener Engländer wurde eingetanzt zum morgenden Ball, oder eine Masurka probiert. Die Vergnügungen wechselten beständig, da immer neue aufzutauchen pflegten, um die alten zu verdrängen. Was der nächste Tag bringen würde, wusste man nicht, ahnete es nicht; wie leicht konnte der frohe Kreis zerstieben; aber man lebte nur für das Heute, für den Augenblick, und lebte zufrieden.

In dieser Stimmung geschah es, dass eines Tages einige bei Frau von Goethe versammelte Freundinnen, nachdem sie lange von ihrer

Lektüre gesprochen, auf den Gedanken kamen, selbst etwas zu schreiben und Aphorismen, Sonette, Erzählungen und alle möglichen hübschen, geistreichen Spielereien der Feder zusammenzubringen, um so einen Verein zu bilden, dessen Mitglieder jedes Mal sonntags eine Abschrift des Eingelieferten erhalten sollten.

Man wollte diese Gesellschaft den Musen-Verein nennen, bald aber fand es sich, dass die Zahl der schreiblustigen Mitglieder die der Musen allzu sehr überstieg, auch hatte beinahe eine jede einen Apollo im Vorschlag, und so sah man denn gar bald ein, dass das Unternehmen nach größerem Maßstab zugeschnitten werden müsse, und dass der Abschreiber unmöglich alle Mitglieder befriedigen könne. Man schlug also den Druck und die Journal-Form vor. Einem so tendenzlosen, buntgemischten, aus Nichts entstehenden, auf nichts Bestimmtes abzielenden Blatte glaubte man keinen bessern Namen als »das Chaos« geben zu können, und so machte denn dieses Chaos mehr denn zwei Jahre hindurch den Brennpunkt, die Lust und das Entzücken eines Kreises aus, der eine kleine Welt in der großen bildete.

Der Frau von Goethe wurde einstimmig die Redaktion übertragen, sie sollte Redakteur, Zensor und Korrektor zugleich sein. Da aber die Einsendungen in den verschiedensten Sprachen waren, so meinte sie, bei dem Redaktions-Geschäfte der männlichen Hilfe zu bedürfen, und wählte Dr. Eckermann, Hofrat Soret (einen Genfer) und Herrn Parry (einen Engländer) zu ihren Stützen. Diese drei Herren versicherten aber, dass sie nur selten in Anspruch genommen würden, und dass ihre Stimme bei der Redaktion nicht eben von großem Gewicht sei. An dem streng zu bewahrenden Geheimnis der Autorschaften hatten sie gar keinen Teil, nur Frau v. Goethe allein wusste die Namen der Schriftsteller, und aufs Strengste wurden dieselben verschwiegen; anonyme Einsendungen aber gar nicht abgedruckt. – Nur wer vierundzwanzig Stunden in Weimar zugebracht und irgend einen literarischen Beitrag geliefert hatte, konnte als Mitarbeiter und Mitleser des Chaos aufgenommen werden; andern Personen durfte es nicht einmal gezeigt werden.

Wie manches Unbedeutende und wie mancher bloße Lokalscherz auch mit unterlief, und wie wenig man die Prätention hatte, mit andern Journalen wetteifern zu wollen, so hatte doch das Chaos einen entschiedenen Vorzug vor vielen andern: es war nämlich jegliche Persönlichkeit ausgeschlossen, und trotz der strengen Anonymität der Mitarbeiter durfte es nie zum Vehikel kleiner geselliger Bosheiten oder verletzender Witze dienen. Es sollte nirgends Weh bereiten, sondern nur Freude, und dies gelang auch in der Tat.

Mit Ungeduld sah man am Sonntagmorgen dem gedruckten Blatt entgegen; man las, man riet, man ahnete, man glaubte diesen oder jenen Autor zu erkennen, und manches Herz erkannte wohl auch wirklich die Feder, die in der Hülle des Chaos ein Liebes- oder Abschiedswort zurief, das auszusprechen oder in Briefform zu übersenden man nicht wagte. Und welch ein Entzücken, sich selbst wieder zu finden, die eignen Gedanken im Druck zu lesen! Es ist ein wunderbares Gefühl, ein Zucken der menschlichen Eitelkeit, das bis ins Herz dringt, wenn man so zum ersten Mal seine Worte gedruckt vor sich sieht. Die eigene Seele erscheint personifiziert außer uns, gleichsam als Doppelgänger vor uns stehend; man ist Schauspieler und Publikum zugleich, ist sich selbst fremd und doch wieder so genau bekannt.

Jeder Autor hat wohl einmal so empfunden, die meisten haben aber diese Regungen wieder vergessen, denn das sich oft wiederholende Faktum stumpft den Eindruck ab.

Bei vielen der Schriftsteller und Schriftstellerinnen im Chaos wiederholte sich aber diese Freude nicht, denn wer das Chaos lesen wollte, musste auch einen eigenen Beitrag dazu liefern, selbst wenn der innere Beruf dazu fehlte; manche schrieben daher nur eine Kleinigkeit, um dann auf immer wieder zu verstummen. Bei andern ersetzte die Neugierde nach dem Sonntagsblatte Muse und Begeisterung, und wenn auch hier und da der Vers hinkte, hier und da der Gedanke nicht neu war, so blieb es doch gut gemeint, und selbst die Kritik meinte es niemals böse.

Und sonntags Abend am Hofe erhoben sich die Stimmen noch lauter und geschäftiger als gewöhnlich. Das Chaos wurde ringsum besprochen, man suchte zu erraten, das Erratene mitzuteilen, man kritisierte vielseitig das Gegebene, und mit gehemmten Atemzügen hörte man oft das eigene Produkt loben oder tadeln – errötete und schwieg.

159. Jenny von Gerstenbergk: Ottilie von Goethe im Alter (um 1870)

Ihre Kränklichkeit – ein schweres Herzleiden – hatte zugenommen. Ihre Sorgen waren nicht vermindert, ihre Hoffnungen betreffs ihrer Söhne auf Null gesunken, und der Verkehr mit ihnen durch deren Eigenart und Hypochondrie oft erschwert. – Aber in Einem war ihnen allen doch ein großer Schatz geblieben: in der Liebe, die die Söhne mit der Mutter in rührender Weise verband und von dieser zärtlich erwidert wurde. – In dieser warmherzigen Familienliebe war auch Ottiliens Schwester aufgenommen, die nun wiederholt längeren Aufenthalt bei den Ihrigen nahm. Enger auch schlossen sich die Freunde des Hauses an, unter ihnen, dem eigenartigen, schönen Bild dieser seelischen und geistigen Gemeinschaft noch ein besonderes Gepräge gebend, Alwine Frommann, die schon wiederholt in diesen Blättern erwähnte, langjährige Vorleserin der Kaiserin Auusta, deren Feierabend Weimar mit den goetheschen Freunden bedeutete.

Eine große Bereicherung erfuhr dieser Goethekreis aber auch durch die fortdauernde Huld und Freundschaft des Großherzogs, der unentwegt, die oft nicht bequemen Eigentümlichkeiten der Söhne Ottiliens übersehend, dieser ein gütiger Gast an ihrem Teetisch blieb, nicht zum mindesten sicher auch gefesselt durch den Freimut Ottiliens und die Einfachheit, mit der sie sich auch den Höchstgestellten gegenüber gab, denn sie war, wie sie sich selbst nach dieser Richtung einmal so hübsch charakterisiert, auch Fürsten gegenüber immer die »geborene Posa«.

Treten auch wir, ehe wir von ihr scheiden müssen, zur Abendstunde noch einmal bei ihr ein. Nachdem die zur Mansarde des goetheschen Hauses führende Wendeltreppe erstiegen, kommen wir in eine Art Vorzimmer, wo die alte Dienerin ihres Amtes waltet, zum Teetisch zu rüsten, auch die Freunde des Hauses mit Handschlag willkommen heißend, die fremden Gäste aber zu melden. Durch ein kleines Zimmer, worin zwei Glasschränkchen alter Mode und ein Sofaetablissement das Mobiliar, jenes schon erwähnte und von Ottilie so bevorzugte Bild des Herzogs von Urbino und eine prellersche Zeichnung den künstlerischen Schmuck bilden, treten wir in den sogenannten Salon. Ich sage sogenannt, weil himmelweit verschieden von dem, was man jetzt damit bezeichnet. Es ist ein Dachraum sehr mäßiger Größe, nach der Fensterseite mit schiefen Wänden, aber eigenartig anheimelnd und durch den künstlerischen Schmuck anzeigend, wo wir sind; denn das schöne stielersche Bild Goethes leuchtet von der einen Wand zu uns herab – von der anderen ein Bild Wolf Goethes aus seiner besten Zeit, durch den Blick unzweifelhaft ihn als Enkel des Dichters kennzeichnend. Ein kleines Porträt August Goethes ist über der Eingangstür angebracht.

Ein Schränkchen in edlem italienischen Renaissancestil, sowie zwei italienische Stühle, Andenken an die Reisen, und noch ein sehr einfach gehaltener Glasschrank, alle möglichen kleinen Andenken bergend, auch ein nicht sehr verheißungsvoller Ofen stehen an den Wänden. In der Mitte des Zimmers, von Sesseln und einem altmodischen Sofa umgeben, steht der Teetisch mit hellbrennenden Lichtern. Und um diesen Teetisch nun der im Anfang dieser Niederschrift schon erwähnte Kreis. Ottilie leicht zurückgelehnt in ihrem Stuhl – Ulrike Pogwisch mit Bedacht den Tee bereitend – dann die Söhne, dann Alwine Frommann. Ohne irgendwelche Förmlichkeit, aber herzlich begrüßt, nimmt man Platz und als ob nur ein Gedankenstrich sich dazwischen gezeigt, nimmt das *Gespräch*, diese jetzt seltene Form der Unterhaltung, seinen Fortgang, den eben Gekommenen mithineinziehend. Ein neues, interessantes Buch ist erschienen; das ist immer ein Ereignis wichtiger Art für diesen Kreis! Die Söhne beleuchten in kenntnisreicher, fast erschöpfender, aber auch wohl etwas zu scharfer Art die neue Erscheinung. Alwine Frommann in ihrer geistvoll humoristischen Weise wirft einzelne Bemerkungen dazwischen und dann einen fragenden Blick auf Ottilie. Da erhebt diese die feine aristokratische Hand, streicht mit derselben leicht durch ihr Silberhaar, und von ihren Lippen fließen Worte so jugendlicher Empfindung, so poetischer, schöner Anschauung und Auffassung, dass die eben noch den Stoff beherrschenden Söhne in Stolz und Freude zur geliebten Mutter hinschauen und mit einem anmutigen Scherz den Rückzug antreten.

160. Karl von Holtei: Eckermann bei Goethe (1828)

Eckermanns Benehmen vermag ich gar nicht genug zu preisen. Wie nahe er seinem angebeteten Meister immer stand, in wie innig geistigem Verkehr mit ihm er lebte –, doch erschien er dem Fremden nie als ein unselbständiger, heuchlerischer Vergötterer, der unbedingten Götzendienst einzuführen beabsichtigte. Er freute sich herzlich, mit kindlicher Gemütlichkeit an der Verehrung, die man Goethe zollte, aber er wurde nie empfindlich, wenn man sich befremdet über mancherlei Wunderlichkeiten äußerte, ertrug jeden Einwurf und zeigte, wo Missverständnisse eintraten, immer nur das Bestreben, zu schlichten, gutzumachen, zu beruhigen. Seines eigenen poetischen Talentes wohl bewusst, trug er dies Bewusstsein niemals zur Schau, gönnte vielmehr jedem andern, dass er sein Licht, wenn es auch nur ein Kreuzerkerzchen war, in Weimar leuchten ließ, und nur in Stunden intimster Vertraulichkeit, wo er sein Innerstes öffnete, sprach er das heilige *»anch' io sono«* mit stiller Wonne aus. Goethe ließ ihn lange warten, bis etwas für seiner äußeren Existenz Begründung geschah. Eckermann hat dies geduldig ohne Murren ertragen, durch regen

Fleiß und mühselige Tätigkeit – (er unterrichtete namentlich junge Engländer) – seine Freiheit siegreich bewahrt und ist vielleicht der Einzige in Goethes nächster Umgebung geblieben, der in äußersten Fällen dieser selbständigen Freiheit zu Ehren männlich trotzen konnte, wenn er eben seine Ehre gefährdet glaubte. Wie wohltätig er auf die oft gestörten häuslichen und Familienverhältnisse gewirkt hat, wie diskret er, der in alles eingeweiht wurde, auch dann blieb, wenn er Ursache hatte, sich zu beklagen, wie liebevoll er zwischen Vater und Sohn gewaltet, – dies zu erörtern ziemt mir nicht, wenn schon ich mir nicht versagen kann, es anzudeuten.

161. Franz Eduard Genast: Abende bei Goethe (um 1815)

Eine neue Ära begann für mich. Da ich nun zu dem Rang eines wirklichen Hofschauspielers aufgerückt war, so wurde mir öfters die Ehre zu teil, in die Abendzirkel der Frau Geheimrätin von Goethe eingeladen zu werden, bei denen sich die Unterhaltung zunächst um Tagesneuigkeiten drehte, dann Whist, Boston und Ragusa gespielt wurde und zuletzt ein gutes Abendessen folgte.

Die Gesellschaft bestand außer ihrer Pflegetochter, der Ulrich, späteren Geheimen Hofrätin Riemer, meist aus jungen Mitgliedern des Theaters. Selten erschien Goethe und dann nur auf Augenblicke. Er sprach mit diesem oder jenem, sah auch wohl dem Spiele, das auf seinen Befehl nicht unterbrochen werden durfte, eine Weile zu und entfernte sich wieder.

Einmal trat er herein und zeigte seiner Frau ein kleines Etui mit den Worten: »Sieh, liebes Kind, was mir meine liebe Freundin, die Geheimrätin Willmers, für eine allerliebste Neuigkeit zum Andenken übersandt hat!« Es war eine goldene Schnalle, woran seine Orden im kleinsten Format mit venetianischen Kettchen befestigt waren. Madame Lortzing, die neben der Geheimrätin saß und ein großer Liebling Goethes war, fragte ganz unbefangen, welcher ihm der liebste von all den Orden sei. Keinem andern hätte ich solche Dreistigkeit raten mögen, denn er liebte es gar nicht, um seine Gedanken befragt zu werden und noch dazu in solchem diffizilen Fall, aber bei ihr machte er eine Ausnahme und erwiderte: »Kleine Neugier! Doch den Kindern muss man zuweilen den Willen tun« – und wies auf den Orden der Ehrenlegion.

Sein Sohn, der Kammerrat August von Goethe, und sein Sekretär John erschienen mitunter nach geendetem Spiel beim Essen; dann kam allerdings ein anderes Leben in die Gesellschaft, denn der junge Goethe war ein höchst geistreicher Mensch, voll Witz und Humor. Von Vater und Mutter hatte er die körperliche Schönheit geerbt, und jedes Auge weilte mit Wohlgefallen auf seiner männlichen Gestalt und seinen edlen Zügen. Sein Begleiter hingegen war klein und sehr schmächtig, das Gesicht langgezogen und mit einer sehr großen Nase ausgestattet; seine hohe Stirn trug das Gepräge des Scharfsinns. Um die feingeschnittenen Lippen spielte gewöhnlich ein sarkastisches Lächeln, hinter welchem sich entweder eine boshafte Bemerkung oder Gott Bacchus verbarg, dem er mit ganzer Seele ergeben war. Seine Verehrung für diesen heidnischen Gott veranlasste einmal eine höchst drollige Szene.

Zuweilen lud Goethe auch einige seiner Eleven zum Mittagessen ein. Mir war eines Tages ebenfalls dies Glück zuteil geworden.

Goethe verlangte von seinen Untergebenen und namentlich von seinen Hausgenossen die größte Pünktlichkeit; vor ein Uhr musste alles versammelt sein. Gerade an dem Tage, wo ich die Ehre hatte, bei dem Meister zu speisen, traf es sich, dass John ausblieb. Wir setzten uns ohne ihn zu Tische, und Goethe schien sehr ungehalten zu sein. Da öffnete sich endlich die Tür, der Verbrecher trat mit ungeheurer Grandezza herein und machte die zeremoniöseste Verbeugung. Goethe wollte ihm wahrscheinlich eine Bemerkung zu hören geben, aber das Wort erstarb ihm beim Anblick des Missetäters auf der Lippe. Die Riesennase desselben war mit Puder bedeckt, unter dem ein purpurner Schimmer hervorleuchtete. Dem Anschein nach war dieser hervorstehende Teil seines Gesichts mit einem Prellstein in zu nahe Berührung gekommen, und der Puder sollte die Folgen verdecken. Goethe war selten aus seiner gemessenen Haltung zu bringen, aber hier war es denn doch damit zu Ende; er erhob sich und begab sich lachend in das andere Zimmer. Seine Entfernung war das Signal zu einem allgemeinen Gelächter, bei welchem sich John ganz verwundert umblickte und die Frage stellte: »Wodurch hat mein Eintritt solche allgemeine Heiterkeit erregt?« – »John«, rief der junge Goethe, »was für ein Zufall hat Ihre Nase mit einem Mehlsack in Berührung gebracht?« Damit war für den Armen das Rätsel des Gelächters gelöst, und augenblicklich entfernte er sich. Der Meister trat wieder ein und begab sich ohne jegliche Bemerkung auf seinen Platz, nur seine Gemahlin sagte: »Lieber Geheimrat, John lässt sich entschuldigen, er ist nicht ganz wohl.« – »Nun, dann serviere man ihm auf seinem Zimmer«, erwiderte Goethe, und damit war die Sache abgetan.

Frau von Goethe war sehr lebenslustig, aber dabei voll Güte und Liebenswürdigkeit; wo sie jemand eine Freude machen oder Hilfe leisten konnte, geschah es mit Wohlwollen und Uneigennützigkeit. Sie liebte es, junge Leute um sich zu haben, und nahm öfters teil an deren mutwilligen, heiteren Spielen. In ›Die Lustigen von Weimar‹ beschreibt Goethe die Einteilung ihrer Tage, nur dass die Fahrten nach Jena höchstens alle vier Wochen stattfanden. Donnerstags fuhr sie mit der Ullrich und noch einigen jungen Damen nach Belvedere, wohin sich auch ihr gewöhnlicher Zirkel von jungen Mädchen und Männern begab. Da wurde zunächst Kaffee getrunken, dann in den Park gegangen, dort wurden Gesellschaftsspiele vorgenommen und die Schaukeln benutzt. Dienstag war das schon erwähnte Spielkränzchen, Montag und Mittwoch ihre Theaterabende. Bei aller Vergnügungslust war sie eine der trefflichsten Hausfrauen und die aufmerksamste Gattin, die es geben konnte.

Wie sein erhabener Fürst und Freund, so war auch Goethe ein Mann nach der Uhr und machte die Glocke zu seiner Herrin. Früh um sechs Uhr im Winter, im Sommer um vier Uhr verließ er sein Bett, dessen Gestell nicht aus Mahagoniholz verfertigt und mit Goldleisten verbrämt, noch mit seidenen Decken und Kissen ausgefüllt war, sondern aus braungebeiztem weichem Holz, einer Matratze und gewöhnlicher Decke und Kissen bestand. Außerdem befand sich in dem nur geweißten, einfensterigen Kämmerchen noch ein alter Großvaterstuhl und ein dreibeiniges Ecktischchen, worauf ein Waschbecken von Steingut stand, ein großer Schwamm und die nötigen Reinigungsutensilien lagen; daneben hing an einem Nagel das Handtuch. Bis um die Mittagsstunde arbeitete er, dann fuhr er eine Stunde spazieren, wobei gewöhnlich Riemer sein Begleiter war. Punkt ein Uhr wurde zu Mittag gespeist. Um drei Uhr zog er sich von der Tafel zurück oder dehnte auch, wenn um vier Uhr eine Theaterprobe abzuhalten war, die Unterhaltung bis dahin aus. Die Abende, an denen kein Theater war, verbrachte er zumeist mit gelehrten Freunden.

Er liebte auch musikalische Unterhaltung, die in früherer Zeit, unter Eberweins Leitung, viel ausgedehnter stattfand. Seit diese größeren musikalischen Aufführungen in seinem Hause aufgehört hatten, begnügte er sich mit Liedern. Meist wurde dann der Kammersänger Moltke, der eine Menge Gedichte von ihm komponiert hatte, herbeigerufen. Auch ich hatte einst die Freude, zu diesem Zweck zu ihm beordert zu werden; wahrscheinlich wollte er sich überzeugen, ob ich Fortschritte im Vortrag, der bei ihm die Hauptsache war, gemacht habe.

162. Franz Karl Adalbert Eberwein: Abendmusik im Goethehaus

Die Singübungen fanden im Zimmer der kleinen Frau, wie Goethe seine liebenswürdige Gemahlin nannte, statt, die, obgleich nicht musikalisch gebildet, doch gute Musik gern hörte, aber darüber die Sorge für das Hauswesen nicht vergaß und deshalb mit einem großen Bund Schlüssel ab- und zuging. Großmutter und Tante der Geheimrätin, die ein heiteres Asyl bei Goethe gefunden, hörten dem Gesang mit Andacht zu.

Goethes Hauskapelle bildeten: Heß (Dirigent), Demoiselle Engels (erster Sopran), Demoiselle Häßler (zweiter Sopran oder Alt), Morhard (Tenor) und Deny (Bass), sämtlich Mitglieder des weimarischen Theaters.

Nachdem die Sänger mich durch Vortrag meiner Kompositionen erfreut, erschien der Geheimerat in einem Überrock. Er begrüßte mich freundlich als den ehemaligen Gespielen seines August und dankte für meine Bereitwilligkeit, mich an seiner Hauskapelle beteiligen zu wollen.

Acht Uhr ging es zu Tische. Ehe wir es uns versahen, war Goethe verschwunden, um in seinem Studierzimmer zu soupieren. Wenn der Meister uns zum Schlusse des Essens mit seiner Gegenwart beehren wollte, so stand schon ein Stuhl zunächst der Türe, wo er eintrat, für ihn bereit. Er öffnete dann hastig die Türe, setzte sich blitzschnell auf seinen Sessel, und ehe wir uns erheben konnten, rief er uns zu: »Kinder, bleibt sitzen!«

In Folge der einfachen Lebensweise im goetheschen Hause bestand das Mahl nur aus einem, aber schmackhaft zubereiteten Gericht und Bier. Zwei Talglichter erleuchteten das Gemach. In des Geheimrats Arbeitszimmer brannten auch nur zwei Lichter von gleicher Qualität. Demjenigen, der, wie Knebel, das Licht zu kurz oder gar ausputzte, gestattete Goethe nie wieder, sich diesem Geschäft zu unterziehen. So wie Jener Miene machte, ein Gleiches zu versuchen, langte Goethe nach der Lichtputze und putzte es selbst. Es war dem gefeierten Dichter Bedürfnis, auch bei der geringfügigsten Sache seine Ordnungsliebe zu betätigen. Benahm sich einer in seiner Gegenwart ungeschickt, worüber er sich nicht aussprechen wollte, so fuhr er sich mit der Hand übers Gesicht, gleichsam als wolle er es nicht bemerkt haben oder das Widerwärtige durch die Handbewegung aus dem Gedächtnis entfernen. – Auf das bescheidene Mahl folgten heitere Gespräche über Kunst, Theater oder Stadtneuigkeiten, bis das Horn des Nachtwächters erinnerte, dass es an der Zeit sei, sich in seine Wohnung zu begeben.

163. Johann Heinrich Voß d. J.: Am Abend bei Goethe (1804)

Nie ist der Mann liebenswürdiger als in solchen Abendstunden. Dann sitzt er, im tiefsten Negligé, in einem wollenen Jäckchen, ohne Halstuch, mit bloßer Brust, die Strümpfe über die Hosen gezogen, auf seinem Sofa und unterhält sich oder lässt sich vorlesen. Und diese Bequemlichkeit, die Abendstille und die Ruhe nach schwerem Tagesgeschäft machen ihn so überaus heiter und gesprächig. Seine Gespräche dabei sind das lehrreichste und schönste. Wenn er dann recht lebendig ist, so kann er auf dem Sofa nicht aushalten; dann springt er auf und geht hastig im Zimmer auf und nieder, und jede Gestikulation, ihm selbst unbewusst, wird zur lebendigsten Sprache. Ja, dieser Mann spricht nicht bloß mit dem Organ der Zunge, sondern zugleich mit hundert andern, die bei gewöhnlichen Menschen stumm sind; und aus seinen Augen strahlt das seelenvollste Feuer. Dann hat sein manchmal furchterregender Blick auch alles Schreckhafte verloren. Besonders gern erzählt er dann von seinem Leben, nie aber etwas anderes als heitere Dinge. So hat er, obgleich ich ihn mehrmals drauf lenkte, nie umständlich von seiner Krankheit vor drei Jahren gesprochen, und was er davon erzählte, waren auch nur die heitern Seiten der Krankheit.

164. Johann Peter Eckermann: Teeabend bei Goethe (1823)

Dienstag, den 14. Oktober 1823

Diesen Abend war ich bei Goethe das erste Mal zu einem großen Tee. Ich war der Erste am Platz und freute mich über die hellerleuchteten Zimmer, die bei offenen Türen eins ins andere führten. In einem der letzten fand ich Goethe, der mir sehr heiter entgegen kam. Er trug auf schwarzem Anzug seinen Stern, welches ihn so wohl kleidete. Wir waren noch eine Weile allein und gingen in das sogenannte Deckenzimmer, wo das über einem roten Kanapee hängende Gemälde der aldobrandinischen Hochzeit mich besonders anzog. Das Bild war, bei zur Seite geschobenen grünen Vorhängen, in voller Beleuchtung mir vor Augen und ich freute mich, es in Ruhe zu betrachten.

»Ja, sagte Goethe, die Alten hatten nicht allein große Intentionen, sondern es kam bei ihnen auch zur Erscheinung. Dagegen haben wir Neueren auch wohl große Intentionen, allein wir sind selten fähig, es so kräftig und lebensfrisch hervorzubringen als wir es uns dachten.«

Nun kam auch *Riemer* und *Meyer*, auch der *Kanzler v. Müller* und mehrere andere angesehene Herren und Damen von Hofe. Auch Goethes Sohn trat herein und Frau von Goethe, deren Bekanntschaft ich hier zuerst machte. Die Zimmer füllten sich nach und nach und es ward in allen sehr munter und lebendig. Auch einige hübsche junge Ausländer waren gegenwärtig, mit denen Goethe französisch sprach.

Die Gesellschaft gefiel mir, es war alles so frei und ungezwungen, man stand, man saß, man scherzte, man lachte und sprach mit diesem und jenem, alles nach freier Neigung. Ich sprach mit dem jungen Goethe sehr lebendig über das ›Bild‹ von Houwald, welches vor einigen Tagen gegeben worden. Wir waren über das Stück einer Meinung und ich freute mich, wie der junge Goethe die Verhältnisse mit so vielem Geist und Feuer auseinander zu setzen wusste.

Goethe selbst erschien in der Gesellschaft sehr liebenswürdig. Er ging bald zu diesem und zu jenem und schien immer lieber zu hören und seine Gäste reden zu lassen als selber viel zu reden. Frau v. Goethe kam oft und hängte und schmiegte sich an ihn und küsste ihn. Ich hatte ihm vor kurzem gesagt, dass mir das Theater so große Freude mache und dass es mich sehr aufheitere, indem ich mich bloß dem Eindruck der Stücke hingebe ohne darüber viel zu denken. Dies schien ihm recht und für meinen gegenwärtigen Zustand passend zu sein.

Er trat mit Frau v. Goethe zu mir heran. »Das ist meine Schwiegertochter, sagte er; kennt Ihr beiden Euch schon?« Wir sagten ihm, dass wir soeben unsere Bekanntschaft gemacht. »Das ist auch so ein Theaterkind wie du, Ottilie«, sagte er dann und wir freuten uns miteinander über unsere beiderseitige Neigung. »Meine Tochter, fügte er hinzu, versäumt keinen Abend.« Solange gute heitere Stücke gegeben werden, erwiderte ich, lasse ich es gelten, allein bei schlechten Stücken muss man auch etwas aushalten. »Das ist eben recht«, erwiderte Goethe, »dass man nicht fort kann und gezwungen ist, auch das Schlechte zu hören und zu sehen. Da wird man recht von Hass gegen das Schlechte durchdrungen und kommt dadurch zu einer desto besseren Einsicht des Guten. Beim Lesen ist das nicht so, da wirft man das Buch aus den Händen, wenn es einem nicht gefällt, aber im Theater muss man aushalten.« Ich gab ihm Recht und dachte, der Alte sagt doch gelegentlich immer etwas Gutes.

Wir trennten uns und mischten uns unter die Übrigen, die sich um uns herum und in diesem und jenem Zimmer laut und lustig unterhielten. Goethe begab sich zu den Damen; ich gesellte mich zu Riemer und Meyer, die uns viel von Italien erzählten.

Regierungsrat *Schmidt* setzte sich später zum Flügel und trug beethovensche Sachen vor, welche die Anwesenden mit innigem Anteil aufzunehmen schienen. Eine geistreiche Dame erzählte darauf viel Interessantes von Beethovens Persönlichkeit. Und so ward es nach und nach zehn Uhr, und es war mir der Abend im hohen Grade angenehm vergangen.

165. Kanzler Müller: Pläne für einen »ewigen Tee« (1823)

Donnerstag, 2. Oktober 1823

Von 5–11 Uhr bei Goethe. Schultz spielte, Ottilie sang, Soret kam, Goethe mineralogisierte mit ihm lange und sprach nachher sehr poetisch darüber. Es gebe wohl verschiedene Ansichten in den Wissenschaften; aber sie würden oft nur durch eine papierene Scheidewand veranlasst, die leicht mit dem Ellbogen durchzustoßen sei. Bald ließ er mich wieder allein zu ihm in die Ecke des blauen Zimmers setzen und knüpfte das Gespräch über Organisation seiner Wintergeselligkeit wieder an: Seht, wenn es mir wieder wohl unter euch werden soll diesen Winter, so darf es mir nicht an munterer Gesellschaft, nicht an heiteren Anregungen fehlen, nachdem ich zu Marienbad deren in so reicher Fülle empfunden habe. Sollte es nicht möglich sein, dass eine ein für allemal gebetene Gesellschaft sich täglich, bald in größerer, bald in kleinerer Zahl, in meinem Hause zusammenfände? Jeder käme und bliebe nach Belieben, könnte nach Herzenslust Gäste mitbringen. Die Zimmer sollten von sieben Uhr an immer geöffnet, erleuchtet, Tee und Zubehör reichlich bereit sein. Man triebe Musik, spielte, läse vor, schwatzte, alles nach Neigung und Gutfinden. Ich selbst erschiene und verschwände wieder, wie der Geist es mir eingäbe. Und bliebe ich auch mitunter ganz weg, so dürfte dies keine Störung machen. Es kommt nur darauf an, dass eine unserer angesehensten Frauen gleichsam als Patronin dieses geselligen Vereins aufträte, und niemand würde sich besser dazu eignen, als Frau v. Fritsch. An Ottilie und Ulrike gebe ich Freibriefe für ihre Theaterlust, sie könnten dableiben oder hingehen, das änderte nichts. So wäre denn ein ewiger Tee organisiert, wie die ewige Lampe in gewissen Kapellen brennt.

166. Kanzler Müller: Lästige Besucher (1824)

Pfingst-Sonntag, 6. Juni 1824

Am Pfingsttage besuchte ich ihn nachmittags nach der Hoftafel. Er saß im Hemdärmel und trank mit Riemer. Ersteres war Ursache, dass er Gräfin Line Egloffstein nicht annahm. Sie möge doch, sagte er zu Ottilien, des Abends zu mir kommen, nicht wenn Freunde da sind, mit denen ich tiefsinnig oder erhaben bin. Nicht leicht habe ich ihn geistreicher und lebhafter gesehen …

Donnerstag, 18. November 1824

Nachmittags von 4–5 Uhr weilte ich bei Goethen. Ein Frankfurter, Herr Fellner, wurde angemeldet und abgeschlagen: Man muss den Leuten abgewöhnen, einen unangemeldet zu überfallen, man bekommt doch immer andere fremde Gedanken durch solche Besuche, muss sich in ihre Zustände hineindenken. Ich will keine fremden Gedanken, ich habe an meinen eigenen genug, kann mit diesen nicht fertig werden.

167. Heinrich Karl Friedrich Peucer: Jubiläumsfeiern in Weimar (1825)

Weimar, den 8. November 1825

Gestern hat Weimar den denkwürdigen 7. November gefeiert, wo im Jahre 1775 Goethe zuerst in unsere Mauern trat. Er wurde ganz früh vor dem Erwachen durch einen sanften Choralgesang unter dem Gartenfenster seines Schlafzimmers überrascht. Um 9 Uhr versammelten sich alle singende Damen und Freundinnen des goetheschen Hauses, wohl 40 an der Zahl, in dem größern Visitenzimmer, und empfingen den Eintretenden mit einer Morgenkantate, Text von Himer, Musik von Karl Eberwein. Alle Minister und höheren Staatsdiener, auch jenaische Professoren, Fremde usw. waren hierauf in den anstoßenden Zimmern seines Eintritts gewärtig. Der Staatsminister v. Fritsch überreichte ihm ein großherzogliches Handschreiben mit einer auf diesen 7. November vom

Großherzog und der Großherzogin geprägten Medaille, auf dem Avers die Brustbilder beider fürstlichen Ehegatten, auf dem Revers die Worte: Carl August und Luise Goethen. Der Stadtrat überreichte ein Bürgerrechts-Diplom für die beiden Enkel, Walter und Wolf von Goethe. Die Loge gratulierte, mehrere Landescollegia, die Bibliothek, die Akademie. Die medizinische Fakultät ernannte ihn zum Doktor; die theologische überreichte ihm ein Patent honoris gratia (jedoch kein Doktordiplom). In dem einen Zimmer war eine vollständige Ausstellung von allerlei Industrie- und Kunstarbeiten der hiesigen Damen, von welchen jede etwas für ihn diesem Tage zu Ehren, mit eigner Hand gearbeitet hatte. Um 10 Uhr kam der Hof, die ganze großfürstliche und erbgroßherzogliche Familie. Um 11 Uhr war große Zeremonie auf der Bibliothek, wohin eine ziemliche Menge Karten an Herren und Damen ausgeteilt waren. Hier wurden zwei Briefe feierlichst deponiert, welche im J. 1775 Goethes Vater und Mutter an einen holländischen Konsul in Betreff der Anstellung Goethes in Weimar geschrieben hatten. Abermals Gesang, komponiert von Hummel und Rede vom Kanzler v. Müller, Gegenrede von Riemer. Um 2 Uhr 200 Gedecke im großen Saale des Stadthauses mit Rezitation, Gesängen und Toasts. Ich lege ein Exemplar hierbei. Abends Iphigenie von Goethe im Theater bei stürmischem Applaus; der Abgang beklatscht; die ganze Darstellung meisterhaft, der schönsten Zeiten unsers Theaters würdig. Goethe war zugegen bis in den dritten Akt. Er wurde vor Anfang des Stücks beklatscht und mit Bravorufen empfangen. Abends nach dem Theater Abendmusik in Goethes Hause, durch die Kapelle, von Hummel komponiert. Dem Vernehmen nach hat er alle diese Herren nach beendigter Musik bei sich zum Abendessen behalten.

168. Amalie von Stein: Goethes Tod (1832)

Heute ist sein Begräbnistag. Von früh 8 Uhr an war er ausgestellt, und die Ahlefeld, welche ihm durch Vergünstigung von Coudray schon vor 7 Uhr sah, machte mir eine so schöne Beschreibung von ihm, dass ich auch hinging. Mama Coventry und Miss Charlotte begleiteten mich, da beide ihn nie lebend gesehen, so wollten sie sich sein Bild im Tode noch einprägen. Als wir aber in der Ackerwand – der Eingang war durch den Garten – das Treiben und Toben der unbändigen Menschenmasse erblickten, so wollten meine timiden Engländerinnen umkehren, aber ich setzte mutig meinen Plan durch; mit Hilfe eines Gendarmes fanden wir den Präsident Schwendler, der uns auf geheimen Wegen treppauf treppab ins Heiligtum brachte. Wo es war, weiß ich nicht, man sagte im Küchhause, aber das war einerlei. Es war in eine schwarze Wölbung verwandelt, alles drapiert, Myrten, Lorbeern und Zypressen standen an den Wänden herum, Armleuchter mit vielen Kerzen bestrahlten sein Lager, wo er im, ich glaube, florentinischen Kostüm (fast wie Tasso) gekleidet zu schlummern schien, im Hintergrund ein Sternenkranz, Lyra mit Rosen und mehreren Attribute, er selbst mit Lorbeerkranz, im weißen Atlasgewand, um den Hals und Arme prächtige Juwelenketten, eine Hand lag nachlässig auf der schwarzsamtnen Decke, als wenn er schriebe, die andere auf der Brust. Zu seinen Füßen auf gold- und silbernen Kissen waren seine Orden, und schwarz gekleidete Männer umstanden zu beiden Seiten sein Lager. Der Anblick war erhebend, höchst imposant und doch traurig.

Den 27. um 4 Uhr läuteten die Glocken, um halb 5 zum zweitenmal, und um 5 setzte sich der Zug in Bewegung. Unzählige Menschen gingen voran, dann kam der Leichenwagen des alten Fürstenpaares mit vier schwarz umhüllten Pferden, auf dem Sarge lagen Lorbeer und Kränze, und der kleine Walther folgte, ihm zunächst dann Dr. Vogel. Voran gingen die Minister und trugen seine Orden, und viele Wagen vergrößerten den Zug. Was Röhr sprach, weiß ich nicht, ebenso wenig was der Kanzler Müller sagte, doch wird es wahrscheinlich gedruckt.

169. Friedrich Johannes Frommann: Die Beisetzung (1832)

Hinsichtlich der Anstalten zur Beerdigung waltete anfangs einige Unentschiedenheit und Ängstlichkeit, auch wohl übel verstandene Sparsamkeit ob. Doch setzte es Ottilie und der Wille der weimarischen Bürgerschaft, der sich in Deputation, Zuschriften usw. aussprach, endlich gegen den Kanzler Müller und die Vormünder, vielleicht auch gegen noch höhere Peinlichkeiten durch, dass er feierlich ausgestellt und nicht morgens um 6 Uhr, sondern nachmittags 5 Uhr beerdigt wurde. Die Ausstellung war gestern von 8 Uhr bis 1 Uhr nachmittags unten in dem Raum grade vor der Haustüre nach dem Hofe zu. Dieser war ganz schwarz geschlagen und alles Tageslicht ausgeschlossen von dem Raum zwischen der Haustür und Hoftür, auch das Treppenhaus rechts war dunkel, die

Menschen kamen durch den hintern Garten, gingen durch das Büstenzimmer, ein Eckchen des Esszimmers und die große Haustreppe hinunter auf den kleinen Hauseren, wo die Ausstellung war. Dieser war in zwei Abteilungen geteilt, der vorderste, wo sich die Leute aufhielten, war durch eine Lampe schwach erleuchtet und zeigte Goethes Wappen und eine Inschrift aus Hermann und Dorothea: Des Todes Bild etc. im Transparent. Die zweite Abteilung, in welche man aus dieser durch eine Art breites Fenster hinein sah, enthielt den Sarg und darneben zwei Reihen weißer Postamente mit 42 Lichtern auf silbernen Armleuchtern, zu den Füßen drei Postamente, worauf seine Orden lagen. Im Hintergrunde standen sechs Zypressen, drei an jeder Seite, und dann drei höhere Postamente, links mit einem ganzen Stoß Ehren-Diplome, von denen die großen Siegelkapseln zum Teil herunterhingen, rechts mit dem Lorbeerkranze aus gediegenem Golde mit Früchten von grünem Smaragd, der ihm vor einigen Jahren aus Frankfurt verehrt wurde, in der Mitte mit der goldnen Leier an ein Bündel Pergamentrollen gelehnt, darüber drei Sterne (an der schwarzen Bekleidung befestigt). In dieser Umgebung nun lag der auch im Tode noch einzige Goethe, nicht platt auf dem Sarge, sondern mehr wie in einem Bette mit etwas gehobenem Oberleibe und Kopfe, gekleidet in weißen Sammet mit einer Krause um den Hals, und grünem Lorbeerkranze um Stirn und Schläfe, die Hände gleichfalls frei, wie im Schlafe, auf der schwarzen Sammetdecke liegend, die Unterleib und Füße und den ganzen untern Teil des Sarges bedeckte. Ich hatte anfänglich nicht Lust, Goethe im Tode zu sehen, da ich mir dachte, es könnte mir nur die Erinnerung verderben, wenn ich dies Gesicht ohne diese Augen sähe, aus denen mir noch so kurz vorher Feuer und Geist entgegen gestrahlt hatten, doch entschloss ich mich sogar, mich unter die Ehrenwachen aufnehmen zu lassen, die zu beiden Seiten des Sarges standen. Da habe ich nun zweimal eine halbe Stunde gestanden, und mich nicht satt sehen können an den edlen und schönen Zügen, dieser Stirn und Nase, auf denen der Ausdruck unglaublicher Hoheit und Ruhe lag, – keine Spur der Verwesung. Es haben einige eine Übereinstimmung der Formen mit dem Kopfe des Dante finden wollen, und ich finde es nicht ungegründet, nur dass bei Goethe alles milder ist.

Der Zudrang der Menschen, die die Ausstellung sehen wollten, war ungeheuer, freilich wurden oft solche, die wirklich teilnahmen, von denen zurückgedrängt, die bloß der Neugierde folgten; für die ausgestellten Gendarmen war die Arbeit nicht klein, doch ging alles ohne Exzess ab. Auch meine Frau und Schwiegermutter kamen noch glücklich hinein. Der Zug nach dem Kirchhofe zeichnete sich durch große Teilnahme mehr als durch Glanz und Länge aus. Es ging alles zu Fuß, die Wagen fuhren leer nach, die Minister erschienen nicht; der Großherzog schickte ein paar Oberhofmarschälle; er selbst war nach Eisenach. Doch ist er den Abend vor Goethes Tod selbst im Hause gewesen, um sich nach seinem Befinden zu erkundigen, und ihn womöglich zu sehen.

IX. Wallfahrten nach Weimar

Warum stehen sie davor?
Ist nicht Thüre da und Thor?
Kämen sie getrost herein
Würden wohl empfangen seyn.

So schrieb Goethe 1827 unter einen Stahlstich mit der Ansicht des Hauses am Frauenplan. Wenn er auch gewiss nicht so großzügig war, dass er jeden empfing (vergl. Kap. VIII), auch gar nicht konnte, wenn er nicht seine Arbeit völlig vernachlässigen wollte, so verging doch fast kein Tag, an dem er nicht Weimarer Freunde oder auswärtige Besucher bei sich sah. Viele von ihnen haben mehr oder minder ausführlich über ihr Zusammentreffen mit dem Dichter berichtet. Wir müssen uns hier schon aus Platzgründen auf eine kleine, dafür aber typische Auswahl beschränken, in der sich die Welt Goethes und der Alltag in Weimar spiegeln.

Wir beginnen mit einer kleinen Notiz des Schweizers Johann Heinrich Landolt, dessen Aufmerksamkeit 1782 fast noch mehr den Bedienten als dem Herrn gilt (Dok. 170). Der Bericht von Gottfried August Bürgers Besuch im Jahr 1789 stammt sozusagen aus zweiter Hand, nämlich aus einem Brief seines Biographen L. Althof an den Berliner Buchhändler Nicolai, beruht aber auf Bürgers eigenen Aussagen (Dok. 171). Zwischen dieser und der nächsten – völlig gegenteiligen – Aussage von Johann Heinrich Voß d. J. (Dok. 172) liegen fünfzehn Jahre. Der dänische Dichter Adam Öhlenschläger besuchte Goethe zweimal, das erste Mal 1806, das zweite Mal, das er hier beschreibt, auf der Rückreise aus Italien in die Heimat 1809 (Dok. 173). Ende des gleichen Jahres – Goethe ist nun sechzig Jahre alt – kam auch Wilhelm Grimm, der über seinen Empfang im Haus am Frauenplan an seinen Bruder Jakob berichtet (Dok. 174). Nicht immer fand die erste Begegnung vor dem imponierenden Hintergrund des Hauses statt, wie der Dichter Friedrich de la Motte-Fouqué in seinen Erinnerungen aus dem Jahr 1813 erzählt (Dok. 175). 1816 kam auch Charlotte Kestner, geb. Buff, das Urbild von Werthers Lotte und Goethes große Liebe aus der Wetzlarer Zeit, nach Weimar. Die Begegnung, in der sich die beiden nach zweiundvierzig Jahren erstmals wiedersahen, wurde von Klara Kestner, der Tochter Charlottens, miterlebt (Dok. 176). Von dem ersten Besuch des damals zwölfjährigen Felix Mendelssohn-Bartholdy 1821 im Goethehaus berichtet der Musiker Johann

Christian Lobe (Dok. 177). In das gleiche Jahr fällt auch der Besuch von Carl Gustav Carus bei dem nun zweiundsiebzigjährigen Goethe (Dok. 178). Voll Begeisterung erinnert sich Johann Peter Eckermann an die erste Begegnung mit dem Dichter im Jahr 1823, die von schicksalhafter Bedeutung für sein Leben werden sollte (Dok. 179). Der österreichische Dichter Franz Grillparzer war fünfunddreißig Jahre alt, als er Goethe 1826 aufsuchte. Von dem denkwürdigen, durch eigene Schuld etwas unglücklich verlaufenen Zusammentreffen erzählt er ausführlich in seiner Selbstbiographie (Dok. 180). Genau ein Jahr später, im Herbst 1827, kam Hegel wieder einmal nach Weimar und berichtet von diesem Besuch an seine Frau (Dok. 181).

Immer wieder kamen auch ausländische Gäste, vor allem aus den für deutsche Literatur sehr aufgeschlossenen slawischen Ländern, aber auch aus England und Skandinavien. Zu ihnen gehörten 1829 der polnische Graf A. E. von Kozmian (Dok. 182), 1830 der englische Diplomat Sir Charles Augustus Murray (Dok. 183). Der schwedische Schriftsteller Bernhard von Beskow, der Goethe schon 1819 besucht hatte, kam 1834, zwei Jahre nach dessen Tod, noch einmal nach Weimar (Dok. 184). Auch Karl Lebrecht Immermann, der schon als Student in Weimar gewesen war, besuchte die Stadt noch einmal 1837. Ihm verdanken wir nicht nur die schöne Beschreibung des Hauses am Frauenplan (Kap. VIII, Dok. 150), sondern auch einige ironische Bemerkungen über das Zusammentreffen mit den Nachlassverwaltern (Dok. 185).

170. Johann Heinrich Landolt: »Es scheint der Ton zu herrschen …« (1782)

Montags, 9. Juni

Heute entdeckte uns unser Friseur, dass er auch die Ehre habe, den Hrn. Geheimrat Goethe zu bedienen; und da wir ihn fragten, ob wir denselben wohl diesen Morgen sehen könnten, so sagte er: O! ja wir sollten nur hingehen, er werde uns gewiss annehmen. Wir versuchten es, und es war so. – Etwas unangenehm ist es, dass man oft im ganzen Hause herumlaufen, und an allen Türen anpochen kann, ohne dass jemand Antwort gibt. Denn bei allen hiesigen Gelehrten scheint der Ton zu herrschen, dass der Kammerdiener unten beim Eingang des Hauses ein Zimmerchen hat, dessen Tür mit einem Fenster versehen ist; sieht er nun jemand kommen, so muss man, um angemeldet zu werden, seinen Namen, Vaterland, Charakter etc. pünktlich angeben, und sooft wiederholen, bis der Bediente es versteht und behalten kann. Erst dann wird nachgesehen, ob der Herr zu Hause ist, oder vielmehr: sein will. (Eben dies Examen hat man auch bei Prof. Plattner in Leipzig auszustehen.) Ist nun der Bediente gerade nicht auf seinem Posten, so kann man ungesehen lange herumlaufen, um sich anzumelden. Vermutlich müssen die hiesigen Gelehrten auch darum etwas größer tun, weil sie alle den Titel von Hofräten, Geheimräten usw. haben. Goethe ist Geheimer Rat, und lässt sich Exzellenz heißen, denn der Herzog hat ihn geadelt! – Er empfing uns sehr höflich. Seine Physionomie ist stark, und eben nicht einnehmend, die Gesichtsfarbe schwärzlich, und die Nase ziemlich groß; seine schwarzen Augen sind lebhaft, und verraten einen feurigen Geist. Jetzt schreibt er nicht mehr viel, weil er, wie er sagte, so sehr mit Geschäften überhäuft ist. Wir blieben eine kleine Viertelstunde bei ihm, unser Gespräch betraf ganz gleichgültige Dinge. Man merkt es ihm an, dass er sich Mühe gibt, seine Würde zu behaupten und immer zu repräsentieren.

171. Gottfried August Bürger: »Mich drängt es, in ein Haus zu gehn …« (1789)

Im Jahre 1789 schickte B[ürger] dem Herrn von G[oethe] ein Exemplar von der zweiten Ausgabe seiner Gedichte mit einem höflichen Schreiben zu und machte bald darauf eine Reise, die ihn durch Weimar führte. Er stand bei sich an, ob er's wagen sollte, den Herrn von G[oethe] zu besuchen, weil er von Natur blöde war und sich nachdem, was er von andern wohl gehört hatte, eben keine herzliche Aufnahme von seinem *ci-devant* Duzbruder versprach. Indessen da seine Freunde ihn mit der Versicherung dazu ermunterten, Herr von G[oethe] sei seit seiner Reise nach Italien leutseliger geworden, da er überdem gerade jetzt einen kleinen Dank für das Geschenk seiner Gedichte und auch wohl eine lehrreiche Beurteilung seiner neuesten Produkte von G[oethe] erwartete, so fasste er ein Herz und verfügt sich an einem Nachmittage in die Wohnung des Ministers.

Hier hört er von dem Kammerdiener, Seine Exzellenz sei zwar zu Hause, aber eben im Begriff, mit dem Herrn Kapellmeister R[eichardt] eine von diesem verfertigte neue Komposition zu probieren. O schön, denkt B[ürger], da komme ich ja gerade zu einer sehr gelegenen Zeit, halte Seine Exzellenz nicht von Staatsgeschäften ab und kann ja wohl zu der Musik auch meine Meinung sagen. Er bittet also den Kammerdiener, Seiner Exzellenz zu melden, B[ürger] aus Göttingen wünsche seine Aufwartung machen zu dürfen. Der Kammerdiener meldet ihn, kommt zurück und führt ihn – nicht in das Zimmer, wo musiziert wird, sondern in ein leeres Audienzzimmer.

In diesem erscheint nach einigen Minuten auch Herr von G[oethe], erwidert B[ürger]s Anrede mit einer herablassenden Verbeugung, nötigt ihn, auf einem Sofa Platz zu nehmen, und erkundigt sich, da B[ürger], der doch einen ganz andern Empfang erwartet hatte, ein wenig verlegen wird, nach – der damaligen Frequenz der göttingischen Universität. B[ürger] antwortet, so gut er bei seiner Verlegenheit kann, und steht bald wieder auf, um sich zu empfehlen. G[oethe] bleibt mitten im Zimmer stehen und entlässt B[ürger] mit einer gnädigen Verbeugung.

Auf dem Wege nach Hause macht nun B[ürger] nachstehendes Epigramm:

Mich drängt' es, in ein Haus zu gehn,
Drin wohnt' ein Künstler und Minister.
Den edeln Künstler wollt ich sehn
Und nicht das Alltagsstück Minister.
Doch steif und kalt blieb der Minister
Vor meinem trauten Künstler stehn,
Und vor dem hölzernen Minister
Kriegt ich den Künstler nicht zu sehn:
Hol ihn der Kuckuck und sein Küster!

Mit großem Vergnügen teile ich Ihnen … das verlangte Epigramm mit … Dass Sie die unerhörte Beleidigung alles literarischen und sittlichen Wohlstandes, deren sich die Sudelköche in Jena und Weimar schuldig gemacht haben, mit Nachdruck rügen wollen, das werden Ihnen Zeitgenossen und Nachkommen verdanken.

172. Johann Heinrich Voß d. J.: Ein lieber, freundlicher Mann … (1804)

Jena, 13. März 1804

Ich leugne nicht, dass ich anfangs, als ich von Goethe auf ein paar Tage eingeladen ward, mit etwas beklommenem Herzen hinreiste.

Ich sollte mich produzieren und hatte natürlich die Besorgnis, ich könnte auch wohl nicht gefallen. Dann auch hätte ich mir jeden anderen Examinator, er sei so strenge er wolle, lieber gewünscht als den Goethe mit diesem furchtbar majestätischen Blicke. Aber wie ward ich anders gestimmt, als ich zu Goethen ins Zimmer trat! Nun fand ich einen lieben, freundlichen Mann, der mich freundschaftlich umarmte und küsste und so besorgt war wegen meiner Gesundheit, die ich zum erstenmal einem so strengen Winter- und Windtage ausgesetzt hatte, und mir zum Frühstück und zu der Labung des Körpers Gott weiß wie viel und wie vieles anbot. In dem Augenblicke hatte ich das tiefste Zutraun zu diesem herrlichen Manne. Als die paar Tage um waren, sagte mir Goethe, an meine Abreise wäre nun gar nicht zu denken; er wäre in dieser Zeit mein Vater und hätte zu befehlen. Das ließ ich mir denn auch gefallen und recht gern gefallen. Diese zehn Tage, die ich in Weimar blieb, gehören zu dem Frohsten, was ich nur auf dieser Welt genossen ... Des Sonntags hat Goethe gewöhnlich junge Leute bei sich, die er im Deklamieren und guten Vortrage übt. Ich bin zweimal in dieser Gesellschaft gewesen. Wir saßen alle um einen langen Tisch und Goethe in der Mitte. Jeder las, sobald an ihn die Reihe kam, auch Goethe selbst, sooft es ihn traf. Auf ihn fiel die Trauung im dritten Gesange [der ›Luise‹ von Voß]. Nie hat wohl diese Stelle einen Mann mehr bewegt als Goethe; die Tränen traten ihm in die Augen, er konnte nicht weiterlesen. »Eine heilige Stelle« rief er mit einer Innigkeit, die mich stumm und sprachlos machte, und gab das Buch seinem Nächsten. Ich konnte von nun an meine Augen nicht von ihm wenden, denn er sah aus wie ein verklärter Heiliger.

Sehn Sie, dieses war am ersten Tage meiner Ankunft; wie war es von nun an möglich, *nicht Zutrauen* zu diesem Manne zu haben? Ich wollte, ich wäre bei Ihnen und hätte mehr Muße ..., so erzählte ich Ihnen von diesem Manne. Aber ich würde an *einem* Abend nicht fertig, in *einer* Woche nicht.

173. Adam Öhlenschläger: *»Da war ich keck und satyrisch ...« (1809)*

Unglücklicherweise konnte ich nur ein paar Tage in Weimar bleiben, da ich mit einem Andern reiste, und bei Goethe muss man auf gute Laune warten, wie der Schiffer am Strande auf guten Wind, wenn er eine glückliche Fahrt machen will. – Ich hatte ihm meinen Aladin dediziert, meinen deutschen Hakon Jarl und Palnatoke hatte ich ihm mit einem liebevollen Briefe gesandt, ich rechnete auf einen väterlichen Empfang wie ein Lehrling von seinem Meister. Goethe aber empfing mich höflich, doch kalt und beinahe fremd. Hatten so viele andere spätere Begebenheiten die Erinnerung an »die guten Stunden«, die ich so schön und angenehm bei ihm verlebte, aus seinem Gedächtnisse verwischt? Oder – schlummerten diese Erinnerungen nur und wollten sie wieder geweckt werden? War ich zu ungeduldig, da der Sohn den Vater nicht sogleich fand? Ich weiß es nicht! Erst suchte ich den Kummer zu unterdrücken und hoffte, dass später, wenn ich ihm meinen Corregio vorgelesen, das alte Verhältnis wieder eintreten werde. Aber es wurde nichts daraus. – Als ich ihm durch Riemer hatte wissen lassen, dass ich eine neue Tragödie geschrieben hätte, die ich ihm vorzulesen wünschte, ließ er um das Manuskript bitten, er wolle sie am liebsten selbst lesen. – Ich antwortete: Er könne sie nicht selbst lesen, ich habe nur ein schlecht geschriebenes Brouillon bei mir, das voller Änderungen sei. Doch gab ich Riemer das Manuskript. Er brachte es mir zurück und sagte: Goethe könne es freilich nicht lesen, aber ich möchte das Stück nur drucken lassen, dann würde er es lesen. – Dies schmerzte und ärgerte mich und ich machte meinem Missvergnügen darüber gegen Riemer Luft. Er wunderte sich fast, dass es jemand wagte, auf Goethe böse zu werden, doch sagte er: »Du hast wohl Recht, aber wir anderen sind so daran gewöhnt, uns alles von ihm gefallen zu lassen, dass es uns nie einfällt, darüber böse zu werden oder zu zürnen.« »Das mag sein, aber Goethe würde es in seiner Jugend schwerlich geduldet haben, so behandelt zu werden.« Ich entsinne mich eines Zuges aus seinem früheren Leben, der hierher passt. Als er nach Weimar kam, spielte er einmal Sprichwörter in einer Gesellschaft. Er bat um die Erlaubnis, mit Wieland, (der sich wahrscheinlich ein *air* über ihn gab) ein Sprichwort aufführen zu dürfen, zeichnete mit Kreide auf eine spanische Wand einen Berg, trat dahinter, bat Wieland zu raten, und da dieser es nicht konnte, trat Goethe hervor, verbeugte sich und sagte: »Mein Herr Hofrat!, hinter dem Berge sind auch Leute!« Dies kann auch hier angewendet werden, nur dass wir statt »hinter dem Berge« setzen »jenseits des Meeres«.

Goethe lud mich zweimal höflich zu sich zu Tisch und da war ich keck und satyrisch, weil ich nicht herzlich und kindlich sein konnte. Unter anderem rezitierte ich ein paar Epigramme, die ich auf Schlegels gemacht hatte. Goethe sagte hier wieder gutmütig: »Das ist ganz gut, aber so etwas sollten Sie nicht machen; wer Wein pressen kann, soll keinen Essig brauen.« – Ich: »Haben Sie denn keinen Essig gebraut, Herr Geheimrat?« Goethe: »Zum Teufel! Ist es denn Recht, weil ich es gemacht habe?« – »Nein! Aber wo Wein gepresst wird, da fallen auch eine Menge Trauben ab, die zum Wein nicht taugen; die können dann noch einen guten Weinessig geben, und der Essig ist ein sicheres Mittel gegen die Fäulnis.«

Ich musste leider bald fort; und so nahmen wir einen kalten Abschied voneinander.

174. Wilhelm Karl Grimm: »Es war ungemein splendid …« (1809)

Weimar, 13. Dezember 1809

Ich zog mich gleich an und ließ mich nach Goethes Haus führen, das sehr nett und schön dasteht. Er war aber krank, vorher bedeutend gewesen und jetzt in der Besserung, dass er mich nicht annehmen konnte. Also gab ich Arnims Brief ab. Ich ging dann zu der Dame Schopenhauer, die hier die Honneurs macht, und überreichte meinen Brief; wohin bald Goethes Bedienter kam und mir sagte, Herr Dr. Riemer, Goethes Sekretär, werde mich in die Komödie abholen. Das geschah dann, und wir gingen in Goethes Loge, die unter der fürstlichen ist … Goethes Bedienter bat mich, den andern Tag erst auf die Bibliothek zu gehn und dann um 12 Uhr zu dem Herrn Geheimen Rat zu kommen. Auf der Bibliothek wurd ich artig genug empfangen, und um 12 Uhr ging ich dann hin. Der Hausehren in Goethes Hause ist mit freistehenden Statuen und andern in Nischen schön verziert. Über eine breite Treppe, die vornehm und bequem aussieht, wurd ich erst vor ein Zimmer geführt, wo am Eingang zu den Füßen »salve« mit schwarzen Buchstaben und an der Seite ein Kandelaber steht und das voll Bilder hing; dann in ein Kabinett, das ebenfalls mit Handzeichnungen, altdeutschen Holzschnitten ausgeziert war, und alles eigen eingerichtet, zum Beispiel die Türen mit matter brauner Farbe angestrichen und die Griffe aus goldnen Löwenköpfen bestehend, sehr geordnet und reinlich. Hier musst ich einige Zeit warten, darauf trat er selbst hinein, ganz schwarz angezogen, mit den beiden Orden und ein wenig gepudert. Ich hatte nun sein Bild oft gesehen und wusste es auswendig, und dennoch, wie wurde ich überrascht über die Hoheit, Vollendung, Einfachheit und Güte dieses Angesichts. Er hieß mich sehr freundlich sitzen und fing freundlich an zu reden … Ich blieb fast eine Stunde da; er sprach so freundlich und gut, dass ich dann immer nicht daran dachte, welch ein großer Mann es sei. Als ich aber weg war oder wenn er still war, da fiel es [mir] immer ein, und wie gütig er sein müsse und wenig stolz, dass er mit einem so geringen Menschen, dem er doch eigentlich nichts zu sagen habe, reden möge. Tags darauf wurde ich zum Mittagessen bei ihm eingeladen. Seine Frau, die sehr gemein aussieht, ein recht hübsches Mädchen [Karoline Ulrich]… und Riemer waren da. Es war ungemein splendid, Gänseleberpasteten, Hasen und dergleichen Gerichte. Er war noch freundlicher, sprach recht viel und invitierte mich immer zum Trinken, indem er an die Bouteille zeigte und leis brummte, was er überhaupt viel tut. Es war sehr guter roter Wein, und er trank fleißig; besser noch die Frau … Der Tisch dauerte von 1 bis halb 4 Uhr, wo er aufstand und ein Kompliment machte, worauf ich mit Riemer wegging …

175. Friedrich de la Motte-Fouqué: »Während eines Maskenfestes!« (1813)

[Amalie von Imhoff hielt es der Mühe wert,] mich dem Dichterfürsten bemerklich zu machen, ja während eines glänzenden Maskenfestes mich ihm selbst vorzustellen.

Während eines Maskenfestes!

Und ich hatte noch niemal sein erhabenes, von allen mir gepriesenes Antlitz erschauet, ja noch nicht einmal vor jenem Abend eine solche Abbildung von ihm gesehen, die mir etwa durch Tradition oder eigne Ahnung hätte genügen mögen. Und nun lag die schwarze Larve über dem ersehnten Angesicht. Aber die herrlichen Augen leuchteten herdurch, und blickten mich freundlich an. Und auch freundliche Worte tönten hervor: – wie es mir hier gefalle, – wie das Fest mir zusage, – oder so dergleichen. Ich weiß es nicht mehr genauer anzugeben; kaum damals hätt' ich es gewusst. Auch war es in der Tat nur Konventionelles, aber es klang huldreich, und überhaupt: Goethe hatte zu mir gesprochen. Ich stand wie in der Erfüllung eines seligen Traumes.

Und es sollte noch besser kommen.

In einem Nebenzimmer bald nachher hatte sich Goethe mit seinem fürstlichen Freunde, dem Herzog Karl August von Weimar, bei einer Flasche edlen Weines niedergelassen, beide nun entlarvt, und in der phantastischen Dominotracht dennoch so eigentümlich enthoben der gewöhnlichen Welt …

Jedenfalls meinte ich so viel gewonnen zu haben: Goethes Antlitz und Gesamterscheinung stehe auf immer unverkennbar in meinem Innern fest.

Aber auch das kam anders, wie sich der Mensch denn freilich überhaupt wundersam wenig auf sein innerlich Aufgespeichertes verlassen kann, so lange er nicht seine Vorratsschlüssel ganz unbedingt in die Hand des Allerhöchsten niederlegt. Und dazumal war ich von einer solchen Hingebung noch leider unermesslich fern.

Etwa zwei Tage nach jenem Feste trat zur herzoglichen Mittagstafel, wohin ich täglich geladen war, in das Versammlungszimmer auch ein recht stattlicher Herr mit herein, im damals noch üblichen, aber doch schon etwas unmodisch gewordenen gestickten Hofkleid, Galanteriedegen an der Seite, dazugehörigen Hut unter dem Arm. Just mit der Muse von Lesbos [Amalie von Imhoff] im Gespräch, erwiderte ich nur eben den etwas feierlichen Gruß des Ankommenden gleich allen andern mit schuldiger Höflichkeit, und beachtete ihn weiter nicht, als er gelassen zu meiner Dame herantrat, sie ohne weiteres anredend, als sei ich eben gar nicht mit ihr im Sprechen begriffen, oder überhaupt gar nicht in der Welt vorhanden. Etwas verletzt schritt ich zur Seite, just nur vermeinend, irgendein alternder Diskasteriant sei mir in das Gespräch hineingeraten, und man müsse sich dergleichen, mit Vorbehalt künftigen harmlosen Spaßes darüber, gefallen lassen. Aber ein Blick auf die Lesbische Muse, – und sie lächelte hold, ja sichtlich geehrt, den uns Unterbrechenden an. Ein zweiter Blick auf den vermeinten Diskasterianten, – und es war Goethe.

Ich schämte mich unaussprechlich, dass ich vor dem etwas veralteten Hofanstrich meinen apollinischen Sänger-König so gänzlich zu misskennen imstande gewesen war. Ich wusste kaum, ob ich es wert sei, noch fürder je von ihm beachtet zu werden.

176. Klara Kestner:
»Rührung kam nicht in sein Herz …« (1816)

Weimar, 29. September 1816

Er [Ridel] fing denn auch bald an, von Goethe zu sprechen, dem er durch seinen Sohn, der sein Kollege ist, hatte sagen lassen, dass Mutter kommen würde. Er hatte ihm antworten lassen, dass er sich sehr dazu freue, welches Mutter ihm nicht so recht zugetraut hatte; doch der Onkel [Ridel] machte nach seiner liebenswürdigen Art uns ein viel angenehmeres Bild von ihm, als wir uns gemacht hatten, und versicherte, dass er ihn schon öfter gerührt gesehen hätte, und glaubte, dass er es bei diesem Wiedersehen auch sein würde. Nachdem wir nun drei Tage hier waren, also am Mittewochen, da Goethe durch den Onkel erfahren, dass Mutter hier sei, ließ er den Onkel *par carte* mit seiner sämtlichen Familie freundschaftlich zum Essen einladen. Mutter hätte ihn gern erst einmal allein gesehen; doch da dies für Goethe eine überaus große Artigkeit sein sollte, so wurde zugesagt. Nun kannst du denken, wie mir Unbedeutenden es zumute war, vor diesem großen Mann erscheinen zu sollen, und in seinem eignen Hause, welches doch noch viel schlimmer war, als wenn er zu uns gekommen wäre. Doch was half es! Das Herzklopfen musste überwunden werden. Mutter war auch nicht ganz *à son aise* und wollte erst mit dem Onkel vorausgehen und wir dann nachkommen; doch hieraus wurde nichts, indem der große Mann uns seine Equipage schickte, uns abzuholen. Wir fuhren also hin und wurden unten an der Treppe von dem Sohn empfangen. Im Vorsaal kam er selbst uns entgegen, doch treuer dem Bilde, was ich durch dich von ihm hatte, als dem, was uns der gute Onkel gab. Denn Rührung kam nicht in sein Herz! Seine ersten Worte waren, als ob er Mutter noch gestern gesehen: »Es ist doch artig von Ihnen, dass Sie es mich nicht entgelten lassen, dass ich nicht zuerst zu Ihnen kam.« (Er hat nämlich etwas Gicht im Arm.) Dann sagte er: »Sie sind eine recht reisende Frau«, und dergleichen gewöhnliche Dinge mehr. Mutter stellte mich ihm vor, worauf er mich einiges fragte, unsre Reise betreffend und ob ich noch nie in dieser Gegend gewesen sei, welches ich doch ganz unerschrocken beantwortete. Darauf gingen wir zu Tisch, wohin er Mutter führte und auch natürlich bei ihr saß; ihm gegenüber der Onkel und ich daneben, so dass ich ihm ganz nahe war und mir kein Wort und kein Blick von ihm entging. Leider aber waren alle Gespräche, die er führte, so gewöhnlich, so oberflächlich, dass es eine Anmaßung für mich sein würde, zu sagen, ich hörte ihn sprechen oder ich sprach ihn; denn aus seinem Innern oder auch nur aus seinem Geiste kam nichts von dem, was er sagte. Beständig höflich war sein Betragen gegen Mutter und gegen uns alle, wie das eines Kammerherrn. Der Onkel entschuldigte ihn, wie ich mich ziemlich freimütig über ihn äußerte, mit seiner Steifigkeit und selbst Blödigkeit. Erstere hat er nun physisch und freilich diesen Tag auch geistig im höchsten

Grade; denn alle sagten, er sei so liebenswürdig gewesen, wie sie ihn beinahe nie gesehen. Nach Tisch fragte ich nach einer sehr schönen Zeichnung, die immer meine Augen auf sich zog; er ließ sie mir herunternehmen und erzählte mir sehr artig die Geschichte davon; sie war von einer Dame. Julien [von Egloffstein] dachte er mit großer Auszeichnung und besonders ihres Talents. Darauf ließ er eine Mappe holen und zeigte Mutter ihr und des seligen Vaters und eurer fünf Ältesten Schattenrisse auf einem Blatt. Du siehst aus allem diesen, er wollte verbindlich sein. Doch alles hatte eine so wunderbare Teinture von höfischem Wesen, so gar nichts Herzliches, dass es doch mein Innerstes oft beleidigte. Seine Zimmer sind düster und ungewöhnlich eingerichtet. Hier und da stehen Vasen, und die Wände sind mit Zeichnungen dekoriert, worunter jedoch meiner Ansicht nach außer der genannten nichts Ausgezeichnetes war. Der Sohn, welcher die Honneurs machte, scheint ein ziemlich unbedeutender Mensch zu sein. Er sieht seinem Vater in den Augen ähnlich, hat aber eine sehr flache Stirn; übrigens ist er eher hübsch als hässlich. Dieser war ausgezeichnet artig gegen Mutter, führte sie in den Garten, wohin wir folgten. Er ist nicht von Bedeutung; der Eingang aber ist sehr hübsch, indem er durch eine Art Laube, die schon an dem Hause anfängt, den Garten mit einem Gartenzimmer vereinigt, worin sehr viele Büsten der berühmtesten Schriftsteller unserer Zeit und die hiesige herzogliche Familie aufgestellt sind. Auch Goethens und seiner Frauen Büste steht darin, von der wir abscheuliche Dinge hören, mit denen ich mein Papier nicht beflecken werde. Gottlob, dass sie tot ist! Und doch, sollte man es glauben, ehrt er ihr Andenken mit Rührung. Nachdem wir nun alles gesehen, fuhren wir nach Haus. Er entschuldigte sich, dass er nicht ausgehen könne, indem er auch bei Hof abgesagt habe. Wir werden ihn nun wohl nicht öftrer sehen, welches mir Leid tun sollte, da ich ihn gern einmal sähe, dass ich ihn mit seinen herrlichen Kindern reimen könnte, welches ich bisher noch nicht gekonnt. Zuweilen fiel mir bei Tisch eine schöne Stelle aus seinen Gedichten ein, ich sah ihn darauf an, konnte aber keine Ähnlichkeit finden …

177. Johann Christian Lobe: »Mein Freund hat einen kleinen Berliner mitgebracht…« (1821)

[Felix kam hereingesprungen.] Ein schöner, blühender Knabe mit entschieden jüdischem Typus, schlank und gelenk; reiches, schwarzes

Lockenhaar floss ihm bis in den Nacken herab. Geist und Leben sprühten aus seinen Augen. – Er sah uns einen Augenblick neugierig an; dann trat er auf uns zu und gab jedem freundlich-zutraulich die Hand, wie alten Bekannten.

Mit Felix war auch Goethe eingetreten, der unsere ehrfurchtsvolle Verbeugung freundlich grüßend erwiderte. »Mein Freund«, sagte er, auf Zelter deutend, »hat da einen kleinen Berliner mitgebracht, der uns dieser Tage große Überraschung als Virtuose bereitete. Nun sollen wir ihn auch noch als Komponisten kennen lernen, wozu ich Ihre Beihilfe erbitte. So lass uns denn hören, mein Kind, was dein junger Kopf produziert hat!« Bei diesen Worten strich Goethe dem Knaben über die langen Locken.

Alsobald lief dieser zu den Noten, legte die Stimmen für uns auf die Pulte, die Prinzipalstimme auf den Flügel, und nahm eilig Platz auf dem Sessel. Zelter stellte sich hinter Felix zum Umwenden, Goethe einige Schritte seitwärts, die Hand auf den Rücken; der kleine Komponist warf einen feurigen Blick auf uns: wir legten die Bogen an – eine Bewegung von ihm mit dem Lockenhaupt, und das Spiel begann.

Goethe hörte alle Sätze mit der gespanntesten Aufmerksamkeit an, ohne besondere Bemerkungen zu machen, als etwa nach dem einen Satz ein »Gut«, nach dem andern ein »Brav«, welches er mit einem freundlich beifälligen Nicken begleitete. Zelters Ermahnung eingedenk, zeigten auch wir dem Knaben, dessen Antlitz im Verfolg des Vortrags sich immer höher rötete, unsern Beifall nur durch erfreute Mienen.

Als der letzte Satz zu Ende, sprang Felix von seinem Sitz auf und blickte alle der Reihe nach mit fragendem Blick an. Er mochte nun etwas über sein Werk hören wollen. Goethe aber nahm, wahrscheinlich von Zelter gestimmt, das Wort und sagte zu Felix: »Recht brav, mein Sohn! Die Mienen dieser Herren« – auf uns deutend – »sprechen deutlich genug aus, dass ihnen dein Produkt recht gut gefallen hat. Nun geh' hinunter in den Garten, man erwartet dich, und erhole und kühle dich ab, denn du brennst ja lichterloh!«

Ohne weiteres sprang der Knabe zur Tür hinaus.

178. Carl Gustav Carus: »Einfach, im blauen Zeugoberrock …« (1821)

Gleich beim Eintritt in das mäßig große, im einfach antiken Stil gebaute Haus deuteten die breiten, sehr allmählich sich hebenden

Treppen sowie die Verzierung der Treppenruhe mit dem Hunde der Diana und dem jungen Faun von Belvedere die Neigungen des Besitzers an. Weiter oben fiel die Gruppe der Dioskuren angenehm in die Augen, und am Fußboden empfing den in den Vorsaal Eintretenden blau ausgelegt ein einladendes »Salve«. Der Vorsaal selbst war mit Kupferstichen und Büsten auf das Reichste verziert und öffnete sich gegen die Rückseite des Hauses durch eine zweite Büstenhalle auf den lustig umrankten Altan und auf die zum Garten hinabführende Treppe. In ein anderes Zimmer geführt, sah ich mich aufs Neue von Kunstwerken und Altertümern umgeben; schön geschliffene Schalen von Chalzedon standen auf Marmortischen umher, über dem Sofa verdeckten halb und halb grüne Vorhänge eine große Nachbildung des unter dem Namen der aldobrandinischen Hochzeit bekannten alten Wandgemäldes, und außerdem forderte die Wahl der unter Glas und Rahmen bewahrten Kunstwerke, meistens Gegenstände alter Geschichte nachbildend, zu aufmerksamer Betrachtung auf.

Endlich kündigte ein rüstiger Schritt durch die anstoßenden Zimmer den werten Mann selbst an. Einfach, im blauen Zeugoberrock gekleidet, gestiefelt, in kurzem, etwas gepudertem Haar, mit den bekannten, von Rauch herrlich aufgefassten Gesichtszügen, in gerader kräftiger Haltung schritt er auf mich zu und führte mich zum Sofa. Die zweiundsiebzig Jahre haben auf Goethe wenig Eindruck gemacht; der *Arcus senilis* in der Hornhaut beider Augen beginnt zwar sich zu bilden, aber ohne dem Feuer des Auges zu schaden. Überhaupt ist das Auge an ihm vorzüglich sprechend, und mir erschien darin zumeist die ganze Weichheit des Dichtergemüts, welche sein übriger ablehnender Anstand nur mit Mühe zurückzuhalten und gegen das Eindringen und Belästigen der Welt zu schützen scheint; doch auch das ganze Feuer des hochbegabten Sehers leuchtete in einzelnen Momenten des weitern mehr erwärmten Gesprächs mit fast dämonischer Gewalt aus den schnell aufgeschlagenen Augen.

So saß ich denn nun ihm gegenüber! Die Erscheinung eines Menschen, welchem ich selbst einen so großen Einfluss auf meine Entwicklung zugestehen musste, war mir plötzlich nahe gerückt ... Die gewöhnlichen einleitenden Gespräche waren bald beseitigt; ich erzählte von meinen neuen Arbeiten über die Ur-Teile des Knochengerüstes ...

Der Diener brachte eine kleine Kollation. Es war mir ein rührendes Verhältnis, Goethe zu sehen, wie er mir den Wein eingoss und ein

Brot mit mir teilte, selbst von der einen Hälfte genießend und mir die andere reichend! – Dabei sprach er von meinen beiden Bildern …

179. Johann Peter Eckermann: »Und in allem solche Biederkeit und Festigkeit …« 1823

Vor wenigen Tagen bin ich hier angekommen, heute war ich zuerst bei *Goethe*. Der Empfang seinerseits war überaus herzlich und der Eindruck seiner Person auf mich derart, dass ich diesen Tag zu den glücklichsten meines Lebens rechne.

Er hatte mir gestern, als ich anfragen ließ, diesen Mittag zwölf Uhr als die Zeit bestimmt, wo ich ihm willkommen sein würde. Ich ging also zur gedachten Stunde hin und fand den Bedienten auch bereits meiner wartend und sich anschickend, mich hinaufzuführen.

Das Innere des Hauses machte auf mich einen sehr angenehmen Eindruck; ohne glänzend zu sein, war alles höchst edel und einfach; auch deuteten verschiedene an der Treppe stehende Abgüsse antiker Statuen auf Goethes besondere Neigung zur bildenden Kunst und dem griechischen Altertum. Ich sah verschiedene Frauenzimmer, die unten im Hause geschäftig hin und wieder gingen; auch einen der schönen Knaben Ottiliens, der zutraulich zu mir herankam und mich mit großen Augen anblickte.

Nachdem ich mich ein wenig umgesehen, ging ich sodann mit dem sehr gesprächigen Bedienten die Treppe hinauf zur ersten Etage. Er öffnete ein Zimmer, vor dessen Schwelle man die Zeichen »salve« als gute Vorbedeutung eines freundlichen Willkommenseins überschritt. Er führte mich durch dieses Zimmer hindurch und öffnete ein zweites, etwas geräumigeres, wo er mich zu verweilen bat, indem er ging, mich seinem Herrn zu melden. Hier war die kühlste erquicklichste Luft, auf dem Boden lag ein Teppich gebreitet, auch war es durch ein rotes Kanapee und Stühle von gleicher Farbe überaus heiter möbliert; gleich zur Seite stand ein Flügel, und an den Wänden sah man Handzeichnungen und Gemälde verschiedener Art und Größe.

Durch eine offene Tür gegenüber blickte man sodann in ein ferneres Zimmer, gleichfalls mit Gemälden verziert, durch welches der Bediente gegangen war, mich zu melden.

Es währte nicht lange, so kam *Goethe*, in einem blauen Oberrock und in Schuhen; eine erhabene Gestalt! Der Eindruck war überraschend. Doch verscheuchte er sogleich jede Befangenheit durch die freundlichsten Worte. Wir setzten uns auf das Sofa. Ich war glücklich verwirrt in seinem Anblick und seiner Nähe, ich wusste ihm wenig oder nichts zu sagen.

Er fing sogleich an von meinem Manuskript zu reden. »Ich komme eben von Ihnen her, sagte er; ich habe den ganzen Morgen in Ihrer Schrift gelesen; sie bedarf keiner Empfehlung, sie empfiehlt sich selber.« Er lobte darauf die Klarheit der Darstellung und den Fluss der Gedanken und dass alles auf gutem Fundament ruhe und wohl durchdacht sei. »Ich will es schnell befördern, fügte er hinzu, heute noch schreibe ich an *Cotta* mit der reitenden Post, und morgen schicke ich das Paket mit der fahrenden nach.« Ich dankte ihm dafür mit Worten und Blicken.

Wir sprachen darauf über meine fernere Reise. Ich sagte ihm, dass mein eigentliches Ziel die Rheingegend sei, wo ich an einem passenden Ort zu verweilen und etwas Neues zu schreiben gedenke. Zunächst jedoch wolle ich von hier nach Jena gehen, um dort die Antwort des Herrn von Cotta zu erwarten.

Goethe fragte mich, ob ich in Jena schon Bekannte habe, ich erwiderte dass ich mit *Herrn von Knebel* in Berührung zu kommen hoffe, worauf er versprach, mir einen Brief mitzugeben, damit ich einer desto bessern Aufnahme gewiss sei.

»Nun, nun!«, sagte er dann, »wenn Sie in Jena sind, so sind wir ja nahe bei einander und können zu einander und können uns schreiben, wenn etwas vorfällt.«

Wir saßen lange beisammen, in ruhiger liebevoller Stimmung. Ich drückte seine Knie, ich vergaß das Reden über seinem Anblick, ich konnte mich an ihm nicht satt sehen. Das Gesicht, so kräftig und braun und voller Falten und jede Falte voller Ausdruck. Und in allem solche Biederkeit und Festigkeit und solche Ruhe und Größe! Er sprach langsam und bequem, so wie man sich wohl einen bejahrten Monarchen denkt, wenn er redet. Man sah ihm an, dass er in sich selber ruhet und über Lob und Tadel erhaben ist. Es war mir bei ihm unbeschreiblich wohl; ich fühlte mich beruhigt, so wie es jemandem sein mag, der nach vieler Mühe und langem Hoffen endlich seine liebsten Wünsche befriedigt sieht.

Er kam sodann auf meinen Brief und dass ich Recht habe, dass, wenn man *eine* Sache mit Klarheit zu behandeln vermöge, man auch zu vielen anderen Dingen tauglich sei.

»Man kann nicht wissen, wie sich das drehet und wendet«, sagte er dann, »ich habe manchen hübschen Freund in Berlin, da habe ich denn dieser Tage Ihrer gedacht.«

Dabei lächelte er liebevoll in sich. Er machte mich sodann aufmerksam, was ich in diesen Tagen in Weimar alles noch sehen müsse, und dass er den Herrn Sekretär *Kräuter* bitten wolle, mich herumzuführen. Vor allem aber solle ich ja nicht versäumen, das Theater zu besuchen. Er fragte mich darauf, wo ich logiere und sagte, dass er mich noch einmal zu sehen wünsche und zu einer passenden Stunde senden wolle.

Mit Liebe schieden wir auseinander; ich im hohen Grade glücklich, denn aus jedem seiner Worte sprach Wohlwollen und ich fühlte, dass er es überaus gut mit mir im Sinne habe.

180. Franz Grillparzer: *»Ich brach in Tränen aus …« (1826)*

Endlich kam ich nach Weimar und kehrte in dem damals in ganz Deutschland bekannten Gasthofe zum »Elefanten«, gleichsam dem Vorzimmer zu Weimars lebender Walhalla, ein. Von da sandte ich den Kellner mit meiner Karte zu Goethe und ließ anfragen, ob ich ihm aufwarten dürfe. Der Kellner brachte die Antwort zurück: Der Herr Geheimerat habe Gäste bei sich und könne mich daher jetzt nicht sehen. Er erwarte mich für den Abend zum Tee.

Ich aß im Gasthause; durch meine Karte war mein Name bekannt geworden, und der Geruch desselben verbreitete sich in der Stadt, so dass es an Bekanntschaften nicht fehlte.

Gegen Abend ging ich zu Goethe. Ich fand im Salon eine ziemlich große Gesellschaft, die des noch nicht sichtbar gewordenen Herrn Geheimerats wartete. Da sich darunter – und das waren eben die Gäste, die Goethe mittags bei sich hatte – ein Hofrat Jacob oder Jacobs mit seiner ebenso jungen als schönen und ebenso schönen als gebildeten Tochter befand, derselben, die sich später unter dem Namen Talvj einen literarischen Ruf gemacht hat, so verlor sich bald meine Bangigkeit, und ich vergaß im Gespräche mit dem liebenswürdigen Mädchen beinahe, dass ich bei Goethe war. Endlich öffnete sich eine Seitentüre und er selbst trat ein. Schwarz gekleidet, den Ordensstern auf der Brust, gerader, beinahe steifer Haltung, trat er unter uns, wie ein Audienz gebender Monarch. Er sprach mit diesem und jenem ein paar Worte und kam endlich auch zu mir, der ich an der entgegengesetzten Seite des Zimmers stand. Er fragte mich, ob bei uns die italienische Literatur sehr betrieben werde? Ich sagte ihm der Wahrheit gemäß, die italienische Sprache sei allerdings sehr verbreitet, da alle Angestellten sie vorschriftsmäßig erlernen müssten. Die italienische Literatur dagegen werde völlig vernachlässigt, und man wende sich aus Modeton vielmehr der englischen zu, welche bei aller Vortrefflichkeit doch eine Beimischung von Derbheit habe, die für den gegenwärtigen Zustand der deutschen Kultur, vornehmlich der poetischen, mir nichts weniger als förderlich scheine. Ob ihm diese meine Äußerung gefallen habe oder nicht, kann ich nicht wissen, glaube aber fast letzteres, da gerade damals die Zeit seines Briefwechsels mit Lord Byron war. Er entfernte sich von mir, sprach mit andern, kam wieder zu mir zurück, redete, ich weiß nicht mehr von was, entfernte sich endlich, und wir waren entlassen.

Ich gestehe, dass ich mit einer höchst unangenehmen Empfindung in mein Gasthaus zurückkehrte. Nicht als wäre meine Eitelkeit beleidigt gewesen, Goethe hatte mich im Gegenteile freundlicher und aufmerksamer behandelt, als ich voraussetzte. Aber das Ideal meiner Jugend, den Dichter des Faust, Clavigo und Egmont, als steifen Minister zu sehen, der seinen Gästen den Tee segnete, ließ mich aus all meinen Himmeln herabfallen. Wenn er mir Grobheiten gesagt und mich zur Türe hinausgeworfen hätte, wäre es mir fast lieber gewesen. Ich bereute fast, nach Weimar gegangen zu sein.

Demnach beschloss ich, den nächstfolgenden Tag zur Besichtigung der Merkwürdigkeiten Weimars zu verwenden und bestellte im Gasthaus die Pferde für übermorgen. Des nächsten Vormittags kamen Besuche aller Art, darunter der freundliche und ehrenhafte Kanzler Müller, vor allen aber mein Landsmann, der seit mehreren Jahren in Weimar angestellte Kapellmeister Hummel …

Endlich bekam er Gelegenheit, mit einem Wiener wienerisch zu sprechen, welche Mundart er mitten unter Anderssprechenden rein und unverfälscht erhalten hatte. Ich weiß nicht, war es der Abstich oder habe ich in meinem Leben nicht so schlecht deutsch sprechen gehört. Während wir den Besuch einzelner Merkwürdigkeiten Weimars verabredeten und Kanzler Müller, der meine Herabstimmung bemerkt haben mochte, mir versicherte, die Steifheit Goethes sei nichts als eigene Verlegenheit, so oft er mit einem Fremden das erste Mal zusammentreffe, trat der Kellner ein und brachte eine Karte mit der Einladung zum Mittagmahl bei Goethe für den nächstfolgenden Tag. Ich musste daher meinen Aufenthalt verlängern und bestellte die bereits für morgen besprochenen Pferde ab. Der Vormittag verging mit Besichtigung der literarisch berühmt gewordenen Örtlichkeiten der Stadt. Am meisten interessierte mich Schillers Haus, vor allem aber der Umstand, dass in des Dichters Arbeitszimmer, einem eigentlichen Dachstübchen im zweiten Stockwerke, ein Greis, der noch zu Schillers Zeit als Souffleur beim Theater gestanden haben soll, einen kleinen Knaben, seinen Enkel, im Lesen unterrichtete. Die offene und geistig angeregte Miene des Kleinen gab der Illusion Raum, als ob aus der Studierstube Schillers dereinst ein neuer Schiller hervorgehen könnte; was freilich nicht eingetroffen ist.

Die Ordnung der Tage verwirrt sich mir. Ich glaube, es war an diesem ersten, da ich bei Hummel zu Mittage aß, und zwar ganz allein mit seiner Familie. Ich fand da seine Gattin, die einst so hübsche Sängerin Mamsell Röckel, die mir in Pagenkleidern und prallen seidenen Trikots noch immer vor der Erinnerung schwebte. Jetzt war sie eine tüchtige, ehrenwerte Hausfrau, die mit ihrem Gatten an Freundlichkeit wetteiferte. Ich fühlte mich zur ganzen Familie mit Liebe hingezogen, so wie ich Hummel, trotz etwas Handwerksmäßigem in seiner Gesinnung, doch als den letzten unverfälschten Schüler Mozarts achtete und verehrte …

Endlich kam der verhängnisvolle Tag mit seiner Mittagsstunde, und ich ging zu Goethe. Die außer mir geladenen Gäste waren schon versammelt, und zwar ausschließlich Herren, da die liebenswürdige Talvj schon am Morgen nach jenem Teeabende mit ihrem Vater abgereist und Goethes Schwiegertochter, die mir mit ihrer früh geschiedenen Tochter später so wert geworden ist, damals von Weimar abwesend war. Als ich im Zimmer vorschritt, kam mir Goethe entgegen und war so liebenswürdig und warm, als er neulich steif und kalt gewesen war. Das Innerste meines Wesens begann sich zu bewegen. Als es aber zu Tische ging und der Mann, der mir die Verkörperung der deutschen Poesie, der mir in der Entfernung und dem unermesslichen Abstande beinahe zu einer mythischen Person geworden war, meine Hand ergriff, um mich ins Speisezimmer zu führen, da kam einmal wieder der Knabe in mir zum Vorschein, und ich brach in Tränen aus. Goethe gab sich alle Mühe, um meine Albernheit zu maskieren. Ich saß bei Tisch an seiner Seite, und er war so heiter und gesprächig, als man ihn, nach späterer Versicherung der Gäste, seit langem nicht gesehen hatte. Das von ihm belebte Gespräch ward allgemein. Goethe wandte sich aber auch oft einzeln zu mir …

Von den Tischereignissen ist mir nur noch als charakteristisch erinnerlich, dass ich im Eifer des Gespräches nach löblicher Gewohnheit in dem neben mir liegenden Stücke Brot krümelte und dadurch unschöne Brosamen erzeugte. Da tippte denn Goethe mit dem Finger auf jedes einzelne und legte sie auf ein regelmäßiges Häufchen zusammen. Spät erst bemerkte ich es und unterließ dann meine Handarbeit.

Beim Abschiede forderte mich Goethe auf, des nächsten Vormittags zu kommen, um mich zeichnen zu lassen. Er hatte nämlich die Gewohnheit, alle jene von seinen Besuchern, die ihn interessierten, von einem eigens dazu bestellten Zeichner in schwarzer Kreide porträtieren zu lassen. Diese Bildnisse wurden in einen Rahmen, der zu diesem Zwecke im Besuchzimmer hing, eingefügt und allwöchentlich der Reihe nach gewechselt. Mir wurde auch diese Ehre zuteil.

Als ich mich des andern vormittags einstellte, war der Maler noch nicht gekommen. Man wies mich daher zu Goethe, der in seinem Hausgärtchen auf und nieder ging. Nun wurde mir die Ursache seiner steifen Körperhaltung gegenüber von Fremden klar. Das Alter war nicht spurlos an ihm vorübergegangen. Wie er so im Gärtchen hinschritt, bemerkte man wohl ein gedrücktes Vorneigen des Oberleibs mit Kopf und Nacken. Das wollte er nun vor Fremden verbergen, und daher jenes gezwungene Emporrichten, das eine unangenehme Wirkung machte. Sein Anblick in dieser natürlichen Stellung, mit einem langen Hausrock bekleidet, ein kleines Schirmkäppchen auf den weißen Haaren, hatte etwas unendlich Rührendes. Er sah halb wie ein König aus und halb wie ein Vater. Wir sprachen im Auf- und Niedergehen. Er erwähnte meiner Sappho, die er zu billigen schien, worin er freilich gewissermaßen sich selbst lobte, denn ich hatte so ziemlich mit seinem Kalbe gepflügt. Als ich meine vereinzelte Stellung in Wien beklagte, sagte er, was wir seitdem gedruckt von ihm gelesen haben: dass der Mensch nur in Gesellschaft Gleicher oder Ähnlicher wirken könne. Wenn er und Schiller das geworden wären, als was die Welt sie anerkennt, verdankten sie es großenteils dieser fördernden und sich ergänzenden Wechselwirkung. Inzwischen kam der Maler. Wir gingen ins Haus, und ich wurde gezeichnet. Goethe war in sein Zimmer gegangen, von wo er von Zeit zu Zeit herauskam und sich von den Fortschritten des Bildes überzeugte, mit dem er nach der Vollendung zufrieden war. Nach Verabschiedung des Malers ließ Goethe durch seinen Sohn mehrere Schaustücke von seinen Schätzen herbeibringen. Da war sein Briefwechsel mit Lord Byron; alles, was sich auf seine Bekanntschaft mit der Kaiserin und dem Kaiser von Österreich in Karlsbad bezog; endlich das kaiserlich österreichische Privilegium gegen den Nachdruck für seine gesammelten Werke. Auf letzteres schien er große Stücke zu halten, entweder weil ihm die konservative Haltung Österreichs gefiel oder, im Abstich der sonstigen literarischen Vorgänge in diesem Lande, als Kuriosum. Diese Schätze waren, halb orientalisch, jedes Zusammengehörige einzeln, in ein seidenes Tuch eingeschlagen, und Goethe benahm sich ihnen gegenüber mit einer Art Ehrfurcht. Endlich wurde ich aufs Liebevollste entlassen.

Im Laufe des Tages forderte mich Kanzler Müller auf, gegen Abend Goethe zu besuchen. Ich würde ihn allein treffen und mein Besuch ihm durchaus nicht unangenehm sein. Erst später fiel mir auf, dass Müller das nicht ohne Goethes Vorwissen gesagt haben konnte.

Nun begab sich meine zweite weimarische Dummheit. Ich fürchtete mich, mit Goethe einen ganzen Abend allein zu sein, und ging, nach manchem Wanken und Schwanken, nicht hin.

Diese Furcht bestand aus mehreren Elementen. Einmal schien mir in dem ganzen Bereich meines Wissens nichts, was würdig gewesen wäre, Goethen gegenüber vorgebracht zu werden. Dann habe ich meine eigenen Arbeiten erst später im Vergleich mit den Zeitgenossen schätzen gelernt; im Abstande von dem Früheregewesenen, namentlich hier in der Vaterstadt der deutschen Poesie, kamen sie mir höchst roh und unbedeutend vor. Endlich habe ich schon gesagt, dass ich Wien mit dem Gefühle eines gänzlichen Versiegens meines poetischen Talentes verlassen hatte, welches Gefühl sich in Weimar bis zur eigentlichen Niedergedrücktheit vermehrte. Goethen aber Klagelieder vorzusingen und von ihm durch nichts verbürgte Tröstungen entgegenzunehmen, schien mir doch gar zu erbärmlich.

In diesem Unsinn war übrigens doch auch ein Körnchen Sinn. Goethes damalige Abneigung gegen alles Heftige und Gewaltsame war mir bekannt. Nun war ich aber der Meinung, dass Ruhe und Gemessenheit nur demjenigen anstehe, der imstande ist, einen so ungeheuern Gehalt hineinzulegen, als Goethe in der Iphigenie und im Tasso getan hat. Zugleich meinte ich, dass jeder die Eigenschaften ins Spiel bringen müsse, in denen er seine Stärke hat. Das waren nun bei mir damals warme Empfindung und starke Phantasie. Die Gründe einer solchen Abweichung von seinen Ansichten ihm selbst gegenüber zu verteidigen, fühlte ich mich, auf meinem damaligen Standpunkte der unbefangenen Anschauung, viel zu schwach; seine Darlegung aber mit einer geheuchelten Billigung oder einem lügenhaften Stillschweigen hinzunehmen, dazu hatte ich vor ihm viel zu viel Ehrfurcht.

Wie nun immer, ich ging nicht hin, und das hat Goethen verstimmt. Mit Recht mochte es ihm auffallen, dass ich die dargebotene Gelegenheit, mich über meine Arbeiten und mich selbst aufzuklären, so gleichgültig versäumte. Oder er kam der Wahrheit näher und meinte, dass die Ahnfrau und die Vorliebe für ähnliche, ihm widerliche Ausbrüche bei mir noch nicht erloschen sei. Oder er durchsah meine ganze Stimmung und urteilte, dass Unmännlichkeit des Charakters auch ein bedeutendes Talent zugrunde richten müsse. Er war von da an viel kälter gegen mich …

An einem dieser Tage wurde ich auch zum Großherzoge beschieden, den ich im sogenannten römischen Hause in all seiner Schlichtheit und Natürlichkeit antraf. Er unterhielt sich über eine Stunde mit mir, und meine Schilderung der österreichischen Zustände schien ihn zu interessieren. Nicht er, aber die meisten übrigen ließen einen Wunsch durchblicken, mich für das Weimarer Theater zu gewinnen, ein Wunsch, der nicht zugleich auch der meinige war.

Als ich am vierten Tage meines Aufenthalts von Goethe Abschied nahm, war er freundlich, aber abgekühlt. Er wunderte sich, dass ich schon so früh Weimar verlasse, und fügte hinzu, dass, wenn ich später von mir Nachricht geben wolle, es sie sämtlich erfreuen werde. Also »sie« in vielfacher Zahl, nicht ihn. Er ist mir auch in der Folge nicht gerecht geworden, insofern ich mich nämlich denn doch, trotz allem Abstande, für den Besten halte, der nach ihm und Schiller gekommen ist. Dass das alles meine Liebe und Ehrfurcht für ihn nicht vermindert hat, brauche ich wohl nicht zu sagen.

Am Tage meiner Abreise gab mir das sämtliche Weimar einen Abschiedsschmaus im Schützenhause, zu dem Goethe auch seinen Sohn hinausgeschickt hatte. Es ging sehr lebhaft her, und auf mein Wohl und eine glückliche Reise wurde vehement getrunken. Ich war damals eine deutsche Zelebrität. Das Interessanteste war mir mein Landsmann Hummel, der sich zum Schlusse ans Klavier setzte und phantasierte, wobei er die Melodie des sächsischen Posthornes zum Thema nahm. Ich habe ihn weder früher noch später so hinreißend spielen gehört.

181. Georg Wilhelm Friedrich Hegel: »Sonst ging alles ganz ungeniert …« (1827)

Weimar, 17. Oktober 1827

Abends, bei sinkender Sonne, kam ich dann gestern hier an. Also nach einigem Zurechtmachen zum Ziele dieses Umweges, dem alten verehrten Freunde, geschritten. – Das Haus war illuminiert, der Großherzog hatte sich zum Tee ansagen lassen; ich ließ jedoch einstweilen meine Ankunft melden. Goethe empfing mich aufs Freundlichste und Herzlichste; ich hatte ihm mancherlei zu erzählen. Nach einer halben Stunde kam der alte Großherzog. – Eine Hauptsache muss ich aber noch nachholen, dass ich außer Riemer – Zelter bei Goethe antraf. Goethe präsentierte mich dem gnädigsten Herrn, zu dem ich mich auf dem Sofa – ich glaube sogar, ich saß ihm zur Rechten – setzte. Er frug nach Paris – er ist etwas taub – ... so verging der Abend (Zelter und Riemer setzten sich klüglicherweise in das daranstoßende Zimmer), so gut es mit dem alten Herrn gehen wollte, in der Konversation bis ½10 Uhr. Goethe stand dabei immer, ich merkte diesem nach und nach ab, dass der Herr etwas taub war und dass man, wenn es still mit Sprechen wird, nicht ihn zu unterhalten suchen, sondern warten solle, bis ihm wieder etwas einfällt. – Sonst ging alles ganz ungeniert, ich musste ein paar Stunden auf meinem Sofa genagelt aushalten. Der Großherzog hatte mir empfohlen, seinen botanischen Garten in Belvedere zu sehen. Ich fuhr mit Zelter heute früh – Goethe hatte seine Equipage dazu bereithalten lassen – um 10 Uhr hinaus. Es sind in der Tat sehr große, ausgebreitete Anlagen. Der Herzog ist selbst ein großer Botaniker – es sind schöne Exemplare von Pflanzen da zu sehen –, wir beide waren freilich nicht Kenner genug, um alles gehörig zu schätzen. Mittags waren wir wieder hier. Ich machte Herrn und Frau von Schwendler meinen Besuch, wo ich freilich vielem Bedauern, dass du nicht dabei seiest und dass ich mich von Goethe in Beschlag nehmen lasse etc., zu begegnen hatte. – Dann einen Gang in die alten, bekannten, vor 25 Jahren begangenen Wege des schönen Parks, Begrüßung der Ufer der kleinen Ilm und ihrer leiseren Wellen, die manches unsterbliche Lied gehört. Um 2 Uhr zum Mittagessen zu Goethe, das vortrefflich und vom besten Appetit honoriert wurde. – Die Frau v. Goethe, jede Stunde ihre Entbindung erwartend, unsichtbar – war also nicht bei Tische –, die Schwester, Fräulein v. Pogwisch, recht munter, Hofrat Vogel, der Arzt, ein D. Eckermann, Sekretär Goethes, die zwei Enkel, der Sohn, Zelter und ich – ich saß neben Goethe, zu meiner Rechten das erwähnte Fräulein; die Weimaraner Gäste stiller, wir aber gemütlich, gesprächig, tapfer essend und trinkend. Ich musste Goethe von den politischen und literarischen Ansichten und Interessen in Frankreich viel erzählen, es interessierte ihn alles sehr. Er ist ganz kräftig, gesund, überhaupt der alte, d. h. immer junge, etwas stiller –

ein solches ehrwürdiges, gutes, fideles Haupt, dass man den hohen Mann von Genie und unversiegbarer Energie des Talents darüber vergisst. Wir sind als alte treue Freunde ohnehin nicht auf dem Fuße der Beobachtung, wie er sich zeige oder was er gesprochen, sondern kordat zusammen und nicht um des Rühmens und der Ehre willen, dies von ihm gesehen und gehört zu haben usf. – Der Sohn hat mir nach Tisch sehr ausdrücklich gesagt, wie Goethe sich der Hoffnung, dass ich bei ihm auf meiner Rückreise von Paris einspreche, erfreut habe. Er sprach überhaupt ausführlich von seinem Verhältnisse und Empfindung zu seinem Vater in jeder Rücksicht, und man muss Goethe in seinem Alter und Lebweise glücklich preisen, ihn in solcher Liebe und Pflege zu wissen, und den Sohn darum achten und lieb haben.

182. A. E. Graf von Koźmian: »Eine Art von Furcht und Schüchternheit ...« (1829)

Als ich im Jahre 1829 mit Graf Alexander B. auf einer Reise nach Frankreich begriffen war, hielt ich mich ein paar Tage in Weimar, diesem deutschen Klein-Athen auf. Meine erste Sorge ging dahin, die Ehre zu erlangen, den berühmtesten Dichter Germaniens kennen zu lernen. Nicht leicht pflegte dieser König des Gedankens, dieser geistige Herrscher Deutschlands zu sich Einlass zu gewähren. Wollte man die Erlaubnis erhalten, ihm seine Huldigung darbringen zu dürfen, so musste man ihm dem Namen nach bekannt oder wohl empfohlen sein. Ungeachtet seiner angebornen Höflichkeit sah Goethe sich gezwungen, den Zutritt zu sich zu erschweren; sonst hätte er alle Stunden seiner Tage dem Empfange solcher opfern müssen, die teils mit aufrichtiger Verehrung, teils mit aufdringlicher Neugierde zu ihm geeilt wären. Er hätte aus sich, so zu sagen, ein permanentes Ausstellungsobjekt machen müssen.

Die freundliche Aufnahme, welche wir beide am Weimarer Hofe gefunden hatten, die Verwendung von Persönlichkeiten, deren Verlangen Goethe willig nachgab, und vor allem das Entgegenkommen seiner Schwiegertochter, deren Seeleneigenschaften, Witz, Gemütsfrische und Phantasie sie würdig erscheinen ließen, Goethes Schwiegertochter zu sein – erwirkten für uns die Erlaubnis, ihn in seiner Wohnung zu besuchen. Einige Tage vor unserer Ankunft war Goethe durch die Ankunft seines alten Freundes, des Grafen Reinhardt, französischen Ministers beim Deutschen Bunde, und dessen junger

Gemahlin erfreut worden. Um nun seinem Freunde den Aufenthalt in Weimar angenehm zu machen, versammelte Goethe allabendlich bei sich eine ausgewählte Gesellschaft. Auch wir erhielten die Aufforderung, einige Augenblicke in seinem Hause zu verbringen, und unterließen nicht, davon Gebrauch zu machen.

Als ich mich Goethes Wohnung nahte, hatte ich einen Eindruck, wie wir ihn bloß unter außerordentlichen, wichtigen Umständen erfahren, in Augenblicken, deren Erinnerung nie entschwindet, in Augenblicken, da die Seele neue, unbekannte Gefühle und Freuden erwartet. Als ich schon die Schwelle seines Hauses überschritten hatte, auf der Treppe, wo unter verschiedenen Skulpturwerken der Kopf des Apollo vom Belvedere besonders hervorragte, als ich mich schon innerhalb der Wände befand, wo ich den Dichter erschauen sollte: da fühlte ich in mir eine Art von Furcht und Schüchternheit, und zugleich hatte ich das Gefühl des Wanderers, welcher zum ersten Mal ein Schiff bestiegen hat und zu sich sagt: »Ich bin auf dem Meere« – welcher zu der ewigen Stadt gekommen, zu sich sagt: »Ich bin in Rom« – welcher auf dem Gipfel des Montblanc angelangt spricht: »Ich bin auf dem Scheitel des höchsten Berges in Europa«.

Im Zimmer, worin Goethe seine Gäste empfing, fanden wir schon ein paar Personen, und mit ihnen seine Schwiegertochter, welche mit einnehmender Höflichkeit die Pflichten der Hausfrau erfüllte. Goethe hatte sich noch nicht gezeigt; aber nach kurzer Weile schob sein Lieblingsdiener die Türe des Nebenzimmers auseinander und meldete: »Herr von Goethe!« Auf dieses Losungswort erhoben wir uns achtungsvoll alle wie ein Mann und erblickten den Dichter, welcher hereingekommen, mit höflicher, doch ernster Verbeugung die versammelten Gäste begrüßte. Diese Tür, welche sich nicht öffnen, sondern auseinanderschieben ließ, diese Art seines Eintretens mit vorheriger Anmeldung durch den Bedienten, hatte vielleicht etwas Theatralisches an sich, und wenigstens was mich betrifft, hob dies keineswegs den Eindruck, welchen seine majestätische Gestalt bewirkte. Diese Gestalt war erhaben und achtunggebietend, die Züge strahlten von Genie, die Augen flammten vom Feuer der Begeisterung. Zwei Runzeln, welche seine Stirn durchfurcht hatten, gaben ihm den Ausdruck einer schwer zu beschreibenden Geistesgewalt; es schien als ob dorther seine Pläne sich ergössen, dorther die Funken seines Genies blitzten. Wie die Deutschen berichten, hatte er in seiner Jugend mit dem belvedereschen Apoll, im Alter mit dem Donnerer Zeus Ähnlichkeit – und in der Tat war dies ehrwürdige Greistum, der Adel seiner Züge wie geschaffen zur Begeisterung eines Bildhauers. Das Antlitz zeigte nicht so sehr den Schöpfer des Werther als den Fausts; ich las darin leichter Gewalt des Gedankens als Weichheit des Gefühls; ja es schien mir, als bemerkte ich dort den charakteristischen Ausdruck, welchen die Erforschung der Geheimnisse des Daseins bewirkt. Allein die ganze Art Goethes, seine ernste Höflichkeit bezeugten, dass er, welcher so mächtig fühlt, so tief denkt, immer den Formen gebildeter Gesellschaft sich unterwarf, dass er die Hofluft gewohnt war und häufig mit vornehmen Persönlichkeiten verkehrte.

Als Goethe hereingetreten war, stellte ihm seine Schwiegertochter uns vor; er empfing uns freundlich und richtete an uns ein paar Fragen in Betreff unserer Reise; aber die Ankunft neuer Gäste entzog ihn uns. Er sprach vor allem mit den Damen, deren Gesellschaft er liebte und suchte.

183. Charles Augustus Murray: »Ein Gefühl der Sicherheit ...« (1830)

Nachdem ich eine Nacht in Weimar zugebracht, hatte ich Postpferde bestellt, um meine Reise fortzusetzen; doch vor dem Aufbruch sagte ich meinem Wirte, es läge mir sehr viel daran, den großen deutschen Dichter zu sehen, der damals Premierminister am weimarischen Hofe war. Er erwiderte mir, Reisende aus aller Herren Länder hätten, wenn sie Weimar berührten, oft einen derartigen Wunsch geäußert; der Minister lasse sich aber nie darauf ein, es sei denn, dass man Empfehlungsbriefe von einflussreichen Personen oder intimen Freunden überbrächte. Trotzdem wollte ich meinen Plan nicht aufgeben, ohne einen Versuch zu seiner Durchführung zu machen; ich setzte mich also hin und schrieb einen Brief an den großen Mann, dessen Inhalt ich hier anzugeben nicht für nötig halte, auch wenn ich mich seiner noch erinnern könnte. Es genügt zu bemerken, dass der Brief so eindringlich war, als ich ihn machen konnte. Mit diesem Brief in der Hand fuhr ich bei Goethe vor. Als ich eingelassen wurde, bat ich den Diener, der die Tür öffnete, meinen Brief Seiner Exzellenz zu übergeben. Während er diesen Auftrag ausführte, sah ich mich im Vorraum um, wo eine Büste von Byron einen hervorragenden Platz der Tür gegenüber einnahm, und wartete mit Spannung auf das Ergebnis meines kühnen Unternehmens. Zu meiner großen Überraschung und Freude kehrte der Diener zurück, um mir mitzuteilen, er sei beauftragt, mich in das Arbeitszimmer Seiner Exzellenz zu führen.

Als ich eintrat, saß Goethe an seinem Schreibtisch. Ich will hier nicht versuchen, ein Bild von dem Äußeren des großen Dichters zu geben. Es ist nach den vorhandenen Bildern, Büsten und Stichen zu wohl bekannt, als dass dies nötig wäre. Ich habe nur zu sagen, dass, obwohl mehr als 80 Jahre ihre unverlöschbaren Spuren auf seinem Antlitz zurückgelassen haben, es mir noch immer eins der eindrucksvollsten erschien, das mir vor Augen gekommen ist. Er erhob sich von seinem Sitze, reichte mir die Hand, und mit einem freundlichen Lächeln, das mir gleich ein Gefühl der Sicherheit gab und mich darüber beruhigte, dass er keinen Anstoß an meinem unberechtigten Briefe genommen, lud er mich zum Sitzen ein und fragte mich, welche Zwecke ich bei meiner Reise durch Deutschland verfolge. Nachdem wir uns ein paar Minuten lang über allgemeine Dinge unterhalten hatten, wies er auf einen großen Band hin, der vor ihm auf dem Tische lag, und sagte: »Es ist merkwürdig, dass ich, als Ihr Besuch mir gemeldet wurde, im Begriffe war, einige Notizen über Ihre alte englische Literatur zu machen. Hat dieser Gegenstand jemals Ihre Aufmerksamkeit erregt?« –

Hierauf konnte ich glücklicherweise eine bejahende Antwort geben, da ich kurz zuvor in Oxford einige Zeit mich mit dem Studium des Angelsächsischen abgegeben und überdies Chaucer fleißig gelesen hatte; daher war ich in der Lage, ein paar alte Worte und Wendungen zu erklären, die er als der Erläuterung bedürftig angemerkt hatte. Dies war ihm offenbar angenehm: er fragte mich, ob ich meine Abreise noch ein oder zwei Tage verschieben könne, und fügte hinzu, seine Schwiegertochter, Frau von Goethe, erwarte am Abend einige Freunde; er würde sich freuen, mich ihr und ihnen vorstellen zu können. Ich brauche nicht zu sagen, wie gern ich einwilligte, und so verbrachte ich zwei angenehme Tage in Weimar, eine halbe Stunde jeden Morgen bei Goethe und die Abende im Salon seiner Schwiegertochter, wo ich die beste Gesellschaft von Weimar traf. Als ich am dritten Morgen hinging, um mich vom Dichter zu verabschieden, und ihm für alle seine Freundlichkeit gedankt hatte, wagte ich ihn zu bitten, er möge ein Übriges tun und für mich einen Vers aufschreiben, der mir als ein schriftliches Erinnerungszeichen an meinen Besuch dienen könnte. Nachdem er einen Augenblick nachgedacht, schrieb er folgenden Vierzeiler für mich nieder:

Liegt dir gestern klar und offen,
Wirkst du heute kräftig, treu;
Kannst auch auf ein Morgen hoffen,
Das nicht minder glücklich sei.

184. Bernhard von Beskow: »Weimar ist nicht mehr, was es vordem gewesen ist ...« (1834)

Weimar ist ja nicht mehr, was es vordem gewesen ist, aber sein Name bleibt dem Freunde der Bildung immer heilig, und man besucht es im Grunde, um Goethes, Schillers, Wielands und Herders Gräber zu begrüßen.

Wir brachten den größten Teil unserer Zeit bei Frau von Goethe zu. Sie bewohnt ihres Schwiegervaters Haus. Dessen Sammlungen, Bibliothek, Erinnerungen – die Zimmer, die der große Dahingeschiedene bewohnte und die genau in dem Zustande belassen sind, in dem sie bei seinem Tode waren – alles das zusammen bildet einen Tempel, keiner andern irdischen Wohnstätte an Wert vergleichbar, für jeden, der Goethe bewundert und geliebt, d. h. der ihn gelesen und gekannt hat. Als ich das Zimmer betrat, in dem ich ihn zum ersten Mal gesehen hatte, schien es mir, als habe sich in diesen 14 Jahren nichts verändert, und ein meisterhaftes und ganz erstaunlich ähnliches Porträt von Stieler trug noch dazu bei, mich in dieselbe Stimmung wie damals zu versetzen. Aber als er nicht kam, als seine von ihm so sehr geliebte Schwiegertochter Ottilie von ihrem Verlust sprach, als seine Enkel – nun auch vaterlos – eintraten, da erfasste auch den Fremdling ein immer zunehmendes tiefschmerzliches Vermissen, und er konnte in dem Gefühl der Leere, die Goethes Hingang in Goethes Hause hinterlassen musste, eine heimliche Träne nicht unterdrücken.

Die Stunden, die wir mit den noch übrigen Gliedern seiner Familie verbrachten, dort wo alles von diesem außerordentlichen Menschen zu Auge und Herzen sprach, boten doch das Schönste, was die auf den Spuren der Vergangenheit schreitende Erinnerung bieten kann. Seine Enkel gleichen ihm alle, besonders seine kleine sechsjährige Enkelin Alma, bei der Stirn und Augen ein vollkommenes Miniaturbild des schönen Apollokopfes sind, der uns noch in Bildern aus Goethes Jugend entzückt, und von dem sich auch in das majestätische Greisenalter hinein Züge erhalten hatten.

Sein ältester Enkel, Walter Wolfgang, 16 Jahre alt, hat eine ausgesprochene Neigung für die Musik und beabsichtigt, sich ihr ganz zu widmen. Es wäre schön, wenn er den Vatersnamen auf einer andern Bahn des Genies einführen könnte, da die literarische, auch mit großen Anlagen, nicht betreten werden könnte, ohne dass den beginnenden Dichter die Frage träfe, die Racines Sohn gestellt wurde, als er mit seinem ersten Dichtwerk hervortrat: *»Comment oser faire des vers avec un nom comme le vôtre?«* Es ist zuweilen schwer, das Erbe eines großen Namens zu tragen. Nur das Selbsterworbene drückt nicht.

Goethes zweiter Enkel, August Wolfgang, 14 Jahre alt, ist für die diplomatische Laufbahn bestimmt und wird daher in die Dienste Preußens, wo zwei der weimarischen Prinzessinnen vermählt sind, treten. Es ist erfreulich, die Bildung dieser hoffnungsvollen Jünglinge in der Obhut einer so vortrefflichen Mutter zu wissen.

185. Karl Lebrecht Immermann: »Goethe und kein Ende!« (1837)

In einem Brunnen kann das schönste Wasser sein; wenn man aber keinen Schöpfeimer hat, so kommt es einem doch nicht zum Genuss, und so hat jede Stadt irgend jemand, mit dem man in Verbindung treten muss, will man ihre Sozietät kennen lernen.

Für Weimar ist ein solcher Sozietäts-Schöpfeimer der Kanzler von Müller, ohne dass ich damit andeuten wollte, er wände einem lauter Wasser herauf. Im Gegenteil: Ich bin mit unterrichteten, unterhaltenden, wohlwollenden Menschen zusammengekommen, die mir freundlich und artig begegnet sind, daher es sehr undankbar wäre, wenn ich mehr als nur ein klein – klein – klein wenig mich mokieren wollte. Omne simile claudicat, d. h., Worte sind keine Krücken. Über den alten Müller haben wir uns in Düsseldorf weidlich aufgehalten und doch mit Unrecht. Dieses gefällige, redselige, freundliche Wesen, dieses Sichinteressieren für alles und jedes ist doch auch etwas wert. Der selige Großherzog nannte seinen Kanzler le premier laquais de la place de Weimar; auch mit Unrecht, seine Dienstfertigkeit entspringt aus aufrichtig-wohlwollender Gesinnung. Er kennt jeden, steht mit jedem sich leidlich, mit ihm ist man bald eingeschifft und treibt auf der hohen Flut der Geselligkeit. Aber so ein Herumrennen, Herumzeigen, Herumvorstellen ist mir in Praxi noch nicht vorgekommen. Wo die Regierungsgeschäfte unterdessen bleiben, wenn solche große Paraden, wie ich eine diese zwei Tage hier erlebt habe, öfters vorfallen, weiß ich in der Tat nicht.

Schon ehe ich bei ihm Visite gemacht hatte, empfing ich eine Einladung zu Mittag von ihm. »Nun sind Sie geborgen«, sagte der kleine Martersteig, der dabei war, »nun lässt Sie der Kanzler nicht wieder los.« Bald darauf schoss ich mit ihm bei Schorn zusammen, und wir umarmten uns herzhaft. Apropos, bei Schorn sah ich einen kleinen Tieck von David, ganze Figur, sitzend, zirka 10 Zoll hoch, ebenso vollkommen, wie Goethe verfehlt ist; es ist nicht zu sagen, wie hübsch. Auf der Stelle ersuchte ich Schorn, mir ein Exemplar in Paris zu bestellen, Sie sollen ihn zu Ihrem Geburtstage haben; er wird Ihnen große Freude machen.

Mit dem Kanzler waren zwei Männer in gewissen Jahren, einer davon sehr dünn, blass und gebrechlich. Vorstellung. Herr Geheimer Legationsrat Kestner, Hannoverscher Gesandter in Rom – Herr Domänenrat Kestner. »Sind das nicht …?«, fragte ich den Kanzler halblaut. »Die Söhne Lottens!«, versetzte er freudig und triumphierend. »Albertinischer- oder Johann-Wolfgangscher-Linie?«, fragte ich leise. Neue Menschen. Über dem Trubel hatte er meinen Witz überhört, und das war gut, denn in allem, was sich nur von fern auf Goethe bezieht, übt er eine kanonische Strenge.

Dass Sie es wissen. Die Hofrätin Kestner, die Mutter der beiden, eine geborene Buff (!), war die eigentliche genuine Lotte. In den Händen der Söhne soll sich noch eine sehr merkwürdige Korrespondenz Goethes mit ihrem Vater befinden, die der Kanzler schlechterdings ihnen extorquieren und sie dann drucken lassen will.

Aufs Museum. Selbander war ich gekommen, acht Mann hoch rückten wir von Schorn aus; Müller enrollierte immer neue Rekruten, noch war die Lawine im Wachsen. Auf dem Museum lernte ich Hofrat Vogel kennen, der das hübsche Geschäftsbuch von Goethe geschrieben und dessen Frau vor kurzem Separatgeschäfte mit einem Musikus nach Leipzig gemacht; er wollte mit mir studiert haben; ich erinnere mich seiner nicht. Dann den geschickten Landschafter Preller, von ihm sah ich eine große Eiche und den seligen Großherzog darunter von der Jagd heimkehrend, endlich den Freskomaler Neher, der das Ludwigstor in München gemalt hat und jetzt die vier Dichterzimmer im hiesigen Schlosse zu malen berufen worden ist. Heinrich Brockhaus aus Leipzig kam auch dazu, er sagte mir, dass der francksche Almanach fertig sei, und forderte mich auf, zu seiner neuen großen Allgemeinen Zeitung beizusteuern. Außerdem liefen noch Leipziger Bankiers ab und zu; zum Glück waren aber keine Juden darunter.

Auf dem Museum waren recht schöne Sachen außer den carstensschen Zeichnungen; ich hatte aber nur Auge und Sinn für diese. Denken Sie sich: Nicht einmal den großen, berühmten Lucas Cranach in der Stadtkirche habe ich gesehen. Es fehlte die Zeit dazu.

Vom Museum wälzte sich der inzwischen wieder vergrößerte Zug, dem Müller wie der Rattenfänger von Hameln voranging, nach dem Schlosse. Hier machte ich mich seitab und ruhte mich etwas auf meinem Zimmer aus, denn mir brummte der Kopf von allem Schwatzen und Durcheinanderräsonieren.

Mittags waren außer der Familie vorhanden: die Söhne Lottens (die als Goethisches Halbfleisch wie eine Art von Reliquie behandelt wurden), Eckermann, Riemer, Schorn, Vogel, Preller, Neher, ich. Es wurde sehr gut gegessen, sehr gut getrunken, überhaupt war alles à quatre épingles. Eckermann, ein kleines freundliches Männel mit einem großen Maul und vorliegenden Froschaugen, welche beide Umstände, zwar an und für sich hässlich, manchem Gesicht doch einen besonders gutmütigen Ausdruck geben. Er war von äußerst freundlichem, anmutigem Wesen. Ich konnte mich gut mit ihm unterhalten.

Quant à la conversation – Goethe – Goethe – Goethe! Ich dachte: Du musst doch zeigen, dass hinterm Berge auch noch Leute wohnen, hub also an, als der Diskurs sich auf Grabbe abschwenkte, und setzte meinen Unterschied von intensiver und expansiver Phantasie auseinander, und da einer sagte: Grabbens Sachen seien wegen Überfülle der Phantasie nicht zur Reife gediehen, widerlegte ich's und führte aus, gerade eine eigentümliche Schwäche der grabbeschen Phantasie habe die scheinbare Kolossalität geboren.

Ich hatte gut schwätzen; es waren nur dieselben Sachen, die ich im Sommer in dem Aufsatze niedergeschrieben. Allein meinen Opponenten waren's Böhmische Dörfer, sie ließen mir bald das Feld …

Der alte Schöpfeimer tauchte unter und holte ein paar Briefe von Goethe aus der Flut, die am Harze aufgegabelt worden waren. Es waren Billette aus den achtziger Jahren an eine schöne und geistreiche Marquisin. Wie Goethe seinen Ton mannigfach zu variieren wusste, so hatte er ihn auch hier der Empfängerin gemäß eingerichtet. Der Französin waren Komplimente im galantesten Stil zugekommen, echt französische Süßigkeiten der feinsten Art. Einmal vergleicht er ihren Begleiter Matthäi mit dem Evangelisten Matthäus und sagt, er sei ebenso glücklich als sein Nominativ, er habe immer einen Engel neben sich. Die Worte waren ganz allerliebst gesetzt.

Nach aufgehobener Tafel, von der übrigen Gesellschaft entfernt, schüttete Eckermann sein Herz aus. »So geht es hier nun immer zu, wann und wo wir zusammenkommen!«, rief er, »Goethe und kein Ende!« Er erhob die bittersten Klagen über sein Los, welches ihn an Weimar fessle, wünschte sich weit weg, sagte, hier sei alles erstorben, erstarrt, der Zustand öfters für ihn unerträglich.

X. Weimar nach Goethes Tod

1828 starb der Großherzog Carl August, und die Regierungsnachfolge trat sein ältester Sohn Carl Friedrich (1783–1853) an, der mit der russischen Großfürstin Maria Paulowna vermählt war. 1832 starb Goethe. In Weimar wurde es sehr ruhig. Es kamen zwar immer wieder Fremde, um die nun schon zu nationalen Gedenkstätten gewordenen Häuser Goethes und Schillers zu besuchen, aber das literarische und künstlerische Leben in der Stadt stagnierte. Ein gutes Bild der Verhältnisse am großherzoglichen Hof 1846 gibt der dänische Märchendichter Hans Christian Andersen (Dok. 186). Anfang März 1848 wurde die schläfrige Ruhe der Stadt durch die politischen Ereignisse für den Augenblick jäh gestört, wenn auch die Revolution hier nur kurz und geradezu biedermeierlich-harmlos aufflackerte, wie Eduard Genast als Augenzeuge beschreibt (Dok. 187). Immerhin musste der Großherzog den Demonstranten durch eine Reihe liberaler Zugeständnisse entgegenkommen. Noch in dieser Revolutionszeit fand 1849 die offizielle Feier von Goethes hundertstem Geburtstag statt, die Adelheid von Schorn beschreibt (Dok. 188). Ein Jahr später wurde das Herder-Denkmal eingeweiht; die zahlreichen Feierlichkeiten dieser Tage schildert der französische Schriftsteller Gérard de Nerval (Dok. 189).

In seinem Bericht ist auch die Rede von jenem Mann, der in der Folgezeit dem nachklassischen Weimar neue künstlerische Impulse geben sollte: Franz Liszt. Im Jahr 1841 war er, wie sich Genast erinnert (Dok. 190), das erste Mal zu einem kurzen Besuch nach Weimar gekommen, 1844 gab er sein erstes Konzert, 1848 übersiedelte er zusammen mit der Fürstin Wittgenstein endgültig in die Stadt, was nach Aussage von Adelheid Schorn nicht ohne gewisse gesellschaftliche Komplikationen abging (Dok. 191). Adelheid von Schorn ist auch Zeugin der von Nerval erwähnten Opern-Aufführung anlässlich der Herderfeier (Dok. 192), und sie erzählt ebenfalls von einem Besuch bei Liszt auf der Altenburg (Dok. 193). Liszt bemühte sich um eine Erneuerung des weimarischen Theaterwesens. Welchen Schwierigkeiten er sich dabei gegenübersah, fasst er in einem Brief an die Großherzogin vom 14. Januar 1852 zusammen (Dok. 194).

1853 kam der Großherzog Carl Alexander (1818–1901) an die Regierung. Dank seiner Förderung der Künste begann für Weimar ein neues »Silbernes Zeitalter«. Damals übersiedelte auch der Dichter Hoffmann von Fallersleben in die Stadt. Zusammen mit Liszt und einigen Gleichgesinnten gründete er den »Neu-Weimar-Verein«, der, wie Julius Rodenberg berichtet (Dok. 195), der Erneuerung des Geisteslebens gewidmet sein sollte. Dass auch das gesellige Leben in der althergebrachten traditionellen Form gepflegt wurde, beweisen die Erinnerungen Hoffmanns von Fallersleben (Dok. 196). 1857 wurden das Wieland- und das Goethe-Schiller-Denkmal eingeweiht. Der sechzigjährige Genast, der ja Goethe noch gut gekannt hatte, nimmt an der Enthüllung teil (Dok. 197).

1885 starb Walther von Goethe, der letzte Enkel des Dichters. In seinem Testament vermachte er das Haus und die Sammlungen dem Staat und setzte die Großherzogin Sophie als Erbin des literarischen Nachlasses ein. Als die Erben Schillers auch dessen Nachlass der Großherzogin übertrugen, ließ sie bis 1896 das Goethe-Schiller-Archiv erbauen. Dessen Einweihung erlebte Wanda von Puttkamer als Hofdame der Großherzogin mit (Dok. 198).

Mit dem Regierungsantritt des jungen Großherzogs Wilhelm Ernst begann 1901 eine dritte kulturelle Blüte des nachklassischen Weimar. Eine ganze Reihe bekannter Schriftsteller hatte sich, angezogen vom genius loci, in der Stadt niedergelassen, unter ihnen Paul Ernst, Wilhelm von Scholz und Johannes Schlaf. 1902 kam der belgische Baumeister Henry van de Velde, einer der maßgebenden Künstler des »Jugendstils«, nach Weimar und begründete hier kunsthandwerkliche Lehrstätten, aus denen 1907 die Kunstgewerbeschule hervorging. Seine Erinnerungen sind ein wichtiges Zeugnis für das künstlerische Leben in Weimar nach der Jahrhundertwende. Ihnen sind die Beschreibung der kulturellen Situation beim Regierungsantritt des Großherzogs (Dok. 199), die Hinweise auf die Reaktion des konservativen Weimarer Publikums auf die Kunstbestrebungen des Grafen Kessler (Dok. 200) und die Schilderung der Besuche bekannter zeitgenössischer Dichter am großherzoglichen Hof (Dok. 201) entnommen.

Der Umsturz von 1918 bedeutete das Ende des alten Weimar. Wilhelm Ernst musste auf den Thron verzichten, das Großherzogtum wurde in das neue Land Thüringen eingegliedert. Aber der Geist von Weimar wirkte fort. Friedrich Ebert beschwor ihn 1919 in der Eröffnungsrede der Deutschen Nationalversammlung und man besann sich nach der Katastrophe von 1945 wieder auf ihn.

186. Hans Christian Andersen: Besuch am Weimarer Hof (1846)

Nun fuhr ich nach Weimar, wo es schon Abend war, die Uhr schlug sieben, als ich in meiner Kammer ankam. Ich wohne beim Kammerherrn Beaulieu, bei dem ich abstieg, bei dem ich lieber bin als im Schloss, was doch ein bisschen hemmend ist; ich habe indessen dem Erbgroßherzog versprechen müssen, wenn ich hier zur Sommerszeit herkomme, bei ihm auf dem Ettersberg oder in Eisenach zu wohnen (dort bekomme ich Luthers Zimmer). Wie gesagt, ich kam um sieben Uhr an und um acht Uhr war ich schon auf dem Ball bei General Beulewitz, wo ich die ganze großherzogliche Familie traf, zu der ich sogleich geführt wurde, der Erbgroßherzog ergriff meine beiden Hände und flüsterte: »Es ist dumm, dass ich Sie hier zum ersten Mal sehe, ich kann Sie hier nicht empfangen, wie ich wollte!« – Am nächsten Morgen ging ich zu ihm in das prächtige Schloss, er flog mir um den Hals, küsste mich gar innig, kein Bruder könnte mich herzlicher empfangen, Arm in Arm gingen wir in sein Zimmer, dort saßen wir auf dem Sofa, er hielt meine Hand, drückte mich noch einmal an seine Brust und bat mich, wir sollten immer Freunde bleiben, sagte, es gebe wenig Menschen, die er so gern hätte wie mich! – Ich sagte, es wirke doch ein wenig hemmend, dass er ein Fürst sei, er bat mich, immer nur an den Freund zu denken! – Dass seine Gefühle, wenigstens im Augenblick, stark und innig für mich sind, davon bin ich überzeugt, ganz Weimar nennt mich seinen Freund, es würde mich betrüben, wenn er einmal seine Gesinnung ändern würde, jedoch auf dergleichen bin ich vorbereitet – und weshalb? Ja, es ist ein unerklärliches Gefühl in mir, aber mein inneres Gefühl ist für mich immer eine Gottesstimme gewesen. Täglich sehen wir uns, täglich kommen wir zusammen, immer drückt er mir die Hand und spricht so lebhaft aus, wie lieb ich ihm bin. Es kommt mir wie ein halbes Märchen vor, dass ich hier in Weimar einen kleinen Goethe spiele. Ich habe doch im Grunde ein seltsames Glück, ich erlange doch nach und nach alle erdenkliche Anerkennung und Ehre! Mein Name hat in Deutschland einen großen Klang, mehr als man sich's in Dänemark träumen lässt, und alle Menschen, selbst die Fürsten, sind mir gut. Ich bin natürlich zur Tafel beim Großherzog gewesen, aber ich musste mit Degen und Dreispitz erscheinen; es war für mich das erste Mal ein ungewohntes Kostüm, jetzt geht es gut, neulich war ich in derselben Aufmachung auf einem prunkvollen Hofball beim

Erbherzog; der hohe Adel war versammelt, alle Herren in Uniform, nur zwei Engländer und ich waren in Schwarz, aber mit Degen und Dreispitz. Die Toiletten der Damen überraschten mich, die Frau des französischen Gesandten war in einen Nebel von weißem Flor gehüllt und trug zittrigen goldenen Hafer im Haar; eine andere Dame erschien in braunem Flor, der mit Efeu besetzt war, und mit einem schönen Eichenkranz im Haar; eine Schönheit, Fräulein Ziegesar, war das schönste Waldmärchen selber, sie war in Weiß mit grünen echten Blättern und Juwelen, die wie Tautropfen im Grünen hingen. Die Erbgroßherzogin sah aus wie eine reizende Fee; sie ist eine vortreffliche und kluge Dame; sie hat sich viel mit mir unterhalten. Die Großherzogin, die Schwester des Kaisers von Russland, war in rotem Samt mit Juwelen. Die Säle waren prächtig erleuchtet, und vor allem der Wintergarten wirkte feenhaft. Es ist ein sehr hoher Raum, der Fußboden ist aus gegossenem Eisen, aber durchbrochen, und hat die Form von Schlingpflanzen, darunter sieht man noch zwei Stockwerke, ebenfalls durchbrochen, und dort unten war alles hell erleuchtet, es sah aus, als ginge man oben in der Luft auf Spinnweben; ringsum hingen grüne Pflanzen, standen Marmorbilder, die Musik ertönte, und die geputzten Damen gingen halb ängstlich über den schimmernden Fußboden. Gegen Abend mussten wir alle Paar für Paar durch den Saal gehen, in dem der Großherzog und die Großherzogin am Spieltisch saßen, und beiden unsere Verbeugung machen. Zu dem Dichter, dem Freund des künftigen regierenden Fürsten, waren die reizendsten Damen sehr liebreich, und ich redete auch viel galanten Schnickschnack. Neulich vormittags stellte mir der Erbgroßherzog seinen kleinen Sohn vor, der etwas über ein Jahr alt ist, ein hübsches Kind, das dem berühmten Großherzog Karl August, Goethes Freund, etwas ähnelte. Ich hatte den Jungen auf meinem Arm, hüpfte mit ihm herum. Die junge Erbgroßherzogin kam dazu, und nun spielten wir alle drei, lagen dort alle zusammen auf dem Fußboden. Die junge, hübsche Mutter nahm ihren kleinen Jungen auf den Rücken, »hopp!«, rief sie und galoppierte mit ihm herum; der Junge strampelte mit den nackten Beinchen, jubelte und schrie »hopp!« ich knallte mit einem Taschentuch, es war geradezu häuslich gemütlich. – Die Großherzogin selbst ist eine ausgezeichnete Dame, klug, belesen und herzensgut, sie lässt jeden Dienstag einen der Professoren aus Jena kommen und diese oder jene Abhandlung lesen, es geschieht abends in der Bibliothek, und nur ein kleiner erlesener Kreis ist dort versammelt, ich habe die Ehre gehabt, mit dabei zu sein. Das einzige, was mich stört und quält, ist das viele Stehen, ich kann nicht eine ganze Stunde lang auf einem glatten Fußboden stehen, ich bekomme Kopfweh, mir wird schwindlig.

187. Franz Eduard Genast: Revolution in Weimar (1848)

Die Führer der Demokraten, deren Zahl in Thüringen nicht unbedeutend war, obgleich nur wenige an eine eigentliche Republik dachten, hatten die Bauern der nächstgelegenen Dörfer zu einer Volksversammlung nach Weimar berufen. Diese fand am Nachmittag des genannten Tages auf dem großen Markt vor dem Stadthause statt. Aus dem ersten Stock desselben las man die Paragraphen der neuen Staatsordnung vor. Mit den beiden ersten, Pressfreiheit und Gleichheit vor dem Gesetz, waren wohl alle Anwesenden, gleichviel, ob sie dem Beamten-, Bürger oder Bauernstande angehörten, einverstanden.

Es fiel mir auf, dass mehrere Landleute Quersäcke oder Ranzen über der Schulter hängen hatten. Um meine Neugierde zu befriedigen, fragte ich einen der Sackträger, wozu die Säcke dienen sollten. Mit wichtiger Miene sagte er: »'s hat merr ener gesaht, dass hinte (heute) das Kammervermegen getelt werd, un da wullt' äch menen Tel glich metnehme.« – »Da hat man Euch belogen. Das Kammervermögen soll mit dem landschaftlichen verschmolzen werden.« – »Ach, su is's gement! Da kunn ich nur wedder hem gihn; desterwegen bin äch ju norst rinn gekumme.« Der größte Unsinn war zu jener Zeit den guten Leuten glaubhaft zu machen. Nachdem ich noch die Paragraphen »Freie Jagd« und »Ablösung aller Zinsen ohne Entschädigung« vernommen, hatte ich genug und ging mit meinen Gesinnungsgenossen in den Gasthof zum Anker, wo sich Demokraten und Konstitutionelle versammelten. Das Gespräch drehte sich hauptsächlich um das Für und Wider der in der heutigen Versammlung verkündigten neuen Ordnung. Der Streit fing eben an etwas lebendiger zu werden, als ein Demokrat die Tür aufriss und uns zuschrie: »Heraus, ihr Bürger, das Gesindel stürmt das Schloss!« Alle Bürger, welcher Partei sie auch angehörten, sprangen auf und eilten im vollen Lauf unter dem Rufe: »Bürger heraus!« nach dem Schloss, um ihren Fürsten und sein Haus zu schützen. In kurzer Zeit waren über 500 Bürger versammelt, die alle Eingänge zu den fürstlichen Gemächern besetzten. Als Erkennungszeichen, da es bereits zu dunkeln begann, hatte jeder Bürger sein Taschentuch um den linken Arm gebunden. So standen wir nun wie eine Mauer im Fond des Schlosshofs. Der Lärm und das Geschrei waren betäubend, und doch wären fünfzig Bajonette hinreichend gewesen, dem tollen Spuk ein Ende zu machen; aber der gütige Fürst hatte jeden Eingriff des Militärs untersagt. Zunächst versuchten die Minister durch versöhnende Worte und Versprechungen die rasende Menge zu beruhigen, aber alles war vergebens, bis man den Landtagsabgeordneten Amtsadvokaten von Wydenbrugk, den Mann des Volks, herbeigeholt hatte. Dieser wusste durch eine energische Rede die weniger Schlimmgesinnten zum Fortgehen zu bewegen. Als er vom Schlosse herabkam, wurde er von zwei Exaltierten auf die kräftigen Schultern eines großen Mannes gehoben, und unter Jubelgeschrei folgte die größere Menge diesem Triumphzuge, aber die Hefe, der es um etwas ganz anderes zu tun war, als Rechte und Freiheiten zu beanspruchen, blieb. Da übernahmen es die Bürger, in geschlossenen Reihen die zerlumpte Rotte durch die Barriere des Schlosshofs hinauszujagen. Inzwischen waren noch viele Bürger herbeigekommen, so dass die Zahl derselben wohl tausend betrug. Eine Wachtstube wurde im Schlosse errichtet; ein Teil der Mannschaft besetzte die Barrieren, der größere Teil durchzog in Patrouillen die Straßen, um das Eigentum der Einwohner zu schützen. Die Frauen und Kinder kamen mit dem Schrecken davon, denn an wirkliche Gewalttätigkeiten dachten wohl nur wenige in der aufrührerischen Rotte; sie begnügte sich, schreiend und lärmend durch die Straßen zu ziehen und einigen missliebigen hohen Staatsbeamten die Fenster einzuwerfen. Bis tief in die Nacht hinein mussten wir auf den Beinen sein, und erst als der Morgen graute, durften wir unser Lager suchen.

Freiwillig waren am Abend die Bürger zum Schutz des Fürsten und der Stadt herbeigeeilt, offiziell wurde am nächsten Tage durch Magistratsbeschluss eine Bürgergarde gebildet.

Diese Maßregel schien nötig, da einer der Volksredner am Tage vorher das Volk abermals zum 11. März mit dem Bemerken, dass bis dahin alle Wünsche erfüllt sein würden, eingeladen hatte.

Durch freiwillige Einzeichnung war die Bürgergarde, die unter dem Namen Bürgerwehr ins Leben trat, auf 1600 Mann gestiegen und in vier Bataillone eingeteilt worden. Als Abzeichen trug jeder Wehrmann eine weiße Binde um den linken Arm.

Unterm 9. März erließ der Großherzog ein Schreiben, in welchem er »seinen getreuen Bürgern« den innigsten Dank für die ihm und seinem Hause am verflossenen Abend geleisteten Dienste aussprach und den Antrag des Stadtrats auf Errichtung einer Bürgergarde genehmigte.

Die Bürgerwehr war geordnet, ihr zur Seite stand ein Komitee, mit einem Präsidenten an der Spitze. Der gefürchtete elfte März kam. Schon am Morgen strömten tausende aus den Nachbarstädten und Dörfern durch Weimars Straßen, doch ihre Mienen sprachen mehr heitere Behaglichkeit als böse Absichten aus. Nur die Jenenser Burschenschafter mit ihren Rotmützen gingen mit wichtigen Gesichtern einher. Mehrere Landleute aus der Nachbarschaft waren mir bekannt. Einen, der mir sogar befreundet war, fragte ich: »Na, alter Märtens, seid Ihr auch unter die Republikaner gegangen?« – »Ach, dummes Zeug! Den Jux will ich mer mit angucke, weiter nischt. Wir Hopfgärtner haben, was mer woll'n, und sin mit unserm Großherzog zufrieden.« So mochte wohl ein großer Teil des Landvolks denken, aber der größere dachte anders. Nachmittags um zwei Uhr begann die Aktion. Der Präsident des Komitees hatte seinen Sitz auf dem Stadthause, und sechs Chargierte, worunter auch ich mich befand, waren ihm beigegeben. Das Rathaus, in welchem der Magistrat sich versammelt hatte, schützte ein Bataillon Bürgerwehr, die drei andern hatten das Schloss besetzt. Was vor demselben vorging, wurde uns von hin und her laufenden Ordonnanzen berichtet. Dort hatten die zur Burschenschaft zählenden Studenten einen römischen Keilangriff gebildet, dadurch die waffenlose Bürgerwehrmauer durchbrochen und waren in den Schlosshof eingedrungen. Bei diesem Gewaltstreich blieb es, und nur das Geschrei nach Freiheit und Gleichheit und Absetzung der unbeliebten Minister wurde wiederholt gehört. Die Zahl der Nichteinwohner Weimars mochte sich wohl auf 6000 belaufen, wovon der größere Teil sich vor dem Rathause befand, wo die Landtagsabgeordneten, der Magistrat und die Stadtverordneten tagten. Auch hier hörte man nur das Geschrei: »Fort mit den Ministern! Unsere Rechte wollen wir haben!« Wir sahen aus dem ersten Stocke des Stadthauses den Krawall mit an. Die Menge, die sich wie ein wogendes Meer von Köpfen hin und her bewegte, wurde immer erregter, ihr Geschrei immer tobender, und zum Refrain gestaltete sich endlich der Ruf: »Wydenbrugk muss Minister werden!« Das war unserem Präsidenten, dem strengen Rechtsgelehrten, zu viel. »Hinunter mit Ihnen, meine Herren!«, donnerte er uns zu. »Machen Sie dem Volk begreiflich, dass dies unsinnige Verlangen unserer Konstitution ganz entgegen ist.« Sechs gegen dreitausend! Das Rechenexempel schien uns nicht gut lösbar, selbst wenn wir hätten dividieren dürfen; aber wir folgten dem Befehle.

Ich machte mich sogleich an den mir bekannten Bürgermeister eines nahen Dorfes, aus dem mir auch mehrere Bauern bekannt waren. Wie überall, wo sich so ein weißbebindeter Mensch erblicken ließ, schloss man sogleich einen Kreis um mich. »Aber Ihr guten Leute«, sprach ich sie an, »wollt Ihr so eigenmächtig gegen Eure Verfassung handeln? Dem Fürsten nur steht es zu, seine Minister zu wählen, und ist unser Großherzog nicht stets ein gütiger Herr gewesen, der nur das Wohl seiner Untertanen im Auge gehabt? Wollt Ihr ihn in seinem Alter noch so bitter kränken?« – »Nä, nä!«, schrien mehrere, »unsern Karl Friedrich un die Frau Grußherzogin hab'n mer alle lieb, den lasse mer nischt tu, aber Wydenbrugk muss Minister werden.« Dabei blieb es.

Immer mehr Volk strömte auf den Markt, und gegen meinen Willen wurde ich bis an das Rathaus vorgeschoben. Da trat eben der Mann des Volks auf den Balkon desselben und wurde mit einem ungeheuern Jubel empfangen. Er machte ein Zeichen, dass er reden wolle, und eine Totenstille lagerte sich sofort über die Massen. Wie ich später erfuhr, war ihm, ehe er jetzt zum Volke sprach, bereits vom Großherzog das Ministerium angetragen worden. Er begann: »Ich bin der Mann der Opposition und gehöre in den Landtag und nicht in das Ministerium; dort kann ich für des Landes Wohl besser wirken als in letzterem. Darum bin ich gewillt, in meiner jetzigen Stellung zu bleiben.« Darauf zog er sich zurück. Er war nicht allein ein hochgebildeter, sondern auch ein streng rechtlicher, edler Mann, dem falscher Ehrgeiz durchaus fremd war. Das Geschrei artete nun in förmliche Tobsucht aus, was ihn bewog, abermals zu erscheinen. Treu habe ich die Worte, die er nun sprach, in meinem Gedächtnisse aufbewahrt: »Se. Königliche Hoheit, unser allergnädigster Großherzog, hat die Gnade gehabt, mir das Ministerium antragen zu lassen. Das und die bewegten Zeiten haben mich bestimmt, auf ein Jahr provisorisch in dasselbe einzutreten.« – »Auf immer! Auf immer!«, schrie die rasende Menge. »Provisorisch!«, donnerte er mit strengem Gesicht herab. »Noch habe ich meinen Willen auch!« Als wenn der Blitz eingeschlagen hätte, so verstummte jeder Mund; dann setzte er sarkastisch lächelnd hinzu: »Übrigens danke ich Ihnen für das schnelle Avancement.« Allerdings war er vor kurzer Zeit noch Amtsadvokat gewesen und jetzt Minister. Das Volk hatte seinen Willen durchgesetzt, und mit anscheinender Befriedigung verließen die Bauern die Stadt, und die Bürger, die nicht als Wache vor dem Schlosse und Rathause standen, eilten zu ihren Familien.

188. Adelheid von Schorn: Die Feiern zu Goethes 100. Geburtstag (1849)

Am Vorabend, Montag um 5 Uhr, veranstalteten die Freimaurer in der Loge Amalia ein Fest, zu welchem auch die Frauen zugelassen wurden. Kriminalrat Heinemann sprach über die Tätigkeit Goethes als Freimaurer; Professor Weber über Goethes Einfluss auf die freie Entfaltung des deutschen Geistes und Lebens. Superintendent Täuscher aus Buttstedt trug ein von ihm selbst verfasstes Weihegedicht vor, und ein vom Minister v. Fritsch gedichtetes und von Musikdirektor Eberwein komponiertes Lied beschloss die schöne Feier.

Für diesen Abend war eine Beleuchtung des Parkes vorgesehen, die aber leider durch Sturm und Regen sehr geschädigt wurde. An Goethes Gartenhaus schlug der Regen die Lampen aus und das römische Haus konnte erst später beleuchtet werden, nachdem der Wind sich etwas gelegt hatte. Oberbaudirektor Streichhahn hatte die Dekorationen veranstaltet. Am römischen Haus erglänzte Goethes Namenszug, umgeben von denen Amaliens, Karl Augusts und Luisens. Chorgesänge von Apel, Reißiger und Liszt wurden vorgetragen, und die Menschenmenge wandelte im feierlichen Zuge von einem Erinnerungsplatze zum andern.

Die erste Huldigung an Goethes und Schillers Särgen war schon früh um 6 Uhr. Da nahten sechs junge Mädchen unter Führung von Wilhelm Genast, um still und feierlich ihre Kränze und Blumengewinde für Karl August und seine beiden großen Freunde niederzulegen. Als sie den Friedhof verließen, hörten sie von ferne die Musik des sich nahenden Festzuges. Lautlos stand dann die Menge, während eine »Hymne« von Stör und »Der du von dem Himmel bist« von Hiller vom Chore vorgetragen wurde.

Gegen Mittag begab sich die Festgemeinde nach der Bibliothek, wo der neue Anbau eingeweiht wurde. Der Mittelsaal war festlich geschmückt; Goethes Jugendbüste stand, mit Lorbeer geschmückt, unter blühenden Blumen, hinter ihm erhob sich das große Ölbild seines Freundes Karl August. Vor einer glänzenden Versammlung ward eine Kantate gesungen, welche Hofkapellmeister Chelard komponiert hatte und dirigierte, in deren Text Worte von Goethe eingeflochten waren. Hofrat Preller hielt die Festrede. In dem Neubau wurde nach Beendigung dieser Feier eine Ausstellung besichtigt, welche Erinnerungen aller Art an Goethe enthielt und als Festgabe ein Heftchen verteilt, das in Faksimile die Anzeige von

Goethes Taufe im Frankfurter Lokalblatte und Handschriften des Dichters aus allen Zeiten seines Lebens, bis zu den letzten Gedichtzeilen, enthält.

Um 2 Uhr begannen die Festtafeln in der Armbrust- und Erholungsgesellschaft. Erstere war durch Hoftheatermaler Holdermann, die zweite von Oberbaudirektor Streichhahn dekoriert worden. Professor Martersteig hatte für die Erholung ein Festbild gemalt. Jedes Gedeck zierte eine Festkarte von Sixt Thon. Musik und Chöre ertönten in beiden Sälen, in dem einen hielt Watzdorf, in dem andern Wydenbrugk die Rede auf Goethe. Als Gäste, die die Stimmung durch ihre Anwesenheit erhöhten, seien genannt: die Professoren Rückert, Fischer, Göttling, Danz, Hand und Ried aus Jena, Wachsmuth aus Leipzig, Diesterweg aus Berlin, Staatsrat Joukowsky aus Petersburg.

Um 6 Uhr begann das Theater. Liszt hatte eine Ouvertüre und symphonische Zwischenakte zu ›Tasso‹ komponiert, die er selbst dirigierte. Des Leipziger Dichters, Adolf Böttger, Prolog wurde von Durand, einem Mitgenossen von Goethes Theaterschule, gesprochen. Daran schloss sich ein lebendes Bild, welches Martersteig gestellt hatte und das sich um Goethes Büste und den Genius gruppierte. Dann folgte ›Tasso‹; Dessoir gab – als Gast – die Titelrolle. Zum Schluss wurde ein, als Epilog verfasstes, Gedicht von Schober verteilt …

Beim Verlassen des Theaters fand die Festversammlung die Stadt illuminiert; besonders die städtischen Gebäude und diejenigen der verstorbenen Dichter, sowie das Palais zeichneten sich durch schöne Dekorationen aus.

Die Familie Goethe hatte eine unmittelbare Teilnahme an dem Feste bescheiden abgelehnt, aber das Goethehaus war von Schuchardt geschmückt worden und die Zimmer den Festgästen zur Besichtigung geöffnet. (Schuchardt hatte auch an diesem Tage den von ihm verfassten Katalog von Goethes Sammlungen herausgegeben.) Der Platz war – nach Angabe von Streichhahn – durch die Anwohner geschmückt, eine lebensgroße Statue Goethes von Stuckateur Hütter aufgestellt worden.

An Eckermanns Wohnung hatte der Hausbesitzer eine freundliche Inschrift angebracht. Die Beleuchtung des Parkes, besonders des Goethegartens und des römischen Hauses gelangen diesen Abend sehr schön; der Mond stand zwar hoch am Himmel, wurde aber durch Wolken verdeckt, so dass die Lichter und Lämpchen einen schönen Eindruck machten und dieser Festtag bis in die Nacht hinein ungetrübt und stimmungsvoll verlief.

Am nächsten Morgen war die Straße nach Tiefurt von früh an mit Menschen bedeckt, denn um 10 Uhr begann dort auf der Wiese vor dem Teehäuschen die Aufführung des ›Jahrmarktes von Plundersweilern‹ von Goethe. Wie manches Festspiel hatte dieser Platz in früheren Jahren gesehen! Gelungener als am 29. August 1849 kann es auch unter Anna Amalia nicht gewesen sein. Das Wetter war das günstigste, warm, windstill und bedeckter Himmel. Ich war als Kind dabei, erinnere mich aber nur noch des bunten Gewimmels, das inmitten der grünen Bäume, an den Ufern der Ilm, einen zauberhaften Eindruck machte.

Als Fortsetzung dieser Lustbarkeit konnten die Vorführungen eines Bänkelsängers gelten, der sich nachmittags auf der Vogelwiese durch einen Trompeter ankündigen ließ und die Schauergeschichte des jungen Werther in Bildern zeigte und absang.

Zwischen all diesen Darbietungen besuchten die Fremden die verschiedenen Sehenswürdigkeiten, vor allen die Dichterzimmer im Schloss, welche die Großherzogin zur Verherrlichung der Großen in Weimar geschaffen hatte und die vor kurzem erst vollendet worden waren.

Am Abend dirigierte Franz Liszt ein Konzert im Theater, das die begeisterte Stimmung des Publikums noch erhöhte – wenn das möglich war …

Den Schlussakkord des unvergesslichen Festes bildete ein Fackelzug, welchen Weimars Gewerkschaften aufführten; er ging gleich nach dem Ende dieses Konzertes vom Marktplatz nach dem Schießhaus, das von der Schützengilde erleuchtet worden war. Auf der Wiese wurden die Fackeln zum Freudenfeuer zusammengeworfen, ein Redner sagte allen Teilnehmern Dank und knüpfte an die Einheitwirkende Größe Goethes die Hoffnung auf die Eintracht und Größe des Volkes, aus dem dieser große Geist hervorgegangen. Begeisterte, nicht enden wollende Hochrufe auf Deutschland bildeten den Schluss.

189. Gérard de Nerval:
Die Enthüllung des Herder-Denkmals (1850)

Der Anblick eines lieblichen Tals und einer harmonischen Ansammlung von Palästen, Villen und Häusern, im Grünen verstreut, kündigte mir die friedliche Hauptstadt des Großherzogtums Sachsen-Weimar an. Aber – »lasst uns bei den Göttern anfangen …!« Der

25. August in Weimar war der erste Tag der Festlichkeiten zu Ehren Herders und Goethes. Nur drei Tage liegen zwischen den beiden Geburtstagen, so dass die Feiern fünf Tage währten.

Die Enthüllung eines übergroßen Standbildes Herders, das man auf dem Platz vor der Hauptkirche errichtet hatte, war ein zusätzlicher Reiz dieses Festes. Herder, sowohl ein Mann der Kirche wie auch ein Dichter und Historiker, war zu Recht an dieser Stelle aufgestellt worden. Es wurde lediglich bedauert, dass die Bronzestatue vor der Wand einer Kirche nicht die erwartete Wirkung erreichte. Sie hätte sich vorteilhaft gegen einen grünenden Hintergrund oder inmitten eines regelmäßig angelegten Platzes abgehoben …

Erwähnt werden soll auch, dass an diesem Tag Herders Zimmer dem Publikum offen stand. Man sah dort drei Bildnisse, mit Blumen geschmückt, die den Dichter in verschiedenem Alter zeigten, sein Pult, ein ganz einfaches Möbelstück aus schwarz gestrichenem Holz, seine Bibel mit den goldenen Verschlüssen und seinen Initialen und den eigenhändig eingelegten Lesezeichen. In einer Schachtel unter Glas lagen persönliche Gegenstände wie die letzten Federn, eine von der Herzogin Anna Amalia bestickte Haube und Verse an seine Frau, die er seinen Kindern diktiert hatte.

Man sah während der Feier den Zug der Kinder, in dem die Enkel seiner Kinder gingen, denn Herders Geburt liegt mehr als ein Jahrhundert zurück. Doch Deutschland, die gute Mutter, vergisst nichts, was durch Glanz oder Anmut zum Kult seiner großen Männer beitragen kann.

Der Zug der weiß gekleideten und mit Eichenlaub bekränzten Kinder strebte nach einem Platz auf dem Weg von Weimar zum Ettersberg (der Residenz des Erbprinzen). An diesen Ort führte der Lieblingsspaziergang des Dichters, darum heißt er heute Herders Ruh.

Am 24., dem Abend vor dem Fest, war im Theater ›Der entfesselte Prometheus‹ aufgeführt worden, ein nicht für die Bühne geschriebenes Poem Herders, dessen Chöre Liszt vertont hatte; dem Werk hatte er eine Ouvertüre vorangestellt. Die Verse des Dichters wurden deklamiert. Die Aufführung war ein riesiger Erfolg, und man bat Liszt, das Werk zu einer in sich geschlossenen dramatischen Symphonie umzuarbeiten, die einer Oper an Bedeutung gleichkäme.

Zwar hatte Herder nie für das Theater geschrieben, doch stößt man in seinen Werken auf mehrere Poeme in Dialogform, denen er den Titel ›Große dramatische Szenen‹ gegeben hatte. Fast alle tragen den Stempel des Symbolischen. In einigen von ihnen ist jede Person allegorisch, in anderen sind die Namen der Helden dazu angetan, diese und jene Gedanken dem Auge lebendig vorzuführen. Von all diesen Entwürfen ist ›Der entfesselte Prometheus‹ unbestritten der glücklichste. Die Hauptfigur, eine der großartigsten Vorstellungen der Antike, beherrscht kraftvoll den ganzen Kreis von Ideen, den Herder mit dieser Tradition verknüpft hat …

Am 25. war Herders Standbild vor einer großen Menge staatlicher Würdenträger sowie Mitglieder literarischer und künstlerischer Gesellschaften enthüllt worden. Darauf vereinte im Rathaus ein großes Diner die erlauchten Gäste, die aus den unterschiedlichen Gegenden Deutschlands und aus dem Ausland gekommen waren. Man sah dort die beiden berühmten Dramatiker, die Herren Gutzkow und Dingelstedt. Der letzte hatte einen Prolog verfasst, der am 28., dem Geburtstag Goethes, im Theater vorgetragen wurde.

Ebenfalls am 25. führte man zum erstenmal ›Lohengrin‹ auf, die Oper in drei Akten von Wagner. Liszt dirigierte das Orchester. Als er eintrat, überreichten ihm die Künstler einen ziselierten silbernen Taktstock, der eine diesem Anlass entsprechende Inschrift trägt. Er ist das Szepter des königlichen Virtuosen, mit dem nach Belieben der Sturm der Stimmen und Instrumente entfacht oder besänftigt wird.

›Lohengrin‹ war eine Besonderheit ganz eigener Art. Die Dichtung wurde von dem Komponisten in Versen geschrieben. Ich weiß nicht, ob das französische Sprichwort »Man wird nie so gut bedient wie von sich selbst« hier zutrifft, jedenfalls hat das Publikum bei all den unbestritten poetischen Schönheiten auch Längen empfunden, die die Wirkung des Werkes zuweilen gemindert haben …

Die Musik der Oper ist sehr bemerkenswert und wird von Aufführung zu Aufführung immer mehr geschätzt. Ein originelles und kühnes Talent offenbart sich da in Deutschland, dabei hat es bislang nur seine ersten Worte gesprochen. Man hat Herrn Wagner getadelt, er würde den Instrumenten zuviel Wichtigkeit beimessen und, wie Grétry sagte, das Piedestal auf die Bühne stellen und die Statue ins Orchester, aber sicherlich hängt es mit dem Charakter seiner Dichtung zusammen, die dem Werk eher die Form eines lyrischen Dramas als die einer Oper verleiht.

Die Künstler haben tapfer diese schwierige Partitur bezwungen, die, um nur eine vage Vorstellung zu geben, sich an die musikalische Tradition von Gluck oder von Spontini zu halten scheint. Die Inszenierung war glänzend und entsprach ganz den Bemühungen des jetzigen Großherzogs, in Weimar jenes Erbe an Kunstgesinnung zu wahren, die dieser Stadt zu dem Namen »das Athen Deutschlands« verholfen hat.

Der Saal des weimarischen Theaters ist klein und wird nur von einem Balkon und den Barrieren gesäumt, aber die Proportionen sind recht glücklich. Die Decke ist so gestaltet, dass sie dem Auge, das an den Reihen der Frauen hinter dem roten Rand der Brüstung wie an einer nicht abreißenden Girlande entlanggleitet, einen hübschen Rundblick bietet. Das Fehlen von Privatlogen und die reiche Verzierung der großherzoglichen Loge geben ihm in vollkommener Weise den Charakter eines Hoftheaters, doch der allgemeine Eindruck büßt dabei absolut nichts ein. Jene Mischung aus Gesichtern schöner Frauen und hässlicher Männer, die man anderswo auf den vorderen Sitzen der Logen und auf den erhöhten Plätzen sieht, beleidigt hier nicht das Auge, ebenso wenig jene Prozession von Schächtelchen, sei es in Form von Tabaksdosen oder in Gestalt von Bonbonnieren, die die Zuschauer gar nicht so anmutig in unterschiedliche Gruppen teilt.

190. Franz Eduard Genast: Liszts Ankunft in Weimar (1841)

An einem dunklen Abende, während der Nordwind in den entlaubten Bäumen, die den Karlsplatz umgeben, unheimlich rauschte, saß ich mit dem Künstlerpaare Klara und Robert Schumann im Speisesaale des Russischen Hofs traulich zusammen, als ein Mann von hohem, schlankem Wuchse, mit einem ausdrucksvollen Gesichte und langen, zurückgestrichenen, hellbraunen Haaren hereintrat und sich mit dem Zurufe: »*Bon Soir*, Ihr Lieben!« meiner Gesellschaft näherte. »Liszt!«, rief diese wie aus einem Munde aus. Da war also der Mann leibhaftig vor mir, nach dessen Bekanntschaft ich mich so lange gesehnt hatte, über den die Fama das Außergewöhnlichste und Erstaunenswürdigste seit Jahren in die Welt hinausposaunt hatte, seine enorme Virtuosität, dabei seine Bescheidenheit und Liebenswürdigkeit, auch seine großartige Freigebigkeit preisend. Nachdem Frau Schumann mich ihm vorgestellt hatte, wobei er mich artig begrüßte, setzte er sich an ihre Seite und ließ sich, ohne besondere Notiz von meiner Gegenwart zu nehmen, in ein eifriges Gespräch mit ihr ein. Im Verlaufe der Unterhaltung fesselte die Genialität des Mannes immer mehr meine Aufmerksamkeit, so dass ich zuletzt nur noch für ihn Augen und Ohren hatte. Auch von seiner Freigebigkeit sollte ich schon an diesem Abende Zeuge sein. Frau Schumann bewunderte die geschmackvolle kostbare Busennadel, die er trug, eine blau emaillierte Weltkugel mit

Sternen besäet, die von einer goldenen Adlerklaue gehalten wurde. Sofort überreichte Liszt ihr dieselbe mit einer Galanterie als Andenken. Anfangs weigerte sie sich, dieselbe anzunehmen, konnte aber schließlich der höchst liebenswürdigen Art und Weise, mit welcher Liszt zu spenden wusste, nicht widerstehen und nahm mit gleich feinem Takte das Kleinod an.

Noch ehe wir uns an diesem Abend gegenseitig verabschiedeten, waren wir einander etwas näher gekommen. Ich ließ mich den andern Morgen bei ihm melden. Er empfing mich mit freundlicher Höflichkeit, die sich während unseres ziemlich langen Gesprächs nach und nach in Herzlichkeit verwandelte, da er in mir wohl einen Menschen erkennen mochte, der ebenfalls für die Kunst glühte und seinen Empfindungen in dieser Richtung freien Lauf ließ. Das brachte uns einander näher. Noch an demselben Tage erwiderte er meinen Besuch, wobei ich Gelegenheit nahm, ihm meine Familie vorzustellen. Das war der Anfang unserer späteren Freundschaft.

»Liszt ist hier!«, war das Tagesgespräch von ganz Weimar, und die Frage: »Wird er wohl ein Konzert geben?«, ging erwartungsvoll von Mund zu Mund.

Unserer Großherzogin, die als Hummels Schülerin selbst eine vorzügliche Klavierspielerin war, sich mit Komposition beschäftigte und gleich einem Kapellmeister eine Partitur lesen und transponieren konnte, hatte das Publikum den Hochgenuss zu danken, dass Liszt am 26. November ein Konzert im Theater gab. Das Haus war in allen Räumen gefüllt, stürmischer Beifall belohnte den Künstler. Auch hier sollte sich seine fürstliche Freigebigkeit bewähren. Anderntags sandte er die reiche Einnahme von 600 Talern dem Frauenverein, einer wohltätigen Stiftung, die unsere Landesmutter Maria Paulowna ins Leben gerufen hatte. Unser Großherzog verlieh ihm in Anerkennung seiner ungewöhnlichen musikalischen Leistungen die Dekoration des Falkenordens. Ich war zufällig anwesend, als er diese Auszeichnung, die erste in der langen Reihe ähnlicher, empfing und Zeuge der lebhaften Freude, die er darüber empfand und keineswegs verbarg, wie wohl mancher andere, der in solchem Falle den Gleichgültigen spielt. Als ich einst einem Manne, der von seinem Fürsten mit dem »goldenen Vogel« geehrt worden war, zu diesem frohen Ereignis gratulierte, antwortete er: »Gebraten sind sie mir lieber!« Das war nicht bloß ein wohlfeiler Witz, sondern auch eine Unwahrheit, denn ich durfte überzeugt sein, dass er mit großer Genugtuung und selbstgefälligem Stolze auf den Schmuck blickte, der fortan sein Knopfloch zieren sollte.

Während Liszts Anwesenheit in Weimar gab ich ihm zu Ehren eine größere Abendgesellschaft, in der sich auch Frau von Heygendorf (frühere Jagemann) befand, von der Liszt viel gehört hatte und die er deshalb ganz besonders kennen zu lernen wünschte. So liebenswürdig er gegen alle übrigen Damen war, so zeichnete er doch ganz besonders diese geniale Frau aus und behauptete fast den ganzen Abend den Platz neben ihr. Endlich bat er sie, ihm etwas zu singen. »Wenn Sie die alte sechzigjährige Frau nicht auslachen wollen, in Gottes Namen!«, erwiderte sie mit freundlichem Humor. Wahrlich, die edlen Züge und die großen blauen Augen waren noch schön zu nennen! Sie sang eine italienische Arie, die Liszt begleitete. Obgleich die jugendliche Frische ihrer Stimme dahin war, bekundete doch ihr Gesang, dass sie in der trefflichsten Schule gebildet worden war. Nachdem unter lautem Beifall das Lied beendet war, wollte Liszt vom Flügel sich entfernen, aber sie ließ ihn sein Vorhaben nicht ausführen und sagte: »Nein, mein Verehrter! So kommen Sie nicht los! Ich habe Ihnen Ihren Wunsch erfüllt, nun erfüllen Sie auch den meinen und geben uns den ›Erlkönig‹ zum besten!« Unter ungeheurem Jubel nahm er den Platz am Instrument wieder ein und kam der Bitte, in die alle Anwesenden einstimmten, nach.

191. Adelheid von Schorn: Franz Liszt in Weimar (1850)

In Weimar bewohnte die Fürstin die erste Etage in der »Altenburg«, einem auf einer Anhöhe vor der Stadt gelegenen großen Hause, das der Familie von Seebach gehörte. Später kaufte es die Großherzogin, und von da an mietete die Fürstin das ganze Haus, um hier die Zeit bis zur Wegräumung aller Hindernisse, die ihrer Scheidung und der Trauung mit Liszt im Wege standen, zuzubringen. Dieser hatte früher im Hotel Zum Erbprinzen am Markt gewohnt, zog aber in die zweite Etage der »Altenburg«, als die Fürstin das ganze Haus übernahm.

Die Fürstin sowohl wie Liszt waren streng römisch-katholisch, deshalb war für beide eine Trauung, die nicht nach den Formeln dieser Kirche geschlossen worden wäre, eine innere Unmöglichkeit.

Fürstin Carolyne Wittgenstein machte auf der Altenburg ein großes Haus, wo hauptsächlich Künstler und Gelehrte verkehrten, aber in den ersten Jahren auch die Hofgesellschaft. Wie viele Fremde in den zwölf Jahren durch Liszt nach Weimar gezogen wurden, ist nicht zu beschreiben. Die Fürstin wurde am Hof und in der Gesellschaft empfangen. Was Anstoß erregte (dass Liszt auf der Altenburg wohnte), das wurde offiziell ignoriert, die Einladungen vom Hof wurden für ihn im »Erbprinzen« abgegeben!

Meine Mutter lebte zwar sehr still, hatte aber durch ihre vielen Verwandten und Freunde Verbindungen genug, um jede bedeutende Persönlichkeit, die in Weimar auftauchte, bald kennen zu lernen. So begegnete sie der Fürstin, und beide Frauen befreundeten sich auf das Innigste. Auch Liszt kam in unser Haus, wenn auch in der ersten Zeit – solange er dirigierte – nicht so oft als die Fürstin mit ihrer Tochter, die mir von Anfang an ein sehr warmes Wohlwollen entgegenbrachte, das sie mir bis heute bewahrt hat, und das ich ihr mit der treusten, wärmsten Anhänglichkeit vergelte. Ich sehe noch unsere behagliche Stube vor mir: über dem runden Teetisch brennt die Hängelampe, auf dem Sofa sitzen die Fürstin und Mama, gegenüber neben dem Teekessel meine Schwester, dazwischen Prinzess Marie und ich. Nachdem der Tee abgeräumt, las meine Mutter manchmal eine ihrer kleinen Dorfgeschichten – oder Gedichte – vor, während die Fürstin und ihre Tochter an großen, sehr feinen Tapisserien arbeiteten, die meist für die Kirche bestimmt waren.

192. Adelheid von Schorn: Liszt inszeniert ›Lohengrin‹ (1850)

Am 25. August 1850 wurde die Herder-Statue vor der Stadtkirche enthüllt. Als Vorfeier führte Liszt am 24. seine Komposition des Herderschen ›Prometheus‹ zum ersten Male auf. Am 25. war der ›Messias‹ von Händel in der Kirche. Als Nachfeier war am 26. ein Kinderfest auf dem Ettersberg, an Herders Lieblingsplatz, »Herders Ruh«. Dies ist der einzige Teil des Festes, dessen ich mich erinnere. Aber während die Kinderschar im Festzug nach dem Walde zog und dort oben sich mit harmlosen Spielen vergnügte, ereigneten sich in der Stadt viel wichtigere Dinge: im Theater war die Generalprobe zu ›Lohengrin‹, der am 28. August – an Goethes Geburtstag – aufgeführt wurde.

Liszt hatte diese Oper von Richard Wagner einstudiert – die noch auf keiner Bühne gegeben war – und damit ein *Wagnis* auf sich genommen, denn die wagnersche Musik galt damals noch als ganz unverständlich, unausführbar und revolutionär. Liszt hatte die zuredende Stimme der Fürstin Wittgenstein neben sich, und eine Protektorin an der Großherzogin Maria Paulowna, die beide seinen Willen stärkten. Den ›Tannhäuser‹ hatte er zwar schon am 16. Februar 1849, am Geburtstag der Großherzogin, gegeben, mit dem hatte sich das Publikum schon etwas ausgesöhnt, denn andere Bühnen hatten ihn vorher und seitdem gebracht, aber nun der ›Lohengrin‹!

Die Philister schrieen ach und weh! Liszt ließ sich nicht irremachen. An Herrn von Milde und Fräulein Rosa Agthe hatte er zwei Künstler, die ihr ganzes Können für das Gelingen einsetzten. Sie kreierten die Rollen des »Telramund« und der »Elsa« in unvergesslicher Weise. Die Titelrolle wurde leider nicht genügend gegeben, aber der Kapellmeister Liszt und sein vorzüglicher Mitarbeiter, Regisseur Genast, scheuten keine Mühe und Arbeit, um alles auf das Beste einzustudieren. Es mussten so viele Proben gehalten werden, dass sie oft nachts nach den Vorstellungen wieder anfingen, wo sie mittags aufgehört hatten.

Am 28. war die erste Aufführung – sie hätte vor halb leerem Hause stattgefunden, wenn nicht die Großherzogin viele Billetts gekauft und verschenkt hätte. So groß war das Misstrauen gegen die »Zukunftsmusik«.

Der Applaus war ein enormer – sogar bei offener Szene wurde geklatscht –, aber am anderen Tage desto mehr geschimpft.

Die Generalprobe am 26. sollte noch eine ganz besondere Erinnerung hinterlassen. Es waren dieses Mal mehr Menschen im Theater, als sonst zu den Proben zugelassen wurden, Angehörige der Mitglieder und viele, die sich besonders dafür interessierten. Nach dem zweiten Akt trat der Regisseur Genast auf die Bühne und sagte: »Erschrecken Sie nicht, meine Herrschaften, es brennt! Nicht im Theater, aber in der Nähe.« Als das Publikum hinausstürzte, stand ihm ein Flammenmeer vor Augen, denn das Zuchthaus brannte, das kaum hundert Schritt entfernt mitten in engen Gassen lag.

Die Verwirrung muss eine schreckliche gewesen sein. Im Theater die vielen kostümierten Menschen; im Stadthaus Probe zu lebenden Bildern, die im Lucasverein gestellt werden sollten. Auf dem Herderplatz hingen die dürr gewordenen Girlanden vom Tag zuvor und fingen durch die hineinfliegenden Funken an zu brennen. Die weiß gekleideten Kinder kamen vom Wald zurück und liefen in all dem Wirrwarr durch die Straßen – kein Mensch wusste, wo er zuerst angreifen sollte. Aber die Offiziere wussten es. Sie brachten mit den Soldaten zuerst die Züchtlinge aus dem brennenden Hause und transportierten sie nach dem Reithaus an der Ilm, dann halfen sie löschen. Damals wurden die Gefangenen mit Holzspalten beschäftigt. In Massen lag dieses Brennholz in dem Hof des Zuchthauses;

wenn das Feuer gefangen hätte, wäre wahrscheinlich die halbe Stadt abgebrannt. Aber den vereinten Anstrengungen gelang es, den Brand zu konzentrieren und großes Unglück abzuwenden.

193. Adelheid von Schorn: Gesellschaft auf der Altenburg (1856)

Im Winter 1856–57 war ich das erste und einzige Mal mit meiner Mutter in einer Gesellschaft auf der Altenburg. Im Frühjahr darauf wurde sie so krank, dass nie wieder für sie an so etwas zu denken war. Wir waren zu Ehren von Marie Seebach eingeladen, die damals zum erstenmal in Weimar gastierte. Sie gewann sich als »Gretchen« aller Herzen und wurde sehr gefeiert. Eine anmutige Erscheinung, mit schön geschnittenen Zügen und reichem blondem, lockigem Haar, deklamierte sie an dem Abend den ›Heideknaben‹ von Hebbel mit großer Begeisterung, den Liszt ihr am Klavier begleitete. Ich hörte zum erstenmal ein Melodram und hatte damals das Gefühl, dass das gesprochene Wort und die Musik sich eher stören als helfen, trotzdem Marie Seebach eine der wenigen war, die musikalisch sprechen können.

Liszt erschien im kurzen schwarzen Sammetrock; er sah blass und angegriffen aus, er war krank gewesen, aber so schön, dass ich ihn immer daraufhin ansehen musste. Sein Ausdruck war so strahlend, wie er am Klavier saß, dass man darüber kaum bemerkte, dass er nur mit einer Hand spielte; die andere schmerzte ihn so, dass er sie nicht gebrauchen konnte. Von den Anwesenden an dem Abend erinnere ich mich an Friedrich Preller, Herrn und Frau von Milde und Hoffmann von Fallersleben, von dem mir Prinzess Marie erzählte, dass niemand reizendere Blumensträuße binden könne als er. Wir waren schon eine Weile versammelt, da erschien ein junger, großer, sehr schlanker Mensch mit langen blonden Haaren, den ich wohl mit unverstelltem Erstaunen betrachtete – denn er erschien mir als der verjüngte Liszt –, bis Prinzess Marie ihn mir als »Daniel, Liszts Sohn«, vorstellte. Er war am selben Tag von Paris angekommen, wo er ein glänzendes Abiturium gemacht hatte, nun sollte er sich auf der Altenburg einige Wochen erholen, denn seine Gesundheit hatte unter der angestrengten Arbeit gelitten.

Wenn es auch sehr bekannt ist, so will ich hier doch kurz erwähnen, dass Liszt drei Kinder hatte, die ihm die Gräfin d'Agoult geboren. Er hatte die Kinder legitimiert und seiner Mutter, die in Paris lebte, zur Obhut übergeben. Blandine heiratete den Advokaten Emile Olivier in Paris, der sich als Minister im Jahr 1870 keinen Ruhm erworben, sich aber als Schriftsteller einen Namen gemacht hat. Cosima heiratete Hans von Bülow und nach der Trennung von ihm Richard Wagner. Daniel war das jüngste Kind, das dieser Verbindung entsprossen.

Das Souper wurde – wie immer auf der Altenburg – an kleinen Tischen zu vier Personen eingenommen. Ich sehe noch meine Mutter neben der Fürstin sitzen, die ich an dem Abend zum ersten und einzigen Mal in Gesellschaftstoilette erblickte. Sie war damals noch ziemlich schlank und sehr beweglich, klein und von sprudelnder Lebendigkeit. Dunkle Haare und Augen sowie ein gelblicher Teint gaben ihr etwas Ausländisches, sie war ja auch rein polnischer Herkunft. Eine ziemlich große Nase gab dem Gesicht eine eigenartige Bedeutendheit, um den Mund lag ein unbeschreiblich freundlicher Zug. Sie liebte es, sich in bunte Farben zu kleiden, was sie bis ins Alter hinein beibehielt. Viel später, in Rom, sagte sie mir: »Im Alter müssen die Frauen schöne Farben in ihrer Kleidung haben, aber die Form muss den Jahren angepasst sein.«

194. Franz Liszt: Schwierigkeiten am Theater (1852)

Was nun die besondere Frage des Weimarer Theaters angeht, so glaube ich sagen zu müssen, dass das Aufsehen, das es seit einer Reihe von Jahren erregt hat, durch die Aufführung einiger neuen Opern (von denen die einen großartig, die anderen weniger anspruchsvollen immerhin nicht unverdienstlich sind), gleichsam eine Stufe bildet, auf die es gestiegen ist, und von der aus man besser übersehen kann, was ihm nottut.

In diesem Augenblicke drängt sich die ganz natürliche Frage zur Beantwortung auf, was man künftighin in ihm sehen will: soll es ein Hoftheater bleiben oder ein Privatunternehmen werden? Im letzteren Falle, wenn also die Art, in der es den Anforderungen unserer Zeit genügen will, eine Geschäftsangelegenheit wird, hängt es von dem, der sich mit diesem Geschäft befasst, ab, zu bestimmen, ob es in seinem Interesse liegt, ihm einen Glanz zu geben, der nur nach und nach beträchtliche Einnahmen herbeiführen würde.

Da Weimar kein Publikum besitzt, das imstande wäre, den wahren Wert der Stücke zu beurteilen, die es aufgeführt sieht, so kann sein Theater nur Ruhm gewinnen, wenn man sich an das Interesse der benachbarten Städte wendet. Um das zu erlangen, muss man sich notwendigerweise entschließen, Werke zu geben, die ihren wahren Erfolg nur haben werden, wenn ihr Ruf ein fremdes, urteilsfähigeres Publikum hierher geführt haben wird. Dieses zweite Publikum wird eine Güte der Vorstellungen nötig machen, die die Weimaraner nicht verlangen, denn die wissen kaum, worin sie bestehen könnte; es wird aber dann diese selben Weimaraner mit fortreißen, die, wenn sie auch von Hause aus wenig gewöhnt sind Gutes von Schlechtem zu unterscheiden, doch nicht wenig entzückt sein werden, ihren Abend zu verbringen, indem sie Werke sehen, die den Stempel der Meisterschaft tragen.

Wenn das Theater ein Hoftheater bleiben soll, so kann es sich dieses Titels nur würdig zeigen, wenn seine Verwaltung die jetzt herrschende Rücksicht auf die Zahl der täglich an der Kasse gekauften Karten und auf den Geschmack des Weimarer Publikums aufgibt. Wenn die Verwaltung sich nicht entschließt, hervorragende Werke zu geben mit den Kosten, die sie gebieterisch erfordern, ohne Rücksicht darauf zu nehmen, was die Eingeborenen dazu sagen und ob sie fleißig die Vorstellungen besuchen werden, wird das Weimarer Theater nicht über den Stand der Mittelmäßigkeit hinauskommen.

Was den musikalischen Teil angeht, so sind zwei gute Kapellmeister unumgänglich nötig, denn ein einziger – auch wenn er nicht noch durch schöpferische Arbeiten in Anspruch genommen ist – würde nicht genügen, die Konzerte und die alten und neuen Opern so zu leiten, dass alle Vorstellungen von gleichem Werte sind, und darauf allein kommt es an, wenn ein gediegener und dauerhafter Ruf erworben werden soll. Dann ist es dringend notwendig, Chor und Orchester wirksam zu vervollständigen. Wenn diese Bedingungen aber einmal erfüllt sind und ein berechtigtes Ansehen erworben ist, so habe ich meinerseits nicht den geringsten Zweifel, dass zu einer gewissen Zeit auch die wirtschaftliche Lage des Unternehmens glänzend sein wird, nachdem einige ansehnliche Vorschüsse geleistet worden sind, vorausgesetzt, dass die vernünftig verteilt werden. Die 6000 Taler, die Herr v. Ziegesar, wie er mir sagte, Überschuss hatte über die Einnahmen des Herrn v. Spiegel, wären eine Bestätigung dessen, was ich angedeutet habe. Hat man diesen neuen Gesichtspunkt aber einmal angenommen, so würde man das Ziel, auf das er hinweist, nur erreichen, wenn man mit vollkommener Beharrlichkeit vorwärts geht. Die Neugier ist schon geweckt, aber sie findet sich noch nicht durch einen vollkommenen

Genuss befriedigt. Man kommt, um unbekannte Werke zu hören, die recht und schlecht gegeben werden. Man müsste sie in ihrer ganzen Schönheit hören können, müsste angezogen werden durch dramatische und symphonische Meisterwerke, die würdig aufgeführt werden …

Um z. B. die Lohengrin-Aufführung annehmbar zu machen, hat gefehlt: ein Dutzend Chorsänger, Männer sowohl wie Frauen, ohne die die prächtigen Chöre dieses Werkes ihre Wirkung verfehlen, wie jedes Musikerohr leicht feststellen kann; – zahlreichere Statisten, um die Lächerlichkeit zu vermeiden, dass im zweiten Akt ein Marsch gespielt wird, ohne dass ein feierlicher Zug über die Bühne schreitet; – ein Ersatz für die vier Bäuerinnen, die ein unwürdiges Gefolge für die Majestät der Hauptperson bilden; – Dekorationen, die nicht mit der Zeit so zerlumpt geworden sind wie die des dritten Aktes, die offenbar noch aus den Tagen Herolds und Boieldieus stammen; – Bühnentrachten, die nicht viel teurer zu sein brauchten, wenn sie auch aus anderen Stoffen gemacht wären, als man sie gewöhnlich auf den Sofas der *Hôtels garnis* findet; – etwas weniger patriarchalische Möbel als der Sitz der Elsa im dritten Akt, der aus vier kahlen Brettern gemacht ist; ein Kahn und ein Schwan, die etwas mehr geeignet wären, sich den glänzenden Vorstellungen anzupassen, die die Musik in den Gemütern erweckt; – und endlich die notwendige Ergänzung des Orchesters, die ich im einzelnen Herrn Baron v. Beaulieu angegeben habe. Eine ganze Anzahl von Mitgliedern des Theaters ist vom Alter geschwächt, in den Dürftigkeiten des Provinzbetriebes versauert, ohne eine Ahnung davon, was anderwärts getan und geleistet wird, zufrieden, wenn sie ihres Abendbrotes sicher ist, während es an jungen Leuten fehlt, die einen Namen zu erobern haben, Vergleiche anstellen können und sich von jener Glut beseelt fühlen, ohne die es fast besser ist, überhaupt nichts anzufangen. Solange man jedes Mal vor der Ausgabe von ein paar Talern oder Groschen ängstlich überlegt, ob sie auch an der Abendkasse wieder einkommen, ist es überflüssig, daran zu denken, das Ansehen aufrecht zu erhalten, das die deutsche Presse und die übrigen Theater dem weimarischen zugestehen. Die Aufführung einiger neuer Opern wird eine Ausnahmetat bleiben, etwas Ungewöhnliches, ein glücklicher Zufall, aber sie wird nicht erreichen, wozu sie wenigstens als Grundlage dienen kann: die Wiederherstellung des alten Ansehens der Weimarer Bühne in einer andern Form.

195. Julius Rodenberg: Neu-Weimar (1856)

Wir Auswärtigen kennen Weimar eigentlich nur im Festgewande, wenn wir es zu den Versammlungen der Goethe-Gesellschaft, der Shakespeare-Gesellschaft oder interessanten Theatervorstellungen besuchen. Aber es hat auch sein Alltagskleid, welches ihm nicht minder gut zu Gesicht steht und dem Fremden, der zum ersten Mal hierher kommt, immer noch merkwürdig genug erscheinen mag. Ich erinnere mich dieses Eindrucks aus einer Februarnacht im Jahre 1856, der Reise von Halle her durch das mondbeglänzte Saaleland, der Ankunft auf dem hochgelegenen, einsamen Bahnhof, von welchem man den Blick auf die schlummernde Stadt unter sich hatte, der mitternächtigen Fahrt durch ihre stillen Gassen und des Erwachens am anderen Morgen in einem äußerst bescheidenen Hinterzimmer des »Elephanten« mit der Aussicht auf den Hof, in welchem ein Ackerwagen stand und gackerndes Federvieh ging. Doch eben das Ländliche, Kleinstädtische dieses Anblicks tat mir wohl, es heimelte mich unaussprechlich an, und mit einer Art von Empfindung, als ob ich hier zu Hause sei, verbanden sich die heiligen Schauer einer Vorzeit, die noch lebendig in die Gegenwart hineinreicht. Mir war, als ob ich allem Hohen und Großen, was den Ruhm dieses alten Fürstensitzes und Musenhofes ausmacht, menschlich nähergetreten. Auch fehlte damals nicht die mächtige Persönlichkeit, welche der Stadt und dem Leben darin einen noch lang erkennbaren charakteristischen Zug verlieh. Wie ein Herrscher auf der Altenburg saß Franz Liszt, der damals noch nicht seine Gewalt freiwillig mit Franz Dingelstedt geteilt, ja diesem sich dienstlich untergeordnet hatte. Wohl erinnere ich mich auch noch eines jener Symposien, wie sie, durch alle guten Gaben der Küche, des Kellers, der Kunst und der Poesie geschmückt, in dem wirtlichen Haus auf dem Berge durch Jahre sich wiederholten – der dämmerig erhellten, wohlig erwärmten Räume, der glänzenden Tafel, der feinen wie durchsichtigen Figur Franz Liszts, der von unwiderstehlich liebenswürdiger Heiterkeit war bei Tisch und hinreißend, wenn er sich an den Flügel setzte – der beiden Frauengestalten, Mutter und Tochter, Fürstin und Prinzessin Wittgenstein, die mit freundlicher Huld diesem Hause das Gepräge vornehmster Gastfreiheit gaben. Unter den Eingeladenen war damals immer ein Mann von reckenhafter Erscheinung, mit breiten Schultern, langem, schon ergrauendem Haar um den stark profilierten Kopf und einem durchfurchten Gesicht, in welchem die kleinen Augen gar pfiffig munter funkelten – Hoffmann von Fallersleben, der fahrende Sänger, der seit einigen Jahren sein Nomadenzelt an der Ilm aufgeschlagen hatte …

Das Wort »Neu-Weimar« hatte noch außer der ersten, an die man zunächst denkt, eine zweite Bedeutung: es ward mit ihm ein Verein bezeichnet, welcher, unter Liszts Auspizien im November 1854 gestiftet, sich allwöchentlich einmal am Montagabend, zuerst im »Hôtel de Russie«, dann in einem Zimmer des Stadthauses versammelte. Er umfasste die Zelebritäten des damaligen Weimars, Maler, Schriftsteller, Schauspieler, zumeist aber Musiker. Denn Weimar zu Liszts Zeit war vor allem Musikstadt, und diesen Charakter hatte auch der Verein. Ehrenmitglieder desselben waren Hector Berlioz, in Paris, Hans von Bülow, damals in Berlin, Joseph Joachim, damals in Hannover, und Richard Wagner. Das Siegel des Vereins zeigte die drei schrägliegenden, ineinander verschlungenen Buchstaben »NWV«, darunter, wie in einem Rahmen, Weimar mit seinen drei Türmen. Zum Präsidenten war Liszt gewählt worden, zum Vizepräsidenten Hoffmann von Fallersleben, nach dessen Vorschlag der Verein auch den Namen empfing:

> Altes gibt es genug, wir hoffen was Neues von Weimar,
> Darum haben wir Neu-Weimar-Verein uns genannt.

Indessen ist Weimar längst zu seinen alten Traditionen zurückgekehrt. Neu-Weimar war eine Schöpfung Liszts, und mit ihm, der seine Seele war, ist es versunken. Trotzdem hat sich auch in der Musikgeschichte mit unauslöschlichen Lettern der Name Weimars eingeschrieben als der Stadt, von welcher aus, vornehmlich durch die gewaltige Energie dieses Einzigen, der neuern Richtung die Bahn gebrochen war.

196. August Heinrich Hoffmann von Fallersleben: Gesellschaftliches Leben in Weimar (um 1855)

Unter den vielen geschlossenen Gesellschaften Weimars war die größte und vornehmste »die Erholung«. Sie hatte die Ehre, dass sogar der Großherzog Mitglied war. Obschon ich ein Feind aller geschlossenen Gesellschaften war und mich nie entschließen konnte, einer anzugehören, so bestimmten mich hier allerlei Gründe, auch schon die Rücksicht auf meine Familie, eine Ausnahme zu machen: schon seit August vorigen Jahres war ich »admittiertes« Mitglied, wirkliche konnten nur hiesige Ansässige sein.

Die Erholung hatte zwei Lokale, eins für den Winter in der Stadt neben der Hauptkirche, eins für den Sommer draußen an der Jenaer Landstraße. Dies Sommerlokal war sehr freundlich und angenehm. Ein einstöckiges Haus mit einem großen Saale und mehreren Gesellschaftszimmern genügte vollkommen den Zwecken der Gesellschaft. Der davorliegende Garten, ehemals dem Prof. Musäus gehörig und dann durch ein Geschenk Carl Augusts erweitert, hatte viele Spazierwege, Sträuche und schattenreiche Bäume und einige Blumenbeete. Dagegen war das Winterlokal ganz erbärmlich: in einem alten verbauten Hause waren drei niedrige Zimmer im zweiten Stocke von mäßigem Umfange für die Gesellschaft hergerichtet. Das erste war das Lesezimmer. In einem schmalen länglichen Raume stand eine lange Tafel, worauf einige Blätter Zeitungen und Zeitschriften lagen; der Tisch war immer ziemlich besetzt, aber nicht zum stillen Lesen, sondern zum lauten Unterhalten. In einer Ecke stand noch ein runder Tisch, der Erbtisch der Staats- und sonstigen Räte, den ich mit dem Namen »der Mandarinentisch« zu bezeichnen pflegte. – In dem daran stoßenden sog. Gesellschaftszimmer waren zwei oder höchstens drei Spieltische im Gange; an einem der beiden Tische am Eingange rechts oder links pflegte ich mit einigen zu sitzen, die sich so zusammengefunden hatten und sich gern heiter unterhielten ... Im dritten Zimmer stand das Billard. Da waren die jüngern Leute, meist Beamte, die sich in die Nähe ihrer Vorgesetzten nicht wagten, um sich keinen Zwang anzutun.

Der Besuch war ein sehr schwacher: durchschnittlich mochten zu gleicher Zeit 30–40 Mitglieder gegenwärtig sein. Viele kamen nie, einige höchst selten; mancher mochte durch den steifen, vornehmen Ton abgeschreckt werden, oder blieb weg, weil er das, was er in der Erholung suchte, nämlich Erholung, am wenigsten fand. Mehrere, die zugleich Mitglieder anderer Vereine waren, gingen lieber dorthin, sie fanden da besseres Bier und mehr und angenehmere Unterhaltung. Die Restauration war schlecht und konnte auch nie gut werden: der Wirt gab zu viel Pacht und es wurde zu wenig verzehrt. Ein hoher Rat konnte den ganzen Abend vor seinem Glase Lichtenhainer sitzen und ließ sich höchstens noch einen Schnitt geben.

Im Sommerlokale schien die Erholung eine ganz andere Gesellschaft zu sein. Das schöne Wetter lockte die alten Herren ins Freie hinaus, ihre Familien, Frauen und Kinder belebten den Garten, und da derselbe Raum genug hatte, so konnte jeder Kreis hübsch für sich bleiben. An den Konzerttagen war es recht belebt, zumal wenn hinterdrein noch ein Ball erfolgte. Wir hatten es von unserer Wohnung ab recht bequem, den Garten zu jeder Tageszeit zu besuchen, nur wenige Schritte und wir standen vor einem der vier Eingänge.

Die Mittwochsgesellschaft war ein Verein zu wissenschaftlicher Unterhaltung, es wurden Vorträge gehalten, worauf dann ein Abendessen erfolgte. Ich kannte diese Gesellschaft nur dem Namen nach, kam aber mit vielen Mitgliedern in Berührung. Wegen ihrer Beziehungen zum Hofe nannte ich die diesem Kreise der Gesellschaft angehörigen und was sich daran anschloss »die Hofräte« …

Neben diesen beiden geschlossenen Gesellschaften muss ich noch einer freien Vereinigung gedenken, die sich recht gut als Stadthaus-Gesellschaft bezeichnen lässt. Es war ein Kreis spezifischer Weimaraner, Kleinstaatler und Kleinstädter, die das Wohl und Wehe der Stadt und des Landes beim Biere besprachen, überzeugt von ihrer eigenen Tüchtigkeit vieles besser wussten und konnten als andere, und nebenbei sich ärgerten, dass die bedeutendsten Männer in Staat und Kirche keine Weimaraner, nicht einmal Thüringer waren. Sie fanden sich häufig ein des Abends im »Traiteur-Stadthaus« und pflegten an einem bestimmten Tage in der Woche zum Lichtenhainer in Süßenborn zu spazieren. Ich traf sie zuweilen an beiden Orten.

197. Franz Eduard Genast: Die Enthüllung des Wieland- und des Goethe-Schiller-Denkmals (1857)

Wie wurde ich aber enttäuscht, als das Erzbild nun enthüllt vor meinen Augen stand. Das war nicht der Wieland, wie er so unauslöschlich in meiner Erinnerung lebte! Weder Gestalt noch Haupt rief eine Ähnlichkeit in mir wach, und so erging es allen alten Weimaranern. Wie oft hatte ich ihn gesehen, als ich in den Jahren 1811 und 1812 noch wohlbestallter Lehrbursche in der Hofkonditorei war und an den sonntäglichen Courtagen als Ganymed die hohen Herrschaften mit Punsch, Bischof, Limonade usw. erquickte. Zu diesen Soireen wurde, außer Wieland und der hohen Geistlichkeit, nur Adel eingeladen, da unsere Großherzogin Louise, eine so treffliche Mutter sie auch für ihr Land war, die althergebrachte Etikette, in der sie erzogen worden war, gewahrt wissen wollte. Selten versäumte Wieland diese Abende, verweilte aber nur so lange, bis er die fürstlichen Personen begrüßt und gesprochen hatte; dann verließ er die Gesellschaft und trat zuweilen im Vorzimmer an meinen Schenktisch, um ein Glas Punsch oder Bischof zu trinken. Da stand er nun, wie er mir jetzt noch vor Augen steht, in seinem schwarzen Hofkleide, mit dem schwarzen seidenen Mäntelchen und dem Samtkäppchen auf seinem ehrwürdigen Haupte, das er auch in Gegenwart der höchsten Herrschaften und selbst vor Napoleon nicht ablegte. Hatte er sein Gläschen langsam ausgetrunken, so sah er sich nach seinem Diener um. Einmal war dieser nicht da; sogleich bot ich ihm meinen Arm, und lächelnd sagte er: »Komm, mein Söhnchen! Du hast junge Beine und wirst mich sicher hinabführen.« Vorsichtig geleitete ich ihn und wich nicht eher von seiner Seite, als bis er in seiner Portechaise Platz genommen, aus der er mir noch zurief: »Ich danke dir! Grüße mir deinen Vater, den ich lange nicht gesehen habe.« Überglücklich sprang ich mit Riesenschritten wieder die Treppe hinauf an meinen Platz.

Von dem Denkmal aus nahm der Zug seinen Weg über den Goetheplatz, durch die Schillerstraße nach dem Theater, vor welchem die Doppelstatue von Goethe und Schiller aufgestellt war und ihrer Enthüllung harrte. Dem Standbilde gegenüber war eine mächtige Tribüne, mit Teppichen und Blumen geschmückt, errichtet, zu der acht Stufen führten und auf welcher die verwitwete Großherzogin Maria Paulowna, der regierende Großherzog und seine Gemahlin, Herzog Bernhard mit seinen Söhnen, die Prinzess Heinrich der Niederlande und die Nachkommen Goethes, Schillers und Wielands Platz nahmen. Gymnasialdirektor Heylend hielt eine herrliche, oft von lautem Beifall unterbrochene Weiherede, aus der ich nur die folgende schöne Stelle anführen will: »Wieland hat heute seine Ehre empfangen, Herders hochpriesterliche Gestalt vor unserer Stadtkirche bekundet seit Jahren die dankbare Anerkennung der Nachwelt. Der gegenwärtige Augenblick sammelt uns, um das Gedächtnis der beiden Großen, die, wie sie die ersten Zierden des weimarischen Musenhofs waren, die Ehre und der Stolz des deutschen Namens sind. Fragen wir nicht, was beide so lange voneinander fern hielt. Freuen wir uns dankbar dessen, was sie Großes schufen, als sie sich suchend getrennt. Mag es Scheu des Jüngern vor dem Überlegenen gewesen sein, der durch unvergleichliche Schöpfungen bereits die Meisterschaft errungen hatte, wahrer noch ist es, dass die Werkzeuge, mit denen sie die Welt anfassten, von Grund aus verschieden waren. Aber in demselbigen Ziele traf doch endlich die echte Dichternatur zusammen und stiftete jenen einzigen Seelenbund, in dem ihnen die Wahrheit und die Schönheit in vollem Lichte aufging.«

Auf die Doppelstatue hinweisend schloss der Redner mit den Worten: »Der Kranz, der sie verbunden hält, ist zugleich dein Kranz, mein deutsches Volk, der Kranz, mit dem sie dich königlich geschmückt haben vor allen Völkern der Erde. Schau es selbst und kränze deine Dichter mit neuer Verehrung und neuer Liebe!«

Bei diesen Schlussworten enthüllte sich das Meisterwerk von Rietschel und Miller. Die Totenstille wurde zunächst durch ein staunendes, leises »Ah!« unterbrochen, dann aber brach ein endloser Jubel aus, womit man den Redner und die Meister ehrte. Gleich darauf rief der Großherzog von der Tribüne herab: »Rietschel! Rietschel! Kommen Sie zu mir!« Rietschel, der bisher ziemlich verborgen in seiner angeborenen Bescheidenheit unter den Künstlern, Dichtern und Literaten gestanden hatte, bestieg die Stufen der Tribüne, auf denen ihm Karl Alexander mit ausgebreiteten Armen entgegenkam und ihn begeistert an das Herz drückte. Diese wahrhaft rührende Szene wurde von unbeschreiblichem Jubel begleitet, der sowohl dem hochherzigen Fürsten wie dem großen Künstler galt. Sofort wandte der Großherzog Rietschel, der mit der Kehrseite dem Publikum gegenüberstand, diesem zu, und sein freudiges Antlitz schien die Worte auszusprechen: »Da! Seht ihn Euch recht an! Das ist der Mann, der mich und meine gute Stadt Weimar mit diesem Meisterwerke beglückt hat!« Ähnliche Ehre wurde dem Direktor der Münchener Erzgießerei, von Miller, der den Guss geleitet hatte, zu teil.

Sämtliche Künstler, welche die Stadt Weimar auf ewige Zeiten mit diesen Dichterdenkmalen geschmückt hatten, wurden bei dieser Gelegenheit vom weimarischen Magistrat zu Ehrenbürgern ernannt und von dem Großherzog mit dem Orden des weißen Falken dekoriert. Rietschel erhielt das Kommandeurkreuz, auch außerdem das Doktordiplom von der Universität Jena. Den würdigen Schluss dieses Tages bildete eine wohlgelungene Vorstellung im Theater.

198. Wanda von Puttkamer: Die Errichtung des Goethe-Schiller-Archivs (1896)

Wolfgang und Walter von Goethe, denen besonders der Erbgroßherzog Carl Alexander in wahrer und aufrichtiger Freundschaft zugetan war, sind das Beispiel dafür, welche tiefe Wahrheit in dem Worte liegt, das ihr Großvater prophetisch geprägt hat: »Weh (dir), dass du ein Enkel bist.« Dies Nationaldenkmal des deutschen Volkes wollten sie nicht haben, das Haus, das Nationaleigentum werden sollte, mochten sie nicht verlassen, wenngleich sie alle vielfach woanders lebten. Ängstlich hüteten und verbargen sie die hier ruhenden Papiere ihres Großvaters, zu besorgt, Fremde heranzulassen, misstrauisch selbst den nächsten Freunden gegenüber. Dabei trotz ihrer hohen Bildung, und obgleich sie nach dem Vorhergegangenen wussten, welche Schätze sie in den Händen hielten, und was sie hierdurch der Welt schuldeten, unfähig, den kostbaren Besitz eigenhändig zu sichten. Alle Versuche der gelehrten Welt waren vergebens. Selbst Adolf Stahr gelang es nicht, an die Manuskripte heranzukommen. Die Beschaffenheit des Hauses, die ziemlich baufällig war, die Kränklichkeit der Besitzer, machten es unmöglich, dass seine Tore sich weiterhin so gastlich öffneten, wie es einst gewesen war, und wie es das Wort »Salve« ausdrückte, das als Symbol dieser Gastfreundschaft einst den Hausherrn und seine Gäste auf der Schwelle gegrüßt hatte. Die finanzielle Frage kam hinzu. Vielfach im Ausland lebend, schien es den Besitzern unratsam, Einzelheiten Einzelnen freizugeben. In dem, was sie schließlich bestimmt hatten, sind sie sich wohl einig gewesen. Als Letzter von den Brüdern starb am 15. April 1885 Walter von Goethe und nun wurde das Überraschende offenbar. Er hatte den gesamten handschriftlichen Nachlass einer Frau vermacht, die, von Geburt Ausländerin, »alle Papiere wissenschaftlichen, poetischen, literarischen, administrativen und familiären Inhalts« des größten deutschen Dichters erbte.

Darüber, wie dieser Entschluss bei Walter von Goethe gereift ist, liegt noch ein dunkler Schleier. Ihn lüften, Näheres darüber zu veröffentlichen, müsste sehr lehrreich für die ganze Welt sein; denn dieses Testament ist ohne Beispiel in der Literatur aller Völker …

Möglich, dass seiner Gelehrtennatur die Verantwortung eine zu schwere geworden wäre; unter allen Umständen war es eine hochherzige Tat, würdig des großen Ahnen, dafür zeugend, dass dessen Idealismus auch die Nachfahren beseelt. Nicht nur die Großherzogin, sondern auch das ganze deutsche Volk schuldet diesen beiden Männern hierfür Anerkennung und Dank.

Hoch über Weimar, es beherrschend und hinüberschauend zu den Fenstern seiner Gründerin, sollte nach deren Willen das weiße Haus seinen Platz finden, in dem nun feuersicher und vereint das Erbe und das Geschenk geborgen werden sollte. Die hohen Fundamentierungen, die aufgeführt werden mussten, um den Bau nach der Stadt hin zu stützen, haben nicht nur viel Kosten verursacht, sondern sie geben dem Gebäude von jener Seite aus ein stattliches Gepräge. Unzählige Mal überprüfte die Großherzogin die Ausführung; die Inneneinrichtung zweckmäßig und schön zu gestalten, war ihr eine besondere

Freude. Jeder Farbeton der Wände und Möbel, jedes Stuhlmuster, die Ausstattung des behaglichen Direktorenzimmers überwachte sie auf das Genaueste.

Am schwierigsten war die Raumfrage zu lösen, denn man sah wohl voraus, was hernach eintrat, dass immer neue Manuskripte und Nachlässe deutscher Denker und Dichter sich hier zusammenfinden würden, so dass man hier großzügig Vorsorgen musste.

An einem heißen Sommertage, dem 28. Juni 1896, wurde das weiße Haus des Goethe-Schiller-Archives eingeweiht. Licht war es gehalten, Licht sollte es verbreiten und das große Himmelslicht, die Sonne, meinte es fast zu gut mit uns in dem lichtdurchflutetem Saal. Ein erlesener Kreis der größten Geister Deutschlands war hier versammelt. Vom großherzoglichen Haus wohnten die Angehörigen dem Festakt bei; es war nur ein ganz kleiner Kreis der diensttuenden Damen außer den Fürstinnen anwesend. Die Begrüßungsansprache hielt Professor Bernhard Suphan. Sie folgte auf Schillers Lied ›An die Freude‹, das wunderbar vorgetragen wurde. Auf den Ton »Freude« waren die Worte des Direktors gestimmt, das war für ihn selbstverständlich, denn auch für ihn war dieser Tag ein Höhepunkt seines Lebens. Er sprach von der Sage, die sich durch Jahrhunderte erhalten hat, dass in das Grundgemäuer eines Gebäudes ein Mensch oder das Haupt eines solchen eingegraben werden müsse, um dem Hause Glück zu geben. Und da auch die Anstalten des Geistes des Glücks bedürften, und weil es in den Zeiten der Begründung hieße, den ganzen Menschen, edelste Lebens- und Geisteskräfte, ja das Leben selbst einzusetzen, so sei er gewillt, diese Forderung zu erfüllen. Die Gottheit möge das Gelöbnis wahr machen, wie es gemeint sei!

Ein Rauschen der Bewegung, der innersten Ergriffenheit, ging durch die Versammlung, als Professor Bernhard Suphan mit dieser Zusicherung schloss. Den Schwur, nur dem Archiv zu leben, hat er gehalten. Als die raue Wirklichkeit ihm das Weiterarbeiten unmöglich erscheinen ließ, ist er, der eine Trennung von seiner Arbeit nicht ertragen hätte, gegangen, und hat anderen die Freude und den Erfolg an diesem Wirkungskreise überlassen. Seine Nachfolger verwalten das Erbe in seinem Sinne.

Den Höhepunkt der Feier bildete die Ansprache von Professor Erich Schmidt, der als Geschenk eines großen Freundeskreises Goethes der Frau Großherzogin die für das Archiv erworbenen Briefe des Dichters an Charlotte von Stein übergab.

Jahrelang hatte die Gefahr eines Auslandsverkaufes vorgelegen, eine große Summe musste aufgebracht werden, um die Papiere zu gewinnen, an der Sammlung hatten sich viele Gönner der deutschen Literatur und auch der Kaiser beteiligt. Die treibende Kraft dafür waren wohl Erich Schmidt und die Goethegesellschaft gewesen. Nun die Papiere niedergelegt wurden in dem neuen Heim und sich zurückfanden in die alte Stadt, die einst den Hintergrund gebildet hatte zu dieser köstlichsten Liebe aller Zeiten, als sie vereint wurden mit den von Goethe hinterlassenen Schriften, herrschte andachtvolles Schweigen in dem Kreise der Zuhörer, eine Stille der Ehrfurcht, die jedem unvergesslich sein wird, der dies miterlebt hat.

Die Frau Großherzogin nahm das Geschenk mit der ihr eigenen Würde und warmen Worten des Dankes entgegen. Die Fürstin fand auf jede Rede eine wundervoll passende Antwort.

199. Henry van de Velde: Das kulturelle Weimar unter Großherzog Wilhelm Ernst (1901)

Im Jahre 1901 hatte Wilhelm Ernst in Weimar als Nachfolger seines Großvaters, des Großherzogs Karl Alexander, den Thron bestiegen. Der junge Fürst war für die Bevölkerung von Sachsen-Weimar wie auch für ganz Deutschland ein unbeschriebenes Blatt. Als Leutnant der Potsdamer Garnison stand er völlig unter preußisch-militärischem Einfluss, dem die älteren regierenden Fürsten dreißig Jahre nach der Gründung des Deutschen Reiches immer noch mit gemischten Gefühlen gegenüberstanden. Zu Lebzeiten Karl Alexanders, der gerne daran erinnerte, dass er als Kind auf Goethes Knie gesessen hatte, kümmerte sich kein Mensch in Weimar oder gar in den intellektuellen Kreisen Deutschlands um den jungen Mann, der nun das schöne, aber schwere Erbe zweier außergewöhnlich ruhmvoller kultureller Epochen anzutreten hatte, der Regierungszeiten Karl Augusts und Karl Alexanders.

Der junge Großherzog Wilhelm Ernst (geboren 1876), der so plötzlich aus orthodoxem preußischem Militärmilieu nach Weimar, einem Zentrum universaler literarischer und künstlerischer Kultur, verpflanzt wurde, zeigte sich bei Hofe und vor der Bevölkerung nur in Uniform. Bei der Tafel führte er die deutsche Sprache ein anstelle des traditionellen Französisch, auch die Menü-Karten wurden in Deutsch abgefasst. Die eleganten, phantasievollen, kapriziösen Bezeichnungen für die Speisen, die ausgesuchte Genüsse versprachen, wurden durch pedantische, trockene Worte ersetzt. Ärgerliche Indizien, die einige Freunde Graf Kesslers, die dem Weimarer Hof angehörten, mit Unruhe erfüllten, so dass sie sich fragten, ob ein Bruch mit den großen Epochen der Tradition bevorstehe.

Auch in Berlin stellte man sich in den Kreisen der Gesellschaft wie auch in den Cafés, in denen Schriftsteller, Künstler, Journalisten verkehrten, die Frage, was in Weimar wohl geschehen würde. Alles wäre zweifellos ohne jede Konsequenz für mich geblieben, wenn sich nicht drei Menschen zusammengetan hätten mit der Absicht, die verantwortlichen Kreise in Weimar an die Bedeutung der Tradition zu erinnern und den jungen Fürsten auf die Möglichkeit hinzuweisen, die Tradition in würdiger Weise fortzusetzen.

Diese drei Menschen waren Elisabeth Förster-Nietzsche, Graf Werthern, der nach dem Tod seines Vaters das Haupt einer der angesehensten thüringischen Familien geworden war, und als jüngster Harry Graf Kessler. Ihr Gedanke war, eine neue, dritte Epoche weimarischer Kultur in die Wege zu leiten, in deren Mittelpunkt der »neue Stil« stehen sollte, dem ich mich verschrieben hatte. Elisabeth Förster-Nietzsche hatte dem Staatsminister Rothe, Harry Kessler dem Grafen Werthern, dem Schwager des Hofmarschalls General Palézieux den Plan vorgetragen: die dritte Epoche sollte – in gehöriger Distanz zu den früheren – die Wiederbelebung des Kunsthandwerks wie der industriellen Kunst bringen und den Weg für einen architektonischen Stil und eine Ästhetik unserer Zeit frei machen. Sollte mich, dachte ich, das Schicksal nach Deutschland gerufen haben, um eine Aufgabe zu erfüllen, die für jene, die sie ins Auge gefasst hatten, ebenso kühn war wie für mich vermessen?

200. Henry van de Velde: Graf Kessler und die Weimarer Museen (1902)

Man kann sich nicht vorstellen, unter welchen erbärmlichen Bedingungen Kessler die Direktion der beiden Museen übernahm. Das Budget des einen reichte kaum für die Unterhaltungskosten; das Budget des zweiten war gleich Null … Harry gelang es, die Pariser Händler und Sammler zu bewegen, ihm für das Weimarer Museum aus ihren Galerien und Sammlungen wertvolle Werke zur Verfügung zu stellen. Obwohl mit den Transporten große Risiken verbunden waren und wenig Aussicht bestand, Käufer für ihre – wie sie zynisch sagten – Ware zu finden, machten sich die großen Händler eine Ehre daraus, die Weimarer Ausstellung zu unterstützen. Ich habe in Paris Verhandlungen Kesslers mit Durand-Ruel und Bernheim beigewohnt und war hingerissen von Harrys Enthusiasmus und der Beharrlichkeit, mit denen er alle Schwierigkeiten aus dem Wege räumte. Er war zu jedem, auch finanziellen Opfern um so mehr bereit, als die großen deutschen Zeitungen ihre bekannten Kunstkritiker zu den Weimarer Ausstellungen schickten. In ausführlichen Feuilletons wurde ganz Deutschland auf die beispielhafte Arbeit des Weimarer Museumsdirektors hingewiesen, deren Früchte das Publikum Weimars und seiner Umgebung genießen konnte.

Allerdings fand dieses Publikum, das sich sonntags nach dem Gottesdienst im Museum einfand, statt der gewohnten mittelmäßigen einheimischen Kunstwerke nun andere Dinge vor. Die instinktlosen Besucher, die keinerlei Vorbildung besaßen, waren oft aufgewühlt, ja entrüstet. Mit der Gemütsruhe, mit der die Betrachter bisher von ihrem sonntäglichen Besuch nach Hause zurückkehrten, war es vorbei. Viele fühlten sich beleidigt, und an den Familientischen, an denen man früher über die Banalitäten geschwärmt hatte, gab es nun scharfe Auseinandersetzungen. Der Streit blieb nicht auf die vier Wände beschränkt, denn fast jede Familie stand in freundschaftlichen, wenn nicht sogar verwandtschaftlichen Beziehungen zu einer der Koryphäen des Kunstvereins oder der Kunstschule. Selbstverständlich geriet auch die einheimische Presse in Verlegenheit. Harry Kessler war zwar vom Großherzog berufen worden, die Einstellung der Kammerherren und anderer hochgestellter Personen ihm gegenüber aber war zweideutig, misstrauisch, zumindest reserviert.

Trotzdem war auch positiver Widerhall festzustellen. Die Lokalpresse ließ sich von den Kommentaren Kesslers in den Einleitungen der Ausstellungskataloge inspirieren, die fortschrittlichen Künstler in Deutschland waren dankbar für Kesslers Initiative, und die internationale Presse begann sich für die neue Entwicklung in Weimar zu interessieren. Den Weimarer Reaktionären und den Lokalkünstlern blieb nur noch eine Waffe: anonyme kleine Artikel schüchterner Korrespondenten oder unterzeichnete Beiträge in der Rubrik »Eingesandt«, die von den Zeitungen des Großherzogtums wichtigtuerisch und mit perfider Bereitwilligkeit aufgenommen wurden.

201. Henry van de Velde: Dichter am großherzoglichen Hofe (um 1910)

Die Großherzoginmutter gab Gide einen brillanten Empfang, zu dem die Elite der Intellektuellen und Künstler Weimars geladen war, um der Vorlesung des französischen Schriftstellers beizuwohnen. André Gide las seinem exquisiten Auditorium einen Essay vor, dessen erste Bekanntgabe er zu Ehren des Großherzogs und seiner Bestrebungen in Weimar bestimmt hatte. Die Anwesenden waren von dem aus Gides Worten sprechenden Vertrauen beeindruckt. Als erste erfuhren sie aus dem Mund des Pariser Schriftstellers, dass die französischen Literaten, als deren Wortführer er erschien, den Weimarer Zielen ihre volle Sympathie entgegenbrachten.

Nach Gide kamen die deutschen Dichter Richard Dehmel, Gerhart Hauptmann, Hugo von Hofmannsthal und später auch Rainer Maria Rilke nach Schloss Belvedere. Diese Dichterlesungen fesselten durch ihre Lebendigkeit und geistige Freiheit die Großherzoginmutter Pauline mehr als die Gespräche, die sie in Rom mit Gelehrten, Professoren und Prälaten zu führen pflegte. Die Großherzoginmutter war literarisch und künstlerisch an sich nicht gebildeter als ihr Sohn, aber sie genoss mit lebhaftem Interesse den geistigen Austausch, der bei diesen Zusammenkünften entstand, bei denen sie sich doch als eine Art Mittelpunkt empfand.

Bald versammelte man sich im Freien im Schatten der üppigen Bäume, bald in einem der Salons des Schlosses. Nur die Dienerschaft mit ihren starren, ausdruckslosen Zügen erinnerte uns an die Vorschriften der Etikette, die unsre freimütigen Diskussionen kaum behinderten. Der Besuch Gerhart Hauptmanns ist mir besonders in Erinnerung geblieben. Die Großherzoginmutter erkundigte sich unbefangen nach den Anfängen von Hauptmanns Laufbahn als Dramatiker. Hauptmanns Bericht über seine Entwicklung und seine ersten Dramen machte auf uns, die wir einigermaßen orientiert waren, einen ebenso tiefen Eindruck wie auf sie. Hauptmann war an jenem Tag ausgezeichnet aufgelegt und von der Natürlichkeit der Großherzoginmutter und unsrem Interesse geradezu hingerissen. Er redete nicht nur von seinem ersten Stück, sondern auch von den ›Webern‹, von ›Florian Geyer‹ und den anderen Dramen, die zuerst bekämpft und jetzt als Hauptwerke einer neuen nationalen Literatur gefeiert wurden, welche sich neben Ibsen, Strindberg, Tolstoi und Gorki behauptete. Es war ein langer Monolog; wir hingen buchstäblich an seinen Lippen, bis uns der Hufschlag der Pferde im Schlosshof und das Erscheinen der Lakaien daran erinnerten, dass wir Abschied zu nehmen hatten. Mit großem Geschick meisterte die Großherzoginmutter die Situation, erhob sich und dankte Hauptmann in ihrem und unserer aller Namen mit schlichter, bezaubernder Liebenswürdigkeit.

Talent und Persönlichkeit Richard Dehmels waren bei den deutschen fortschrittlichen Schriftstellern unbestritten. Mit dem Roman in Romanzen ›Zwei Menschen‹ war er mit einem Schlag an die Spitze der jungen Literatur gelangt. Nun wollte er in einem Kreis von Gleichgesinnten in Berlin, München oder in Weimar leben. Ich hatte ihn bei einem Diner bei der Gräfin Dohna in Berlin kennen gelernt, wo wir in ein langes Gespräch gerieten. Als ich seine Unsicherheit in Bezug auf die Wahl eines Domizils wahrnahm, schlug ich ihm vor, einige Tage in Weimar in unserem Kreis zu verbringen, um sich von unseren Bestrebungen eine Vorstellung zu machen, bei denen auch die fortschrittliche Literatur eine bestimmte Rolle spielte. Ich dachte dabei an die Zusammenkünfte bei der Großherzoginmutter und an das Nietzsche-Archiv. Richard Dehmel folgte meiner Einladung und traf bald darauf mit seiner Frau in Weimar ein. Die beiden erschienen als die Verkörperung der ›Zwei Menschen‹. Beide hochgewachsen, er wie ein nordischer »Gentleman-Bauer«, sie, sehr schwarz, von ausgesprochen beduinisch-semitischem Aussehen, immer mit schwerem, leuchtendem Schmuck …

Der Kontakt zwischen unserem Freunde Hugo von Hofmannsthal und der Großherzoginmutter Pauline war schwerer zu schaffen als die Beziehung zu Gerhart Hauptmann. Schon die äußeren Umstände waren ungünstiger. Die Teestunde im Salon verlief zeremonieller als im Park. Aber auch bei Hofmannsthal lagen Hemmungen vor. Selbst für intime Freunde war der wirkliche Zugang zu ihm nicht leicht. Man wusste nie, ob man gelegen kam. (Ich hingegen überließ ihm immer die Initiative bei seinen häufigen Besuchen bei Harry Kessler oder auf Schloss Neubeuern, wo wir uns alljährlich von 1901 bis 1913 zwischen Weihnachten und Neujahr mit Eberhard und Dora von Bodenhausen und ihrer Schwester Julie von Wendestadt, mit Rudolf Alexander Schröder, Hugo von Hofmannsthal und seiner Frau, dem Baron Egon von Beroldingen, der Gräfin Ottonie von Degenfeld und anderen trafen, unter denen sich manchmal auch Walther Rathenau befand.)

Solange wir uns im Schloss Belvedere befanden, verharrte Hofmannsthal in zeremonieller Haltung, die – übrigens ohne jede Unterwürfigkeit – angesichts der Beziehung zwischen ihm und dem Hof das gegebene war. Diese reservierte Haltung verschwand, als die Großherzoginmutter uns zum Gartentheater führte, das sie nach den langen Jahren, in denen es nicht benutzt worden war, wieder hatte instand setzen lassen. Harry hatte vorher schon die Großherzoginmutter auf die Rolle hingewiesen, die Hofmannsthal für die Wiederauferstehung dieses zauberhaften Theaters spielen könnte, für das Goethe einige geniale Stücke geschrieben hatte.

Lange Jahre hatte weder ein Besuch noch irgendein Lärm die Stille durchbrochen, die zwischen den Bäumen und den Kulissen aus Thuja herrschte, die einst Goethe gepflanzt hatte. Die Bühnenfläche war gesäubert, und auf dem gepflegten Rasen fehlten nur noch die Sessel, so dass man hätte glauben können, an diesem Abend werde das Theater wieder eingeweiht!

Unsere kleine Gesellschaft blieb auf dem Rasen stehen. Über uns leuchtete das Firmament. Hugo befand sich allein auf der Bühne, huschte zwischen den beschnittenen Thujahecken hin und her, trat an die Rampe und sprach heraus, was er empfand. Sein Gebärdenspiel war völlig entspannt, die Anwesenheit der Großherzoginmutter war ihm entschwunden.

Aus Weimar berichteten

Abeken, Bernhard Rudolf (1780–1866), Philologe und Pädagoge, Erzieher der Söhne Schillers (Dok. 154)

Ahlefeld, Charlotte Elisabeth von (1781–1849), Romanschriftstellerin, lebte seit 1821 in Weimar (Dok. 19; 89)

Andersen, Hans Christian (1805–1875), dänischer Dichter (Dok. 186)

Anna Amalia (1739–1807), regierende Herzogin von Sachsen-Weimar in den Jahren 1759–1775, Mutter des Herzogs Carl August (Dok. 66)

Augusti, Gattin des Universitätsprofessors Augusti aus Bonn (Dok. 155)

Bertuch, Friedrich Johann Justin (1747–1822), Jurist, Kaufmann und Verleger, Schatullenverwalter des Herzogs (Dok. 17; 114; 115)

Beskow, Bernhard von (1796–1868), schwedischer Schriftsteller (Dok. 184)

Böniger, Karl August (1760–1835), Philologe, von 1791 bis 1804 Gymnasialdirektor in Weimar (Dok. 63; 95; 96; 116)

Bürger, Gottfried August (1747–1794), deutscher Dichter, Mitglied des Göttinger Hainbundes (Dok. 171)

Carus, Carl Gustav (1789–1869), Arzt, Schriftsteller und Landschaftsmaler (Dok. 178)

Döring, Johann Michael Heinrich (1789–1862), Schriftsteller, Redakteur des ›Journals des Luxus und der Moden‹ (Dok. 113)

Eberwein, Franz Karl Adalbert (1786–1868), Violinvirtuose, Musikdirektor in Weimar (Dok. 85; 162)

Eckermann, Johann Peter (1792–1854), seit 1823 Goethes Sekretär, seit 1836 Bibliothekar in Weimar (Dok. 151; 164; 179)

Egloffstein, Henriette Gräfin von (1773–1864), geschiedene Gräfin Egloffstein, Gattin C. O. von Beaulieu-Marconnays (Weimarischer Staatsbeamter) (Dok. 25; 34, 42; 49; 54; 77; 83; 112; 131)

Egloffstein, Julie Gräfin von (1792–1869), Tochter von Henriette von Egloffstein (s. d.), Malerin und Hofdame der Herzogin Luise von Sachsen-Weimar (Dok. 51)

Eisenschmidt, Johann Adam Heinrich (1810–1864), Schüler in Weimar, studierte in Jena und ging später als Lehrer nach Estland (Dok. 15; 40)

Stein, Charlotte von (1740–1827), Gattin des Oberstallmeisters J. von Stein, Vertraute Goethes (Dok. 37)

Stein, Gottlob Karl Wilhelm von (1760–1837), mecklenburgischer Kammerjunker, Sohn der Charlotte von Stein (s. d.) (Dok. 38)

Stolberg, Christian Graf zu (1740–1821), Dichter und Übersetzer, dänischer Beamter (Dok. 24)

Stolberg, Friedrich Graf zu (1750–1819), Dichter und Übersetzer (Dok. 24)

Szluchorinyi, Andreas (gest. 1838), ungarischer Lehrer aus Pressburg (Dok. 65)

Veit, David (1771–1814), Arzt und Schriftsteller in Berlin (Dok. 152)

Velde, Henry van de (1860–1957), belgischer Baumeister (Dok. 199; 200; 201)

Voigt, Cäcilie von = Voigt, Amalie (1770–1848), Schwiegertochter Christian von Voigts (Präsident des Staatsministeriums) (Dok. 27; 41; 129)

Voß, Johann Heinrich d. J. (1770–1822), Gymnasialprofessor in Weimar, Schriftsteller und Übersetzer, seit 1805 Professor in Heidelberg (Dok. 82; 124; 128; 134; 163; 172)

Wieland, Christoph Martin (1730–1813) (Dok. 99; 117)

Winter, Amalie = Groß, Amalie Freifrau von (1802-1879), Weimarer Schriftstellerin (Dok. 57; 158)

Wölfling, V., Theologe und Schriftsteller (Dok. 1; 93)

Wolzogen, Caroline von (1760–1847), Schillers Schwägerin, die 1830 die erste Biographie des Dichters verfasste (Dok. 120)

Zimmermann, Johann Georg von (1720–1795), Leibarzt in Hannover, Schriftsteller (Dok. 28)

Verzeichnis der Dokumente mit Quellennachweisen